Gabriele Ebert

# Ramakrishna:

## Sein Leben und seine Lehre

(Ramakrishna und seine Schüler, Band 1)

© Gabriele Ebert, 2026

3., leicht korrigierte Aufl., 2026
Verlag: BoD · Books on Demand GmbH, Überseering 33, 22297 Hamburg,
bod@bod.de
Druck: Libri Plureos GmbH, Friedensallee 273, 22763 Hamburg
ISBN:  978-3-8192-9963-6

# INHALTSVERZEICHNIS

Vorwort ........................................................................................ 7

Gadadhars Eltern ......................................................................... 9

Gadadhars Kindheit ................................................................... 16

Auf der Schwelle zum Jugendlichen ........................................ 28

Gadadhar kommt nach Kalkutta .............................................. 34

Rani Rasmani und die Tempelanlage von Dakshineswar ........ 37

Ramakrishna wird Tempelpriester ........................................... 48

Die Götterwelt Ramakrishnas .................................................. 54

Gottberauschtheit ...................................................................... 57

Haladhari ................................................................................... 70

Hochzeit ..................................................................................... 74

Wieder in Dakshineswar ........................................................... 78

Die Bhairavi .............................................................................. 84

Tantra ........................................................................................ 93

Vishnuitische Übungen ........................................................... 100

Vedanta und Totapuri .............................................................. 107

Ramakrishna wird ein Meister ................................................ 119

Islam ........................................................................................ 124

In Kamarpukur ........................................................................ 126

Die Pilgerreise ......................................................................... 128

Die folgenden Ereignisse ........................................................ 135

Sarada Devi in Dakshineswar .................................................. 141

Christentum .............................................................................. 148

Das Ende der spirituellen Übungen ........................................ 152

Weitere Todesfälle ................................................................... 155

Hriday ...................................................................................... 160

Keshab Candra Sen und die Brahmos ..................................... 165

Die ersten Schüler kommen .................................................... 177

Die verheirateten Schüler ........................................................ 184

    Ramchandra Dutta und Manomohan Mitra ........................... 190

    Surendra und Kedar ............................................................. 196

    Harish und Bhavanath .......................................................... 200

    Balaram Bose ....................................................................... 202

    Mahendra oder M. ................................................................ 206

    Prankrishna .......................................................................... 210

    Adhar ................................................................................... 212

    Nag Mahashay ..................................................................... 215

    Girish Ghosh ........................................................................ 218

    Devendra Mazumdar ............................................................ 222

    Nityagopal ........................................................................... 225

    Kalipada Ghosh ................................................................... 226

    Narayan, Naren, Purna und andere Jugendliche ................... 229

Verehrerinnen ......................................................................... 232

Die Mönchsschüler ................................................................. 238

    Narendra .............................................................................. 241

    Latu ...................................................................................... 263

    Rakhal .................................................................................. 267

    Der ältere Gopal .................................................................. 270

    Harinath ............................................................................... 272

    Gangadhar ............................................................................ 275

    Shashi und Sarat .................................................................. 277

    Hariprasanna ........................................................................ 280

    Kali ...................................................................................... 282

    Sarada .................................................................................. 285

    Tulasi ................................................................................... 287

    Tarak .................................................................................... 289

    Baburam ............................................................................... 292

Niranjan .......................................................................... 295

Jogin ............................................................................. 298

Subodh .......................................................................... 303

Einige berühmte Männer .................................................... 307

Die Verletzung des Arms des Meisters ................................... 319

Krankheit ....................................................................... 321

In Shyampukur ................................................................ 323

Die letzten Monate in Cossipore ......................................... 329

Mahasamadhi .................................................................. 341

Nach dem Tod Ramakrishnas .............................................. 345

Chronologie des Lebens Ramakrishnas .................................. 353

Glossar .......................................................................... 355

Literaturverzeichnis .......................................................... 362

# VORWORT

Ramakrishna (1836-1886) gilt als einer der bedeutendsten Heiligen Indiens im 19. Jahrhundert. Die meiste Zeit seines Lebens verbrachte er im berühmten Tempel von Dakshineswar bei Kalkutta, wo er nach vielen Jahren intensiver spiritueller Übungen die Gültigkeit aller Religionen erkannte, die alle zur Erkenntnis Gottes führen. In seinen letzten Lebensjahren stellten sich zunehmend Schüler ein, Familienväter und nicht verheiratete junge Männer, die später den Mönchsorden bildeten. Als er an Kehlkopfkrebs erkrankte, pflegten seine unverheirateten Schüler ihn hingebungsvoll bis zu seinem Tod. Bald darauf entstand das erste Kloster in Baranagore.

Ramakrishna war ein Hindu unter Hindus. Für ihn waren die Mutter Kali und andere Götter eine greifbare Wirklichkeit, in der er ganz selbstverständlich lebte. Doch er erkannte auch den nicht-manifesten Aspekt (Gott ohne Gestalt) an. Seine Ausstrahlung, sein Lächeln und sein sanftes Wesen waren sehr einnehmend. Zudem besaß er die Fähigkeit, die Spiritualität seiner Schüler zu erwecken und sie individuell zu führen. Seine Lehre war sehr anschaulich. Wie Jesus verwandte er viele Gleichnisse und Alltagsgeschichten.

Die Quellenlage zum Leben und zur Lehre Ramakrishnas und zu seinen Schülern ist sehr gut und vertrauenswürdig, denn viele seiner direkten Schüler haben detailliert von ihm berichtet. Die vier Hauptquellen für diese Biografie sind: „Ramakrishna the Great Master" von Swami Saradananda, „Life of Sri Ramakrishna" von Swami Nikhilananda, „Ramakrishna and His Disciples" von Christopher Isherwood und natürlich das Gospel (Die Botschaft Sri Ramakrishnas).

Diese Ramakrishna-Biografie ist zwar unabhängig zu lesen, bildet jedoch den Band 1 der Reihe „Ramakrishna und seine Schüler". Als weitere Bände sind bereits die Biografien über Sarada Devi und Swami Vivekananda erschienen. Bände über das Leben seiner weiteren direkten Mönchsschüler sowie einiger der verheirateten Schüler sind in Vorbereitung bzw. in Planung.

Dem westlichen Menschen wird das eine oder andere in Ramakrishnas Leben befremdlich anmuten, besonders was seine Visionen und Ekstasen betrifft. Hier gilt, was Ramakrishna selbst einigen Anhängern riet: „Ihr könnt den Kopf und den Schwanz (das Unwesentliche) beiseitelassen." In diesem Sinn wünsche ich nun dem Leser und der Leserin eine spannende Reise in das Leben dieser außergewöhnlichen Persönlichkeit.

Gabriele Ebert

# GADADHARS ELTERN

KAMARPUKUR

Im Hugli-Distrikt in der Provinz Bengalen liegt Kamarpukur, ein typisches Dorf in einer ländlichen Gegend. Dort wurde Ramakrishna geboren. Die einfachen Häuser sind meist aus Lehm gebaut und mit Stroh gedeckt. Zwischen ihnen liegen schmale, ungepflasterte Gassen. Es gibt Reisfelder, Palmen und Banyanbäume. Ein Mangohain schützt die Reisfelder, sodass im Herbst, wenn die Setzlinge austreiben, das Wasser gehalten wird und Kamarpukur wie eine tropische Insel in einem Pflanzenmeer aussieht. Wenn die Reisfelder im Winter stoppelig und ausgetrocknet sind und der Staub der roten Erde über das Land fegt, gleicht der Ort dagegen einer halben Wüste.

Das Dorf verfügt über drei oder vier Wasserspeicher, von denen der größte der Haldarpukur ist. Zudem gibt es viele kleine Teiche, zwei Verbrennungsplätze und den Amodar-Fluss. Der örtliche Tempel ist der Göttin *Visalakshi* geweiht. Kamarpukur liegt an der Straße, die nach Puri führt und von vielen Pilgern benutzt wird.

Ramakrishnas Vater Khudiram Chattopadhyaya wurde vermutlich 1775 geboren. Nach dem Tod seines Vaters erbte er dessen Landbesitz im Dorf Derepur, zwei Meilen westlich von Kamarpukur gelegen. Er hatte früh geheiratet, aber seine Frau starb jung. Mit fünfundzwanzig heiratete er zum zweiten Mal. Seine Braut war Chandra Devi, die in der Familie nur Chandra genannt wurde. Sie stammte aus dem Dorf Saratimayapur, war ein einfaches, gutaussehendes Mädchen und dem Dienst für die Götter und heiligen Männer hingegeben. Sie war tiefgläubig, hatte ein gütiges Wesen und war bei allen beliebt. Vermutlich wurde sie 1791 geboren und war bei ihrer Hochzeit 1799 acht Jahre alt. Ihr erster Sohn Ramkumar wurde bereits 1805 geboren. Fünf Jahre später folgte die Tochter Katyayani.

Etwa 1814 klagte Ramananda Roy, der Grundherr von Derepur[1], einen Mann aus dem Ort fälschlicherweise vor Gericht an und bat Khudiram, ein falsches Zeugnis für ihn abzulegen, da er im Dorf von allen respektiert wurde und man ihm somit Glauben schenken würde. Der aufrichtige Khudiram war schockiert und weigerte sich. Dadurch erzürnt, brachte Ramananda auch gegen ihn eine Anklage vor, gewann den Fall, indem er sich falsche Zeugen besorgte, und Khudiram verlor seinen ganzen väterlichen Besitz und was er im Laufe der Zeit dazugewonnen hatte, insgesamt etwa 50 Morgen Land. Die Leute im Dorf fühlten großes Mitleid mit ihm, wagten aber aus Furcht vor dem Grundherrn nicht, ihm zu helfen. Khudiram, der zu dieser Zeit etwa vierzig Jahre alt war, hatte alles verloren, was er besaß. Er nahm Zuflucht bei seiner Familiengottheit *Raghuvir*[2] und dachte darüber nach, wie er dem Grundbesitzer entkommen konnte.

Sukhlal Goswami aus Kamarpukur war eng mit Khudiram befreundet. Als er von dessen Missgeschick hörte, räumte er einige Hütten in seinem Gehöft und bot seinem Freund an, dort dauerhaft zu wohnen. Khudiram nahm das Angebot dankbar an und zog mit seiner Familie nach Kamarpukur. Er erhielt

---

[1] Die Grundherren (Zamindare) in den Ortschaften bestimmten das Leben im Dorf und besaßen viel Macht.
[2] *Raghuvir* ist eine Form der Gottheit Rama. Jeder indische Haushalt besaß seine Familiengottheit und einen Schrein.

von seinem Freund auch etwa einen Morgen fruchtbares Land geschenkt, sodass er seine Familie ernähren konnte. Trotzdem kam es anfangs vor, dass nichts zu essen im Haus war. Wenn Chandra Devi sich Sorgen machte, sagte Khudiram zu ihr: „Mach dir nichts draus. Wenn *Raghuvir* fasten will, warum sollten wir dann nicht auch fasten?" Beide gaben sich ganz dem Willen ihrer Familiengottheit hin. Doch allmählich brachte das Stück Land, das Sukhlal ihnen gegeben hatte, reichlich Frucht, sodass es mehr als nur die Familie ernährte.

RAGHUVIRS SCHREIN IN KHUDIRAMS HAUS

Auf diese Weise vergingen zwei oder drei Jahre. Khudiram gab sich ganz in *Raghuvirs* Hände und hatte hin und wieder göttliche Visionen. Morgens und abends wiederholte er das *Gayatri* mit solch tiefer Frömmigkeit und Konzentration, dass seine Brust rot wurde und ihm Tränen der Liebe aus den geschlossenen Augen rannen. Die Dorfbewohner erkannten instinktiv seine hohe Spiritualität und verehrten ihn wie einen *Rishi*. Jedes Mal, wenn sie ihn kommen sahen, unterbrachen sie ihre Gespräche, erhoben sich und grüßten ihn respektvoll. Sie zögerten, in den Wasserspeicher zum Baden zu gehen, wenn sie ihn dort baden sahen, und warteten, bis er fertig war.

Chandra Devi wurde wegen ihres freundlichen Wesens als Mutter aller betrachtet. Die Armen wussten, dass sie bei ihr nicht nur zu essen bekamen, sondern auch ein herzliches Willkommen und Zuneigung. Für die heiligen Männer, die von Almosen lebten, stand ihre Tür immer offen.

Später sagte Ramakrishna über seine Eltern: „Meine Mutter war eine ehrliche und offene Seele. Sie wusste nicht viel über die weltliche Lebensart. Sie konnte nichts verheimlichen und sagte, was sie dachte. Mein Vater verbrachte die meiste Zeit mit Verehrung und Meditation und mit seiner Gebetsschnur. Jeden Tag schwoll seine Brust beim Beten und erstrahlte mit göttlichem Glanz, und es rannen ihm Tränen über die Wangen. In seiner Freizeit, wenn er nicht mit Andachten beschäftigt war, wand er Girlanden für Sri Rama. Die Dorfbewohner respektieren ihn als einen Weisen."

Der älteste Sohn Ramkumar wurde mit sechzehn verheiratet und beendete das Studium der Grammatik und Literatur in einer Sanskritschule in Dorfnähe. Anschließend studierte er die Hindu-Gesetze. Nach drei weiteren Jahren nahm er die Verantwortung auf sich, die Familie zu unterhalten. Er war ein Sanskritgelehrter geworden und verdiente inzwischen Geld, indem er jenen Rat gab, die irgendeinen Punkt aus den Schriften geklärt haben wollten. Er hatte auch gelernt, wie man besondere Riten ausübt, die Krankheit und anderes Unglück abwenden.

Durch seine Übungen hatte Ramkumar übernatürliche Kräfte erworben und konnte kommende Ereignisse vorhersagen. Dadurch kam es gelegentlich zu dramatischen Situationen. Als er zum Beispiel einmal geschäftlich in Kalkutta zu tun hatte, wollte er im Ganges baden. Da kam ein reicher Mann mit seiner Familie zum Bade-Ghat. Die Frau des reichen Mannes versuchte, sich ihre Privatsphäre zu erhalten. Sie saß in einer mit Vorhängen versehenen Sänfte, die von ihren Dienerinnen ins Wasser getragen wurde, damit sie ihr Bad nehmen konnte. Ramkumar staunte nicht schlecht. Er konnte durch die Vorhänge einen kurzen Blick auf das Gesicht der schönen Dame werfen. Sofort erkannte er, dass sie am nächsten Tag sterben würde. Diese Erkenntnis machte ihn so traurig, dass er vor sich hinmurmelte: „Heute so viele Vorkehrungen, um diesen Körper in der Privatsphäre zu waschen – und morgen werden sie ihn als eine Leiche, die jeder sehen kann, zurück zum Fluss bringen!" Unglücklicherweise hörte ihr Ehemann diese Worte. Schockiert und verärgert beschloss er, diesen jungen Unheilspropheten zu bestrafen, sobald seine Vorhersage sich als falsch erwiesen hatte. Mit äußerster Höflichkeit bestand er darauf, dass Ramkumar sie nach Hause begleiten sollte. Aber in der folgenden Nacht wurde die scheinbar gesunde Frau tatsächlich plötzlich krank und starb.

Ramkumar sagte auch voraus, dass seine eigene Frau bei der Geburt ihres ersten Kindes sterben würde. Er war sehr erleichtert, als sie viele Jahre kinderlos blieb. Aber sie starb tatsächlich 1849, im Alter von fünfunddreißig, als sie ihren Sohn Akshay gebar, der später noch eine Rolle spielen wird.

Doch zurück zu Khudiram. Da Ramkumar jetzt die Familie unterhielt, war er von seinen Pflichten befreit und sehnte sich danach, auf Pilgerreise zu gehen. Etwa 1824 machte er sich zu Fuß auf den Weg nach Rameswar. Nachdem er etwa ein Jahr durch Südindien gewandert war, kehrte er nach Hause zurück. 1826 gebar Chandra Devi einen weiteren Sohn. In Erinnerung an seine Pilgerreise nannte Khudiram ihn Rameswar.

1835 spürte Khudiram erneut ein großes Verlangen, auf Pilgerreise zu gehen. Diesmal wollte er nach Gaya, um dort die Riten für die Erlösung der Geister seiner Ahnen zu begehen. Er war bereits sechzig. Trotzdem zögerte er nicht, zu Fuß zur heiligen Wohnstatt Vishnus zu pilgern. Im Winter 1835 besuchte er Benares und im darauffolgenden Frühjahr Gaya, wo er einen Monat blieb.[1]

Nachdem er alle Schreine in Gaya besucht hatte, ging er zuletzt zum heiligsten Schrein, dem Haupttempel, der den Fußabdruck Vishnus enthält. Er brachte für seine Ahnen die üblichen Opfergaben dar: Klöße, die aus gekochtem Reis und Weizen- oder Gerstenmehl mit Ghee bestehen und Pindas genannt werden. Nachts hatte er im Schlaf eine Vision. Er sah sich im Vishnu-Tempel die Opfergaben darbringen, wie er es tags zuvor getan hatte. Seine Ahnen nahmen sie an, segneten ihn und verehrten Vishnu, der in ihrer Mitte thronte. Vishnu sah Khudiram liebevoll an, winkte ihn herbei und sagte: „Khudiram, deine große Hingabe hat mich sehr glücklich gemacht. Die Zeit ist für mich gekommen, um erneut auf Erden geboren zu werden. Ich werde als dein Sohn geboren werden."

---

[1] In Bodh-Gaya befindet sich ein Nachkömmling des Peepalbaums, unter dem Buddha meditiert und Erleuchtung erlangt hat.

Khudiram protestierte. Die Ehre war zu groß für ihn. Er war arm und unwürdig. Aber Vishnu meinte: „Khudiram, habe keine Angst. Ich werde genießen, was immer du mir zu essen gibst."

HÜTTE, IN DER RAMAKRISHNA GEBOREN WURDE

Als Khudiram erwachte, war er sich sicher, dass es sich um eine göttliche Offenbarung gehandelt hatte und dass der Herr der Welt tatsächlich in seinem Haushalt geboren werden würde. Er beschloss, niemandem etwas davon zu sagen, verließ einige Tage später Gaya und war gegen Ende April wieder in Kamarpukur.

Er traf Chandra Devi in einer seltsam liebevollen Stimmung an. Auch sie hatte während seiner Abwesenheit einen ähnlichen Traum und vor dem Shiva-Schrein gegenüber ihrem Haus eine Lichtvision gehabt. Da erzählte ihr Khudiram von seiner Vision. Obwohl sie bereits über fünfundvierzig war, stellte sich bald heraus, dass sie schwanger war. In ihrer Schwangerschaft hatte sie zahlreiche Visionen von Göttern und Göttinnen.

Nach den Hindu-Sitten ist das Geburtszimmer zehn Tage nach der Geburt unrein. Jeder, der es betritt, muss sich danach waschen. Viele Familien benutzen deshalb einen Raum, der vom Hauptgebäude abgelegen ist. Khudirams Zuhause bestand nur aus vier Zimmern: dem Zimmer, das als Schrein genutzt wurde, Khudirams Schlafzimmer, Ramkumars Schlafzimmer und einem Wohnzimmer. Im Hof gegenüber dem Hauptgebäude lag eine Bambushütte, die als Küche diente. Im rechten Winkel dazu gab es eine weitere Hütte. Dort gebar Chandra Devi ihr Kind.

Am Donnerstag, dem 18. Februar 1836, zwölf Minuten vor Sonnenaufgang, erblickte das Kind das Licht der Welt. Khudiram gab seinem Sohn den Namen Sambhuchandra nach dem Sternzeichen, in dem er geboren worden war. Dann erinnerte er sich aber an seinen bemerkenswerten Traum in Gaya und gab ihm den Namen Gadadhar (Träger der Keule), was ein Beiname von Vishnu ist. Erst als Gadadhar ein junger Mann war, wurde ihm der Name Ramakrishna gegeben.

1839 gebar Chandra Devi ihr letztes Kind, die Tochter Sarvamangala.

Wie es üblich war, wurde für jedes Neugeborene ein Horoskop erstellt, so auch für Gadadhar. Khudiram war ein begabter Astrologe. Das Horoskop war sehr günstig. Es sagte voraus, dass Gadadhar in einem Tempel leben würde, umgeben von seinen Schülern, und dass er eine neue religiöse Bewegung gründen und noch von späteren Generationen verehrt werden würde. Ob diese Vorhersage historisch ist oder doch eher hagiografisch, müssen wir offenlassen.

Khudiram hatte einen Neffen namens Ramchandra, der nicht weit entfernt in Midnapur, südwestlich von Kamarpukur lebte. Als er von Gadadhars Geburt erfuhr, schickte er seinem Onkel eine Kuh als Geschenk, damit das Baby immer frische Milch hatte.

Als Gadadhar etwa sechs Monate alt war, fand die übliche Reiszeremonie statt, ein Fest, bei dem das Kind zum ersten Mal feste Nahrung zu sich nimmt. Dieses Fest ist ein großes Ereignis im Leben des Kindes. Das Kind nimmt jetzt eine eigene Identität an und erhält formell seinen Namen. Es wird herausgeputzt, und ihm wird ein Krönchen aufgesetzt. Dann wird es unter Musikbegleitung in einer Sänfte durchs Dorf getragen. Manchmal wird es in den Tempel gebracht und dazu veranlasst, sich vor den Gottheiten zu verneigen. Zuletzt wird es auf einen Stuhl gesetzt und mit Reis gefüttert.

Diese Zeremonie kann sehr kostspielig sein. Khudiram wollte sie nur im kleinsten Kreis feiern, da seine Mittel nicht mehr zuließen, aber Dharmadas Laha, der Grundbesitzer des Dorfes, mit dem er befreundet war, hatte bereits beschlossen, die Kosten für das Fest zu übernehmen. Er spielte Khudiram jedoch einen Streich und sagte ihm nichts davon. Stattdessen lud er die führenden Brahmanen des Dorfes zu Khudiram ein und bat sie, Gäste bei der Zeremonie zu sein. Khudiram steckte in einem Dilemma. Er konnte die Brahmanen nicht zurückweisen. Da sie eingeladen worden waren, sah er sich gezwungen, auch seine vielen anderen Freunde aus dem Dorf einzuladen. Er wusste, dass ihn das finanziell ruinieren würde. In seiner Verzweiflung wandte er sich an Dharmadas, der ihm jetzt versicherte, dass er alle Kosten übernehmen würde. So wurde Gadadhars Reiszeremonie in großem Stil gefeiert, und viele Gäste, von den orthodoxen Brahmanen bis hin zu den Bettlern, wurden verköstigt.

Gadadhar war lebhaft und gesund. Er hatte ein sonniges Gemüt, und alle liebten ihn sehr, vor allem die Frauen. Khudiram lehrte ihn die lange Liste der Namen seiner Vorfahren, kurze Lieder für die Götter und Göttinnen und schöne Geschichten aus dem *Ramayana* und *Mahabharata*. Der Junge erfasste alles schnell. Was er einmal gehört hatte, konnte er wiederholen, ohne ins Stocken zu geraten.

HALDARPUKUR

Doch er war eigenwillig. Wenn ihm etwas verboten wurde, tat er das Gegenteil, bis es ihm jemand so erklärte, dass es ihm zusagte und er es verstand. Seine Eltern begriffen, dass der Junge das Warum und Wieso von allem wissen wollte, und verhielten sich dementsprechend. Wenn Gadadhar etwas anstellte, war sein Vater nicht hart zu ihm, da er sich an die Vorhersage erinnerte, sondern bat den Jungen freundlich, es nicht wieder zu tun.

Der Haldarpukur war der größte Wasserspeicher im Kamarpukur. Alle Dorfbewohner holten dort klares Wasser zum Baden, Trinken und Kochen. Er hatte zwei Ghats, einen für Männer und einen für Frauen. Kleine Jungen wie Gadadhar benutzen oft den Ghat für die Frauen.

Eines Tages kam Gadadhar mit einigen Jungen seines Alters zu diesem Ghat und begann, ins Wasser zu springen und zu schwimmen. Die älteren Frauen, die mit ihren Gebeten und Andachten beschäftigt waren, bemerkten, dass hin und wieder etwas Wasser über sie gespritzt wurde. Sie baten die Jungen, damit aufzuhören, aber sie gehorchten nicht. Eine der Frauen beschimpfte sie: „Warum kommt ihr hierher? Könnt ihr nicht den Ghat der Männer benutzen? Hier waschen die Frauen nach ihrem Bad ihre Kleider. Ihr solltet wissen, dass Frauen nicht unbekleidet gesehen werden sollten." Gadadhar fragte: „Warum nicht?" Anstatt es ihm zu erklären, schimpfte sie noch mehr und meinte, dass ihm Übles geschehen würde, wenn er das täte.

Daraufhin benahmen sich die Jungen besser, nur Gadadhar nicht. Er heckte einen Plan aus. Zwei oder drei Tage lang versteckte er sich hinter einem Baum in der Nähe des Wasserspeichers und beobachtete die Frauen, während sie badeten. Als er später die ältere Frau traf, die ihn gescholten hatte, erzählte er ihr: „Vorgestern sah ich vier Frauen baden, gestern sechs und heute acht. Aber mir ist nichts Schlimmes geschehen!" Lachend ging sie zu seiner Mutter Chandra und erzählte ihr die ganze Geschichte. Chandra erklärte Gadadhar freundlich: „Es stimmt, dass dir nichts Übles geschieht, wenn du die Frauen beim Baden beobachtest. Aber sie mögen es nicht und fühlen sich beleidigt. Auch ich bin eine Frau. Wenn du sie beleidigst, ist es, als würdest du mich beleidigen. Das willst du doch nicht, oder?" Das konnte der Junge verstehen, und er tat es nicht wieder.

Nach der üblichen Zeremonie wurde Gadadhar zur Schule geschickt, als er fünf war. Die Schule wurde in der geräumigen Theaterhalle vor dem Haus der Grundherren des Dorfes, der Lahas, abgehalten. Sie bestand aus einer erhobenen Bühne, die auf allen Seiten hin offen war, aber ein Dach besaß. Sie wurde für Theateraufführungen und Tanz benutzt. Ein Lehrer, der hauptsächlich von den Lahas bezahlt wurde, unterrichtete ihre Kinder und die Kinder aus der Nachbarschaft. Die Schule befand sich nicht weit von Khudirams Hütte entfernt. Die Kinder hatten morgens zwei oder drei Stunden Unterricht, kehrten zum Essen nach Hause zurück, kamen um drei oder vier Uhr wieder und lernten bis zum Sonnenuntergang. Die kleinen Jungen wie Gadadhar mussten nicht die ganze Zeit am Unterricht teilnehmen und durften zum Spielen hinausgehen, mussten aber trotzdem in der Schule bleiben.

Die älteren Schüler lernten mit den jüngeren ihre Lektionen. So war es möglich, dass ein Lehrer den ganzen Unterricht bestritt.

GRUNDSCHULE DER LAHAS

Gadadhars schulische Leistungen waren nicht schlecht. Er konnte in kurzer Zeit einfache Sätze lesen und schreiben, aber er hatte eine Abneigung gegen das Rechnen. Dafür besaß er ein künstlerisches Talent. Er beobachtete, wie die Töpfer Statuen von Göttern und Göttinnen machten, lernte von ihnen diese Kunst und übte sie zu Hause. Es war eines seiner Hobbys. Auch ging er zu den Malern und begann, selbst zu malen. Wenn er hörte, dass jemand im Dorf aus den *Puranas* vorlas und sie erklärte, oder dass ein religiöses Drama aufgeführt wurde, ging er hin und lernte auf diese Weise alle Geschichten und Lieder aus den Schriften. Gleichzeitig beobachtete er, welche Art des Vortrags der Menge am besten gefiel. Er machte die Gesten der Männer und Frauen nach und hatte seinen Spaß daran.

Zudem war er völlig furchtlos. Er ging zu Orten, wohin sich nicht einmal Erwachsene aus Angst vor Geistern und Ghulen trauten. Es muss erwähnt werden, dass Geisterglaube oder die „Besessenheit" von einer Gottheit und Ähnliches durchaus verbreitet waren. So wird berichtet, dass Ramsila, die

19

Schwester von Khudirams Vater, manchmal vom Geist der Göttin *Shitala* besessen war und dadurch zu einer völlig anderen Person wurde. Einmal geschah dies auch, als sie bei Khudiram zu Besuch war. Jeder im Haus betrachtete sie mit Ehrfurcht und Hingabe. Gadadhar beobachtete äußerst genau, zwar mit Ehrfurcht, aber ohne jede Angst, wie die Verwandlung sie überkam. Danach meinte er: „Es wäre großartig, wenn der Geist, der meine Tante in Besitz genommen hat, auch mich in Besitz nehmen würde."

So verging die Zeit. Gadadhar war jetzt sieben. Sein freundliches Wesen machte ihn zum Liebling aller. Jedes Mal, wenn die Frauen im Dorf eine Süßigkeit zubereiteten, wollten sie zuerst ihm eine Portion davon geben. Seine Spielkameraden waren nur glücklich, wenn sie ihr Essen mit ihm teilen konnten. Er war gesund und robust, und seine Konzentrationskraft war bemerkenswert. Wenn er sich auf etwas konzentrierte, identifizierte er sich so sehr mit dem Objekt, dass er dabei sein äußeres Bewusstsein völlig verlor. Der bezaubernde Anblick eines großen grünen Feldes, das von einer sanften Brise gestreichelt wurde, das stete Fließen eines Flusses, der melodische Gesang der Vögel und vor allem die Magie der sich stets verändernden Wolken verzauberten den Jungen. Er vergaß sich dabei völlig und betrat den unbekannten, fernen Bereich des Geistes.

Diese Neigung zur Kontemplation der Schönheit führte für ihn eines Tages zu einer besonderen Erfahrung. Er berichtete selbst darüber: „Eines Morgens nahm ich gerösteten Reis in einem kleinen Korb mit und aß davon, während ich die schmalen Grate der Reisfelder entlangging. An einer Stelle am Himmel erschien eine wundervolle schwarze Regenwolke. Ich beobachtete sie, während ich den Reis aß. Bald bedeckte die Wolke fast den ganzen Himmel. Dann kam ein Schwarm Kraniche dahergeflogen. Sie waren weiß wie Milch und bildeten einen Kontrast zu der schwarzen Wolke. Es war so schön, dass ich mich in den Anblick verlor. Dann verlor ich das Bewusstsein von allem, was draußen vor sich ging. Ich fiel zu Boden, und der Reis wurde über die ganze Erde verstreut. Einige Leute sahen es, kamen herbei und trugen mich nach Hause."[1]

Sobald er sein Bewusstsein wiedererlangte, war er wieder sein altes Selbst. Khudiram und Chandra Devi waren natürlich sehr besorgt deswegen. Sie

---

[1] Isherwood: Ramakrishna, S. 28 f.

befürchteten, es könnte der Beginn von Ohnmachtsanfällen sein. Aber Gadadhar erklärte ihnen, dass es eine besondere Erfahrung gewesen sei. Obwohl er äußerlich das Bewusstsein verloren habe, sei er innerlich bei Bewusstsein gewesen und habe eine einmalige Seligkeit empfunden. Seine Eltern nahmen ihn vorläufig aus der Schule. So war er frei und gab sich noch mehr Spiel und Spaß hin. Die Erfahrung wiederholte sich zunächst nicht.

Es war Herbst 1843 und die Zeit des jährlichen *Durga*-Festes, das in Kalkutta das größte Fest im ganzen Jahr ist. *Durga* wird als die Weltenmutter und die *Shakti Brahmans* verehrt. Khudiram war inzwischen achtundsechzig. Er war von seinem Neffen Ramchandra zu diesem achttägigen Fest in Selampur eingeladen worden. Er zögerte, da es ihm in letzter Zeit nicht gut ging und er an der Ruhr und anderen Verdauungsstörungen litt. Schließlich rang er sich jedoch durch, hinzugehen. Er hätte gern Gadadhar mitgenommen, aber da er wusste, dass Chandra Devi seit dem Vorfall mit der schwarzen Wolke besorgt um ihn war und ihn nicht mehr aus den Augen lassen wollte, nahm er stattdessen seinen ältesten Sohn Ramkumar mit. Als er in Selampur war und die Feier sich ihrem Ende näherte, wurde er ernsthaft krank. Er wurde schnell schwächer, und jede medizinische Behandlung blieb wirkungslos. Am letzten Tag des Festes konnte er kaum noch sprechen. Gegen Abend halfen ihm Ramchandra und Ramkumar auf seine Bitte hin in eine sitzende Position. Dann sprach Khudiram dreimal den Namen Ramas aus und starb.

Chandra Devis Schmerz über den plötzlichen Tod ihres Mannes war überwältigend. Wie jede fromme Ehefrau in dieser Zeit liebte sie ihren Mann nicht nur, sondern verehrte ihn auch als ihren spirituellen Führer. Ohne ihn fühlte sie sich in der Welt verloren. Gadadhar war sieben Jahre alt, und das kleinste Kind, die Tochter Sarvamangala, war vier. Die ganze Verantwortung für die Familie lag nun auf den Schultern von Ramkumar.

Der Verlust des Vaters machte Gadadhar gedankenvoll. Oft wanderte er allein auf dem Bhutirkhal Einäscherungsplatz, im Mangohain und an anderen einsamen Orten umher. Er fühlte sich besonders zu seiner Mutter hingezogen und wollte sie beschützen. Er ging zwar wieder zur Schule, doch eher halbherzig.

Die Lahas unterhielten am Dorfrand ein Haus für die Pilger, die auf ihrem Weg nach Puri durchs Dorf kamen oder von dort auf dem Rückweg nach Hause waren. Hier fanden oft fromme Männer Unterkunft. Gadadhar hatte durch den Tod seines Vaters die Vergänglichkeit erfahren. Auch wusste er, dass diese heiligen Männer allem entsagt hatten und sich ganz auf die Erkenntnis Gottes konzentrierten und dass die Gesellschaft mit ihnen zum inneren Frieden führte. Also begann er, dieses Pilgerhaus zu besuchen, wann immer er konnte, und machte mit den Mönchen Bekanntschaft. Er beobachtete sie bei ihrer Verehrung und half ihnen mit einfachen Dingen. So sammelte er für sie Feuerholz oder brachte ihnen Trinkwasser. Er gewann ihre Herzen, und sie lehrten ihn im Gegenzug, den Namen Gottes zu singen. Sie unterrichteten ihn auch in anderen religiösen Dingen und teilten ihr Essen, das sie erbettelt hatten, mit ihm. Wenn er dann nach Hause kam, hatte er keinen Hunger mehr. Als seine Mutter nach dem Grund fragte, erzählte er ihr alles. Daraufhin ließ sie den Jungen Essen und andere nötige Dinge zu den Mönchen bringen.

Manchmal kam er mit heiliger Asche beschmiert nach Hause oder mit den religiösen Zeichen auf seiner Stirn. Einmal trug er ein Lendentuch wie die Mönche aus einem Stück seiner Kleidung, das er abgerissen hatte, und rief: „Sieh her, Mutter, ich bin ein Mönch!" Das machte seine Mutter besorgt, denn sie fürchtete, dass die Wandermönche ihren Sohn eines Tages dazu überreden könnten, mit ihnen fortzugehen. Sie sprach mit ihm darüber. Er wollte sie überzeugen, dass sie das nicht tun würden, aber sie war nicht zu beruhigen. Da beschloss er, die Mönche nicht mehr aufzusuchen, und ging ein letztes Mal zu ihnen, um sich zu verabschieden. Als sie ihn nach dem Grund fragten, erzählte er ihnen von den Befürchtungen seiner Mutter. Da gingen sie mit ihm zusammen zu Chandra Devi und versicherten ihr, dass sie nie daran gedacht hatten, Gadadhar mitzunehmen, denn einen Jungen seines Alters ohne die Erlaubnis seiner Eltern mitzunehmen, wäre wie Diebstahl und eines frommen Mannes unwürdig. Das beruhigte Chandra Devi, und Gadadhar durfte sie wie zuvor besuchen.

Zu dieser Zeit machte Gadadhar eine weitere spirituelle Erfahrung. Im Dorf Anur, etwa zwei Meilen nördlich von Kamarpukur gelegen, gab es einen heiligen Ort, der der Göttin *Visalakshi* (wörtlich: die mit den großen Augen) geweiht war. Er lag im offenen Feld. Es gab keinen Schrein, und dafür gab es einen Grund. Man glaubte, dass *Visalakshi* besonders den Armen und umherwandernden Leuten zugetan war. Die Hirtenjungen aus der Nachbarschaft waren ihre Lieblinge. Diese Jungen stibitzten die Kupfermünzen und Süßigkeiten, die wohlhabende Pilger als Opfergaben zurückgelassen hatten. Und das gefiel der Göttin und amüsierte sie. Doch eines Tages baute ein reicher Mann für die Göttin einen Schrein. Die Opfergaben wurden jetzt im Schrein eingeschlossen, und die Jungen konnten sie nicht mehr an sich nehmen. Als Zeichen ihres Missfallens machte die Göttin einen großen Spalt in die Mauer. Jedes Mal, wenn jemand vorhatte, den Schrein zu restaurieren, erschien *Visalakshi* ihm im Traum und warnte ihn davor, so die Legende.

Eines Tages wollte eine Gruppe Frauen aus Kamarpukur über die Felder wandern, um diesen Ort zu besuchen und Opfergaben für die Göttin darzubringen. Gadadhar oder Gadai, wie er genannt wurde, wollte mit ihnen kommen. Zunächst bezweifelten die Frauen, dass ein Kind solch einen langen Weg bewältigen konnte, aber sie konnten seiner Bitte dann doch nicht widerstehen, weil er so viele Geschichten zu erzählen wusste und mit solcher Lieblichkeit Lieder sang. Also machten sie sich lachend und singend mit dem kleinen Jungen auf den Weg. Aber plötzlich, inmitten des Singens, verstummte Gadadhar. Sein Körper wurde steif und taub. Tränen strömten ihm aus den Augen. Die Frauen erschraken. Sie dachten, er hätte einen Sonnenstich, und besprengten ihn mit Wasser aus einem nahegelegenen Teich. Aber es blieb ohne Wirkung.

Unter den Frauen war Prasanna, die verwitwete Schwester des Landbesitzers Dharmadas Laha. Sie war eine der Ersten, die erkannten, dass Gadadhar kein gewöhnlicher Junge war, und meinte, dass vielleicht die Göttin *Visalakshi* den Jungen in Besitz genommen habe. Sie und die anderen Frauen begannen Gadadhar so anzusprechen, als sei er tatsächlich die Göttin, und sagten: „Oh Mutter *Visalakshi*, rette uns, beschütze uns und schenke uns Dein Erbarmen!" Da kehrte Gadadhar innerhalb weniger Augenblicke zu seinem normalen Bewusstsein zurück. Es ging ihm gut, er war nicht müde, und die Frauen brachten ihre kleine Pilgerreise zu Ende. Wenn Prasanna später zu ihm sagte: „Was immer du auch sagen magst, du bist kein gewöhnlicher Mensch", lächelte Gadadhar nur und gab keine Antwort, oder er wechselte das Thema.

Zwei weitere Jahre verstrichen. Gadadhar freundete sich mit Gayavishnu, einem Sohn der Lahas, an. Die beiden steckten immer zusammen, sei es in der Schule oder in der Freizeit.

Als er neun wurde, erhielt er die heilige Brahmanenschnur (Upanayama). Bei dieser Zeremonie wird dem Jungen das *Gayatri* beigebracht und die Brahmanenschnur umgelegt. Damit wird er zum vollen Mitglied der Hindu-Gemeinschaft. Danach ist es üblich, dass der neu Eingeweihte drei Tage lang mit der Bettelschale umhergeht, um sein Essen zu erbetteln. Normalerweise erhält er sein erstes Almosen von einem Verwandten oder einer gleichgestellten Person, die der Brahmanenkaste angehören muss.

Seine Kinderfrau Dhani, die der Kaste der Schmiede angehörte, hatte einmal gesagt, sie würde sich gesegnet fühlen, wenn er bei seiner Einweihung ein Almosen von ihr annehmen und sie „Mutter" nennen würde. Der Junge war von ihrer Liebe so sehr berührt, dass er es ihr versprach. Die arme Frau sammelte Geld und die dafür nötigen Dinge und erwartete ungeduldig das glückliche Ereignis. Gadadhar erwähnte sein Versprechen seinem ältesten Bruder gegenüber, aber Ramkumar erhob Einwände, weil es gegen die Familientradition verstieß. Gadadhar argumentierte damit, dass er sein Versprechen einlösen müsse, denn wenn er es bräche, wäre er nicht würdig, die heilige Schnur anzulegen. Daraufhin wurde Dharmadas Laha zurate gezogen. Er gab dem Jungen recht, und so ging Dhanis großer Wunsch in Erfüllung.

Fortan durfte Gadadhar den Gottesdienst für die Familiengottheit *Raghuvir* im Schrein abhalten. Das erfüllte ihn mit großer Freude. Er wusste, wie sehr sein Vater diese Statue immer verehrt hatte, betrachtete sie als den lebendigen Gott und war oft in Verehrung versunken.

Etwa zu dieser Zeit wurde ein Treffen von *Pundits* (Gelehrten in den heiligen Schriften) im Haus von Dharmadas Laha abgehalten. Die Gelehrten waren aus Anlass einer *Sraddha*-Feier, einer Gedenkfeier, die auf den Tod eines Verwandten folgt, eingeladen worden. Sie begannen, über ein Thema zu diskutieren, was schließlich in einem hitzigen Streit ausartete. Die Gelehrten argumentierten mit ausgeklügelten theologischen Argumenten. Es hörte nicht nur fast das ganze Dorf zu, sondern auch die Jungen und auch Gadadhar. Die anderen Jungen konnten kaum etwas von der Diskussion verstehen und kicherten miteinander, wobei sie die aufgeregten Gesten der Gelehrten nachahmten. Doch Gadadhar hörte aufmerksam zu. Nach einer Weile wandte er sich an einen der Gelehrten und sagte: „Aber ist das nicht die Antwort, nach der ihr sucht?" Und zum Erstaunen aller schlug der zehnjährige Junge eine Lösung vor, die überzeugend und klar war. Der Gelehrte sagte den anderen Gelehrten, was Gadadhar vorgeschlagen hatte. Alle waren mit dieser Lösung einverstanden. Erstaunt und ehrfürchtig sahen sie den Jungen an. Einige nahmen ihn auf den Schoß und segneten ihn.

Dieser Vorfall wurde von einigen als nicht authentisch bezeichnet, da er an den Vorfall des jungen Jesus erinnerte, der mit den Schriftgelehrten im Tempel von Jerusalem diskutierte. Aber die Quelle ist eindeutig. Ramakrishna selbst hatte die Geschichte seinem Schüler, dem späteren Swami Saradananda, erzählt, und auch die Dorfbewohner aus Kamarpukur berichteten davon.

An Shivaratri[1] sollte im Haus eines Nachbarn von einer Schauspieltruppe ein Drama über Shiva aufgeführt werden. Gangadhar hatte den ganzen Tag gefastet, wie es üblich war, und war in Andacht über Shiva versunken. Der Junge, der Shiva spielen sollte, war plötzlich erkrankt, und der Direktor der Truppe konnte keinen Ersatz finden. Einige ältere Dorfbewohner berieten sich und waren der Meinung, dass Gadadhar den Part übernehmen könnte. Obwohl er so jung war, war er geeignet, und er kannte viele Lieder über Shiva, die gesungen werden sollten. Zunächst lehnte Gangadhar ab, weil er seine Andacht nicht unterbrechen wollte. Aber seine Freunde argumentierten damit, dass er ja die ganze Zeit an Shiva denken müsse, wenn er diesen Part übernehmen würde, und dass das so gut wie eine Andacht sei. Auch würden die Zuschauer, die den ganzen Tag gefastet hatten und abends das Drama sehen wollten, sonst enttäuscht sein. Also stimmte er zu. Er wurde als Shiva verkleidet. Mit langsamen Schritten stieg er auf die Bühne und stand bewegungslos da. Seine Haare waren verfilzt, er trug Rudraksha-Perlen, und sein Körper war mit Asche beschmiert. Als die Zuschauer ihn so sahen, wurden sie von einer seltsamen Ehrfurcht ergriffen, denn das Gesicht des Jungen trug ein unendlich schönes Lächeln, und sein Blick war starr, als wäre er in Meditation versunken. Unwillkürlich begannen einige Zuschauer, den Namen Gottes auszusprechen, während andere einander zuflüsterten:

---

[1] Die Nacht Shivas, ein wichtiger Feiertag Ende Februar, Anfang März. Vor dem Fest wird gefastet, und die Nacht wird mit Gebeten und Singen durchwacht.

„Wie schön Gadai aussieht! Wer hätte gedacht, dass er diese Rolle so gut spielen kann?" Aber Gadadhar blieb unbeweglich stehen, und es war jetzt zu erkennen, dass Tränen aus seinen Augen strömten. Der Direktor und einige andere gingen zu ihm hin und sahen, dass er scheinbar das Bewusstsein verloren hatte. Die Zuschauer riefen ihnen einige Ratschläge zu wie: „Sprenkelt Wasser in sein Gesicht! Fächelt ihm Luft zu! Wiederholt den Namen Shivas!" Einige murrten: „Der Junge hat alles verdorben. Jetzt muss die Aufführung abgebrochen werden." Den Zuschauern blieb nichts anderes übrig, als sich allmählich zu zerstreuen. Einige Männer trugen Gadadhar auf ihren Schultern heim. Aber trotz aller Anstrengungen konnten sie ihn nicht zum Bewusstsein bringen. Er blieb bis zum nächsten Morgen in diesem Zustand.

Von jetzt an erlebte Gadadhar von Zeit zu Zeit diese Art von Ekstase. Er vergaß sich selbst und seine Umgebung, wenn er meditierte oder Liedern oder Musik zuhörte, die die Gottheiten rühmten. Dann war er eine kurze oder längere Zeit so sehr nach innen gekehrt, dass er nicht auf äußere Stimuli reagierte. Wenn diese Versunkenheit sehr tief war, war er wie eine leblose Statue.

Wenn er aus diesem Zustand zu sich kam, sagte er, dass er eine wundersame Freude erfuhr, die mit göttlichen Visionen einherging, während er über Götter oder Göttinnen meditierte oder den Liedern zuhörte. Chandra Devi und die anderen Familienmitglieder waren alarmiert. Aber sie beruhigten sich, da sie sahen, dass seine Gesundheit davon nicht beeinträchtigt wurde und dass er so freundlich und lebhaft war wie zuvor. Gadadhar war nun so häufig in diesem Zustand, dass er sich allmählich an ihn gewöhnte und ihn willentlich kontrollieren konnte. Er nahm lebhaft an den verschiedenen religiösen Zeremonien im Dorf teil. Die reiche religiöse Tradition des Dorfes, in dem Vishnu- und Shiva-Verehrer ohne Zwietracht beieinander wohnten, kam ihm dabei sehr entgegen.

Einmal wurde Gadadhar wie eine Gottheit verehrt. Shrinivas gehörte einer niederen Kaste an. Er liebte Gadadhar sehr und unterhielt sich oft angeregt mit ihm über das *Bhagavata*. Eines Tages wand er eine Girlande und kaufte Süßigkeiten auf dem Markt, die er unter seiner Kleidung verbarg. Dann führte er Gadadhar zu einem abgelegenen Platz unter einem Baum. Er sah sich um, ob niemand sie beobachtete. Dann verehrte er ihn, indem er ihm die Girlande umhängte und die Süßigkeiten zu essen gab. Mit Tränen in den Augen sagte er: „Ich bin alt geworden und fühle mein Ende nahen. Ich werde nicht das Glück haben, die vielen wundervollen Dinge zu sehen, die du in der Welt tun wirst. Ich bitte dich nur, dass du deinen wertlosen Diener immer mit Barmherzigkeit betrachtest."

Gadadhar hielt von Jugend an nichts von Büchergelehrsamkeit, denn die Gelehrten streben mit ihrem Wissen oft nach Wohlstand, weltlichem Vergnügen und Ansehen, was den Jungen abstieß. Trotzdem ging er weiterhin zur Schule, obwohl Ramkumar es ihm ab seinem zehnten Lebensjahr freistellte, weil er fürchtete, dass sein jüngerer Bruder mit seinen häufigen Ekstasen eine Neigung zur Krankheit hatte. Auch seine Lehrer zwangen ihn zu nichts.

Gadadhar begann, das *Ramayana*, *Mahabharata* und Geschichten aus dem Leben *Praladas*, *Dhruvas* und andere Erzählungen zu lesen. Er las sie den ungebildeten Dorfbewohnern gern vor und wurde von verschiedenen Familien dazu in ihre Häuser eingeladen. Auch kam er mit den Dichtungen der Dorfpoeten in Kontakt und lernte viele Gedichte von ihnen auswendig oder schrieb sie ab.

Zwei weitere Jahre vergingen. Gadadhar wurde zwölf. Sein mittlerer Bruder Rameswar war inzwischen zweiundzwanzig und seine kleine Schwester neun. Beide wurden verheiratet.

# AUF DER SCHWELLE ZUM JUGENDLICHEN

Als Ramkumars Frau in älteren Jahren ihr erstes Kind erwartete, veränderte sich ihr Charakter so sehr, dass ständig Streit im Haus herrschte. Auch verringerte sich sein Einkommen. Rameswar war nicht gut darin, Geld zu verdienen, obwohl er sehr gebildet war. Zudem hatte er erst kürzlich geheiratet. So gab es weniger Einkommen für eine größere Zahl an Familienmitgliedern, und die bislang angenehme Lebenslage war bedroht. Als Ramkumars Frau schließlich einen Jungen (Akshay) gebar, starb sie.

Ramkumars Not verschärfte sich nach dem Tod seiner Frau noch mehr. Er musste Schulden machen, die täglich größer wurden. Auf Rat seiner Freunde beschloss er schließlich, Kamarpukur zu verlassen, um anderswo sein Glück zu versuchen. Seine Freunde meinten, in Kalkutta hätte er die besten Aussichten, Geld zu verdienen. In der wohlhabenden Stadt lebten viele Reiche und Leute der Mittelschicht, deren Kinder er unterrichten und denen er in religiösen Dingen mit seinem Rat zur Seite stehen konnte. Also übergab er Rameswar die Verantwortung für die Familie und ging nach Kalkutta. Er eröffnete eine Sanskritschule im Stadtteil Jhamapukur und unterrichtete einige Jungen. Es war das Jahr 1850, und er war bereits fünfundvierzig.

Für Chandra Devi, die inzwischen achtundfünfzig war, bedeuteten die neuen Umstände, dass sie fortan den ganzen Haushalt, bei dem Ramkumars Frau ihr bislang geholfen hatte, selbst erledigen und zudem ihren Enkel Akshay aufziehen musste. Die Frau von Rameswar war noch zu jung, um ihr zu helfen.

Rameswar unterstützte die Wandermönche, obwohl er kein gutes Einkommen hatte. Er war immer finanziell in Bedrängnis, führte aber trotzdem ein unbeschwertes Leben und dachte, dass *Raghuvir* schon für die Familie sorgen würde. Er kümmerte sich nicht sehr um Gadadhars Fortschritte in der Schule. Gadadhar war somit sich selbst überlassen. Er konnte tun, was er wollte.

Gadadhar beobachtete die Menschen und erkannte, dass der Erwerb von Gelehrsamkeit nur dem Zweck diente, viel Geld zu verdienen. Keiner konnte der Wahrheit hingegeben sein oder Charakterstärke erwerben und Gott erkennen, der seine Kraft darauf verwandte, sich um weltliches Vergnügen zu kümmern. Er beobachtete, wie einige Familien im Dorf Land und Besitz vor Gericht erstritten und der Tod sie forttrug, kaum hatten sie gewonnen. Zudem erkannte er durch die Todesfälle in seiner Familie, wie unbeständig das Leben war. Dadurch kam er zur Einsicht, dass Geld und der Wunsch nach Vergnügen die Ursache für viel Elend im menschlichen Leben sind, was später seine Lehre prägte. Er erkannte, dass das erste Ziel des menschlichen Lebens im Erwerb von Liebe zu Gott bestehen sollte, und war wie sein Vater mit dem Notwendigsten zufrieden. Er half seiner Mutter viel im Haushalt und verehrte *Raghuvir*. Auch mochte er seinen Neffen Akshay sehr. Um seine Mutter zu entlasten, nahm er das Kind oft auf den Schoß und spielte mit ihm.

Da Gadadhar nun die meiste Zeit zu Hause verbrachte, besuchten die Frauen des Dorfes ihn. Wenn sie frei von Haushaltspflichten waren, gingen sie zu Chandra Devi und baten Gadadhar, für sie zu singen oder religiöse Geschichten vorzulesen. Wenn er gerade seiner Mutter zur Hand ging, halfen sie mit, damit er später Zeit hatte, ihnen aus den *Puranas* vorzulesen oder zu singen. Das wurde fast zur täglichen Routine. Auch spielte er den Frauen religiöse Dramen vor und veränderte seine Stimme je nach der Rolle, wobei er auch weibliche Rollen übernahm und Frauenkleider und Schmuck trug, die die Frauen ihm gaben. Immer wieder geriet er bei seinen Vorträgen oder beim Singen in Ekstase, was die Hingabe der Frauen an ihn nur noch verstärkte. Da die älteren Frauen die Umstände von Gadadhars Geburt kannten, verehrten sie ihn als *Gopala*, und die jüngeren verehrten ihn als Krishna. Gadadhar liebte Scherze und erschien manchmal vor den Männern als Frau verkleidet am Haldarpukur, mit einem Krug in der Hand, um Wasser zu schöpfen, und keiner vermutete, dass er keine Frau war. Oder er machte die Stimmen und Gesten anderer Leute nach, sodass alle in Gelächter ausbrachen.

In der Nachbarschaft war ein Händlerviertel, das aus der Großfamilie der Pynes bestand, wo es viele Frauen gab. Nicht allen Frauen war es gestattet, das Haus zu verlassen und zu Chandra Devi zu gehen, um dort Gadadhars Vorführungen zu sehen. Deshalb wurde er oft in ihre Häuser eingeladen. Sitanath, das Familienoberhaupt, liebte Gadadhar sehr. Auch die anderen Männer des Viertels kannten seinen moralischen Charakter, weshalb sie keine Einwände hatten. Die einzige Person aus dem Händlerviertel, die etwas dagegen hatte, war Durgadas Pyne, der die Frauen strikt auf den inneren Wohnbereich beschränkt sehen wollte. Er prahlte vor Sitanath und anderen Verwandten damit, dass keiner jemals die Frauen seines Haushalts oder den inneren Wohnbereich gesehen habe. Eines Tages hörte Gadadhar ihn damit vor einem Verwandten angeben und sagte: „Können Frauen durch diese Abschirmung geschützt werden? Sie können nur durch gute moralische Erziehung und Hingabe an Gott geschützt werden. Ich kann jeden in deinem Haus sehen und alles vom inneren Wohnbereich wissen, wenn ich will." Da wurde Durgadas noch überheblicher und sagte: „Das möchte ich sehen." „Gut", erwiderte Gadadhar, nahm die Herausforderung an und ging.

Einige Tage später verkleidete sich der Junge als arme Weberin, zog einen groben, schmutzigen Sari an, legte unter anderem billigen Schmuck und einen Silberarmreif an und ging vor der Abenddämmerung, aus Richtung des Marktes kommend, zu Durgadas Haus. Er trug einen Korb im Arm und einen Schleier, der sein Gesicht verbarg. Durgadas saß mit einigen Freunden im Wohnzimmer seines Hauses. Gadadhar stellte sich als eine Weberin vor, die Garn auf dem Markt verkauft hatte, aber unglücklicherweise durch ein Missverständnis von ihren Gefährtinnen zurückgelassen worden war. Er bat deshalb um Unterkunft für die Nacht. Durgadas stellte ihm Fragen, aber da er mit seinen Antworten zufrieden war, sagte er: „Nun gut, geh zu den Frauen in den inneren Wohnbereich und bitte sie, dich unterzubringen." Gadadhar verneigte sich dankbar und ging in den inneren Wohnbereich. Er wiederholte seine Geschichte vor den Frauen und amüsierte sie mit seinem Geschwätz. Da er so jung war und sie mit seinen süßen Worten zufrieden waren, erlaubten sie ihm, bei ihnen zu bleiben. Sie wiesen ihm einen Schlafplatz zu und gaben ihm süßen Reis. Gadadhar setzte sich und beobachtete alles in jedem Zimmer und alle Frauen ganz genau, während er aß. Er hörte nicht nur ihrer Unterhaltung zu, sondern beteiligte sich daran und stellte sogar Fragen. Den ganzen Abend verbrachte er auf diese Weise.

Da Gadadhar nicht nach Hause gekommen war, schickte Chandra Devi Rameswar auf die Suche nach ihm ins Händlerviertel, weil sie wusste, dass er oft dorthin ging. Rameswar suchte ihn zuerst in Sitanaths Haus, erfuhr aber, dass er dort nicht war. Dann ging er in die Nähe von Durgadas Haus und rief laut nach ihm. Als Gadadhar die Stimme seines Bruders hörte, wusste er, dass es spät war, antwortete aus dem inneren Wohnbereich: „Ich komme, Bruder!" und rannte hinaus. Da dämmerte Durgadas die Wahrheit. Zunächst war er etwas beschämt und verärgert, weil Gadadhar ihn hereingelegt hatte, aber dann begann er zu lachen, da er erkannte, wie gut der Junge seine Rolle gespielt hatte. Daraufhin durften auch die Frauen aus seiner Familie in Sitanaths Haus gehen, wenn Gadadhar dort war.

Bis zu seinem vierzehnten Geburtstag besuchte Gadadhar täglich eine Zeit lang die Schule, weil er die Gemeinschaft mit Gleichaltrigen mochte. Aber sein Wunsch nach Kontemplation verstärkte sich so sehr, dass er sich sicher war, dass er keine Verwendung für eine Ausbildung hatte, die nur dem Broterwerb diente, wie sie in der Schule erfolgte. Er spürte, dass sein Leben einem höheren Zweck diente und er seine ganze Energie darauf verwenden musste, Gott zu erkennen. Immer wenn sich ihm die Frage nach seiner Zukunft stellte, kam ihm der Gedanke an Entsagung und an die völlige Abhängigkeit von Gott, an ein Leben als *Sadhu*, der von Almosen lebte und als Wandermönch von Ort zu Ort wanderte. Doch zugleich dachte er auch an seine Mutter, seine Familie und die Leute im Dorf, die ihn so sehr schätzten. So gab er den Wunsch nach diesem Weg wieder auf und überließ sich Gottes Führung.

In dieser Zeit schlugen einige seiner Freunde ihm vor, eine Theatergruppe zu gründen, und baten ihn, er möge sie ausbilden. Er war damit einverstanden. Er wählte den Mangohain als Bühne aus. Die Freunde kamen überein, dass täglich einige von ihnen die Schule schwänzen und herkommen sollten. Dieser Plan wurde ausgeführt. Unter Gadadhars Anleitung lernten die Jungen Rollen und Lieder, und der Mangohain verwandelte sich in eine lebhafte Bühne, wo Stücke aus Ramas und Krishnas Leben aufgeführt wurden, wobei Gadadhar die Hauptrollen spielte. Seine Lieblingsthemen waren die Vorfälle aus dem Leben Krishnas, besonders sein neckisches Spiel mit den Kuhhirten und *Gopis* in Vrindavan. Höhepunkt dieser Schauspiele war, wenn er die Lieder über die Heldentaten Krishnas oder den Trennungsschmerz Radhas sang, während die anderen Jungen Kuhhirten spielten. Wenn Gadadhar Krishna oder Radha spielte, wurde er von den Gefühlen dieser Themen überwältigt. Oft geriet er dabei in Ekstase. Manchmal hallte der ganze Mangohain vom *Kirtan* wider, das die Jungen im Chor sangen.

Bald fand der Lehrer heraus, dass die Jungen die Schule schwänzten, um ihre Zeit mit Singen und Frohsinn zu verbringen. Eines Tages zitierte er sie alle herbei und fragte sie, wer der Anführer sei. Alle zeigten auf Gadadhar. Der Lehrer bat ihn, ihm zu zeigen, was er mit seinen Freunden im Mangohain tat. Mutig sang er ein Lied, das dem Lehrer so sehr gefiel, dass er es unterließ, sie zu bestrafen.

MANGOHAIN IN KAMAPUKUR

Auch Gadadhars Gabe zu malen entfaltete sich. Als er einmal seine jüngste Schwester Sarvamangala in Gaurhati besuchte, beobachtete er, wie sie freudig ihren Mann bediente. Kurz darauf malte er ein Bild mit dem glücklichen Paar, und alle Familienmitglieder waren überrascht, wie wirklichkeitsgetreu es war.

So vergingen drei glückliche Jahre. Gadadhar lebte in einer Welt aus Freundschaft, Spaß und Spiel, und dennoch nahmen seine spirituellen Erkenntnisse und seine Hingabe an Gott zu. Im einen Moment war er der Lebhafteste seiner Gruppe, im nächsten war er tief in sich selbst versunken.

Gadadhar war inzwischen sechzehn. Durch Ramkumars Anstrengung war die Anzahl der Schüler in seiner Schule in Kalkutta gewachsen, und er verdiente jetzt mehr als zuvor. Einmal im Jahr besuchte er für einige Wochen seine Familie in Kamarpukur, um nach dem Rechten zu sehen. Als er in diesem Jahr kam, war er besorgt, als er sah, dass Gadadhar sich um keinerlei Ausbildung kümmerte und sich stattdessen mit seinen Freunden im Dorf herumtrieb. Er fragte ihn, wie er seine Zeit verbrachte. Nachdem er sich mit seiner Mutter und Rameswar beraten hatte, beschloss er, Gadadhar mit nach Kalkutta zu nehmen. Er brauchte einen Assistenten und dachte, Gadadhar könne ihm in der Schule helfen, sich um die größer werdende Schülerzahl zu kümmern, und auch selbst dort weiterlernen. Gadadhar hatte dagegen keinerlei Einwände vorzubringen, da er seinen ältesten Bruder wie seinen Vater respektierte. An einem glückverheißenden Tag erwiesen Ramkumar und Gadadhar *Raghuvir* die Ehre, verneigten sich vor ihrer Mutter und machten sich nach Kalkutta auf den Weg.

KALKUTTA IM 19. JH.

Das 19. Jahrhundert bedeutete für Indien eine Zeit spiritueller Krise und die Erschütterung seiner Jahrtausendealten Traditionen durch die britische Fremdherrschaft. Eine Welle materialistischer Vorstellungen überschwemmte das Land. Besonders die gebildete Schicht wurde davon überwältigt. Alles Indische wurde fortan mit Verachtung betrachtet und alles aus dem Westen begehrt. Nichts war mehr akzeptabel, außer es wurde vom rationalen Verstand für richtig erachtet. Die atheistische und agnostische Sichtweise vieler westlicher Denker gewann an Einfluss. Die Wissenschaft wurde als die Erlösung von überholten religiösen Vorstellungen betrachtet.

Der traditionelle Hinduismus musste sich mit dieser neuen Strömung auseinandersetzen. Viele Hindus wurden Skeptiker, Atheisten oder Agnostiker, und einige konvertierten zum Christentum. Sie genossen die westliche Lebensart mit ihrer materiellen Sichtweise, und in den Schulen wurde auf westliche Art unterrichtet. Die englischen Missionare verachteten den Hinduismus als polytheistische Religion mit primitiven Kulten und Götzendiensten.

Als Reaktion darauf entstanden mehrere hinduistische Erneuerungsbewegungen, von denen besonders der Brahmo Samaj Erwähnung finden muss.[1]

Kalkutta war damals der Hauptsitz der britischen Herrschaft in Indien, und so waren diese westlichen Einflüsse überall gegenwärtig. Die Stadt besaß prunkvolle europäische Gebäude mit hohen Säulen und großen, luftigen Zimmern. Das soziale Leben war elegant und sehr formell. Auf den Straßen gab es Kutschen. Die Familien gingen zur Kirche und in die Oper, die Söhne spielten Cricket und genossen eine englische Erziehung. Einen größeren Kontrast als zum Dorfleben in Kamarpukur konnte es kaum geben.

Damit wurde Gadadhar konfrontiert, als er 1852 nach Kalkutta kam, wo er drei Jahre verbrachte, wenn er auch zunächst kaum mit der gebildeten englischen Schicht in Berührung kam. Erst später kamen viele Bengalen, die englische Schulen und Universitäten besucht hatten, mit ihm in Kontakt. Er besaß keine Bitterkeit gegenüber den Briten, nur einen spielerischen Humor. So konnte er sagen: „Wenn ein schwacher Mann hohe Stiefel anzieht, beginnt er zu pfeifen und die Treppe wie ein Engländer hinaufzugehen, indem er von einer Stufe auf die nächste springt." Er sprach von seinen Freunden, die von westlichen Gedanken beeinflusst waren, gern als „Engländer" und konnte später, als sich seine ersten Schüler einstellten, sagen: „Sieh dir diese Engländer an. Sie machen sich die Mühe, herzukommen! Das bestätigt mich darin, dass meine Visionen nicht nur Einbildungen sein können."

Gadadhar war sechzehn, als er zu seinem ältesten Bruder nach Kalkutta ins Viertel Jhamapukur zog. Ramkumar hatte viel zu tun, um sich seinen Lebensunterhalt zu verdienen. Wie es Brauch war, durfte der Lehrer an einer Sanskritschule keine feste Gebühr verlangen, sondern nur freiwillige Spenden von seinen Schülern annehmen, und die waren dürftig. Der einzige Ausgleich, auf den er hoffen konnte, kam von der Regierung, wenn die Schüler ihre Prüfungen ablegten. Für jeden Schüler, der bestand, gab die Regierung dem Lehrer eine bestimmte Summe, die größer oder kleiner ausfallen konnte, je nach der Note des Schülers.

Ramkumar ging deshalb noch einem zweiten Beruf nach, dem des Familienpriesters. Da nur Brahmanen den vollen Ritus für die Gottheit ausführen durften, was nicht nur die Tempel, sondern auch die Familienschreine

---

betraf, stellten die wohlhabenden Mitglieder anderer Kasten einen Priester ein, der zweimal täglich kam, und bezahlten ihn für seine Dienste. Aber die Ausführung dieser Riten dauerte ihre Zeit, die Ramkumar kaum hatte. Deshalb überließ er sie Gadadhar.

Die Familien mochten Gadadhar sehr und sahen ihn gern bei sich. Seine Art, den Gottesdienst zu feiern, unterschied sich sehr von der seiner Vorgänger, die es damit eilig hatten. Er feierte ihn mit großer Sorgfalt und Verehrung und verbrachte Stunden damit, die Götterstatuen zu schmücken und fromme Lieder zu singen. Nach den Gottesdiensten unterhielt er sich mit den Familienmitgliedern. Obwohl er jetzt ein junger Mann war, hatten die Frauen keine Scheu vor ihm, und er wurde von allen geliebt wie in Kamarpukur. Aber was das Lernen betraf, konnte er auch hier keinen bemerkenswerten Fortschritt erzielen.

Ramkumar beobachtete das zunächst stillschweigend. Eines Tages ermahnte er Gadadhar mild und bat ihn, sich seinem Studium zu widmen, denn irgendwann musste er selbst für seinen Lebensunterhalt sorgen. Wenn er jetzt nicht lernte, sich um die weltlichen Dinge zu kümmern, würde er es später noch tun? Da erklärte ihm Gadadhar seine Sichtweise von der Unbeständigkeit der Welt und seine Einstellung, indem er sagte: „Bruder, was soll ich mit einer Ausbildung anfangen, die nur dem Broterwerb dient? Ich würde viel lieber diese Weisheit erlangen, die mein Herz erleuchtet und mich für immer zufriedenstellt." Doch Ramkumar konnte es nicht verstehen. Er dachte, dass der Junge von seinen Eltern verwöhnt worden war und deshalb auf diese Weise antwortete. Er malte ihm die Perspektiven des leichten und glücklichen Lebens des Gebildeten in einer Stadt wie Kalkutta in den leuchtendsten Farben aus. Doch Gadadhar rückte nicht von seiner Position ab. Da ließ ihn Ramkumar sein eigenes Leben führen, in der Hoffnung, dass er eines Tages den Weg der Pflicht erkennen würde.

Auf diese Weise vergingen drei Jahre. In der Folge war Ramkumar mit seiner Schule weniger erfolgreich und dachte sogar daran, sie zu schließen und sich andere Arbeit zu suchen. Doch was sollte er tun? Er hatte nichts anderes gelernt als zu unterrichten, den Gottesdienst abzuhalten und die Opferhandlungen auszuführen.

# RANI RASMANI UND DIE TEMPELANLAGE
# VON DAKSHINESWAR

TEMPELGARTEN VON DAKSHINESWAR

vom Ganges aus gesehen, mit den zwölf Shiva-Tempeln links, der offenen
Säulenhalle dazwischen, Ramakrishnas Zimmer am Ende der Reihe der Shiva-
Tempel links, die beiden Nahabats jeweils ganz rechts und links,
im Hintergrund der Kali-Tempel

In Janbazar, in der Nähe des Zentrums von Kalkutta, lebte eine berühmte
Frau namens Rani Rasmani (1793-1861). Sie war die Mutter von vier Töchtern und wurde mit vierundvierzig Witwe. Von ihrem Mann Rajchandra
Das, der der Zamindar (Großgrundbesitzer) von Janbazar gewesen war,
erbte sie einen großen Grundbesitz. Sie verwaltete ihn mit viel Geschick
selbst und war den Leuten in Kalkutta wohlbekannt. Sie war zudem beliebt
und geachtet, weil sie unzählige Tugenden besaß und gute Werke tat, für
ihren Glauben an Gott, ihre Energie, ihren Mut, ihre Intelligenz, ihre Geis-
tesgegenwart und vor allem für ihr Mitgefühl mit den Armen. Obwohl sie
nur der Kaste der Fischer angehörte, wurde sie „die Rani" genannt. Sie war
nicht wirklich eine Rani, also die Frau eines *Rajas*, sondern es war der

Spitzname, den ihre Mutter ihr als Kind gegeben hatte. Wegen ihrer Vornehmheit und Güte wurde der Name später beibehalten.

RANI RASMANI

Wie durchsetzungsfähig diese Dame war, wird durch folgenden Vorfall deutlich: Die britische Regierung hatte eine Steuer auf alle Fische, die im Hugli, der wirtschaftlich bedeutendsten Gangesmündung, gefangen wurden, eingeführt. Viele Fischer, denen dadurch die Armut drohte, lebten auf dem Land, das der Rani gehörte. Deshalb gingen sie zu ihr und beschwerten sich. Die Rani beruhigte sie und erwarb sich für eine große Summe das Monopol der Fischereirechte. Die Briten waren mit dieser Vereinbarung einverstanden, da sie davon ausgingen, dass die Rani vorhatte, einen Fischereibetrieb zu eröffnen, und ihnen so Steuereinnahmen verschaffen würde. Kaum hatte sie jedoch das Recht erlangt, ließ sie den Fluss an mehreren Stellen mit Ketten absperren, sodass die Schiffe nicht mehr durchkamen. Als die Briten protestierten, antwortete sie: „Ich habe die Fischereirechte von euch teuer erworben. Wenn ich jetzt die Schiffe auf dem Fluss hin- und herfahren lasse, werden die Fische verschreckt, und ich werde viel Geld verlieren. Wenn ihr jedoch damit einverstanden seid, eure neue Steuer abzuschaffen, bin ich bereit, meine Rechte aufzugeben. Wenn nicht, werde ich euch vor Gericht verklagen, und ihr werdet mir Schadensersatz zahlen müssen." Die Briten erkannten, dass sie es ihnen heimgezahlt hatte, und erließen die Steuer.

Die Töchter der Rani waren alle verheiratet, außer der jüngsten. Ihre dritte Tochter war gestorben. Deren Schwiegersohn namens Mathurnath oder kurz Mathur, der im Folgenden eine bedeutende Rolle spielen wird, verheiratete sie daraufhin mit ihrer jüngsten Tochter Jagadamba, um die Familie zusammenzuhalten.

Rani Rasmani verehrte die Göttin Kali. Sie hegte den Wunsch, nach Benares auf Pilgerreise zu gehen, um *Visvesvara* und die Göttliche Mutter *Annapurna* zu verehren, doch da ihr Mann plötzlich gestorben war, konnte sie es nicht mehr ausführen und ihren Besitz nicht alleine lassen. Ihre Schwiegersöhne lernten jedoch allmählich, ihr bei der Verwaltung zu helfen. Der Jüngste, besagter Mathur, wurde zu ihrer rechten Hand. 1848 beschloss sie, jetzt die Reise zu unternehmen, weil sie ihm die Verwaltung überlassen konnte, und traf alle Vorbereitungen dafür. Doch in der Nacht vor der Abreise hatte sie eine Vision der Göttlichen Mutter, die zu ihr sagte: „Du brauchst nicht nach Benares zu gehen. Baue mir hier in Kalkutta am Ufer des Ganges einen Tempel und stell darin meine Statue auf. Sorge dafür, dass ich dort täglich verehrt werde und mir Essen dargebracht wird. Ich werde mich in dieser Statue manifestieren und deine Verehrung annehmen."

Die fromme Rani freute sich sehr über diese Anweisung. Sie verzichtete auf ihre Reise nach Benares und beschloss, das Geld, das sie dafür beiseitegelegt hatte, für dieses heilige Unterfangen zu verwenden. Sie kaufte am Gangesufer in Dakshineswar ein Stück Land von zwanzig Morgen von einem Herrn Hastie, einem Anwalt am Hohen Gericht von Kalkutta, und ließ darauf einen großen Tempel mit neun Kuppeln bauen. Hinzu kam eine schöne Gartenanlage. Der Bau dauerte sieben Jahre und wurde 1855 fertiggestellt.

Dakshineswar liegt etwa sieben Meilen nördlich des Zentrums von Kalkutta. Auf der westlichen Seite des Tempelgartens fließt der Ganges vorbei. Der Besucher, der mit dem Boot ankommt, steigt zuerst die Stufen des Bade-

Ghats hinauf und betritt eine große offene Säulenhalle (Chandni), die in der Mitte von einer Reihe von zwölf kleinen Shiva-Tempeln liegt, in denen jeweils ein Shiva-Lingam mit Gesängen, *Vilvablättern*, Reis, Buttermilch, Honig oder Joghurt verehrt wird. Diese zwölf Tempel sind identisch und repräsentieren die zwölf Jyotir-Lingams Indiens.[1]

KALI-TEMPEL IM BAU;
FOTO VON FREDERICK FIEBIG

Dann kommt der Besucher auf einen großen Innenhof, in dem der Kali-Tempel und der Radhakanta-Tempel sowie die Musikhalle (Natmandir) liegen. Der größere Kali-Tempel steht in der Mitte. Er besitzt neun Kuppeln und ist im Neun-Türme-Stil errichten, der in der alten bengalischen Architektur üblich war. Er ist ein großes Gebäude, aber der Schrein, in dem sich die Statue von Kali befindet, ist ziemlich klein und bietet nur Platz für den

---

[1] In Indien gibt es zwölf Jyotir-Lingams, heilige Shiva-Tempel, die sich über das ganze Land verteilen.

Priester und einige Verehrer.[1] Die Übrigen müssen sich auf der offenen Terrasse vor dem Schrein oder auf den Marmorstufen, die von ihr herunterführen, versammeln.

GHAT IN DER MITTE DER ZWÖLF SHIVA-TEMPEL,
DAHINTER DIE SÄULENHALLE (CHANDNI)

Die Statue der Kali, die als *Bhavatarini*, die Retterin der Welt, verehrt wird, ist klein und weniger als drei Fuß hoch. Kali steht auf dem ausgestreckten Körper Shivas, der auf einem silbernen Lotus aus tausend Blütenblättern liegt. Die Figur Shivas besteht aus weißem Marmor, die Kalis aus schwarzem Basalt. Kali trägt ein Seidengewand und ist reich mit Schmuck verziert. Zudem trägt sie einen Gürtel aus Menschenarmen und eine Halskette aus Menschenschädeln. Sie streckt ihre Zunge heraus und besitzt vier Arme. Eine ihrer linken Hände hält einen abgeschlagenen Kopf, die andere ein blutiges Schwert. Eine ihrer rechten Hände macht die segnende Geste, die

---

[1] Der Grund dafür ist, dass der Hindu-Tempel den menschlichen Körper repräsentiert und der Schrein das Herz, der Sitz des *Atman*, das klein ist. Deshalb nimmt der Schrein nur einen kleinen Teil des Tempels ein.

andere die Geste der Furchtlosigkeit. Kali ist die Schöpferin und Zerstörerin, sie gibt und nimmt Leben, sie gibt Segen und Schmerz. Das ist das „Spiel der Mutter". Ihre linken Hände mit dem Totenschädel und dem Schwert symbolisieren ihre schreckliche Seite, ihre rechten Hände ihre gütige Seite. Sie ist schrecklich und liebevoll zugleich, wie die Natur, die erschafft und zerstört.

STATUE DER KALI IM KALI-TEMPEL
VON DAKSHINESWAR

Dass Shiva unter ihrem Fuß liegt, erklärte Ramakrishna damit, dass er (als das unbewegte Prinzip, *Brahman*) nicht handelt und deshalb unbeweglich auf dem Boden liegt, während Kali, die *Shakti*, nur aufgrund von Shivas Gegenwart handeln kann. Shiva bewilligt alles, was Kali tut.

KALI-TEMPEL IN DER MITTE, NATMANDIR RECHTS,
RADHAKANTA-TEMPEL LINKS

Der Radhakanta-Tempel, der Vishnu bzw. Krishna geweiht ist, steht nördlich des Kali-Tempels und enthält die Statuen von Krishna und Radha. Die Beziehung von Krishna und Radha symbolisiert die liebende Beziehung des Verehrers zu Gott. Es wird geglaubt, dass jede Form der menschlichen Beziehung auf eine nichtphysische Ebene sublimiert und auf Gott gerichtet werden kann. So kann Gott als Vater, Mutter, Kind, Geliebter, Freund oder Meister betrachtet werden.

Der jugendliche Krishna trägt eine Pfauenfeder und spielt die Flöte, womit er die Herzen der Verehrer bezaubert. Die Statuen von Krishna und Radha im Schrein neigen sich leicht einander zu und sind 55 bzw. 41 cm hoch. Krishnas Hautfarbe ist traditionell blau, während Radhas Hautfarbe hell ist. Korrespondierend dazu trägt Radha einen blauen Stein als Nasenring und Krishna eine weiße Perle. Sie ist in Blau gekleidet, Krishna in Gelb.

Südlich des Kali-Tempels liegt eine geräumige Musikhalle (Natmandir) mit zwei Reihen von Säulen. Im Süden, Osten und Norden des Hofes befinden sich Räume, die als Lager, Küchen, Büros und Gästeräume genutzt werden.

In der nordwestlichen Ecke des Hofes liegt das Zimmer, das für uns später von besonderem Interesse sein wird, da dort Ramakrishna wohnte. Es ist groß und relativ kühl und das beste Zimmer, das dort zu finden ist. Es besitzt eine halbrunde westliche Veranda, von der aus man auf den Ganges sieht. Im Zimmer befinden sich zwei Betten, das eine, das Ramakrishna zum Schlafen benutzte, das andere eine Art Sofa, auf dem er tagsüber saß. Auf der anderen Seite öffnet sich das Zimmer zu den Säulen des Hofes hin. Davor verläuft ein Weg, weiter westlich folgt der Blumengarten, und darunter fließt der Ganges.

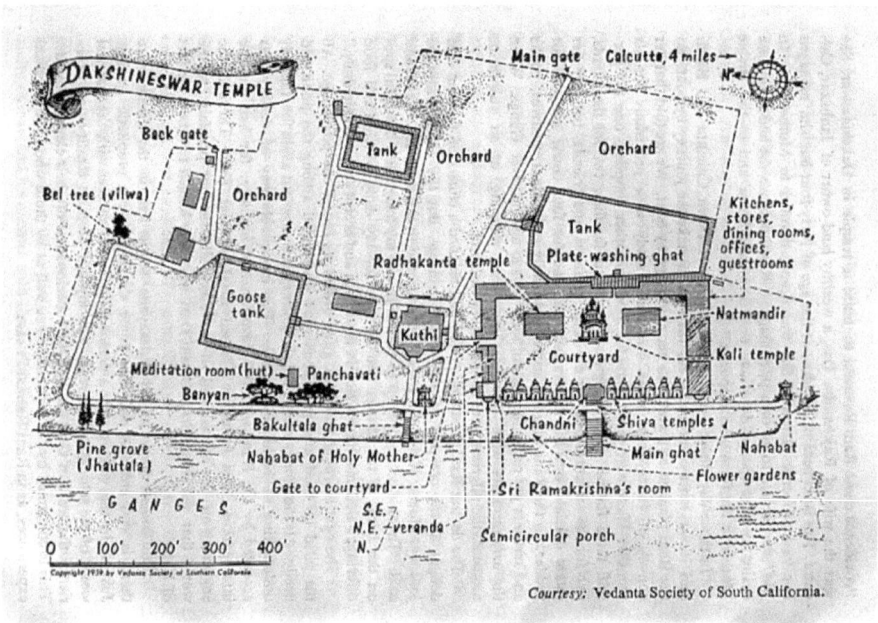

TEMPELANLAGE VON DAKSHINESWAR

Nördlich vom Tempelbereich liegt das Kuthi, ein Gebäude, das von Rani Rasmanis Familie benutzt wurde, wenn sie zu Besuch kam. Zudem gibt es zwei Musiktürme (Nahabats) an der südwestlichen und nordöstlichen Ecke der Tempelanlage.

Der Tempelbereich macht nur einen Teil des Anwesens aus. Der restliche Bereich besteht aus einer großen Gartenanlage mit Blumen- und Obstgärten.

44

Die bedeutendsten Bäume sind der große Banyan und der *Belbaum* ganz im Norden.

Ein Teil des Landes, das die Rani gekauft hatte, war einst ein Friedhof gewesen, der mit dem Gedenken an einen muslimischen Heiligen verbunden war. Dort richtete Ramakrishna später seinen Meditationsplatz, das Panchavati, ein. Nördlich an das Tempelgelände anschließend besaßen die Briten ein Munitionslager.

Bei Nacht, wenn der Mond alles mit seinem silbernen Licht beschien, war der Tempelbereich ein mystischer Ort mit einer ganz eigenen Atmosphäre, die oft im Gospel of Ramakrishna geschildert wird.

Rani Rasmani wollte der Göttin Kali täglich gekochte Nahrung im Tempel darbringen und sie als *Prasad* an die Besucher verteilen, doch das war ihr als Mitglied der *Shudra*-Kaste nicht möglich. Die Kastenregeln sind sehr komplex und streng. Ein Mitglied der *Shudra-*, *Vaishya-* oder *Kshatriya-*Kaste konnte zwar Obst und anderes ungekochtes Essen im Schrein darbringen, aber nur ein Brahmane durfte gekochtes Essen darbringen, und nur ein Brahmane durfte dieses Essen zubereiten. Zudem konnte kein Brahmane als Priester in einem Tempel, den eine *Shudra* gebaut hatte, seine Riten ausführen oder am *Prasad* teilnehmen, ohne unrein zu werden.

Die Rani erkannte jetzt, dass ihr ganzes Geld und ihre Bemühungen vielleicht vergebens gewesen waren. Verzweifelt schickte sie Briefe an Gelehrte, die in der Auslegung der Schriften über die richtige Ausführung der Riten bewandert waren. Die Antworten, die sie erhielt, waren nicht sehr hoffnungsvoll. Die Gelehrten waren alle derselben Meinung, nämlich dass der Wunsch der Rani nicht erfüllt werden konnte.

Schließlich zog sie Ramkumar zurate, der großes Ansehen als Gelehrter genoss. Von ihm erhielt sie eine ermutigendere Antwort. Ramkumar stimmte zwar im Prinzip mit seinen Kollegen überein, machte aber folgenden Vorschlag: „Die Rani soll einem Brahmanen das Anwesen des Tempels formal schenken. Dieser Brahmane soll sich um die Aufstellung der Statue von Kali im Schrein kümmern und um die Zubereitung des Essens, das Ihr dargebracht wird. Dann können die anderen Brahmanen das *Prasad* vom Tempel annehmen, ohne unrein zu werden."

Die Rani freute sich sehr und folgte sofort Ramkumars Rat. Sie übergab das Tempelanwesen formell ihrem eigenen Guru und behielt nur das Recht, sich als Verwalterin um die Angelegenheiten des Tempels zu kümmern. Der Bau war noch nicht völlig beendet, als sie den frühesten glückverheißenden Termin für die Zeremonie der Einweihung bestimmte. Es war der 31. Mai 1855. Ihre Eile lag teilweise an einem Traum, in dem ihr die Göttin Kali erschien und sagte, sie könne es nicht länger ertragen, eingeschlossen zu sein. Die Statue lag in einer Kiste verpackt. Es wird erzählt, dass die Statue nass war, als die Kiste geöffnet wurde, als hätte sie geschwitzt.

Die anderen Gelehrten waren jedoch nicht mit Ramkumars Lösung einverstanden, die sie für zu liberal und nur für einen Trick hielten. Zudem erniedrigte sich, vom orthodoxen Standpunkt aus betrachtet, ein Brahmanenpriester, der für eine *Shudra* den Gottesdienst ausführte und Geschenke annahm. Sie äußerten ihre Meinung allerdings nicht öffentlich, da sie sich vor dem Unwillen der Rani fürchteten, sondern flüsterten darüber. Das erschwerte der Rani, einen Brahmanen zu finden, der nach Dakshineswar kam.

Ihre Schwierigkeiten wurden teilweise gelöst, als ein Brahmane namens Mahesh, der bereits auf ihrem Anwesen beschäftigt war, seinen Bruder Kshetranath, der Priester war, überzeugen konnte, im Radhakanta-Tempel Dienst zu tun. Sobald das bekannt wurde, waren auch andere Brahmanen bereit, ihm zu assistieren oder die Opfergaben zuzubereiten. Doch der wichtigste Tempel, der Kali-Tempel, war immer noch ohne Priester. Die Rani wollte, dass der Priester dieses Tempels wirklich fromm und würdig war und in der Lage, die äußerst heilige Einweihungszeremonie auszuführen. Natürlich dachte sie an Ramkumar. Deshalb schickte sie Mahesh mit einem Brief zu ihm, da sich beide bereits gut kannten. Ramkumar, der dringend ein Einkommen brauchte, war damit einverstanden, die Einweihungsfeier zu leiten und auch fortan in Dakshineswar als Priester im Kali-Tempel zu bleiben, bis ein Nachfolger gefunden werden konnte.

Die Einweihung erfolgte am 31. Mai 1855 mit großem Pomp. Die Rani gab dafür eine große Geldsumme aus. Viele Gelehrte versammelten sich, von denen manche von weither kamen. Jeder erhielt ein Seidengewand und eine Goldmünze. Die Tempel wurden von unzähligen Lichtern erhellt. Das Singen frommer Lieder dauerte die ganze Nacht über. Hunderte Leute nahmen am *Prasad* teil. Auch Gadadhar besuchte das Fest, nahm aber nichts vom

*Prasad*, sondern kaufte sich auf dem Markt etwas Puffreis, bevor er am Abend ohne seinen Bruder nach Jhamapukur zurückkehrte.

Als Gadadhar am nächsten Tag wieder nach Dakshineswar kam, bat Ramkumar ihn zu bleiben, aber Gadadhar ging nach Jhamapukur zurück. Er wartete dort fast eine Woche und war sehr verstört, als er erkannte, dass sein Bruder nicht mehr zurückkam, sondern in Dakshineswar blieb. Er ging nochmals nach Dakshineswar, fragte nach dem Grund und erfuhr, dass Ramkumar beschlossen hatte, dort den beständigen Dienst als Priester zu übernehmen. Er war zunächst mit der Entscheidung seines Bruders, Priester im Dienst einer *Shudra* zu sein, nicht einverstanden. Er erinnerte ihn daran, dass ihr Vater das nie akzeptiert hätte. Da sie in dieser Sache nicht übereinkamen, wählten sie eine Methode namens Dharmapatra, die in der Landbevölkerung beliebt war. „Ja" und „Nein" werden auf Stücke Papier oder die Blätter eines *Vilvabaums* geschrieben, in einen Topf gegeben und gezogen. Ramkumar zog „Ja", und damit war die Sache zu seinen Gunsten entschieden. Gadadhar akzeptierte die Entscheidung.

# RAMAKRISHNA WIRD TEMPELPRIESTER

MATHUR, DER SCHWIEGERSOHN VON RANI RASMANI

Ramakrishna[1], wir werden Gadadhar fortan bei seinem bekannten Namen nennen, zog zu seinem Bruder nach Dakshineswar, wollte aber nichts vom Essen, das im Tempel gekocht wurde, nehmen, da er es für unrein hielt. Sein Bruder meinte: „Nimm dir ungekochte Lebensmittel aus dem Vorratslager des Tempels und koche sie mit Wasser aus dem Fluss. Du glaubst doch bestimmt, dass der Ganges alles reinigt?" Ramakrishna glaubte das. Lange Zeit kochte er sein eigenes Essen.

Die Atmosphäre in Dakshineswar, die Freundlichkeit der Rani und die Gegenwart der Göttin Kali und des Ganges sagten Ramakrishna allmählich immer mehr zu. Er verehrte zeitlebens den Ganges und sagte: „Das Wasser des Ganges ist rein wie *Brahman*. Selbst ein Unwissender erlangt Hingabe, wenn er an seinem Ufer lebt. Die ganze Gegend, über die der Wind bläst, der mit Partikeln seines Wassers aufgeladen ist, ist heilig, und die Bewohner

---

[1] Es ist nicht gesichert, wie Gadadhar zu diesem Namen kam. Vermutlich wurde er ihm von Mathur, dem Schwiegersohn der Rani, gegeben. Es ist aber auch möglich, dass Totapuri ihm diesen Namen bei seiner Einweihung als *Sannyasin* gegeben hat.

dieser Gegend werden ohne jede Anstrengung spirituell erweckt." Jedes Mal, wenn einer seiner Verehrer sich mit weltlichem Gerede oder weltlichen Leuten befasste, bat ihn Ramakrishna, etwas Gangeswasser zu trinken. Wenn ein Ort von der Berührung eines weltlichen Mannes verunreinigt war, versprengte er etwas Gangeswasser.

Nach der Einweihung des Tempels lebte er einen Monat lang im Tempelbereich, ohne etwas zu tun zu haben oder einen Plan für seine Zukunft. Mathur fühlte sich sehr zu Ramakrishna hingezogen und wollte, dass er Ramkumar assistierte und die Götterfigur kleidete. Er besprach das mit Ramkumar. Der riet ihm jedoch davon ab und erklärte ihm den Geisteszustand seines jüngeren Bruders. Mathur ließ sich aber nicht entmutigen und wartete auf die richtige Gelegenheit.

In dieser Zeit kam Hriday, mit vollem Namen Hridayram Mukhopadhyaya, der Sohn der Cousine von Ramakrishna, auf der Suche nach Beschäftigung nach Burdwan. Er war sechzehn und nur vier Jahre jünger als Ramakrishna. Er blieb einige Zeit in Burdwan, konnte dort aber keine Arbeit finden. Da kam es ihm in den Sinn, er könnte zu seinem Onkel[1] gehen. Also kam Hriday nach Dakshineswar und lebte bei Ramakrishna. Sie kannten sich von Kindheit an und taten fortan fast alles zusammen.

Hriday war groß, stark und furchtlos. Er konnte harte Arbeit verrichten. Zudem mochte er seinen jüngsten Onkel sehr und tat alles, um ihn glücklich zu machen. Er besaß jedoch keinerlei Neigung zur Kontemplation. Während der intensiven Phase von Ramakrishnas *Sadhana* sollte er ihm von enormer Hilfe sein.

Kurz nachdem Hriday gekommen war, nahm Ramakrishna etwas Erde aus dem Flussbett des Ganges und modellierte eine Shiva-Statue, die er dann im Tempelbereich verehrte. Mathur kam zufällig vorbei und war sehr beeindruckt, als er erfuhr, dass Ramakrishna die Statue selbst gemacht hatte. Er bat ihn, sie ihm zu geben, und zeigte sie der Rani, die ebenfalls beeindruckt war.

---

[1] Hridays Mutter war die Tochter von Ramakrishnas Tante (Khudirams Schwester). Dieser Verwandtschaftsgrad wird in Bengalen als „entfernter Neffe" bezeichnet.

Fortan wollte Mathur Ramakrishna mehr denn je daran hindern, Dakshineswar zu verlassen, und ihn zum Tempelpriester machen. Als Ramakrishna von seinem Bruder von der Absicht Mathurs hörte, war er nicht begeistert und ging ihm aus dem Weg. Andererseits gefiel es ihm in Dakshineswar, und er wollte nicht mehr nach Kamarpukur zurück.

Eines Tages sah Mathur Ramakrishna und Hriday von weitem und schickte nach ihm. Ramakrishna war klar, worum er ihn bitten würde, und zögerte. Hriday sagte: „Was ist Schlimmes daran? Es ist gut, von einem großen Mann an solch einem Ort eingestellt zu werden. Warum zögerst du?" Ramakrishna antwortete: „Ich habe keine Lust, mich lebenslang an einen Dienst zu binden. Wenn ich zustimme, die Gottesdienste abzuhalten, bin ich zudem für den Schmuck der Göttin verantwortlich. Das ist eine schwierige Aufgabe. Ich kann das nicht. Aber wenn du diese Verantwortung übernimmst und hierbleibst, habe ich keinen Einwand, den Gottesdienst zu halten." Da Hriday auf der Suche nach Arbeit hergekommen war, stimmte er dem Vorschlag gern zu.

Mathur war mit dem Arrangement einverstanden und bestimmte Ramakrishna dazu, von diesem Tag an die Gottheit im Kali-Tempel zu kleiden, und Hriday sollte ihm und Ramkumar helfen. Ramkumar war sehr froh, dass sein Bruder darauf eingegangen war. All das geschah innerhalb von drei Monaten nach der Einweihung des Tempels.

Wie in anderen Tempeln war es im Radhakanta-Tempel Brauch, die Götterstatuen von Krishna und Radha zwischen den Gottesdiensten ins angrenzende Zimmer ins Bett zu legen. Die Vorstellung ist, dass die Gottheiten nach den Gottesdiensten ausruhen müssen. Am Morgen und um 4 Uhr nachmittags wurden sie wieder für den Gottesdienst auf ihren Thron gestellt. Am Tag nach der Feier von Krishnas Geburtstag im selben Jahr rutschte Kshetranath, der Priester des Radhakanta-Tempels, auf dem Marmorboden aus, als er Krishna zu Bett bringen wollte, da dort Wasser vergossen worden war, und stürzte. Dabei brach ein Bein der Krishna-Statue ab. Das verursachte eine große Aufregung, da es als ein schlechtes Omen für die Familie der Rani verstanden wurde. Eine Statue mit einem gebrochenen Bein konnte nicht verehrt werden. Der arme Kshetranath wurde wegen seiner Unachtsamkeit sofort aus dem Tempeldienst entlassen.

KRISHNA-STATUE IM RADHAKANTA-TEMPEL

Als Rani Rasmani davon erfuhr, war sie sehr verstört. Sie beriet sich mit Mathur und rief die Gelehrten zusammen, um ihren Rat zu erhalten. Nach vielen Debatten kam man überein, dass die Rani die versehrte Statue in den Ganges werfen und eine neue Statue aufstellen lassen musste. Sofort wurde eine neue Statue in Auftrag gegeben. Aber die Rani wollte das Objekt ihrer früheren Verehrung nicht in den Ganges werfen und fragte auf den Vorschlag Mathurs hin schließlich Ramakrishna nach seiner Meinung. Sie hielten Ramakrishna bereits so hoch in Ehren, dass sie ihn trotz seiner Jugend „Vater" nannten.

Als er die ganze Geschichte gehört hatte, dachte er darüber nach und ging in *Samadhi* ein. Dann sagte er: „Ihre Lösung ist lächerlich. Wenn ein Schwiegersohn der Rani sich das Bein bricht, wird sie ihn dann ausmustern und einen anderen an seine Stelle setzen? Würde sie sich nicht vielmehr um seine Behandlung kümmern? Warum sollte man hier nicht dasselbe tun? Die

51

Statue soll repariert und wie zuvor verehrt werden." Als das den Gelehrten mitgeteilt wurde, waren sie verwundert. Es war so einleuchtend und einfach. Sie willigten ein. Die Rani bat Ramakrishna, die Statue zu reparieren. Er tat das so geschickt, dass es nicht zu sehen war. Als die neue Statue geliefert wurde, wurde sie beiseitegestellt.

Da der frühere Priester entlassen worden war, bat Mathur Ramakrishna, den Posten als Priester im Radhakanta-Tempel zu übernehmen. Er war damit einverstanden. Hriday half weiterhin Ramkumar, die Statue der Kali zu kleiden und zu schmücken.

Der Gottesdienst, den Ramakrishna abhielt, unterschied sich sehr von dem der anderen Tempelpriester. Er war völlig darin versunken und sich oft seiner Umgebung nicht gewahr. Wenn er sang, strömten ihm Tränen die Wangen hinunter. Er vergaß die Zeit, saß oft stundenlang bewegungslos da und konnte nur mit Schwierigkeiten zum normalen Bewusstsein zurückgebracht werden.

Ramkumar bereitete seinen Bruder darauf vor, den Dienst im Kali-Tempel zu übernehmen, da er inzwischen in den Fünfzigern war. Er war vor der Zeit gealtert und in schlechter körperlicher Verfassung. Zu dieser Zeit war ein Brahmane aus Kalkutta namens Kenaram Bhattacharya in Dakshineswar, und Ramakrishna ließ sich von ihm für den Dienst für Kali in ein besonderes Mantra einweihen. Kaum hatte er es empfangen, fiel er in Ekstase.

Fortan bat Ramkumar seinen Bruder, gelegentlich den Dienst für Kali zu verrichten, während er den Dienst für Radhakanta übernahm. Eines Tages bat Mathur Ramakrishna, dauerhaft den Dienst im Kali-Tempel zu übernehmen. Ramakrishna wandte ein: „Herr, ich kenne den Ablauf dieses Gottesdienstes nicht. Wie kann ich da die heilige Aufgabe nach den Vorschriften der *Shastras* ausführen?" Aber Mathur meinte nur: „Du brauchst keine Vorschriften der *Shastras* zu beachten. Deine große Verehrung und Ernsthaftigkeit genügen, um die Göttin zufriedenzustellen. Die Mutter wird annehmen, was auch immer du Ihr mit Liebe darbringst. Wegen deiner Hingabe wird Sie sich bestimmt in dieser Statue zeigen." Da erklärte sich Ramakrishna damit einverstanden.

Ramakrishna bekam als Tempelpriester ein Gehalt, doch er war nicht an dem Geld interessiert. Er berichtete aus dieser Zeit: „Als ich einmal in einem gottberauschten Zustand war, wurde ich gebeten, zum Verwalter des Kali-Tempels zu gehen und zu unterschreiben, dass ich mein Gehalt bekommen hatte. Sie machen das hier alle so. Aber ich sagte zum Verwalter: ‚Ich kann das nicht tun. Ich habe um kein Gehalt gebeten. Du kannst es jemand anderem geben, wenn du willst.‘ Ich bin allein der Diener Gottes. Wem sollte ich sonst noch dienen?“[1]

1856 starb Ramkumar unerwartet in einem Ort außerhalb von Kalkutta, wohin er geschäftlich gerufen worden war. Für Ramakrishna war es, als würde er seinen Vater verlieren, denn Ramkumar war etwa einunddreißig Jahre älter gewesen als er.

---

[1] Nikhilananda: Die Botschaft II, S. 15

# DIE GÖTTERWELT RAMAKRISHNAS

Wie wir gesehen haben, lebte Ramakrishna in der Götterwelt seiner Umgebung und seiner Zeit und ging ganz in ihr auf. Für ihn war sie eine Realität, die die Wirklichkeit ausdrückte. Auch später bezog er sich oft auf die Göttergeschichten, um seinen Verehrern einen bestimmten Punkt seiner Lehre zu erklären.

## Kali

Ramakrishna verehrte von allen Göttern die Göttliche Mutter Kali am meisten. Sie wird besonders in Bengalen, aber auch in ganz Indien verehrt.

Kali, wörtlich „die Schwarze" und auch die weibliche Form von Kala (Zeit, ein Name für Shiva), ist im Hinduismus eine bedeutende Göttin der Zerstörung und Erneuerung. Sie ist die Weltenmutter wie auch die Zerstörerin der Welt. Aus ihr entsteht die Welt und geht wieder in sie ein. Die Statue der Göttin wurde bereits beschrieben.

Kali ist die *Shakti* (göttliche Energie) von Shiva und spielt im Shaktismus und Tantrismus eine große Rolle. Sie steht auf der Brust ihres Gemahls Shiva, was sich auf folgende Episode bezieht: Einmal wollte Kali in ihrer Raserei das ganze Weltall vernichten. Da wusste Shiva sich nicht anders zu helfen, als sich auf das Schlachtfeld zu legen, sodass Kali auf ihn treten musste. Das brachte sie wieder zur Besinnung. Sie bereute den Schaden, den sie angerichtet hatte, und streckte aus Schreck und Scham die Zunge heraus. Ihr schrecklicher Aspekt wird auch positiv als Vernichtung des Egos des Menschen gedeutet.

In ihrem persönlichen Aspekt war Kali für Ramakrishna vor allem die Göttliche Weltenmutter, und er selbst betrachtete sich als ihr Kind. Andererseits sah er sie in ihrem unpersönlichen Aspekt als *Shakti* (die Urenergie). So sagte er: „Kali ist nichts anderes als *Brahman*. Was *Brahman* genannt wird, ist in Wirklichkeit Kali. Sie ist die Urenergie. Wenn die Energie inaktiv ist, nenne ich Sie *Brahman*, und wenn Sie erschafft, erhält oder zerstört, nenne ich Sie *Shakti* oder Kali. Was du *Brahman* nennst, nenne ich Kali. *Brahman* und Kali unterscheiden sich nicht voneinander. Sie sind wie das Feuer und seine Brennkraft. Wenn man an Feuer denkt, muss man auch an seine

Brennkraft denken. Wenn man Kali erkennt, muss man auch *Brahman* erkennen. Und wenn man *Brahman* erkennt, muss man Kali erkennen. *Brahman* und Seine Kraft sind identisch. Es ist *Brahman*, den ich *Shakti* oder Kali nenne."[1]

## Rama und Hanuman

Rama ist die siebte Inkarnation Vishnus. Sein Leben wird im Epos *Ramayana* beschrieben. Seine Gemahlin ist *Sita*. *Raghuvir*, die Familiengottheit Ramakrishnas, ist eine Form Ramas.

Sein größter Verehrer und Diener ist der Affengott Hanuman. Hanuman symbolisiert die dienende Liebe zu Gott, auf die Ramakrishna oft Bezug nahm und die er selbst eine Zeit lang ausübte, wobei er sich mit Hanuman identifizierte. So sagte er zu seinen Schülern: „Einmal fragte Rama Hanuman: ‚Als was siehst du Mich?' Hanuman erwiderte: ‚Oh Rama, solange ich das „Ich-Empfinden" habe, sehe ich Dich als das Ganze und mich als einen Teil. Du bist der Herr, und ich bin Dein Diener. Aber wenn ich die Erkenntnis der Wahrheit besitze, oh Rama, dann weiß ich, dass Du ich bist, und dass ich Du bin.' Die Beziehung von Herr und Diener ist die richtige. Da dieses ‚Ich' bestehen bleiben muss, soll der Halunke Gottes Diener sein. ‚Ich' und ‚mein' erzeugen Unwissenheit. ‚Mein Haus', ‚mein Wohlstand', ‚meine Bildung', ‚mein Besitz'. Die Haltung, in der man das sagt, kommt aus der Unwissenheit. Im Gegensatz dazu ist die Haltung, die aus der Erkenntnis kommt: ‚Oh Gott, Du bist der Herr, und alle diese Dinge gehören Dir. Haus, Familie, Kinder, Diener, Freunde gehören Dir.'"[2]

## Shiva

Im Tempelbereich von Dakshineswar gibt es zwölf kleine Shiva-Tempel. Shiva ist der Gemahl Kalis, der Gott der Entsagung und die Hauptgottheit des Shivaismus. Unter der Götterdreiheit Shiva, Vishnu und Brahma ist er der Gott der Zerstörung, Brahma der Gott der Schöpfung und Vishnu der Gott der Erhaltung.

---

[1] Nikhilananda: Die Botschaft II, S. 284 f.
[2] Nikhilananda: Die Botschaft I, S. 150

Shiva an sich spielte bei der Verehrung Ramakrishnas jedoch keine herausragende Rolle.

## Krishna

Krishna ist die achte Inkarnation Vishnus. Er ist der Gott der Liebe, des Schutzes und des Mitleids. Über ihn wird im *Mahabharata*, im *Purana* und in der Bhagavad Gita erzählt.

Ramakrishna liebte besonders die Episoden des jungen Krishna, der als Kuhhirte in Vrindavan lebte, mit den Milchmädchen (*Gopis*) und Hirtenjungen herumtollte und ihre Herzen stahl. Wenn Krishna auf seiner Flöte spielte, ließen sie alles im Stich und kamen zu ihm ans Ufer des Jamuna. Die Haupt-*Gopi* war Radha.

In Indien wird Krishna auf dreierlei Weise verehrt, die seinen verschiedenen Lebensstufen entsprechen: als *Gopala*, das Baby Krishna, als Hirtenjunge, der oft *Govinda* genannt wird und sich mit den *Gopis* vergnügt, und als der reife Krishna, der in der Bhagavad Gita Arjuna belehrt.

### Chaitanya und Nityananda

Chaitanya lebte im 15./16. Jahrhundert in Bengalen. Er war ein *Bhakta* und stellte die Verehrung von Krishna und Radha, das ekstatische Singen ihrer Namen und den Tanz in den Mittelpunkt seiner Frömmigkeit. Sein bekanntester Gefährte war Nityananda. Sie zogen mit ekstatischem Singen und Tanzen mit vielen Verehrern durch die Straßen seines Geburtsorts Navadvip im Distrikt Nadia. Chaitanya hatte viele Schüler und wurde als eine Inkarnation Gottes verehrt.

# GOTTBERAUSCHTHEIT

Ramakrishna widmete sich zwölf Jahre, von 1856 bis 1867, spirituellen Übungen (*Sadhana*) aus verschiedenen Traditionen, bis er alle gemeistert hatte. Danach war er bereit, Schüler zu unterweisen.

Wir können diese zwölf Jahre in drei Perioden aufteilen: Die erste von 1856-1859 war die Periode der Gottberauschtheit. Die zweite von 1860-1863, verbrachte er unter der Führung einer Brahmanin und übte Tantra. Als Drittes folgte die Periode von 1864-1867, in der er vishnuitische Übungen machte, von Totapuri ins *Vedanta* eingeweiht wurde und sich dem Islam und Christentum zuwandte.

In der ersten Periode war Ramakrishna völlig auf sich allein gestellt. Er war zwar von Kenaram Bhattacharya ins *Shakti*-Mantra eingeweiht worden, aber daraufhin war Kenaram spurlos verschwunden. Ramakrishna besaß keine Bücher, die ihn anleiten konnten, und hatte niemanden, um über seine Erfahrungen und Visionen zu sprechen. Seine Einsamkeit und die Angst, dass das Erlebte vielleicht nur eine Selbsttäuschung war, müssen ihn sehr geplagt haben. Erst durch die Brahmanin erfuhr er später, dass seine Erfahrungen tatsächlich in den Schriften beschrieben werden.

Ramakrishna verbrachte seine Tage mit der Verehrung Kalis und dem Singen frommer Lieder im Tempel. Wenn der Tempel zur Mittagszeit oder für die Nacht geschlossen wurde, ging er zum Meditieren in den Dschungel im nördlichen Tempelbereich und kehrte erst am Morgen mit geschwollenen Augen zurück, als hätte er viel geweint.

Hriday bemerkte mit Sorge, dass Ramakrishna, statt nachts zu schlafen, sein Bett verließ und irgendwohin ging. Also beschloss er herauszufinden, was er tat, und die Dinge zu ändern, soweit es in seiner Macht stand.

In jenen Tagen war das Land im nördlichen Tempelbereich voller Gräben und dicht bewachsen, ein Dschungel, durch den kaum die Sonne drang. Dort lag eine einstige moslemische Begräbnisstätte. Die Leute gingen nur selten dorthin, nicht einmal tagsüber, und wenn, dann betraten sie nie den Dschungel. Jeder fürchtete sich vor Geistern. In einer Mulde stand ein großer Amalakabaum. Wenn man unter ihm saß, konnte man von niemandem gesehen werden. Dort saß Ramakrishna in den Nachmittagen und Nächten, um zu meditieren.

Eines Nachts, als Ramakrishna sich dorthin auf den Weg machte, folgte Hriday ihm heimlich und sah ihn in den Dschungel gehen. Er folgte ihm nicht weiter, damit sein Onkel nicht ärgerlich wurde, warf aber einige Steine und Kiesel in seine Richtung, um ihn zu erschrecken. Als er sah, dass das wirkungslos war, kehrte er in sein Zimmer zurück.

DAS PANCHAVATI

Am nächsten Tag fragte er Ramakrishna: „Was tust du, wenn du nachts in den Dschungel gehst?" Ramakrishna erwiderte: „Dort steht ein großer Amalakabaum. Ich setze mich darunter und meditiere über Kali. Solch ein Ort ist für die Meditation sehr geeignet." Nach dem Volksglauben gilt der Amalakabaum als ein wunscherfüllender Baum. Wer unter ihm meditiert, erhält, was er sich wünscht. Für einige Tage wurde Ramakrishna durch Steinwürfe gestört, wenn er unter dem Baum saß. Er wusste, dass es Hriday war, erwähnte es ihm gegenüber aber nie.

Eines Nachts überwand Hriday seine Angst vor dem Dschungel und folgte seinem Onkel, der zu dem Baum gegangen war. Aus der Entfernung sah er, dass Ramakrishna nackt unter dem Baum saß und seine Kleider und die heilige Brahmanenschnur abgelegt hatte. Er war so bestürzt, dass er dachte, sein Onkel sei verrückt geworden. Später stellte er ihn zur Rede und sagte: „Warum hast du die heilige Schnur und die Kleidung abgelegt und sitzt nackt da?" Ramakrishna erwiderte: „Was weißt du schon? Man sollte befreit von allen Bindungen meditieren. Von Geburt an müht sich der Mensch unter den acht Fesseln von Hass, Angst, Scham, Abneigung, Egoismus, Eitelkeit, Stolz auf die Herkunft und äußerem Wohlverhalten. Auch die heilige Schnur ist eine Bindung, da sie einen selbstherrlich empfinden lässt: ‚Ich bin ein Brahmane und allen überlegen.' Wenn man die Mutter anruft, sollte man all diese Bindungen ablegen und Sie mit einem konzentrierten Geist anrufen. Deshalb habe ich das alles abgelegt. Ich lege es wieder an, wenn ich am Ende meiner Meditation zurückkomme."

Schließlich sagte Ramakrishna zu Hriday, er wolle an diesem Ort ein Panchavati anlegen, eine Gruppe von fünf heiligen Bäumen.[1]

Hriday berichtete: „Der kleine Teich in der Nähe des Panchavati, der Enten-teich heißt, war ausgehoben und das Stück Land daneben mit dem Schlamm aus diesem Teich aufgefüllt worden, um es zu ebnen. Auch der Amalaka-baum, unter dem der Meister immer meditierte, war zerstört worden." Ramakrishna pflanzte einen Feigenbaum und hieß Hriday, einen Banyan, Ashoka, *Vilva* und Amalaka zu pflanzen. Er pflanzte auch Setzlinge des heiligen Basilikums (Tulsi) und Aparajita-Kletterpflanzen und umgab den Ort mit einer Hecke. Doch wie in jeder anderen Tempelanlage wanderten die Kühe frei im Tempelbereich umher und weideten die Hecke ab. Ramakrishna erkannte, dass er sie durch einen Zaun schützen musste. Es wird erzählt, dass die Flut des Ganges alles für einen Zaun Notwendige heranspülte – einige

---

[1] Ein Panchavati ist ein Hain aus fünf (pancha) heiligen Bäumen, der zur Meditation bestimmt ist. Die Bäume sind: ein Asvatthabaum (eine Art Feigenbaum), ein *Vilva-baum*, dessen Blätter für die Verehrung von Shiva benutzt werden, ein Amalaka-baum (der wunscherfüllende Baum), ein Ashokabaum (ein blühender Baum, unter dem der Legende nach *Sita* in Ceylon in der Zeit ihrer Entführung durch den Dämon *Ravana* gelebt hatte) und ein Banyanbaum (ein mächtiger Baum mit hängenden Wurzeln, der oft in der Mitte der Dörfer in Südostasien zu finden ist). Nach dem Skanda Purana müssen diese Bäume in einer festgelegten Anordnung gepflanzt werden – der Feigenbaum im Osten, der *Vilvabaum* im Norden, der Banyanbaum im Westen, der Amalakabaum im Süden und der Ashokabaum im Südosten. In der Mitte muss ein Altar aufgestellt werden.

Mangrovenpfähle, ein Seil aus Kokosfasern und sogar ein Hackbeil. Ramakrishna und einer der Tempelgärtner machten einen Zaun daraus.

Wenn Ramakrishna den Gottesdienst für Kali feierte, vergaß er sich völlig. Nachdem er der Mutter gekochte Nahrung dargebracht hatte, bat er sie, sie anzunehmen. Am Morgen verbrachte er lange Stunden damit, die Göttin mit Girlanden zu schmücken, deren Blumen er selbst gepflückt hatte. Am Nachmittag war er manchmal so versunken und von spirituellen Gefühlen überwältigt, während er für die Mutter sang, dass er vergaß, den Abendgottesdienst mit Nahrungsopfern zu feiern, und daran erinnert werden musste. Am Abend war er lange damit beschäftigt, mit einem Herzen voller liebender Hingabe das *Arati* zu feiern.

*Ramprasad* (18. Jh.) und Kamalakantha (18./19. Jh.) waren zwei bekannte Dichter Bengalens, die gefühlvolle Lieder für die Göttin Kali komponiert hatten, die von der Bevölkerung gern gesungen wurden. Viele von ihnen wurden im Gospel überliefert. Ramakrishna liebte diese Lieder und sang sie oft, wobei er in Ekstase geriet. Ihre Innigkeit öffnete sein Herz, und er weinte wie ein Kind, wenn er von der Trennung von der Göttlichen Mutter sang. Er liebte unter anderem folgendes Lied von *Ramprasad*:

> Wer kann verstehen, was Mutter Kali ist?
> Selbst die sechs *Darsanas* können Sie nicht enthüllen.
> Die Schriften sagen: Sie ist das innere Selbst
> des Yogis, der im Selbst all seine Freude entdeckt.
> Sie wohnt in jedem Lebewesen, weil Sie es will.
>
> Der Makrokosmos und der Mikrokosmos ruhen im Schoß der Mutter.
> Siehst du jetzt, wie unermesslich er ist?
> Im *Muladhara* meditiert der Yogi über Sie und im *Sahasrara*.
> Wer außer Shiva hat Sie gesehen, wie Sie wirklich ist?
> In der Wildnis des Lotus spielt Sie neben Ihrem Gefährten, dem Schwan.[1]
>
> Wenn der Mensch danach strebt, Sie zu verstehen,
> muss *Ramprasad* lächeln.
> „Zu glauben, man erkenne Sie", sagt er,
> „ist ebenso lächerlich wie sich vorzustellen,

---

[1] Shiva, dem Absoluten

man könnte über das grenzenlose Meer schwimmen."
Aber ach, obwohl mein Geist es verstanden hat,
hat es mein Herz nicht begriffen.
Obwohl es nur ein Zwerg ist,
strebt es immer noch danach, den Mond zu fangen.

Ramakrishna steigerte sich immer mehr in die Sehnsucht nach der Göttlichen Mutter hinein und vernachlässigte seinen Körper völlig. Er berichtete über diese Zeit: „Da sich keiner um die Reinigung des Körpers kümmerte, wurden die Haare auf dem Kopf lang und durch Dreck und Staub verfilzt. Während der Meditation wurde der Körper bewegungslos wie ein Baumstamm. Da die Vögel dachten, er sei ein bewegungsloses Ding, kamen sie und setzten sich ohne zu zögern auf den Kopf und wühlten den Staub auf der Suche nach Reiskörnern auf. Wenn ich wegen der Trennung vom göttlichen Herrn ungeduldig wurde, rieb ich mein Gesicht so heftig am Boden, dass es verschnitten und verschrammt wurde und an vielen Stellen blutete. Ich wusste nicht, wie der ganze Tag mit Gebet, Meditation, frommen Übungen, Selbstaufopferung und so fort verging. Wenn dann gegen Abend die Muschelhörner geblasen und die Glocken geläutet wurden, dachte ich, dass der Tag zu Ende war. Ein weiterer Tag war vergeblich vergangen, und ich hatte die Mutter noch nicht gesehen. Ich wurde von großer Sorge ergriffen, die das Herz so unruhig machte, dass ich nicht länger stillbleiben konnte. Ich warf mich heftig zu Boden und sagte: ‚Mutter, Du hast Dich mir noch nicht gezeigt!' Ich erfüllte alle Viertel mit Jammern und kämpfte wegen des Schmerzes. Die Leute sagten: ‚Er hat eine Kolik und weint deshalb so sehr vor Schmerzen.'"[1]

In anderer Stimmung saß er vor der Statue von Kali und sagte: „Bist Du wirklich, Mutter, oder ist alles nur eine Einbildung – reine Dichtung ohne Wirklichkeit? Wenn Du existierst, warum kann ich Dich dann nicht sehen? Ist Religion nur eine Fantasie, ein bloßes Wolkenschloss?" Dann erinnerte er sich wieder an *Ramprasad* und andere Verehrer, die Gott in ihrem Leben gesehen hatten, und sagte zu sich: „Sie kann nicht bloß menschliche Einbildung sein. Es gibt Menschen, die Sie tatsächlich gesehen haben. Warum kann ich Sie dann nicht sehen? Das Leben vergeht. Ein Tag folgt

---

[1] Saradananda: Great Master I, S. 181 f.

unwiederbringlich dem anderen. Täglich werde ich so näher zum Tod gezogen. Aber wo ist meine Mutter? Die Schriften sagen, dass es in diesem Leben nur eins zu suchen gibt, und das ist Gott. Ohne Ihn ist das Leben unerträglich, ein Hohn. Wenn Gott erkannt wird, hat das Leben eine Bedeutung, ist eine Freude, ein wahrer Garten der Leichtigkeit. Deshalb entsagen ernsthafte Verehrer der Welt im Streben nach Gott und opfern ihr Leben. Was ist dieses Leben wert, wenn ich mich Tag für Tag durch eine miserable Existenz schleppen muss, ohne diese ewige Quelle der Unsterblichkeit und Seligkeit anzuzapfen?"[1]

Seinen Schülern erzählte er später: „Oh, durch welche Tage des Leidens ging ich! Ihr könnt euch meine Qual wegen der Trennung von der Mutter nicht vorstellen. Das war nur natürlich. Nehmt einmal an, in einem Zimmer gibt es einen Sack mit Gold. Ein Dieb ist im Zimmer nebenan, und nur eine Trennwand liegt zwischen ihnen. Kann er friedlich schlafen? Wird er nicht umherrennen und versuchen, gewaltsam die Mauer niederzureißen, um an das Gold zu gelangen? So war mein Zustand. Ich wusste, dass mir die Mutter, die voller unendlicher Seligkeit ist, mit der verglichen aller irdischer Besitz bedeutungslos ist, ganz nahe war. Wie konnte ich mit irgendetwas anderem zufrieden sein? Ich musste Sie suchen. Ich wurde verrückt nach Ihr."[2]

Das alles blieb nicht ohne Wirkung auf seinen Körper. Sein Bedarf an Nahrung und Schlaf nahm ab. Da das Blut in seinem Körper durch seine Aufgeregtheit immer schnell in seine Brust und sein Gehirn strömte, war seine Brust immer rot, und seine Augen füllten sich manchmal plötzlich mit Tränen. Da er sich beständig nach der göttlichen Vision sehnte, war er ruhelos, außer wenn er meditierte. Er sagte später darüber: „Mein Herz erlitt unerträgliche Qualen, weil ich Ihre Vision nicht haben konnte. Wie ein Mann gewaltsam ein Handtuch auswringt, um alles Wasser aus ihm herauszupressen, so fühlte ich, als hätte jemand mein Herz und meinen Geist ergriffen und wrang sie aus. Ich litt sehr unter dem Gedanken, dass ich nie die Vision der Mutter haben würde. Ich dachte, solch ein Leben zu leben sei sinnlos. Da fielen meine Augen plötzlich auf das Schwert, das im Tempel der Mutter aufbewahrt wurde. Ich entschloss mich, damit sofort mein Leben zu

---

[1] Nikhilananda: Life of Sri Ramakrishna, S. 57 f.
[2] ders., S. 58

beenden. Wie ein Verrückter sprang ich auf und ergriff es, als ich plötzlich die wundervolle Vision der Mutter hatte und bewusstlos zu Boden fiel. Ich wusste nicht, was in der äußeren Welt geschah, wie dieser Tag und der nächste vergingen. Aber im Innersten meines Herzens war ein fließender Strom intensiver Seligkeit, wie ich ihn nie zuvor erlebt hatte, und ich erkannte sofort das Licht, das die Mutter ist."[1]

Ein andermal beschrieb er diese wundervolle Vision folgendermaßen: „Es war, als wären die Häuser, Türen, Tempel und alle anderen Dinge völlig verschwunden, als ob nirgends irgendetwas sei. Was ich sah, war ein grenzenloses, unendliches kosmisches Meer von Licht. Wie weit und in welche Richtung ich auch blickte, ich sah eine beständige Abfolge von leuchtenden Wellen, die von allen Seiten mit großer Geschwindigkeit heranbrausten und tobten. Bald überschwemmten sie mich und ließen mich in die unergründliche Tiefe der Unendlichkeit versinken. Ich keuchte und kämpfte und verlor alles äußere Bewusstsein."[2] Als er wieder zu sich kam, wiederholte er nur mit einer von Gefühlen erstickten Stimme das Wort „Mutter".

Ramakrishna verhielt sich zunehmend seltsamer. Manchmal brachte er der Weltenmutter vor, anstatt während des Gottesdienstes Essen dar oder schmückte sich selbst mit Blumen, Sandelpaste und anderem anstatt die Göttin, da er sich keines Unterschieds zwischen ihr und sich bewusst war und sie sowohl in sich als auch außerhalb von sich wahrnahm. Wenn diese Erfahrung nachließ, erfüllte ihn das mit dem Schmerz der Trennung, und er warf sich nieder, rieb sein Gesicht am Boden und jammerte laut. Sein Atem hörte fast auf, und er verletzte sich, ohne es zu bemerken. Wenn er danach die Vision der Mutter erhielt, leuchtete sein Gesicht vor Freude, und er wurde zu einer völlig anderen Person. Er sprach oft mit der Kali-Statue im Tempel und hatte viele Visionen. Er sehnte sich nach der beständigen Vision der Mutter, denn es blieb immer noch der Zweifel, ob das, was nicht beständig war, auch wahr sein konnte. Manchmal dachte er, dass die Göttin verspielt sei und sich deshalb manchmal zeige und manchmal nicht. Wie ein Kind übergab er sich völlig ihrem Willen und sagte zu ihr: „Oh Mutter, ich habe bei Dir meine Zuflucht genommen. Lehre mich, was ich tun oder sagen

---

[1] Saradananda: Great Master I, S. 162 f.
[2] ders., S. 163

soll. Dein Wille steht über allem und ist zum Wohl Deiner Kinder. Lass mein Ich in Deinen Willen eingehen und mach mich zu Deinem Instrument."

Er berichtete aus dieser Zeit: „Kaum hatte ich mich zur Meditation hingesetzt, hörte ich ein klickendes Geräusch von meinen Beinen aufwärts, das die Gelenke meines Körpers hervorbrachten. Ein Gelenk nach dem anderen wurde verschlossen, als würde jemand innen den Schlüssel umdrehen. Solange ich meditierte, hatte ich keine Kraft, meinen Körper zu bewegen und meine Position nur im Geringsten zu verändern oder mit der Meditation aufzuhören und anderswo hinzugehen oder nach Belieben etwas anderes zu tun. Es war, als wäre ich gezwungen, in derselben Position dazusitzen, solange die Gelenke nicht wieder klickten wie zuvor und aufgeschlossen wurden, diesmal vom Kopf zu den Beinen abwärts.

Wenn ich mich zur Meditation hinsetzte, hatte ich zu Beginn die Vision von Lichtpartikeln wie eine Gruppe von Glühwürmchen. Manchmal sah ich alles von nebligem Licht verhüllt, und zu anderen Zeiten, dass alle Dinge von hellen Lichtwogen wie geschmolzenem Silber durchdrungen waren. Ich sah das manchmal mit geschlossenen und manchmal mit offenen Augen. Ich verstand nicht, was ich sah, noch wusste ich, ob es gut oder schlecht war, solche Visionen zu haben. Deshalb betete ich mit unruhigem Herzen zur Mutter: ‚Mutter, ich verstehe nicht, was mit mir geschieht. Ich kenne keine Mantras und anderes, mit denen ich Dich anrufen kann. Bitte lehre mich, was mich befähigen kann, Dich zu erkennen. Mutter, wer wird mich belehren, wenn Du es nicht tust? Denn es gibt für mich keine andere Zuflucht als Dich.' So betete ich mit konzentriertem Geist und weinte erbärmlich wegen des Verlangens meines Herzens."[1]

Mit seiner zunehmenden Erkenntnis wurde seine Schau der Mutter beständiger. Die Steinstatue Kalis verschwand vor seinen Augen, und die lebende Mutter stand vor ihm, die ihn anlächelte, segnete und ihm Wohltaten gewährte. Ramakrishna berichtete: „Ich brachte meine Handfläche in die Nähe ihrer Nasenlöcher und spürte, dass die Mutter tatsächlich atmete. Ich beobachtete alles sehr genau, aber ich konnte nachts im Licht der Lampe nie den Schatten der göttlichen Person der Mutter an der Tempelwand sehen. Von meinem Zimmer aus hörte ich das Klimpern der Fußkettchen der

---

[1] ders., S. 164 f.

Mutter, wenn Sie wie ein glückliches junges Mädchen die Treppe hinaufging. Ich ging hinaus, um es zu überprüfen, und sah Sie mit zerzaustem Haar auf der Veranda der nächsten Etage des Tempels stehen und auf Kalkutta und dann auf den Ganges blicken."[1]

Einmal hatte er das Verlangen, die Kraft der Täuschung der Weltenmutter zu sehen, ihr Spiel bei der Schöpfung, Erhaltung und Zerstörung. Daraufhin hatte er die Vision von einer Frauengestalt von äußerster Schönheit, die aus dem Wasser des Ganges auftauchte und würdevoll ins Panchavati ging. Je näher sie kam, desto mehr schritt ihre Schwangerschaft voran. Wenige Minuten später gebar sie ein schönes Kind und stillte es zärtlich. Im nächsten Augenblick jedoch sah er, wie dieselbe Frauengestalt sich in eine grausame und furchterregende Erscheinung verwandelte, das Baby in den Mund nahm und es verschlang. Dann ging sie wieder in den Fluss zurück, wo sie verschwand.

Ramakrishna gab sich nicht mit der Vision der Göttlichen Mutter zufrieden, sondern strebte weiter. Er fühlte sich natürlicherweise zu seiner Familiengottheit *Raghuvir* hingezogen. Er wollte wie Hanuman, der Affenhäuptling im *Ramayana*, Ramas Diener sein und übte *Sadhana*, indem er Hanuman nachmachte. Ramakrishna berichtete: „Damals musste ich wie Mahavir (Hanuman) gehen, essen und alles andere tun. Ich tat es nicht von mir aus, sondern es geschah von selbst. Ich band meine Kleidung um die Taille, sodass es wie ein Schwanz aussah, und ging springend umher. Ich aß nur Obst und Wurzeln, die ich nicht mochte, wenn sie geschält waren. Ich verbrachte viel Zeit auf Bäumen und rief immer mit hoher Stimme: ,*Raghuvir, Raghuvir*!' Meine Augen nahmen einen rastlosen Ausdruck an wie die der Tiere dieser Art, und es ist seltsam zu sagen, dass das untere Ende des Steißbeins sich damals um zwei Zentimeter verlängerte."[2]

Auch als er diese Art *Sadhana* ausübte, hatte er Visionen und Erfahrungen, die sich jedoch sehr von seinen vorigen unterschieden. Schließlich hatte er eine spontane Vision von *Sita*, der göttlichen Gemahlin Ramas, als er im Panchavati saß. Sie kam in einer strahlenden Gestalt auf ihn zu und ging in ihn ein. Dabei sagte sie, sie würde ihm ihr Lächeln schenken. Überwältigt

[1] ders., S. 166
[2] ders., S. 182 f.

von Freude und Staunen verlor er das Bewusstsein und fiel zu Boden. Er berichtete: „Ich hatte zuvor keine derartige Vision, ohne dass ich meditierte. Das war die erste Vision dieser Art." Sein Lächeln war immer lieblich.

Ramakrishna machte teils extreme Übungen. Um sich die Bedeutungslosigkeit des Geldes in Bezug auf die Erkenntnis Gottes klarzumachen, nahm er einige Münzen in die eine Hand und etwas Erde in die andere und wiederholte: „Rupie – Erde, Erde – Rupie", was so viel bedeutet, dass beides gleich wertlos ist, was die Erkenntnis Gottes betrifft. Dann warf er beides in den Ganges. Um Stolz und Egoismus völlig auszulöschen und die Überzeugung zu erlangen, dass er nicht überlegen war, aß er die Reste von den Tellern der Armen, die im Kali-Tempel zu essen erhielten, und reinigte den Ort, wo sie gegessen hatten. Um seine Abneigung gegen ekelhafte Objekte zu überwinden, betrachtete er Kot und Sandelpaste als gleichwertig, insofern beides Produkte der fünf Elemente sind. Er ging so weit und berührte gleichmütig die Fäkalien anderer mit seiner Zunge. Er betrachtete alles, Dinge und Menschen, vom Grashalm bis hin zum Schöpfergott Brahma, als eine Manifestation der Göttlichen Mutter.

Er berichtete auch von folgender Erfahrung: „Eines Tages, als ich im Panchavati saß, sah ich eine pechschwarze Person mit roten Augen und einem abscheulichen Aussehen, die wie ein Trinker torkelte, aus diesem (auf seinen Körper zeigend) herauskommen. Sie ging vor mir her. Dann sah ich eine andere Person mit ruhigem Gebaren in einem ockerfarbenen Gewand, mit einem Dreizack in der Hand auf ähnliche Weise aus meinem Körper herauskommen. Sie griff die andere Person heftig an und tötete sie. Das brennende Empfinden im Körper hörte für kurze Zeit auf, nachdem ich diese Vision hatte. Ich litt sechs Monate lang beständig an diesem brennenden Gefühl."[1]

Dann wiederum sah er einen jungen *Sannyasin* aus sich herauskommen, der ihm genau glich und ihn in allem unterwies. Wenn er einen Wunsch hegte, eine Götterstatue an einem fernen Ort zu verehren oder am Singen bei den Gottesdiensten an fernen Orten teilzunehmen, sah er den jungen *Sannyasin*

---

[1] ders., S. 172. Diese pechschwarze Person nannte er den Papa-Purusha. Er symbolisiert die verkörperte Sünde oder den eigenen Schatten, der in jedem Menschen wohnt und besiegt werden muss.

in strahlender Gestalt aus seinem Körper herauskommen, zu den Orten reisen und wieder in seinen grobstofflichen Körper zurückkehren.

Die Vision von dem jungen *Sannyasin* in seinem Körper hatte Ramakrishna fast von Beginn seines *Sadhanas* an. Er gewöhnte sich allmählich daran, sich bei allen Handlungen von seinem Rat leiten zu lassen. Er sagte: „Die Gestalt eines jungen *Sannyasin*, der wie ich aussah, kam immer wieder aus mir heraus und unterwies mich in allen Dingen. Wenn er auftauchte, war ich manchmal etwas bei Bewusstsein und verlor es zu anderen Zeiten völlig, lag regungslos da und nahm nur seine Handlungen und Worte wahr. Ich kam erst zum völligen äußeren Bewusstsein, wenn er wieder in den grobstofflichen Körper einging. Als die Brahmanin, Totapuri und andere kamen, lehrten sie mich, was ich schon zuvor von ihm gehört hatte und bereits wusste. Es scheint mir, dass sie als Gurus in mein Leben traten, damit die Autorität der Schriften gewahrt bliebt, indem ich ihre Anweisungen befolgte. Es kann kein anderer Grund gefunden werden, dass der ‚Nackte‘ (Totapuri) und andere (von mir) als Gurus akzeptiert wurden."[1]

Hriday beobachtete besorgt seinen Onkel. Auch Rani Rasmani und ihr Schwiegersohn Mathur waren alarmiert. Mathur ließ ihn von Kaviraj Ganga Prasad Sen, einem bekannten Arzt aus Kalkutta, behandeln, doch es stellte sich keine Linderung ein. Er ermahnte Ramakrishna, seine Gefühle unter Kontrolle zu halten und sich normal zu verhalten, und meinte: „Gott muss sich an Seine eigenen Gesetze halten. Er hat nicht die Macht, sie zu überschreiten." Doch Ramakrishna entgegnete: „Was für eine absurde Einstellung! Derjenige, der ein Gesetz gemacht hat, kann es aufheben, wenn er will, oder ein neues Gesetz machen." „Wie ist das möglich?", entgegnete Mathur. „Eine Pflanze, die nur rote Blüten hervorbringt, kann keine andersfarbigen Blüten hervorbringen, zum Beispiel weiße, denn das ist das Gesetz. Ich möchte einmal sehen, dass Gott weiße Blüten an einer Pflanze hervorbringt, die nur rote Blüten trägt." „Auch das kann Er tun, denn alles hängt von Seinem Willen ab", antwortete Ramakrishna. Mathur war nicht überzeugt, doch am nächsten Tag fand Ramakrishna im Tempelgarten eine China-Rose mit zwei Blüten am selben Stängel. Eine war rot und die andere schneeweiß. Er brach sie ab und zeigte sie Mathur.

---

[1] ders., S. 194 f.

Die Rani und Mathur machten seine sexuelle Enthaltsamkeit für sein verrücktes Benehmen und seine schlechte Gesundheit verantwortlich. Sie dachten, dass er wieder gesund werden würde, wenn diese Enthaltsamkeit gebrochen würde. Also versuchten sie mit den besten Absichten, ihn durch schöne Mädchen in Versuchung zu führen, zuerst mit zwei in Dakshineswar und später mit mehreren in einem Haus in Mechuabazar in Kalkutta. Ramakrishna sah jedoch die Göttliche Mutter in diesen Frauen und wiederholte: „Mutter, Mutter", wobei er das Bewusstsein verlor. Die Frauen waren sehr bewegt und baten ihn um Verzeihung, dass sie versucht hatten, ihn zu verführen.

Leute, die zur Zeit des Gottesdienstes in den Kali-Tempel kamen, sahen alles mit eigenen Augen und beschwerten sich bei den Beamten. Diese kamen dann in den Tempel, um sich selbst ein Bild zu machen. Doch da Ramakrishnas Handlungen ihnen auch Ehrfurcht einflößten, wagten sie nicht, sich einzumischen. Sie berieten sich untereinander und kamen zu dem Schluss, dass Ramakrishna verrückt geworden oder von einem Geist besessen sei. Sie betrachteten seinen Gottesdienst als wertlos, da er nicht den Regeln entsprach, und schrieben Mathur, der sich in Janbazar aufhielt, einen ausführlichen Bericht. Er schrieb zurück, er würde sich bald persönlich darum kümmern. Sie sollten ihn seinen Gottesdienst auf seine Weise feiern lassen und ihn nicht stören, bis er käme.

Bald darauf kam Mathur unerwartet während eines Gottesdienstes in den Kali-Tempel und beobachtete genau, was Ramakrishna tat. Dieser bemerkte ihn nicht. Mathur war sehr betroffen von Ramakrishnas echter Hingabe an die Göttliche Mutter und fühlte, dass er wirklich gesegnet worden war und ihre Gnade erlangt hatte. Er empfand, dass seine Verehrung echt war. Er kehrte nach Hause zurück, ohne den Tempelbediensteten etwas zu sagen. Am nächsten Tag erhielt der höchste Tempelbeamte den Befehl: „Stört den Bhattacharya (Lehrer) nicht in seinem Gottesdienst, gleichgültig, auf welche Weise er ihn ausführt."

Mathur erzählte der Rani davon. Die fromme Rani freute sich darüber. Sie kam in den Tempel von Dakshineswar, hörte den Liedern zu, die Ramakrishna sang, und wurde ihm sehr zugetan. Sie erkannte, dass es für ihn möglich war, die Gnade der Weltenmutter zu erlangen.

Eines Tages badete die Rani im Ganges und ging anschließend in den Tempel, um die Göttliche Mutter zu verehren. Doch während sie äußerlich mit ihrer Andacht beschäftigt war, dachte sie über einen Rechtsfall nach. Ramakrishna sang auf ihren Wunsch fromme Lieder. Er war in Ekstase. Er erriet, in welchem Geisteszustand sie war, und schlug sie mit der Hand, wobei er ausrief: „Ach, selbst hier dieser Gedanke!" Die Rani war reumütig. Doch es herrschte sofort ein großer Aufruhr. Die Dienerinnen der Rani schrien um Hilfe. Der Torhüter und verschiedene Tempelbeamte kamen herbeigeeilt, bereit, Ramakrishna zu ergreifen und aus dem Schrein hinauszubringen. Sie warteten nur auf den Befehl der Rani. Aber die Rani sagte ruhig: „Es ist nicht seine Schuld. Lasst ihn in Ruhe." Als ihre Dienerinnen sich über seine Unverschämtheit beschwerten, sagte sie ernst: „Ihr versteht es nicht. Es war die Göttliche Mutter, die mich bestraft und mein Herz erleuchtet hat." Und sie verbot ihnen, das Thema jemals wieder zu erwähnen.

Mathur ließ zu, dass Ramakrishna irgendwie den Tempelgottesdienst feierte, bis sich bei ihm diese extremen Zustände einstellten, in denen er dazu nicht mehr in der Lage war, und er die Rani schlug. Er hatte gemischte Gefühle. Einerseits dachte er, sein Verhalten sei nicht geisteskrank, sondern im Gegenteil sehr gesund, andererseits hielt er ihn für einen Exzentriker, den man vor sich selbst beschützen musste. Hriday und ein anderer Brahmane übernahmen fortan die Tempelpflichten für ihn. Als klar wurde, dass eine schnelle Genesung nicht möglich war, benachrichtigte Hriday Ramakrishnas Mutter und seinen Bruder in Kamarpukur.

# HALADHARI

1858 stellte Mathur Ramtarak Chattopadhyaya, einen älteren Cousin Ramakrishnas, der auf der Suche nach Arbeit zum Tempel gekommen war, als Priester für den Kali-Tempel ein, während Hriday für den Radhakanta-Tempel zuständig war. Ramakrishna nannte Ramtarak Haladhari. Haladhari war ein Gelehrter, dem die Rituale der Schriften wichtig waren. Obwohl er eigentlich ein Vishnu-Verehrer war, zögerte er nicht, auf Bitte Mathurs den Gottesdienst für die Göttliche Mutter zu übernehmen. Doch als strenger Brahmane wollte er wegen der niederen Kaste der Rani kein gekochtes Essen vom Tempel zu sich nehmen. Mathur war damit einverstanden, Haladhari mit Lebensmitteln zu versorgen, sodass er selbst kochen konnte, machte ihn aber darauf aufmerksam, dass sowohl Ramakrishna als auch Hriday immer vom Tempel-*Prasad* nahmen. Haladhari antwortete: „Mein Cousin ist in einem erhabenen spirituellen Zustand. Er kann machen, was er will. Aber ich habe diesen Zustand noch nicht erreicht und muss mich an meine Kastenregeln halten."

Haladhari war stolz, und der Umgang mit ihm war schwierig. Ramakrishna war sich dessen bewusst, sprach aber oft warm von Haladhari, trotz der Spannungen, die oft zwischen ihnen herrschten.

Es war üblich, Kali zu den Festen Tieropfer darzubringen[1], doch Haladhari konnte es nicht ertragen. Er fand es grausam und widerlich. Anscheinend hatte er eine Vision der Göttin, die sein Tieropfer nicht annahm, weil er es nur halbherzig ausgeführt hatte, und ihm ankündigte, dass sein Sohn deshalb bald sterben würde. Einige Tage später erhielt er tatsächlich die Nachricht vom Tod seines Sohnes. Er informierte Ramakrishna über alles. Fortan übernahm Hriday wieder den Gottesdienst für Kali und Haladhari den im Radhakanta-Tempel.

Es stellte sich heraus, dass Haladhari heimlich einem Tantrakult anhing und übersinnliche Fähigkeiten besaß. Das Geheimnis drang an die Öffentlichkeit. Die Tempelbeamten flüsterten und scherzten darüber, aber sie wagten nicht, offen darüber zu sprechen, weil sie sich vor Haladhari fürchteten.

---

[1] Ramakrishna erhob gegen die Tieropfer keine Einwände, konnte aber den Anblick nicht ertragen und wohnte ihnen nicht bei.

Sobald Ramakrishna davon hörte, sprach er Haladhari auf seine direkte Art an. Haladhari wurde zornig und rief: „Du bist mein Cousin und jünger als ich. Wie kannst du es wagen, mich zu kritisieren! Blut soll aus deinem Mund kommen!" Ramakrishna versuchte, Haladhari zu beruhigen, indem er sagte, er wolle ihn nur warnen, aber Haladhari nahm seinen Fluch nicht zurück.

Eines Abends, kurz nachdem Haladhari ihn verflucht hatte, kam tatsächlich Blut aus Ramakrishnas Mund. Er beschrieb es folgendermaßen: „Die Farbe des Blutes war wie der Saft der Kidneybohnenblätter und so dick, dass nur ein wenig davon zu Boden tropfte. Der Rest hing geronnen von meinen Lippen herunter wie die Luftwurzeln des Banyanbaumes. Ich versuchte, die Blutung zu stoppen, indem ich ein Ende meiner Kleidung auf den Gaumen drückte, aber es hörte nicht auf. Als ich das sah, bekam ich Angst. Viele Leute versammelten sich um mich. Haladhari feierte den Gottesdienst im Tempel, als er davon erfuhr. Er hatte Angst und kam so schnell er konnte zu mir heraus. Als ich ihn sah, sagte ich mit Tränen in den Augen zu ihm: ‚Cousin, sieh her, was du mit deinem Fluch angerichtet hast!' Als er meinen Zustand sah, begann auch er zu weinen.

Glücklicherweise war an diesem Tag ein *Sadhu* zum Kali-Tempel gekommen, ein guter Mann. Er untersuchte die Farbe meines Blutes und den Teil meines Mundes, aus dem es kam, und sagte: ‚Habe keine Angst. Es ist sehr gut, dass du so blutest. Ich sehe, dass du Hatha-Yoga geübt hast. Dadurch hat sich die *Sushumna* geöffnet, und das Blut ist in deinen Kopf geströmt. Glücklicherweise hat dieses Blut einen Weg durch deinen Gaumen gefunden, sonst wärst du in *Nirvikalpa Samadhi* eingegangen und nie wieder zum gewöhnlichen Bewusstsein zurückgekehrt. Die Göttliche Mutter muss mit deinem Körper einen bestimmten Zweck verfolgen. Ich glaube, deshalb hat Sie ihn bewahrt.' Als ich diese Worte des heiligen Mannes hörte, war ich beruhigt und in Frieden."[1]

Tatsächlich hatte Ramakrishna von einem der Gelehrten, die nach Dakshineswar gekommen waren, Hathayoga gelernt und Übungen gemacht, die die *Kundalini* erwecken. Er hat seine künftigen Schülern jedoch nie Hathayoga gelehrt.

---

[1] Isherwood: Ramakrishna, S. 76 f.

Haladhari kritisierte seinen jüngeren Cousin oft, weil er die Riten nicht befolgte, seine Brahmanenschnur nicht trug und sich nicht um seine Kleidung kümmerte. Einerseits bedauerte er ihn und hielt ihn von einem Geist besessen, andererseits bewunderte und verehrte er ihn.

Da Ramakrishna alle Menschen als Gott betrachtete, aß er etwas von dem *Prasad* der armen Leute, die in den Tempel kamen, das sie übrig gelassen hatten. Haladhari ärgerte sich darüber und sagte: „Was machst du da? Du hast das Essen der Unreinen berührt! Du hast deine Kaste verloren! Welcher Brahmane wird jetzt noch eine seiner Töchter mit dir verheiraten?" Ramakrishna antwortete: „Du Schuft! Sagst du nicht selbst, dass die *Shastras* vorschreiben, alle Lebewesen als *Brahman* und die Welt als unwirklich zu betrachten? Glaubst du, ich soll wie du sagen, dass die Welt unwirklich ist, und zugleich Kinder zeugen? Ich pfeife auf deine Schriftkenntnis!"

Es gab viele Diskussionen zwischen den beiden. Der kindliche Ramakrishna war manchmal über die Gelehrsamkeit seines Cousins verwirrt und rannte zur Göttlichen Mutter, um sie nach ihrer Meinung zu fragen.

Er erzählte auch folgende Geschichte über Haladhari: „Einmal kam ein Heiliger ans Ufer des Ganges und lebte beim Bade-Ghat in Ariadaha, nicht weit von Dakshineswar entfernt. Wir wollten ihn besuchen. Ich sagte zu Haladhari: ‚Krishnakishore und ich wollen einen Heiligen besuchen. Kommst du mit?' Haladhari erwiderte: ‚Was nützt es, bloß einen menschlichen Körper zu sehen, der nicht besser ist als ein Käfig aus Lehm?' Haladhari studierte die Gita und die *Vedanta*-Philosophie und bezeichnete deshalb den Heiligen als bloßen ‚Käfig aus Lehm'. Ich erzählte das Krishnakishore. Verärgert sagte er: ‚Wie unverschämt ist es von Haladhari, eine solche Bemerkung zu machen! Wie kann er den Körper eines Mannes, der beständig an Gott denkt und über Rama meditiert und der alles für den Herrn aufgegeben hat, als „Käfig aus Lehm" verspotten? Weiß er denn nicht, dass solch ein Mensch die Verkörperung des Geistes ist?' Er war über Haladharis Bemerkung so aufgebracht, dass er sich von ihm abwandte, wenn er ihm im Tempelgarten begegnete, und nicht mehr mit ihm sprach."[1]

Eines Tages wollte Haladhari beweisen, dass Ramakrishnas ekstatische Erfahrungen unwahr waren, und zeigte mithilfe der Schriften auf, dass Gott

---

[1] Nikhilananda: Die Botschaft I, S. 164

jenseits von Sein und Nichtsein sei. Ramakrishna war sehr verwirrt. Er erzählte über diesen Vorfall: „Ich dachte, dass die göttlichen Gestalten, die ich sah, und die göttlichen Worte, die ich im *Bhavasamadhi* hörte, alle Einbildungen waren. Hatte die Mutter mich tatsächlich betrogen? Äußerst besorgt weinte ich mit dem Gefühl der verwundeten Liebe und sagte zur Mutter: ‚Mutter, wie kannst Du mich so betrügen, weil ich ungebildet und unwissend bin?' Ich konnte nicht aufhören, in meiner Qual zu weinen. […] Nach einiger Zeit sah ich einen nebelartigen Rauch, der plötzlich vom Boden aufstieg und den Raum vor mir erfüllte. Später sah ich in dem Rauch ein schönes, lebendiges, goldfarbenes Gesicht mit einem Bart, der bis zur Brust reichte! Die Gestalt sah mich beständig an und sagte mit tiefer Stimme: ‚Mein Kind, bleibe im *Bhavamukha*.' Die Gestalt wiederholte das dreimal und löste sich sofort wieder im Nebel auf. Auch der neblige Rauch verschwand im Nichts. Als ich diese Vision hatte, erlangte ich meinen Geistesfrieden wieder."[1]

Diesen Befehl der Göttlichen Mutter, im *Bhavamukha* zu bleiben, hörte er noch öfter. Gemeint ist damit, an der Schwelle zum relativen Bewusstsein zu bleiben, sich also der Welt gewahr zu sein und nicht völlig im Absoluten zu versinken. Es ist der Treffpunkt von *Dvaita* und *Advaita*. Der Übende erfährt das Absolute, das jenseits aller Vorstellungen ist und sich zugleich in allen Gestalten manifestiert.

Haladhari blieb von 1858 bis 1865 in Dakshineswar.

---

[1] Saradananda: Great Master I, S. 189 f.

Es waren kaum zwei Jahre seit Ramkumars Tod vergangen, als Ramakrishnas Mutter Chandra Devi und sein zweiter Bruder Rameswar von seiner „Verrücktheit" erfuhren und dass er den priesterlichen Dienst aufgegeben hatte. Sie waren entsetzt. Voller Sorge traf seine Mutter Vorkehrungen,
ihn nach Hause zurückzuholen. Ende 1858 kehrte er für eine Luftveränderung in sein Dorf zurück.

Seine Mutter und sein Bruder fanden ihn sehr verändert vor. Er war unruhig
und sich seiner Umgebung kaum bewusst. Obwohl er zu Hause sein normales Leben wieder aufnahm, wurde er manchmal von spirituellen Gefühlen
überwältigt und rief nach seiner „Mutter", was für Chandra Devi besonders
leidvoll gewesen sein musste, da sie wusste, dass sie ihn nicht trösten konnte
und nicht die Mutter war, nach der er rief. Erneut hatte er das brennende
Empfinden in seinem Körper. Einerseits benahm er sich liebenswürdig gegenüber allen wie früher, andererseits zeigte er ungewöhnliche Verhaltens-
muster, war allem gegenüber gleichgültig, kannte weder Scham, Aversion
noch Angst, zeigte einen überschwänglichen Eifer und bemühte sich hartnäckig, alle Hindernisse zu beseitigen, die dem Erlangen seines Ziels im
Weg standen.

Die Leute glaubten, er sei von einem Geist besessen. Auch Chandra Devi
beschlich dieser Gedanke. Als sie andere auf dieselbe Weise reden hörte,
beschloss sie, einen Exorzisten zu rufen. Ramakrishna berichtete: „Eines
Tages kam ein Exorzist, zündete einen von Mantras geheiligten Docht an
und ließ mich daran riechen. Er sagte: ,Wenn es ein Geist ist, wird er flie-
hen.' Aber es nützte nichts."

Nach einigen Monaten in Kamarpukur erlangte er größtenteils seinen normalen Geisteszustand wieder. Er weinte nicht mehr erbärmlich wie zuvor,
aß regelmäßig und benahm sich wieder wie eine normale Person. Er verbrachte allerdings die meiste Zeit allein auf den beiden Einäscherungsplätzen Bhutirkhal und Budhuimoral am westlichen bzw. nordöstlichen Dorfrand von Kamarpukur, die von den Menschen gemieden wurden. Sie erin-
nerten ihn an die Unbeständigkeit des Körpers und der menschlichen Errun-
genschaften sowie an Kali in ihrem zerstörerischen Aspekt. Dort saß er unter
einem alten Peepalbaum, meditierte und übte *Japa*. Es wird berichtet, dass

er von zu Hause Süßigkeiten und anderes Essen für die Schakale und Halbgottheiten mitbrachte, die nach dem Volksglauben auf den Einäscherungsplätzen lebten. Wenn sein Bruder Rameswar bemerkte, dass er um Mitternacht noch nicht nach Hause gekommen war, ging er zu den Einäscherungsplätzen und rief laut seinen Namen. Ramakrishna antwortete dann mit lauter Stimme: „Ja, Bruder, ich komme. Aber komm nicht näher. Die Halbgötter könnten dich verletzen."

Einmal hatte er eine Vision, als er in einer Sänfte von Kamarpukur nach Sihore reiste, wo Hriday zu Hause war. Unter dem tiefblauen Himmel lagen große, offene Reisfelder mit Reihen von Bäumen, die dem Weg kühlen Schatten spendeten. Da kamen plötzlich zwei schöne Jungen aus seinem Körper, die ausgelassen hierhin und dorthin rannten, Wildblumen auf den Feldern suchten und dann die Sänfte begleiteten. Sie lachten und scherzten, unterhielten sich und waren lustig, wie es Jungen sind. Nach einiger Zeit gingen sie wieder in seinen Körper ein. Als eineinhalb Jahre später die Brahmanin, seine erste spirituelle Lehrerin, nach Dakshineswar kam, deutete sie die beiden Jungen in seiner Vision als Chaitanya und Nityananda und sagte: „Mein Kind, was du gesehen hast, ist wahr. Nityananda und Chaitanya sind diesmal gemeinsam gekommen und wohnen beide in dir, in ein und demselben Gefäß." Es mag sein, dass Ramakrishna von da an die Intuition zu entwickeln begann, dass in ihm ein höheres Sein wohnte und ein besonderes Ziel verfolgte.

Obwohl Ramakrishna wieder „normal" geworden war, hegten seine Mutter und sein Bruder die Befürchtung, das könnte sich wieder ändern. Sie beschlossen, ihn zu verheiraten, da sie dachten, dass eine gute Frau ihn von seinen spirituellen Stimmungen abhalten könnte. Zudem würde er dann seine jungenhafte Verantwortungslosigkeit ablegen, wenn er für Frau und Kinder sorgen und weltliche Pflichten übernehmen müsste. Also machten sie sich auf die Suche nach einer geeigneten Braut.

Es war üblich, dass eine Geldsumme an die Familie des Mädchens bezahlt werden musste, bevor es in die Familie des Bräutigams gebracht wurde. Normalerweise heiratete ein Junge im Teenageralter ein Mädchen von neun oder zehn. Diese frühen Heiraten waren eigentlich Verlobungen. Das Mädchen blieb bei den Eltern und zog erst im geschlechtsreifen Alter in den Haushalt ihres Mannes, und erst dann wurde die Ehe vollzogen.

Da Ramakrishna bereits älter war, wollte Chandra Devi ein älteres Mädchen für ihn, auch wenn das mehr kosten würde, damit die Ehe baldmöglichst vollzogen werden konnte. Obwohl die Beratung von Mutter und Bruder geheim erfolgte, bekam Ramakrishna es bald mit. Er hatte nichts dagegen einzuwenden und verhielt sich wie ein Kind, das sich über ein Familienfest freut. Es wurde in den benachbarten Dörfern nach einer Braut gesucht, aber es konnte keine gefunden werden, da die betreffenden Familien zu viel Geld verlangten. Ramakrishna bemerkte die entmutigte Stimmung seiner Mutter und seines Bruders und sagte in halbbewusstem Zustand: „Es ist nutzlos, hier und da zu suchen. Geht nach Jayrambati.[1] Dort werdet ihr im Haus von Ramchandra Mukhopadhyaya die Braut finden, die für mich vorherbestimmt ist."[2] Das Mädchen war allerdings erst fünf, aber da kein anderes Mädchen zu finden war, stimmte Ramakrishnas Mutter der Hochzeit zu. In einigen Tagen war die Sache ausgehandelt. Dann wurde der Kalender konsultiert und nach einem glückverheißenden Tag gesucht.

Es war im Mai 1859. Ramakrishna war inzwischen dreiundzwanzig. Die Hochzeit mit dem fünfjährigen Mädchen wurde gefeiert. Das Mädchen hieß Saradamani. An die Familie der Braut mussten dreihundert Rupien bezahlt werden. Da das Geld knapp war, wurde der Hochzeitsschmuck von den Lahas, den befreundeten Großgrundbesitzern im Dorf, ausgeliehen. Nach der Hochzeit musste er wieder zurückgegeben werden. Chandra Devi konnte den Gedanken nicht ertragen, Sarada den Schmuck wegzunehmen. Ramakrishna selbst nahm ihn ihr so sachte weg, während sie schlief, dass sie nichts bemerkte. Als das Mädchen erwachte, fragte sie, wo der Schmuck sei. Chandra Devi setzte sie sich auf den Schoß und tröstete sie, indem sie ihr versprach, dass Ramakrishna ihr später einen schöneren kaufen würde. Das Kind war damit zufrieden, aber Saradas Onkel fühlte sich durch diesen Vorfall beleidigt und brachte das Mädchen sofort nach Jayrambati zurück. Chandra Devi war gedemütigt, aber Ramakrishna lachte nur und meinte:

---

[1] Das Dorf liegt etwa drei Meilen nordwestlich von Kamarpukur.
[2] Wörtlich sagte er: „Das Schicksal hat meine Braut mit Stroh markiert", was auf einen Brauch in den bengalischen Dörfern zurückgeht. Wenn ein Bauer eine besonders schöne Frucht oder ein schönes Gemüse hatte, das er später, wenn es reif war, der Gottheit darbringen wollte, umwickelte er es mit Stroh, damit kein anderer es pflückte und verkaufte.

„Was immer sie sagen oder tun, sie können die Hochzeit jetzt nicht mehr annullieren!"

Nach der Hochzeit blieb Ramakrishna etwa ein Jahr und sieben Monate in Kamarpukur. Wie es die Tradition verlangte, verbrachte er später einige Tage im Haus seines Schwiegervaters. Sarada war inzwischen sieben. Kurz darauf, Ende 1860, beschloss er, wieder nach Dakshineswar zurückzukehren, obwohl seine Mutter und sein Bruder wollten, dass er dauerhaft in Kamarpukur bliebe. Doch da sie arm waren, wäre er für sie nur eine Last gewesen. Ramakrishna fühlte sich gestärkt, kehrte zurück und übernahm wieder den Tempeldienst für die Göttliche Mutter.

Kaum hatte Ramakrishna für einige Tage den Gottesdienst im Kali-Tempel gefeiert, war er so sehr darin vertieft, dass er alles von Kamarpukur – Mutter, Bruder, Frau, weltliche Dinge, Armut usw. vergaß. So kam sein Tempeldienst rasch wieder zu einem Ende. Er dachte nur daran, wie er die Göttliche Mutter immer in allen Geschöpfen sehen konnte. Seine Brust wurde wieder rot, weil er beständig *Japa* übte, an Gott dachte und über ihn meditierte. Auch das brennende Gefühl stellte sich erneut ein. Der Schlaf verließ ihn völlig. Auf Veranlassung von Mathur wurde Gangaprasad, ein bekannter ayurvedischer Arzt aus Kalkutta, konsultiert. Er verschrieb Ramakrishna Medizin und Öle gegen seine Schlaflosigkeit, das brennende Gefühl und andere Symptome, die jedoch nicht halfen. Hriday ging mit Ramakrishna zu einem Arzt in Kalkutta, der ihn sorgfältig untersuchte und neue Medikamente verschrieb. Einmal war ein anderer Arzt aus Ostbengalen bei ihm. Er fühlte sich von Ramakrishna angezogen und dachte über seine Krankheit nach. Dann meinte er: „Den Symptomen nach ist er in einem Zustand göttlicher Berauschtheit. Sie ist nicht mit Medizin zu heilen." Ramakrishna sagte, dass dieser Arzt die erste Person gewesen sei, die die wirkliche Ursache erkannt habe. Aber keiner glaubte ihm. So verging die Zeit. Mathur und andere versuchten immer neue Behandlungsmethoden. Doch die sogenannte Krankheit verschlimmerte sich, und es gab kein Anzeichen dafür, dass sie nachlassen würde.

Diese Nachricht erreichte wiederum Kamarpukur. Chandra Devi wusste sich nicht mehr anders zu helfen, als für die Heilung ihres Sohnes zu Shiva zu beten und zu fasten, und sei es bis zum Tod. Sie ging zum Shiva-Tempel in Kamarpukur, dann zum Shiva-Tempel in Mukundapur und fastete. Nach zwei Tagen träumte sie dort von Shiva, der sie tröstete und sagte, ihr Sohn sei nicht verrückt, sondern in diesem Zustand, weil der göttliche Geist in ihm erwacht war. Mit neuer Zuversicht kehrte sie nach Hause zurück.

Ramakrishna berichtete über diese Zeit: „Kaum war ich durch eine spirituelle Krise gegangen, stellte sich auch schon die nächste ein. Es war, als wäre ich inmitten eines Wirbelsturms. Selbst meine heilige Schur wurde davongeweht, und ich konnte selten meinen *Dhoti* anbehalten. Manchmal öffnete ich den Mund, und es war, als würde mein Kiefer vom Himmel bis zur

Unterwelt reichen. ‚Mutter', schrie ich verzweifelt. Es war mir, als müsste ich sie hereinziehen, wie ein Fischer mit seinem Fangnetz die Fische ins Boot zieht. Eine Prostituierte auf der Straße erschien mir wie *Sita*, die auf dem Weg zu ihrem siegreichen Gemahl war. Ein englischer Junge, der mit überkreuzten Beinen an einen Baum gelehnt dastand, erinnerte mich an den jungen Krishna, und ich verlor das Bewusstsein. Manchmal teilte ich mein Essen mit einem Hund. Mein Haar verfilzte. Vögel hockten sich auf meinen Kopf und pickten nach den Reiskörnern, die sich dort während des Gottesdienstes verfangen hatten. Schlangen krochen über meinen bewegungslosen Körper.

Ein gewöhnlicher Mensch hätte nicht ein Viertel dieser enormen Leidenschaft ertragen. Sie hätte ihn verbrannt. Ich schlief sechs lange Jahre überhaupt nicht. Meine Augen verloren die Kraft zu zwinkern. Ich stand vor einem Spiegel und versuchte, meine Augenlider mit den Fingern zu schließen – und ich konnte es nicht! Ich bekam Angst und sagte zur Mutter: ‚Mutter, ist es das, was mit jenen geschieht, die Dich anrufen? Ich gebe mich Dir hin, und Du gibst mir diese schreckliche Krankheit!' Ich vergoss Tränen, aber dann wurde ich plötzlich von Ekstase erfüllt. Ich erkannte, dass mein Körper keine Rolle spielte. Er war bedeutungslos, nur eine Belanglosigkeit. Die Mutter erschien mir, tröstete mich und befreite mich von meiner Angst.“[1]

Einmal ging Ramakrishna in einen der Shiva-Tempel und rezitierte eine bekannte Hymne zum Lob Shivas. Da wurde er von Ekstase überkommen. Tränen strömten ihm die Wangen hinunter. Die Tempeldiener versammelten sich um ihn und scherzten: „Er ist heute noch verrückter als sonst. In einer Minute wird er auf Shivas Schulter reiten!“ Da tauchte Mathur auf. Einer der Anwesenden riet ihm respektvoll, Ramakrishna besser wegzubringen, bevor er sich auf irgendeine Weise falsch verhielt, denn er stand gefährlich nahe beim *Lingam*. Doch Mathur drohte ihm: „Rühre ihn nicht an, wenn dir an deinem Kopf gelegen ist!“ Ramakrishna wurde unbehelligt gelassen. Nach einer Weile kam er wieder zu sich. Als er Mathur und die anderen um sich herumstehen sah, fragte er schuldbewusst: „Habe ich etwas Falsches getan?“ „Oh nein“, erwiderte Mathur, „du hast nur eine Hymne gesungen.

---

[1] Isherwood: Ramakrishna, S. 85

Ich bin gekommen, um dafür zu sorgen, dass keiner dich unterbricht." Auf diese Weise schützte und verteidigte Mathur Ramakrishna immer wieder.

In dieser Zeit hatte Mathur eine Vision der göttlichen Manifestation in Ramakrishna. Eines Tages saß er allein in seinem Zimmer, von wo aus er Ramakrishna gut sehen konnte, der auf der östlichen Veranda auf und ab ging. Lange beobachtete er ihn. Plötzlich geschah etwas Unerwartetes. Er sah in ihm die Göttliche Mutter und dann wieder Shiva. Hastig eilte er zu Ramakrishna, verneigte sich vor ihm und weinte wie ein Kind. Ramakrishna war bestürzt und sagte: „Was ist los? Du bist der Schwiegersohn von Rani Rasmani. Was werden die Leute denken, wenn sie dich so sehen? Beruhige dich und steh auf!" Aber Mathur weinte noch immer. Als er wieder seine Fassung erlangte, erzählte er: „Ich habe dich beobachtet, als du auf der Veranda auf und ab gingst. Wenn du in die eine Richtung gingst, sah ich dich in der Gestalt der Seligen Mutter. Wenn du in die entgegengesetzte Richtung gingst, nahmst du die Gestalt Shivas an. Zuerst dachte ich, es sei eine Halluzination. Ich rieb mir die Augen und schaute erneut, aber zu meinem Erstaunen sah ich immer noch dasselbe." Ramakrishna erwiderte: „Aber ich weiß nichts davon." Fortan betrachtete Mathur ihn mit anderen Augen und schätzte es als ein seltenes Privileg, ihm zu Diensten zu sein.

Mathur bat Ramakrishna wiederholt, durch Berührung göttliche Ekstase auf ihn zu übertragen. Ramakrishna versuchte, ihn von seinem Wunsch abzubringen, indem er sagte, es wäre viel besser, geduldig abzuwarten. Er müsse die Balance zwischen der Hingabe an Gott und den weltlichen Verpflichtungen halten, da dies sein *Dharma* sei. Aber Mathur bestand darauf, bis Ramakrishna sagte: „Nun gut, ich werde Mutter darum bitten. Sie wird tun, was Sie für das Beste hält."

Einige Tage später erfuhr Mathur *Samadhi*, als er sich in seinem Haus in Kalkutta aufhielt. Ramakrishna berichtete: „Er ließ nach mir schicken. Als ich kam, traf ich ihn völlig verändert an. Er war nicht mehr derselbe Mann. Wenn er von Gott sprach, vergoss er Tränen. Seine Augen waren rot vom Weinen, und sein Herz pochte. Als er mich sah, fiel er zu Boden, umklammerte meine Füße und sagte: ,Vater, ich bin geschlagen! Ich bin seit drei Tagen in diesem Zustand. Ich kann mich nicht mehr auf weltliche Angelegenheiten konzentrieren, so sehr ich es auch versuche. Alles geht schief. Bitte nimm die Ekstase zurück, die du mir gegeben hast. Ich will sie nicht.'

Ich sagte: ‚Aber du hast mich um Ekstase gebeten.'"[1] Ramakrishna rieb daraufhin Mathurs Brust, und er wurde wieder normal.

Mathur war mit seinem Geld sehr großzügig, was Ramakrishna betraf, doch letzterer hatte keinerlei Gespür für Geld. Das zeigte sich, als Mathur einmal mit Ramakrishna eine volkstümliche Aufführung eines frommen Stückes besuchte, das eine Gruppe von umherreisenden Schauspielern aufführte. Mathur gab Ramakrishna ein Bündel von hundert Rupien in Zehnern, damit er die Schauspieler mit je einem Zehner entlohnen konnte. Aber Ramakrishna gab die ganzen hundert Rupien dem ersten Schauspieler, der sich natürlich riesig über diese großzügige Spende freute. Mathur ersetzte den Betrag, aber Ramakrishna gab wieder das ganze Geld an einen von ihnen. Als Mathur kein Geld mehr hatte, gab er einem Schauspieler sogar sein Kleidungsstück.

1861, kurz nachdem Ramakrishna nach Dakshineswar zurückgekehrt war, erkrankte Rani Rasmani an der Ruhr. Sie hatte drei Anwesen für 226.000 Rupien im Bezirk von Dinajpur gekauft. Obwohl sie das Vermögen für den Unterhalt des Tempels stiften wollte, hatte sie es bisher nicht getan. Jetzt, auf ihrem Totenbett, wollte sie das unbedingt noch erledigen. Von ihren vier Töchtern waren zwei gestorben. Nur ihre älteste Tochter Padmamani und ihre jüngste Tochter Jagadamba lebten noch und waren an ihrem Sterbebett. Als die Stiftungsurkunde eintraf, bat sie ihre Töchter zu unterzeichnen, dass sie auf ihre Ansprüche verzichteten. Jagadamba unterzeichnete, aber Padmamani nicht.

Die Rani wurde in ihr Haus in Kalighat gebracht. Kurz vor ihrem Tod trug man sie zum Ganges. Als sie dort einige Lichter brennen sah, sagte sie: „Beseitigt diese Lichter! Wie blass sie jetzt wirken! Ach, meine Mutter kommt. Der Heiligenschein Ihrer Gestalt erhellt den ganzen Ort." Nach einer kurzen Pause fuhr sie fort: „Mutter, kommst Du? Nun gut, Padma hat sich geweigert zu unterzeichnen. Wird das schaden, Mutter?" Nachdem sie diese Worte gesagt hatte, starb sie still. Es war der 19. Februar 1861. Wie die Rani befürchtet hatte, stritten ihre Nachkommen später tatsächlich gerichtlich um den Nachlass.

---

[1] ders., S. 131

Nach dem Tod der Rani wurde Mathur ihr alleiniger Nachlassverwalter, da er auch zuvor ihre rechte Hand gewesen war. Er kümmerte sich nun noch mehr um Ramakrishna, sorgte für sein körperliches Wohlbefinden und unterstützte ihn, wo er nur konnte. Er verköstigte die Armen und Pilger, die in den Tempel kamen, machte den Gelehrten Geschenke, kaufte Schmuck für die Kali-Statue, und wenn Ramakrishna ein religiöses Fest besuchen wollte, kümmerte er sich um alle Vorkehrungen. Ramakrishna bat Mathur, für die *Sadhus* ein Vorratslager einzurichten, wo sie neben Essen alle Dinge des täglichen Bedarfs wie Kleidung, Decken, Wasserkrüge und anderes bekommen konnten, aber auch Gegenstände, die zur Religionsausübung gebraucht wurden, wie etwa von den Tantrikern. Die Gastfreundschaft des Kali-Tempels wurde unter den *Sadhus* weit bekannt. Es kamen Mönche in großer Zahl. Ramakrishna sagte später über Mathur, dass er einer der fünf „Lieferanten" gewesen sei, die die Göttliche Mutter für ihn bestimmt hatte.

Mathur wollte auch nach seinem Tod für Ramakrishna vorsorgen und ihm ein Anwesen vermachen, wagte aber nicht, mit ihm darüber zu sprechen, sondern beriet sich mit Hriday. Ramakrishna bekam es mit, rannte wie ein Verrückter zu ihm und rief: „Ach, du Gauner, du willst einen weltlichen Mann aus mir machen!"

Mathur lud ihn oft in sein Haus in Janbazar ein, und sie verbrachten viele schöne Tage dort. An den Abenden fuhr er mit ihm in einer Kutsche durch die Stadt. Er kaufte kostbare Dinge für ihn, doch Ramakrishna konnte nichts damit anfangen. Einmal kaufte er ihm einen sehr teuren Schal. Ramakrishna nahm ihn erfreut und zeigte ihn den anderen wie ein Junge, übte dann Unterscheidung, indem er sich fragte, ob er ihm für die Erkenntnis Gottes helfen würde, warf ihn schließlich zu Boden, trampelte auf ihm herum, spie auf ihn und wollte ihn sogar verbrennen, als ihn jemand in letzter Minute rettete. Als Mathur davon erfuhr, meinte er lächelnd, er hätte es richtig gemacht.

Ramakrishna berichtete aus dieser Zeit: „Einmal stahl ein Dieb die Juwelen von den Statuen im Tempel von Radhakanta. Mathur Babu ging in den Tempel und sagte zur Gottheit: ‚Was für eine Schande, oh Gott! Du konntest Deinen eigenen Schmuck nicht retten.' ‚Was für ein Gedanke!', sagte ich zu Mathur. ‚Fehlt es Ihm, der *Lakshmi* als Magd und Dienerin hat, jemals an Pracht? Diese Juwelen mögen für dich wertvoll sein, aber für Gott sind sie nicht mehr als Tonklumpen. Schäme dich! Du hättest nicht so gemein sprechen sollen. Welche Reichtümer kannst du Gott geben, um Seine Herrlichkeit zu vermehren?"[1]

Mathur beschäftigte seinen Familienpriester Chandra Haldar im Tempel von Kalighat im Süden von Kalkutta. Dieser war eifersüchtig auf Mathurs Zuneigung zu Ramakrishna. Als Ramakrishna eines Tages in einem halbbewussten Zustand in Mathurs Haus in Janbazar saß und sonst niemand da war, kam der Priester plötzlich herein. Er stieß Ramakrishna mehrmals und sagte: „Wie hast du es angestellt, dass er dir so gehorcht? Tu nicht so! Ich weiß, dass du mich gut verstehst! Wie hast du ihn hypnotisiert?" Er wiederholte diese Frage mehrmals. Als er darauf keine Antwort erhielt, da Ramakrishna in seinem Zustand nicht sprechen konnte, trat er mehrmals mit dem Schuh nach ihm und rief verärgert: „Du Schurke willst es mir also nicht sagen!" und ging. Ramakrishna erzählte Mathur nichts davon, da ihm klar war, dass Haldar ernste Konsequenzen zu befürchten hätte.

Ramakrishna verbrachte seine Tage zufrieden mit sich selbst, ohne jeden Anspruch auf das äußere Leben, und wiederholte den Namen Gottes – *Hari*, Kali oder Rama. Obwohl die Leute ihn für verrückt und im weltlichen Sinn für einen Nichtsnutz hielten, fühlten sie sich doch von seinen strahlenden Augen, seiner lieblichen Stimme und seiner ganzen Erscheinung angezogen. Mathur dagegen verstand seinen Geisteszustand.

---

[1] Nikhilananda: Die Botschaft I, S. 206; *Lakshmi* ist die Göttin des Wohlstands.

# DIE BHAIRAVI

TEMPELANLAGE VON DAKSHINESWAR, CA. 1903

Am Ufer des Ganges, westlich des Kali-Tempels, gab es einen wunderschö-nen Blumengarten. Obwohl Ramakrishna zu dieser Zeit nicht mehr Kali im Tempel diente, pflückte er dort täglich Blumen, wand aus ihnen Girlanden und schmückte die Göttin damit.

Als er eines Tages Blumen im Garten pflückte, legte ein Boot am Bakul-Ghat an. Eine schöne Frau im ockerfarbenen Gewand einer Bhairavi[1] stieg mit einem kleinen Bündel in der Hand aus und ging zur offenen Säulenhalle. Die Brahmanin war nicht mehr jung. Ramakrishna schätzte sie auf fast vier-zig. Ihr einziger Besitz bestand in einigen Büchern und einem oder zwei Kleidungsstücken.

Sofort fühlte sich Ramakrishna zu ihr hingezogen. Er rief Hriday und bat ihn, die *Sannyasini* zu ihm in sein Zimmer zu bringen. Hriday zögerte und sagte: „Die Dame ist eine Fremde. Warum sollte sie kommen?" Rama-krishna entgegnete: „Erzähl ihr von mir, und sie wird bereitwillig kommen." Also ging Hriday in die offene Säulenhalle, wo die Bhairavi saß, und sagte, dass sein Onkel, der ein Gottverehrer sei, sie bitte, sich mit ihm zu treffen.

---

[1] Bhairavi bedeutet die Schreckliche, die Furchterregende, und ist der Titel für eine Meisterin im Tantra.

84

Die Bhairavi stand ohne zu zögern und Fragen zu stellen auf und begleitete ihn.

Als sie in Ramakrishnas Zimmer kam und ihn sah, war sie von Freude und Überraschung überwältigt, vergoss Tränen und sagte: „Ach, mein Kind, du bist hier! Ich wusste, dass du irgendwo am Gangesufer lebst. Ich habe so lange nach dir gesucht. Endlich habe ich dich getroffen." Ramakrishna erwiderte: „Wie konntest du von mir wissen, Mutter?" Die Bhairavi antwortete: „Durch die Gnade der Weltenmutter weiß ich seit langem, dass ich drei von euch treffen muss. In Ostbengalen habe ich bereits zwei getroffen, und heute treffe ich dich hier." Sie sprach, als habe sie einen seit langem verlorenen Schatz gefunden, und auch Ramakrishna war bewegt.

Die Bhairavi war eine geheimnisvolle Frau. Sie erzählte nicht viel von sich. Bekannt ist nur, dass sie Yogeshwari hieß und von einer Brahmanenfamilie im Distrikt Jessore in Bengalen abstammte. Es ist nicht bekannt, ob sie einst verheiratet gewesen war oder unter welchen Umständen sie sich entschlossen hatte, dem weltlichen Leben zu entsagen und eine Pilgerin zu werden. Was die beiden anderen anging, die sie in Ostbengalen getroffen hatte, so handelte es sich um Chandra und Girija, die sie eine Zeit lang spirituell unterwiesen hatte. Später brachte sie die beiden mit nach Dakshineswar. Beide waren spirituell fortgeschritten und besaßen übernatürliche Kräfte, auf die sie stolz waren.

Ramakrishna hielt nicht viel von übernatürlichen Kräften und machte darüber seine Scherze. So erzählte er folgende Geschichte: „Ein Mann hatte zwei Söhne. Der Ältere verließ seine Heimat, als er noch jung war, und wurde Mönch. Der Jüngere machte eine Ausbildung und wurde gelehrt und tugendhaft. Dann heiratete er und ließ sich nieder, um seine Pflichten als Familienvater zu erfüllen. Nach zwölf Jahren besuchte der Mönch seinen Bruder, der außer sich vor Freude war. Als sie miteinander gegessen hatten, fragte der jüngere Bruder den älteren: ‚Bruder, du hast unsere weltlichen Freuden aufgegeben und bist all die Jahre als Mönch umhergewandert. Bitte sage mir: Was hast du dadurch erreicht?' Der ältere Bruder sagte: ‚Willst du es sehen? Komm mit!' Er brachte seinen Bruder ans Ufer des nahegelegenen Flusses und sagte: ‚Sieh zu!' Dann überquerte er den Fluss, indem er auf dem Wasser ans andere Ufer ging, und rief zurück: ‚Hast du das gesehen?' Der jüngere Bruder zahlte einem Fährmann einen halben Penny und überquerte den Fluss mit dem Boot, ging zu seinem Bruder und sagte: ‚Ist das alles, was du in den zwölf Jahren deiner Entsagung erlangt hast?' Da erkannte der ältere Bruder seinen Fehler und setzte sich nun zum Ziel, Gott zu erkennen."

Was Chandra und Girija betraf, erwachte auch ihr Verständnis, nachdem sie einige Zeit in Dakshineswar verbracht hatten und mit Ramakrishna in Kontakt gekommen waren. Ihre übernatürlichen Kräfte und ihr Stolz darauf verließen sie, und sie begannen, dem Weg der Erkenntnis zu folgen.

Ramakrishna setzte sich neben die Bhairavi und beschrieb ihr wie ein Kind seiner Mutter alles, was er erfahren hatte: den Verlust des Bewusstseins der äußeren Welt, während er mit Gott sprach, das brennende Körperempfinden, die Schlaflosigkeit und die anderen körperlichen Veränderungen, aufgrund derer man ihn für verrückt hielt. Wiederholt fragte er sie: „Mutter, was geschieht da mit mir? Bin ich wirklich verrückt geworden? Bin ich krank geworden, weil ich die Mutter aus ganzem Herzen angerufen habe?" Sie war ergriffen und tröstete ihn mit den Worten: „Wer nennt dich verrückt, mein Kind? Das ist keine Verrücktheit. Du bist im Zustand von *Mahabhava*. Deshalb geschehen dir all diese Dinge. Können gewöhnliche Leute deinen Zustand verstehen? In ihrer Unwissenheit sagen sie alles Mögliche. Das alles ist auch Radha und dem großen Chaitanya widerfahren. All diese Dinge wurden in den frommen Schriften aufgezeichnet. Ich habe diese Bücher bei mir. Ich werde sie dir vorlesen und beweisen, dass diese Zustände über jene kommen, die Gott angerufen."

Da der Tag bereits fortgeschritten war, nahm die Bhairavi Reis und Mehl aus dem Vorratslager des Tempels und kochte im Panchavati das Essen, um es ihrer Gottheit Rama, einer Steinfigur, die sie immer um den Hals trug, darzubringen. Dann meditierte sie über ihre erwählte Gottheit, ging in *Samadhi* ein und hatte eine Vision.

Ramakrishna verspürte ein starkes Verlangen, ins Panchavati zu gehen, und traf dort die Bhairavi an. Er geriet in *Samadhi* und aß unbewusst etwas von dem Essen, das die Brahmanin ihrer erwählten Gottheit dargebracht hatte. Als er wieder zu sich kam, schämte er sich für seine Handlung und entschuldigte sich. Doch die Bhairavi sagte: „Du warst es nicht, der das getan hat, sondern der Eine in dir. Er hat getan, was Er immer tut. Ich fühle keine

Notwendigkeit mehr, formelle Verehrung zu üben. Sie hat ihren Zweck erfüllt." Mit diesen Worten aß die Brahmanin ohne zu zögern die Reste auf, die Ramakrishna übrig gelassen hatte und die sie als *Prasad* ihrer Gottheit betrachtete. Dann übergab sie die kleine Rama-Figur, die sie bisher so sehr verehrt hatte, dem Ganges. Sie dachte, dass sie ihren Dienst getan hatte, da sie jetzt in Ramakrishna die lebende Gottheit erkannte.

Die Brahmanin blieb in Dakshineswar. Täglich unterhielten sie sich im Panchavati über spirituelle Dinge und waren so sehr darin vertieft, dass sie nicht bemerkten, wie die Zeit verrann. Ramakrishna erzählte ihr offen von seinen Visionen und Zuständen und stellte ihr Fragen. Und die Bhairavi löste all diese Probleme mithilfe ihrer Tantrabücher.

Auf diese Weise vergingen sechs oder sieben Tage. Da kam es Ramakrishna in den Sinn, dass es nicht gut war, wenn weltliche Leute sie auf diese Weise zusammen sahen. Sie würden schlecht über den Charakter der reinen Frau reden. Deshalb suchte sich die Brahmanin am Devamandal Ghat, zwei Meilen nördlich im Dorf Dakshineswar, eine Unterkunft. Die Dorfbewohner achteten sie als eine heilige Frau und versorgten sie mit Essen und anderen notwendigen Dingen. Täglich kam sie für eine gewisse Zeit zum Kali-Tempel, brachte Ramakrishna gekochte Speisen und unterhielt sich mit ihm wie zuvor. Sie entwickelten eine innige Beziehung wie die zwischen Mutter und Sohn. Die Bhairavi betrachtete sich als Krishnas Ziehmutter *Yasoda* und Ramakrishna als *Gopala*. So konnte sie gleichzeitig seine Verehrerin und Lehrerin sein.

Die Bhairavi war überzeugt, dass Ramakrishna kein gewöhnlicher Gottsuchender war. Sie glaubte, dass der große Chaitanya erneut einen Körper annehmen und auf die Erde kommen würde, um die Menschen zu erlösen. Sie verglich Ramakrishnas Verhalten mit dem, was in den Büchern über Chaitanya berichtet wurde, und fand große Ähnlichkeit zwischen ihnen. In beiden fand sie die Kraft, in anderen Menschen Spiritualität zu erwecken.

Mathur misstraute der Bairavi zunächst. Konnte solch eine schöne Frau wirklich so rein sein, wie es schien? Als sie eines Tages aus dem Kali-Tempel kam, fragte er sie spöttisch: „Nun gut, Bhairavi, wo ist dein Bhairava?" Bhairava ist die männliche Form von Bhairavi. Mathur meinte damit einen Geliebten, den sie vielleicht irgendwo in der Nachbarschaft hatte. Aber die

Brahmanin ließ sich nicht einschüchtern. Sie sah Mathur ruhig an und zeigte dann mit dem Finger auf die Gestalt Shivas im Schrein, die ausgestreckt unter den Füßen Kalis lag. „Aber dieser Bhairava bewegt sich nicht", sagte Mathur immer noch spöttisch. Da antwortete die Frau: „Warum hätte ich eine Bhairavi werden sollen, wenn ich das Unbewegliche nicht bewegen könnte?" Da schämte sich Mathur.

Nachdem die Bhairavi gekommen war, litt Ramakrishna erneut an dem brennenden Gefühl im ganzen Körper. Trotz aller Behandlungsversuche ließ es nicht nach. Dieses Brennen begann bei Sonnenaufgang, verschlimmerte sich tagsüber und wurde zu Mittag unerträglich. Er wusste sich dann nicht anders zu helfen, als sich ein nasses Handtuch um den Kopf zu wickeln und sich für zwei oder drei Stunden in den Ganges zu legen. Damit er sich nicht erkältete, musste er dann wieder aus dem Wasser. Anschließend nahm er Zuflucht in einem Zimmer des Kuthi, schloss alle Türen und Fenster und rollte sich auf dem Marmorboden hin und her, den er feucht gemacht hatte, damit er kühler war.

Die Brahmanin deutete das nicht als Krankheit, sondern als ein spirituelles Phänomen, das von seiner intensiven Liebe zu Gott herrührte. Sie fand auch dazu Parallelen bei Radha und Chaitanya. Die Schriften empfahlen ein sehr einfaches Heilmittel, das darin bestand, dem Patienten Girlanden von süß-duftenden Blumen umzulegen und seinen Körper mit Sandelpaste einzurei-ben. Mathur lachte darüber. Ramakrishna folgte jedoch dem Rat, und zum Erstaunen aller verschwand das brennende Gefühl innerhalb von drei Tagen. Die Skeptiker glaubten allerdings an einen bloßen Zufall oder dass doch das Öl des Arztes gewirkt hatte.

Daraufhin wurde Ramakrishna von einer neuen „Krankheit" geplagt. Er war ungewöhnlich hungrig. Er berichtete: „Ich spürte in dieser Zeit einen unge-wöhnlichen Hunger. Ich wurde nicht satt, soviel ich auch aß. Kaum hatte ich mich satt gegessen, war ich wieder hungrig, als hätte ich nichts gegessen. Ich hatte denselben Hunger, ob ich gegessen hatte oder nicht. Bei Tag und Nacht war ich ununterbrochen hungrig. Ich dachte: ‚Kann das eine neue Krankheit sein?' Ich sprach mit der Brahmanin darüber. Sie sagte: ‚Hab keine Angst, mein Kind. Solche Zustände treffen von Zeit zu Zeit die Rei-senden auf dem Weg zur Erkenntnis Gottes. So steht es in den Schriften. Ich werde dich davon heilen.' Sie bat Mathur, in einem Zimmer Haufen von

Essen aller Art zu lagern, Reis, Luchis, *Sandesh*, Rasgolla und anderes. Dann sagte sie zu mir: ‚Mein Kind, bleib bei Tag und Nacht in diesem Zimmer und iss, was und wann immer du magst.' Ich blieb in diesem Zimmer, ging auf und ab, betrachtete die Haufen von Essen und bediente mich einmal an diesem Haufen, dann an einem anderen. Auf diese Weise vergingen drei Tage. Dann verließ mich der ungewöhnliche Hunger, und ich war erleichtert."[1] Es kam auch noch später vor, dass Ramakrishna plötzlich einen ungewöhnlich starken Hunger verspürte, wenn auch nicht mehr in diesem Ausmaß.

Durch all diese Vorkommnisse bestärkt, zögerte die Brahmanin nicht, Ramakrishna und den anderen zu unterbreiten, was sie über ihn dachte, nämlich dass er eine Inkarnation Gottes war, die zu einem unergründlichen Zweck in die Welt gekommen war.

Einmal saß Ramakrishna mit Mathur und Hriday im Panchavati. Bei dieser Gelegenheit erzählte Ramakrishna den beiden, was die Bhairavi von ihm gesagt hatte. „Sie sagt, dass die Anzeichen der Inkarnationen Gottes sich auch hier, in diesem Körper und Geist, zeigen. Sie hat viele Schriften gelesen und hat auch viele Bücher dabei." Als Mathur das hörte, meinte er lachend: „Vater, sie kann sagen, was sie will. Es gibt nicht mehr als zehn Inkarnationen Gottes. Wie kann es also stimmen? Aber es ist richtig, dass die Mutter Kali dir Ihre Gnade gewährt hat." Als sie dieses Gespräch führten, kam die Bhairavi zu ihnen und widerlegte die Ansicht Mathurs aus den Schriften. Sie erklärte sich bereit, ihre Position auch in der Gegenwart großer Gelehrter vorzubringen.

Allmählich erfuhren alle Leute im Kali-Tempel von der Überzeugung der Brahmanin, was große Aufregung verursachte. Der Mann, den sie bis jetzt für geistesgestört gehalten hatten, sollte eine Inkarnation Gottes sein, und die Schriften würden diese These auch noch unterstützen! Ramakrishna hatte in den letzten Jahren zwar erfahren, dass er viele ungewöhnliche Eigenschaften besaß, aber als eine Inkarnation Gottes konnte er sich trotzdem nicht betrachten. Er blieb das einfache Kind der Göttlichen Mutter wie immer. Doch er wollte die Meinung der Gelehrten der heiligen Schriften

---

[1] Saradananda: Great Master II, S. 575

wissen und bestand wie ein Junge darauf, dass Mathur Gelehrte nach Dakshineswar einlud.

Mathur nahm die Herausforderung an und lud Gelehrte ein. Seiner Meinung nach konnte eine solche Debatte nichts schaden, da die Gelehrten die Bhairavi sowieso widerlegen würden. Daraufhin kam Vaishnavcharan mit anderen Gelehrten in den Kali-Tempel und etwas später Gauri.

Vaishnavcharan gehörte der *Kartabhaja*-Richtung des Vishnuismus an und hatte einige Meilen nördlich von Kalkutta viele Schüler beiden Geschlechts, die unter ihm *Sadhana* übten. Er kannte sich in verschiedenen Philosophien und Schriften aus, besonders in den *Bhakti*-Schriften. Vor etwa drei Jahren hatte er Ramakrishna bereits bei einem religiösen Fest getroffen und hatte eine hohe Meinung von ihm.

Vaishnavcharan traf einige Tage vor Gauri in Dakshineswar ein, und so wurde vorab ein kleines Treffen veranstaltet. Die Diskussion begann. Die Brahmanin beschrieb den Zustand Ramakrishnas, verglich ihn mit dem der göttlichen Inkarnationen und meinte, es handle sich um denselben Zustand. Dann wartete sie auf Vaishnavcharans Antwort, während Ramakrishna völlig unbeteiligt lächelte, manchmal aus einem Beutel Anissamen oder Kuben-Pfeffer naschte und ihnen zuhörte, als ginge es um jemand anderen. Vaishnavcharan erklärte sich mit allem, was die Brahmanin vorbrachte, einverstanden, da es den Schriften entsprach. Mathur und die anderen waren sprachlos. Ramakrishna aber meinte nur: „Er glaubt das also wirklich! Ich bin froh, die Zusicherung zu bekommen, dass es keine Krankheit ist."

Vaishnavcharan kam fortan oft nach Dakshineswar und bat Ramakrishna um seinen Rat für sein eigenes *Sadhana*. Er brachte auch andere Verehrer mit, damit sie ihn ebenfalls konsultieren konnten.

Kurz nach diesem Treffen kam auch der Gelehrte Gauri nach Dakshineswar. Er war ein berühmter Tantriker mit übernatürlichen Fähigkeiten. Ramakrishna wusste nichts von Gauris Kräften. Als er in Dakshineswar eintraf, und Ramakrishna begegnete, kam es zu einer seltsamen Szene. Wenn Gauri an einer religiösen Debatte teilnahm, war es seine Art, bereits im Vorfeld seine Überlegenheit zu demonstrieren, indem er den Refrain aus einer Hymne für die Göttliche Mutter wie eine Art Schlachtruf rezitierte. Das tat er mit sehr lauter, donnernder Stimme. Gleichzeitig schlug er mit seiner rechten Handfläche auf seinen linken Arm, wie indische Ringer es tun, wenn sie ihre Gegner herausfordern. Die Wirkung war sowohl einschüchternd als auch hypnotisierend, sodass Gauris Gegner in der Regel alle Kraft, ihm zu widersprechen, verloren und er den Disput gewann, noch bevor er überhaupt begonnen hatte.

Als Gauri wie üblich mit donnernder Stimme die bedrohlichen Worte sprach, fühlte sich Ramakrishna veranlasst, dasselbe zu tun, und seine Stimme donnerte noch lauter. Gauri, der über die Herausforderung überrascht war, schrie noch lauter, doch Ramakrishna übertönte ihn erneut. Der Krach, den die beiden veranstalteten, war so gewaltig, als würde eine ganze Räuberbande zum Angriff übergehen. Die Türhüter des Kali-Tempels hörten es und eilten mit ihren Stöcken bewaffnet herbei. Doch als sie sahen, wer den Aufstand verursachte, gingen sie lachend davon. Gauri fühlte sich zunächst gedemütigt und war verärgert, aber bald wurden die beiden Freunde.

Wenige Tage später fand eine weitere Versammlung statt, an der auch Vaishnavcharan und andere Gelehrte teilnahmen. Wiederum ging es darum, den hohen Zustand Ramakrishnas durch die Schriften zu bestätigen. Das Treffen fand an einem Vormittag in der Musikhalle statt.

Vor dem Treffen ging Ramakrishna in den Kali-Tempel und verneigte sich vor dem Schrein. Als er herauskam, war er in *Samadhi*, und sein Gang war etwas unsicher. Vaishnavcharan fiel ihm zu Füßen. Die versammelten Gelehrten richteten ihre Blicke auf Ramakrishna. Als er wieder zu sich kam, sollte die Diskussion eigentlich beginnen, doch Gauri meinte: „Da er (Ramakrishna) dem anderen Gelehrten (Vaishnavcharan) so viel Gnade erwiesen hat, will ich heute nicht in eine Diskussion mit ihm eintreten. Selbst wenn ich es täte, bin ich sicher, dass er mich besiegen würde, denn er ist heute mit göttlicher Gnade bewaffnet. Zudem sehe ich, dass er derselben Meinung ist wie ich. Deshalb ist in diesem Fall eine Debatte zwecklos." Nach einigen Gesprächen über andere Themen der Schriften war das Treffen beendet.

Einige Zeit später fragte Ramakrishna Gauri: „Sieh her, Vaishnavcharan nennt diesen (sich selbst meinend) eine Inkarnation Gottes. Kann das so sein? Bitte sage mir, was du darüber denkst." Gauri erwiderte: „Nennt dich

Vaishnavcharan nur eine Inkarnation? Ich halte seine Einschätzung für eine Untertreibung. Meine Überzeugung ist, dass du Er bist, von dessen Kraft ein Bruchteil von Zeit zu Zeit als Inkarnationen auf die Welt herabkommt, um der Menschheit Gutes zu tun, und ihr Werk vollbringt." Ramakrishna meinte lächelnd: „Ach, du übertriffst ihn sogar noch! Willst du mir sagen, warum du so denkst?" Gauri antwortete: „Ich sage das, weil die Schriften es beweisen und aus eigener Erfahrung. Wenn jemand die gegenteilige Meinung vertritt und mir widerspricht, bin ich bereit, meine Überzeugung zu beweisen." Ramakrishna meinte daraufhin wie ein Junge: „Du sagst so vieles. Wer weiß, worum es überhaupt geht? Ich für meinen Teil weiß überhaupt nichts davon."

Gauri verlor durch den Umgang mit Ramakrishna allmählich seinen Stolz als Gelehrter und sein Interesse an übernatürlichen Kräften. Sein *Sadhana* brachte Ergebnisse. Er kam schließlich zum Entschluss, allem zu entsagen und nur von Gott abhängig zu sein. Er blieb monatelang bei Ramakrishna. Seine Familie schrieb Briefe, er möge doch nach Hause zurückkehren, denn sie hätten gehört, er habe mit einem gewissen verrückten Heiligen Umgang und sei deshalb den weltlichen Dingen gegenüber gleichgültig geworden. Gauri befürchtete, dass seine Familie nach Dakshineswar kommen könnte, um ihn gewaltsam in die Welt zurückzubringen. Da fand er einen Ausweg. Er verneigte sich vor Ramakrishna und verabschiedete sich von ihm mit Tränen in den Augen. Ramakrishna sagte: „Gauri, was ist los? Warum willst du so plötzlich gehen? Wohin willst du?" Gauri antwortete mit gefalteten Händen: „Segne mich, damit sich mein Wunsch erfüllt. Ich kehre nicht zurück, bevor ich Gott erkannt habe." Dann ging er. Seitdem hat die Welt nichts mehr von ihm gehört, obwohl viel nach ihm gesucht wurde.

# TANTRA

Nachdem Ramakrishna die Erlaubnis der Göttlichen Mutter eingeholt hatte, wurde die Brahmanin seine Lehrerin. Sie weihte ihn ins Tantra ein und zeigte ihm, dass seine bisherigen Erfahrungen dort verankert waren. Die Übung verschiedener tantrischer Riten führte genau zu den Zuständen, in denen er sich befand. Somit konnte er nun nachvollziehen, dass er nicht krank war, sondern dass der Mensch ungewöhnliche Erfahrungen macht, wenn er zu einem höheren inneren Bewusstsein aufsteigt.

Im Gegensatz zum *Advaita*, das die Welt für unwirklich hält, betont der Tantrismus die Untrennbarkeit der phänomenalen Welt mit dem Absoluten und die Wirklichkeit der Welt. Sein Ziel ist das Einswerden mit dem Absoluten und die Erkenntnis der höchsten Wirklichkeit. Dabei spielen Kult und Rituale, die alle eine symbolische, tiefergehende Bedeutung haben, eine große Rolle.

Das Tantra ist eng mit der Verehrung der *Shakti*, der Schöpferkraft, der Göttlichen Mutter verbunden. Der Tantriker betrachtet die Sinnenwelt nicht als negativ, sondern als Mittel, um zur Vereinigung mit dem Göttlichen zu gelangen. Die Übungen bestehen aus Opferriten, *Japa*, Mantras, *Yantras*, *Asanas* und anderem. Es ist das Ziel, hinter den Erscheinungen die Gegenwart Gottes zu erkennen.

Es gibt zwei Haupthindernisse für diese Einsicht: Anziehung und Abneigung. Wenn es jedoch gelingt, Gottes Gegenwart hinter den Erscheinungen zu sehen, dann verschwinden Anziehung und Abneigung. Deshalb ist jede Tantraübung dazu gedacht, dem Übenden zu helfen, eine bestimmte Anziehung oder Abneigung zu überwinden und die innewohnende Gottheit zu erkennen. Dazu wird der Praktiker durch teils sehr extreme Übungen herausgefordert, durch die er, wenn er keinen geeigneten Guru hat, der ihn anleitet, auch in die Irre gehen kann, vor allem, wenn es ihm an Selbstkontrolle fehlt. Viele Übende nutzten das Tantra nur zur Erlangung übersinnlicher Fähigkeiten oder sexueller Befriedigung, was das Tantra in Verruf gebracht hat, obwohl es genau gegensätzliche Ziele verfolgt.

Nach der Lehre des Tantra wohnt die Göttliche Mutter in Gestalt der *Kundalini-Shakti*, der Schlangenkraft, im menschlichen Körper. Sie schläft an der

Basis der Wirbelsäule. Wenn die Schlangenkraft durch diese Übungen durch die *Sushumna* aufsteigt, erweckt sie nacheinander die sechs Chakren bis hinauf zum höchsten Chakra, dem *Sahasrara* am Scheitel, wobei die Vereinigung mit Shiva, dem männlichen Aspekt Gottes, erfolgt. Jedes Chakra wird als eine Göttin betrachtet, die erweckt wird.

Die Bhairavi brachte vier Tierschädel und einen Menschenschädel vom Ganges und errichtete zwei Altäre, den einen unter dem *Vilvabaum* an der nördlichen Grenze des Tempelgartens und den anderen im Panchavati. Ramakrishna saß auf diesen Totenköpfen und verbrachte einige Monate seine Zeit mit *Japa*, Meditation und anderen Übungen. Er berichtete: „Tagsüber ging die Brahmanin an verschiedene Orte, weit weg vom Tempelgarten, und sammelte verschiedene seltene Dinge, die das Tantra vorschreibt. Sie legte sie nachts unter den *Vilvabaum* oder ins Panchavati, rief mich und lehrte mich, wie ich diese Dinge benutzen sollte. Sie half mir bei der Ausübung der Verehrung der Göttlichen Mutter mit ihnen, wie es die Regeln vorschreiben, und bat mich schließlich, mich in *Japa* oder Meditation zu versenken. Ich tat es entsprechend. Aber ich musste fast kein *Japa* üben, denn kaum hatte ich damit mit der Gebetsschnur begonnen, ging ich auch schon völlig in *Samadhi* ein und erzielte die Ergebnisse dieser Riten. Es gab keine Grenze für meine Visionen und Erfahrungen, die alle sehr außergewöhnlich waren. Die Brahmanin ließ mich eine Übung nach der anderen machen, alle Übungen, die in den vierundsechzig Hauptschriften des Tantra vorgeschrieben werden und die alle schwer auszuführen sind, denn die meisten *Sadhakas* kommen dabei vom Weg ab. Aber durch die Gnade der Mutter habe ich sie alle erfolgreich bestanden."[1]

Über eine dieser Übungen berichtete Ramakrishna folgendes: „Einmal sah ich, dass die Brahmanin nachts eine schöne Frau in der Blüte ihrer Jugend hergebracht hatte – keiner weiß, woher. Sie sagte zu mir: ‚Mein Kind, verehre sie als Devi (Göttin).' Als die Verehrung beendet war, sagte sie: ‚Setz dich auf ihren Schoß, mein Kind, und übe *Japa*.' Ich wurde von Angst ergriffen, weinte erbärmlich und sagte zur Mutter: ‚Oh Mutter! Mutter des Weltalls! Was für einen Befehl gibst Du da einem, der seine Zuflucht völlig bei Dir genommen hat? Hat Dein schwaches Kind die Kraft, so unverfroren

---

[1] Saradananda: Great Master I, S. 225

zu sein?' Aber kaum hatte ich das gesagt, war es mir, als hätte eine unbekannte Kraft von mir Besitz ergriffen, und eine ungewöhnliche Stärke erfüllte mein Herz. Kaum hatte ich die Mantras ausgesprochen, saß ich wie hypnotisiert auf dem Schoß der Frau, war mir nicht gewahr, was ich tat, und ging völlig in *Samadhi* ein. Als ich das Bewusstsein wiedererlangte, sah ich, dass die Brahmanin sich um mich kümmerte und beharrlich versuchte, mich zum normalen Bewusstsein zurückzubringen. Sie sagte: ‚Der Ritus ist erfüllt, mein Kind. Andere halten sich unter diesen Umständen nur mit großer Schwierigkeit zurück und beenden dann den Ritus nur mit kurzem *Japa*. Aber du hast alles Bewusstsein verloren und warst in tiefem *Samadhi*.' Als ich das hörte, war ich voller Zuversicht und begann, die Mutter immer wieder mit dankbarem Herzen zu grüßen, da Sie mich befähigt hatte, die Prüfung unbeschadet zu bestehen."[1]

Einmal kochte die Brahmanin Fisch in einem Menschenschädel und übte *Trapan*. Sie ließ es ihn ebenfalls ausführen und bat ihn, den Fisch zu essen. Er tat es, ohne Abscheu zu empfinden. Aber als die Brahmanin einmal ein Stück verwestes Menschenfleisch brachte und ihn bat, es mit seiner Zunge zu berühren, schüttelte er sich vor Ekel und fragte sie, wie man das tun könne. Sie machte es ihm vor und meinte: „Was ist dabei, mein Kind? Sieh, wie ich es mache. Man sollte keine Abneigung hegen." Da überwand Ramakrishna seine Abscheu.

Er verlor auch die unterschiedliche Empfindung für heilig und unheilig und sagte: „Die Blätter des heiligen Basilikums (Tulsi) und die eines Janjina (des indischen Goldregens, also einer gewöhnlichen Pflanze) fühlten sich für mich beide heilig an." In einem Straßenmädchen sah er die Göttliche Mutter wie in jeder Frau. Alles erinnerte ihn an die Göttliche Mutter. Worte, die für den gewöhnlichen Menschen beleidigend sind, erschienen ihm nur als eine Gruppe von Buchstaben, und jeder Buchstabe, so glaubte er, war ein Symbol für die Göttliche Mutter. So konnte es geschehen, dass er in *Samadhi* fiel, wenn jemand eine solche Sprache gebrauchte. Zudem hörte er immer und überall den großen Klang OM, der die Grundlage aller Töne bildet, und konnte von da an die Bedeutung der Rufe aller Tiere verstehen.

---

[1] ders., S. 226

Normalerweise erlangt der Übende des Tantra auch die *Siddhis*, die acht übernatürlichen Kräfte.[1] Doch er wies sie stets von sich, da sie nicht dazu gebraucht werden konnten, Gott zu erkennen.

Ramakrishna berichtete: „Einmal sagte Hriday zu mir: ,Onkel, bitte die Mutter um okkulte Kräfte.' Ich habe das Wesen eines Kindes. Als ich im Kali-Tempel *Japa* übte, sagte ich zu Kali: ,Mutter, Hriday hat mich gebeten, Dich um okkulte Kräfte zu bitten.' Die Göttliche Mutter zeigte mir sofort eine Vision. Eine Prostituierte in den mittleren Jahren, etwa vierzig Jahre alt, erschien und setzte sich mit dem Rücken zu mir. Sie hatte breite Hüften und trug einen Sari mit einer schwarzen Bordüre. Bald war sie mit Schmutz bedeckt. Die Mutter zeigte mir, dass okkulte Kräfte so widerlich sind wie der Schmutz dieser Prostituierten. Daraufhin ging ich zu Hriday und warf ihm vor: ,Warum hast du mich zu solch einer Bitte angestiftet? Deinetwegen musste ich solch eine Erfahrung machen.'"[2]

Im Prozess dieser Übungen erwachte seine *Kundalini*, womit auch die *Samadhi*-Erfahrung zusammenhängt. Er erklärte seinen Schülern: „Die sieben Ebenen, die im *Vedanta* beschrieben werden, und die sechs Zentren im Yoga sind sich sehr ähnlich. Die ersten drei Ebenen in den *Veden* können mit den ersten drei Zentren im Yoga verglichen werden, nämlich dem *Muladhara*, *Svadhisthana* und *Manipura*. Bei gewöhnlichen Leuten wohnt der Geist auf diesen drei Ebenen, im Ausscheidungs- und Zeugungsorgan und im Nabel. Wenn der Geist zur vierten Ebene aufsteigt, dem Zentrum, das im Yoga als *Anahata* bezeichnet wird, sieht er die individuelle Seele als eine Flamme. Zudem sieht er Licht. Dabei ruft der Sucher: ,Ach, was ist das? Ach, was ist das?'

Wenn der Geist sich zur fünften Ebene erhebt, will der Sucher nur von Gott hören. Dies ist das *Visuddha*-Zentrum des Yoga. Die sechste Ebene und das Zentrum, das im Yoga als *Ajna* bekannt ist, sind dasselbe. Wenn der Geist dorthin aufsteigt, sieht der Sucher Gott. Aber es gibt immer noch eine Barriere zwischen Gott und dem Verehrer. Sie ist wie die Barriere aus Glas bei einer Laterne, die einen davon abhält, das Licht zu berühren. *König Janaka*

---

[1] die übernatürliche Fähigkeit, sich klein wie ein Atom und leicht wie Luft zu machen, die fünf Elemente zu beherrschen usf.
[2] Nikhilananda: Die Botschaft II, S. 299

lehrte auf der fünften Ebene *Brahmajnana*. Manchmal weilte er auf der fünften, manchmal auf der sechsten Ebene.

Nachdem der Sucher die sechs Zentren durchschritten hat, kommt er auf der siebten Ebene an. Wenn er sie erreicht, geht der Geist in *Brahman* ein. Die individuelle und die höchste Seele werden eins. Der Sucher geht in *Samadhi* ein. Sein Körperbewusstsein verschwindet. Er verliert das Wissen um die äußere Welt. Er sieht keine Vielfalt mehr. Sein Denken kommt zum Stillstand. […] Nachdem man *Samadhi* erlangt hat, gibt man den Körper in einundzwanzig Tagen auf. Spirituelles Bewusstsein ist nicht möglich, ohne dass die *Kundalini* erwacht."[1]

„Bevor ich diesen Geisteszustand erlangt hatte, wurde mir enthüllt, wie die *Kundalini* aufsteigt, wie die Lotusblumen der verschiedenen Zentren aufblühen und wie alles im *Samadhi* gipfelt. Das ist eine sehr geheime Erfahrung. Ich sah einen Jungen von zweiundzwanzig oder dreiundzwanzig, der mir völlig glich, wie er in den *Sushumna*-Kanal eintrat und mit den Lotusblüten sprach, wobei er sie mit seiner Zunge berührte. Er begann mit dem Zentrum am Anus und ging durch die Zentren des Sexualorgans, des Nabels und so fort. Die verschiedenen Lotusblüten dieser Zentren – das vierblättrige, sechsblättrige, zehnblättrige und so fort – hingen schlaff herab. Bei seiner Berührung richteten sie sich auf. Als er das Herz erreichte – ich kann mich genau daran erinnern –, mit dem Lotus dort sprach und ihn mit seiner Zunge berührte, richtete sich der zwölfblättrige Lotus, der den Kopf hängen ließ, auf und öffnete seine Blütenblätter. Dann kam der sechzehnblättrige Lotus im Hals und der zwölfblättrige Lotus auf der Stirn. Und zuletzt blühte der tausendblättrige Lotus im Kopf. Seitdem bin ich in diesem Zustand."[2]

Er beschrieb die *Kundalini*-Erfahrung folgendermaßen: „Etwas erhebt sich mit einem kribbelnden Gefühl von den Füßen bis zum Kopf. Solange es nicht das Gehirn erreicht, bin ich bei Bewusstsein. Aber in dem Augenblick, wenn es das tut, bin ich für die Außenwelt tot. Selbst die Funktionen der Augen und Ohren hören auf, ganz zu schweigen von der Sprache. Wer sollte sprechen? Der Unterschied zwischen ich und du verschwindet. Manchmal denke ich, ich sollte euch alles erzählen, was ich sehe und fühle, wenn diese

---

[1] Nikhilananda: Die Botschaft I, S. 320 f.
[2] Nikhilananda: Die Botschaft II, S. 406 f.

geheimnisvolle Kraft durch das Rückenmark aufsteigt. Wenn es so weit (er deutete auf sein Herz) oder sogar so weit (er deutete auf den Hals) gekommen ist, kann ich sprechen, was ich auch tue. Aber wenn es darüber hinausgegangen ist, hält mir sozusagen jemand den Mund zu, und ich bin hilflos. Ich würde euch gern erzählen, was ich fühle, wenn die *Kundalini* den Hals überschreitet, aber wenn ich darüber nachdenke, gerät der Verstand in Wallung, und das war es dann!"[1]

„Wenn der Geist diesen Punkt (zwischen den Augenbrauen) erreicht, schaut man *Paramatman* und fällt in *Samadhi*. Es gibt nur noch einen dünnen, durchsichtigen Schleier zwischen dem *Jiva* und dem *Paramatman*."

Die verschiedenen Arten von *Samadhi* beschrieb er folgendermaßen: „Es gibt viele Arten von *Samadhi*. Meine eigene spirituelle Erfahrung entspricht den Worten, die ich von einem *Sadhu* aus Rishikesh gehört habe. Manchmal spüre ich, wie der spirituelle Strom in mir hochsteigt, wie wenn eine Ameise kriecht. Manchmal fühlt es sich an, wie wenn ein Affe von einem Ast zum anderen springt. Manchmal wiederum fühlt es sich wie ein Fisch an, der im Wasser schwimmt. Nur wer es erfährt, weiß, wie es ist. In *Samadhi* vergisst man die Welt. Wenn der Geist ein wenig herunterkommt, sage ich zur Göttlichen Mutter: ‚Mutter, bitte heile mich davon. Ich möchte zu den Leuten sprechen.'"[2]

Wenn Ramakrishna wieder aus seinem *Samadhi* kam, bat er oft um ein Glas Wasser, um seinen Geist wieder auf die normale Ebene zu bringen.

In der letzten Phase dieser Periode, als seine *Kundalini* voll erwacht war, konnte er oft seine Kleidung und seine heilige Schnur nicht mehr ertragen. Er bemerkte nicht, wie er diese Dinge von sich warf. So war er oft nackt. Auch bekam sein Körper ein Strahlen, sodass die Menschen von ihm angezogen wurden. Er berichtete: „Die Leute starrten die Lieblichkeit dieser Gestalt (sich meinend) an. Die Brust und das Gesicht waren immer rot, und der ganze Körper schien zu leuchten. Um der öffentlichen Aufmerksamkeit zu entgehen, musste ich ein dickes Laken um meinen Körper wickeln. Ich bat die Mutter: ‚Nimm Deine äußere Schönheit zurück, Mutter, und gib mir

---

[1] Nikhilananda: Life of Sri Ramakrishna, S. 117
[2] Nikhilananda: Die Botschaft I, S. 310

stattdessen Deine innere Schönheit und die Reinheit des Geistes.'"[1] Schließlich wurde sein Äußeres wieder normal.

Ramakrishna sagte über seine Tantra-Praxis: „Ich brauchte nicht mehr als drei Tage, um jede Übung zu bewältigen. Wenn ich eine bestimmte Übung aufnahm und die Göttliche Mutter hartnäckig mit glühendem Herzen bat, das Ergebnis zu erzielen, krönte Sie mich gnädig innerhalb der kurzen Zeit von drei Tagen mit Erfolg."[2]

Auf diese Weise führte er unzählige tantrische Riten aus, bis die Bhairavi schließlich verkündete, dass sein tantrisches *Sadhana* beendet sei, da er alle Übungen erfolgreich gemeistert hätte. Ramakrishnas Tantra-Praxis dauerte etwa drei Jahre, von 1861 bis 1863. Er selbst lehrte aber später kein Tantra, wenn er auch einigen wenigen Schülern die eine oder andere Übung empfahl. Auch erzählte er seinen Schülern keine detaillierten Einzelheiten darüber.

Wie die Brahmanin Ramakrishna in seiner Tantrapraxis geholfen hatte, so half er ihr in der Entwicklung ihres spirituellen Lebens.

Etwa zu dieser Zeit wusste Ramakrishna, dass später viele Leute zu ihm kommen würden, um spirituelle Erkenntnis zu erlangen. Er sprach mit Hriday und Mathur darüber. Mathur meinte: „Das ist sehr gut, Vater. Wir werden alle zusammen in deiner Gesellschaft glücklich sein." Doch es mussten fünfzehn weitere Jahre vergehen, bevor die ersten Schüler kamen, und Mathur würde vorher sterben.

---

[1] Nikhilananda: Life of Sri Ramakrishna. S. 120
[2] Saradananda: Great Master I, S. 229

Nachdem Ramakrishna die tantrischen Übungen beendet hatte, fühlte er sich zum Vishnuismus hingezogen. Die Brahmanin war auch darin eine Expertin. Der Vishnuismus ist eine der Hauptrichtungen des Hinduismus. In ihm wird Vishnu als der alldurchdringende Gott verehrt, der auch als *Hari* bekannt ist. Von Vishnu gibt es verschiedene Inkarnationen, von denen Rama und Krishna die bekanntesten sind. Die Hauptschriften sind die Bhagavad Gita, das *Mahabharata*, das *Ramayana*, die *Puranas* und die *Agamas*.

Der Vishnuismus ist eine reine *Bhakti*-Religion. Durch *Bhakti*, die Liebe zu Gott, wird der Geist gereinigt, und der Mensch kann durch diese intensive Liebe (*Prema*) Gott erkennen. Ohne *Bhakti* sind alle Bußübungen, Riten und andere Übungen nutzlos. Diese Liebe muss kultiviert werden.

Dafür werden im Vishnuismus fünf innere Haltungen (Panchabhavas) empfohlen: *Santa* (die friedfertige Haltung), *Dasya* (die Haltung des Dieners seinem Herrn gegenüber), *Sakhya* (Kameradschaft gegenüber Gott), *Vatsalya* (elterliche Zuneigung) und *Madhur* (eheliche Liebe).

Die Bhairavi beherrschte alle fünf Haltungen. Ramakrishna empfand immer schon tiefe Liebe für Gott. So sagte ihm dieser Weg natürlicherweise zu und war für ihn nicht neu. Abgesehen davon entstammte er einer vishnuitischen Familie. Hilfreich war für ihn auch, dass sein Wesen nicht nur männlich war, sondern auch stark weibliche Züge trug.

In den ersten Jahren, als er ohne eine äußere Führung war, hatte er die Haltung von *Santa* und *Dasya* geübt und manchmal auch die von *Sakhya* (Kameradschaft). Zudem hatte er die Haltung Hanumans als Diener Ramas geübt. Deshalb wandte er sich nun den beiden anderen Haltungen von *Vatsalya* (elterliche Zuneigung) und *Madhur* (eheliche Liebe) zu.

Etwa 1864 kam der vishnuitische Wandermönch Jatadhari nach Dakshineswar. Er verehrte Rama als Gottheit und trug eine kleine Statue vom Kind Rama, bei sich, die er liebevoll Ramlala[1] nannte und verehrte. Für ihn war die Statue lebendig und sein ständiger Begleiter. Er kochte für sie und sah

---

[1] *Lala* = geliebtes Kind; Ramlala = geliebter kleiner Rama.

tatsächlich, dass sie aß, spazieren gehen wollte und so fort. Er reiste mit Ramlala zu verschiedenen Pilgerorten Indiens.

DIE SATUE VON RAMLALA

Bis Jatadhari nach Dakshineswar kam, hatte er nicht gewagt, jemandem von seinen Visionen zu erzählen. Die Leute sahen zwar, dass er beständig eine Metallstatue verehrte, die ein Kind darstellte, aber mehr wussten sie nicht darüber. Ramakrishna fand es jedoch sofort heraus und lud ihn ein, in Dakshineswar zu bleiben. Er empfand großen Respekt für den Mönch, verbrachte täglich viele Stunden mit ihm und beobachtete, wie er Ramalala verehrte.

In der Gesellschaft von Jatadhari erwachte erneut Ramakrishnas Liebe zu Rama. Schließlich sah auch er in der Metallfigur das Kind Rama, die Verkörperung der spirituellen Liebe, und hatte dieselben Visionen. Er erzählte: „Als die Tage vergingen, spürte ich, dass Ramlala mich immer mehr liebte.

Solange ich bei Jatadhari blieb, war Ramlala glücklich und tollte herum. Aber sobald ich ihn verließ und in mein Zimmer ging, folgte er mir sofort. Er blieb nicht bei dem *Sadhu*, obwohl ich ihm befahl, mir nicht zu folgen. Ich dachte zuerst, es könne nur meine Fantasie sein. Denn wie konnte dieser Junge, den der *Sadhu* so lange mit solcher Hingabe verehrt hatte, mich mehr lieben als ihn? Aber ich sah tatsächlich Ramlala – jetzt tanzte er vor mir her, jetzt folgte er mir. Manchmal bestand er darauf, von mir auf den Schoß genommen zu werden. Aber wenn ich ihn dann hochhob, wollte er nicht dortbleiben. Er rannte überall hin, pflückte Blumen oder plantschte und schwamm im Ganges. […]

Als ich eines Tages mein Bad im Ganges nehmen wollte, bestand er darauf, mich zu begleiten. Was konnte ich tun? Ich musste ihm nachgeben. Aber er kam nicht aus dem Wasser. Ich bat ihn darum, aber er hörte nicht auf mich. Schließlich wurde ich ärgerlich und tauchte ihn unter, indem ich sagte: ‚Nun gut, bleib so lange drinnen, wie du willst!' Als ich das tat, sah ich, wie er nach Luft schnappte und um Atem rang. ‚Was tue ich da?', dachte ich bestürzt. Ich zog ihn aus dem Wasser und nahm ihn in die Arme.

An einem anderen Tag bat er mich um etwas zu essen, aber alles, was ich ihm geben konnte, war grobkörniger Reis, der nicht ordentlich geschält war. Als er ihn aß, kratzten die Hülsen an seiner empfindlichen, zarten Zunge. Mir tat es leid! Ich nahm ihn auf den Schoß und rief: ‚Deine Mutter hat dich mit Creme und Butter gefüttert, und ich war so gedankenlos, dir dieses grobe Essen zu geben!"[1]

Wenn Jatadhari Ramlala nicht finden konnte, rannte er verzweifelt in Ramakrishnas Zimmer, wo Ramlala auf dem Boden spielte. Sein Gefühl war verletzt, und er zog Ramlala zurück in sein eigenes Zimmer.

Für Ramakrishna und Jatadhari geschah das alles tatsächlich. Als er das später seinen jungen Schülern erzählte, traten ihm Tränen in die Augen. Die Schüler sahen sich völlig verwirrt an. Diese Geschichten klangen für sie absurd und unmöglich, und doch wussten sie, dass Ramakrishna zu keiner Falschheit fähig war. Swami Saradananda, der in seiner Ramakrishna-Biografie ausführlich davon berichtet, rät dem Leser: „Akzeptiere so viel von

---

[1] Isherwood: Ramakrishna, S. 107 f.

dieser Geschichte, wie du verdauen kannst. Lass den Kopf und den Schwanz [das Unwesentliche] weg, wenn du willst."

In das Rama-Mantra war Ramakrishna schon in seiner Kindheit eingeweiht worden, um ordnungsgemäß die Familiengottheit *Raghuvir* zu verehren. Doch seine Verehrung von Rama wurde durch die Erfahrung mit Ramlala intensiviert. Deshalb weihte ihn Jatadhari als Guru in das Mantra ein. Ramakrishna versenkte sich in die Übung dieses Mantras, und in wenigen Tagen hatte er die beständige göttliche Vision von Rama erlangt. Seine Einsicht beschrieb er folgendermaßen: „Rama, der Sohn von *Dasaratha*, ist in jedem Lebewesen. Derselbe Rama weilt im Universum und überschreitet es dennoch."

Ramakrishna berichtete weiter: „Eines Tages kam Jatadhari mit Freudentränen zu mir und sagte: ‚Ramlala hat sich mir auf eine Weise offenbart wie nie zuvor, wonach ich mich immer gesehnt habe. Jetzt ist der Wunsch meines Lebens erfüllt. Ramlala sagt, dass er von hier nicht mehr weggehen wird. Er will dich nicht verlassen. Aber ich bin nicht mehr traurig darüber. Er lebt glücklich bei dir und genießt es, und ich bin glücklich, wenn ich das sehe. Ich habe jetzt gelernt, einfach glücklich zu sein, wenn er glücklich ist. Deshalb kann ich ihn bei dir lassen und weggehen, weil ich weiß, dass er bei dir ist.' Dann gab mir Jatadhari die Statue von Ramlala und verabschiedete sich. Ramlala ist seitdem hier."[1]

Die kleine Statue von Ramlala schien in der Folge in Ramakrishnas Leben keine Rolle mehr gespielt zu haben. Jedenfalls wird sie nicht mehr erwähnt. Sie wurde viele Jahre im *Radhakanta*-Tempel aufbewahrt. Irgendwann wurde sie gestohlen und ist seitdem verschwunden.

Durch seine Verehrung von Ramlala hatte Ramakrishna die Haltung von *Vatsalya* geübt, indem der Verehrer sich selbst als ein Elternteil betrachtet und Gott als Kind. Anschließend übte er sich in *Madhur* (der Haltung der Geliebten Gott gegenüber), die unter den fünf Haltungen als die höchste gilt.

Im *Bhagavata* wird von Krishna erzählt, der als junger, verspielter Kuhhirte in Vrindavan lebte und dort die Milchmädchen (*Gopis*) betörte. Er trug eine Pfauenfeder und spielte auf seiner Flöte. Seine liebste *Gopi* und Gefährtin

---

[1] ders., S. 109

war Radha. Sie gelten als klassisches Liebespaar. Die Liebe Radhas symbolisiert die intensive Liebe des Menschen zu Gott. Deshalb nimmt der *Bhakti* Krishna gegenüber die Rolle Radhas ein. Radha symbolisiert auch die *Shakti* Krishnas.

Um das zu verstehen, muss man sich vergegenwärtigen, dass die zeitweise Annahme des anderen Geschlechts dazu dient, die Leidenschaften des eigenen Geschlechts und die Geschlechtsunterschiede zu überschreiten. So sagte Ramakrishna: „Wie kann ein Mann die Leidenschaft überwinden? Er sollte die Haltung einer Frau annehmen. Ich habe viele Tage als die Magd Gottes verbracht. Ich habe Frauenkleider angezogen, habe Schmuck angelegt und den oberen Teil meines Körpers mit einem Tuch bedeckt wie eine Frau. Mit dem Tuch auf dem Kopf übte ich den abendlichen Gottesdienst vor der Götterstatue aus. Wie hätte ich sonst acht Monate meine Frau bei mir behalten können? Wir beide verhielten uns, als wären wir die Mägde der Göttlichen Mutter. Ich kann mich nicht als Mann bezeichnen."[1]

Ramakrishna bat Mathur um Frauenkleider. Mathur versorgte ihn mit einem schönen, kostbaren Sari aus Benares, einem Gazeschal, einem Rock und einem Oberteil. Um die Veränderung vollständig zu machen, kaufte er ihm auch eine Perücke und Goldschmuck. Ramakrishna wohnte in dieser Zeit in Mathurs Haushalt bei den Frauen und identifizierte sich völlig mit der Geliebten Krishnas. Es braucht nicht erwähnt zu werden, dass dies eine Reihe von skandalösen Gerüchten auslöste, aber er und Mathur ignorierten sie.

Sobald Ramakrishna als Frau verkleidet war, wurden auch sein Denken und seine Haltung die einer Frau. Er ging, sprach und gestikulierte wie eine Frau. Hriday berichtete: „Wenn er von Frauen umrundet war, war es selbst für seine engen Verwandten schwierig, ihn sofort zu erkennen. Zu dieser Zeit nahm mich Mathur Babu einmal mit in den inneren Wohnbereich und fragte: ‚Kannst du mir sagen, welche dein Onkel ist?' Obwohl ich so lange mit ihm gelebt und ihm täglich gedient hatte, konnte ich ihn nicht sofort von ihnen unterscheiden."

Auch beim *Durga*-Fest 1864 trug Ramakrishna Frauenkleider und nahm mit den weiblichen Familienmitgliedern Mathurs daran teil. Als der Gottesdienst am ersten Festtag beendet war, fiel er in *Samadhi* und verlor das

---

[1] Nikhilananda: Die Botschaft II, S. 119

äußere Bewusstsein. Bald kam die Zeit für die Abendandacht (*Arati*), die vom Schwenken von Lichtern, Läuten von Glocken, Schlagen von Gongs und Singen begleitet wurde. Mathurs Frau Jagadamba Dasi war in einem Dilemma. Sie wollte in die Halle gehen, wo das *Arati* stattfand, aber sie traute sich nicht, Ramakrishna alleine zu lassen, denn kürzlich war er in Ekstase in eine glühende Kohlepfanne gefallen und hatte sich verbrannt. Da sagte sie zu ihm: „Es ist Zeit für das Schwenken der Lichter. Willst du nicht mitkommen und der Mutter *Durga* fächeln?" Es wurde oft bemerkt, dass Ramakrishna durch ein Mantra oder einen Götternamen aus seiner Versenkung wieder zum Bewusstsein gebracht werden konnte. Das wusste Jagadamba Dasi. Sofort reagierte Ramakrishna auf den Namen der Mutter *Durga*, erhob sich und ging mit Jagadamba Dasi in die Halle.

Das *Arati* begann, und Ramakrishna fächelte der *Durga*-State mit einem *Chamara*, einer Art rituellem Fächer, der aus dem Schwanz eines Yaks besteht. Da kam Mathur in die Halle. Wie es Sitte war, standen die Verehrer auf der einen Seite und die Verehrerinnen auf der anderen. Mathur bemerkte sofort die seltsame Dame, die neben seiner Frau stand und der Götterstatue fächelte. Er bewunderte ihr edles Gebaren, ihr wertvolles Gewand und den Schmuck, und vermutete, dass es sich um eine reiche ältere Dame handeln musste, die zum Fest eingeladen worden war. Als das *Arati* vorbei war, ging Mathur zu seiner Frau und fragte, wer die seltsame Dame sei. Jagadamba Dasi lächelte und sagte: „Du weißt es nicht? Das ist Vater." Als Mathur seine Überraschung überwunden hatte, meinte er: „Keiner kann Vater erkennen, wenn er es nicht will."

Ramakrishnas Sehnsucht, Krishna als seinen spirituellen Ehemann zu erlangen, war so intensiv, dass das brennende Gefühl zurückkam. Er vergaß Essen und Trinken und weinte bei Tag und Nacht. Um die Vereinigung mit Krishna zu erlangen, rief er Radha an und sah schließlich in einer Vision, wie sie in ihn einging. In der Folge erlangte er sein Ziel. Er betrachtete sich schließlich selbst als Krishna und ebenso alle Lebewesen, von *Brahma* bis hinunter zum Grashalm. Mehrere Monate verbrachte er in völliger Seligkeit.

Einmal hatte er eine Vision von Krishna, als das *Bhagavata* vor dem Radhakanta-Tempel vorgelesen wurde. Er ging in Ekstase ein und sah Krishnas leuchtende Gestalt. Aus seinen Lotusfüßen kam ein Lichtstrahl wie ein Seil, berührte das Buch und anschließend sein Herz und dann für einige Zeit gleichzeitig alle drei. Daraus schloss er, dass die drei Wesenheiten – Krishna, die Schrift und der Verehrer (in diesem Fall er selbst) – ein und dasselbe sind, obwohl sie als verschieden erscheinen, d.h. sie sind Manifestationen derselben Wirklichkeit. Er pflegte zu sagen: „Die Drei – das *Bhagavata* (die Schrift), der *Bhakta* (der Verehrer) und Bhagavan (der göttliche Herr) sind eins, und das Eine ist drei."

Mit dieser letzten Übung hatte er sein vishnuitisches *Sadhana* erfolgreich zu Ende geführt.

# VEDANTA UND TOTAPURI

RAMAKRISHNAS ZIMMER RECHTS, NAHABAT LINKS

Ramakrishnas Mutter Chandra Devi war inzwischen alt geworden. Die Welt hatte für sie ihren Reiz verloren. So kam sie vermutlich während des großen Tempelfestes 1863 nach Dakshineswar, um fortan bei ihrem Sohn am Ufer des Ganges zu bleiben. Sie kehrte nie wieder nach Kamarpukur zurück, sondern verbrachte die restlichen zwölf Jahre bis zu ihrem Tod 1876 im Tempelbereich und wohnte im nördlichen Musikturm (Nahabat), der von der halbrunden Veranda von Ramakrishnas Zimmer aus zu sehen ist. So hatte sie nur einen kurzen Weg, wenn sie ihren Sohn besuchen wollte.

Mathur kümmerte sich um sie und verbrachte viele Stunden bei ihr. Er nannte sie immer „Großmutter". Bald wurde Mathur ihr Favorit. Eines Tages fragte er sie, ob sie sich etwas wünsche. Sie könne alles von ihm bekommen. Chandra fiel nichts ein, denn sie hatte alles. Mathur bedrängte sie jedoch weiter. Da bat sie ihn um einige Tabakblätter im Wert von einem *Anna*, denn die alte Dame gönnte sich einen kleinen Luxus: Sie kaute manchmal ein mit Gewürzen geröstetes Tabakblatt.

Chandra Devi war also bereits in Dakshineswar, als Ramakrishna von Jatadhari das Rama-Mantra erhielt und *Vatsalya* und *Madhur* übte.

TOTAPURI

Etwa gegen Ende 1864 oder Anfang 1865 kam der Wandermönch Totapuri in den Tempelgarten von Dakshineswar. Er war in den mittleren Jahren. Er hatte allem entsagt, selbst dem Lendentuch. Deshalb nannte Ramakrishna ihn Nangta, den Nackten. Er vertrat die Philosophie des nicht-dualistischen *Vedanta*, die Ramakrishna neu war. Dieses Lehrsystem nennt die letzte Wirklichkeit *Brahman*, das auch als *Satchidananda,* Sein-Bewusstsein-Seligkeit, bezeichnet wird.

Das *Vedanta* kennt keinen Götterglauben. Durch *Maya*, die unergründliche, verhüllende Kraft *Brahmans*, werden Zeit, Raum und Kausalität erschaffen, und das Eine scheint zu einer Vielzahl von Individuen zu werden, die den Umständen der Zeit unterworfen sind. Durch *Maya* entsteht die Subjekt-Objekt-Beziehung, die jedoch unwirklich ist. Die Aufgabe des Übenden ist es, den Schleier der *Maya* zu lüften und *Brahman* als sein eigenes wahres Wesen zu erkennen. Dafür wird eine rein negative Methode gewählt. Mit der Formel „Neti, Neti" (nicht dies, nicht dies) wird hinterfragt, ob der Körper, die Sinne, der Geist usf. *Brahman* seien. Die Antwort darauf lautet immer „Nicht dies", also nein, da alles unbeständig und damit unwirklich ist. Somit wird alles Relative verneint, auch das eigene Ich. Am Schluss dieses Prozesses bleibt nur *Brahman* übrig, das nicht verneint werden kann, und der Sucher geht in dieses Eine ein, das kein Zweites kennt, womit alle Zweiheit überschritten ist. Dieser Weg wird als der Weg des *Jnana*, der Erkenntnis, bezeichnet und als die direkte Methode, das Absolute zu erkennen, verstanden. Fortan betrachtet der Übende seinen Körper, seine Sinne, die Welt usf.

als bloßen Schatten oder Traum. Sie sind unwirklich, d.h. unbeständig. Alles in der Welt gilt ihm als gleichwertig, und er ist in allen Situationen gleichmütig. Der Geist ist beruhigt, da alle Zweifel verschwunden sind. Er sieht das ganze Universum als eine Manifestation *Brahmans*, und so geht er auf Wanderschaft, besucht Pilgerorte und Heilige und erfährt *Brahman* in ihnen.

Totapuri wurde vermutlich 1915 im Punjab geboren. Er war wohl noch ein Kind, als er den Nagas[1], dem strengen Orden *Shankaras*, beitrat. Er wurde vom Oberhaupt des Maths in Ludhiana im Punjab eingeweiht und war von Anfang an ein strikter Anhänger der *Vedanta*-Philosophie. Das Kloster bestand damals aus siebenhundert Mönchen. Als sein Lehrer starb, wurde er das Oberhaupt dieses Math. Er war ein großer Mann von robuster Konstitution. Nach der Zeit im Kloster folgte die Zeit der Wanderschaft.

Totapuri betrachtete die vielfältige hinduistische Götterwelt als reine Fantasie. Mit Gebeten, Zeremonien und Ritualen konnte er nichts anfangen. Lange hatte er alleine in einem einsamen Wald am Ufer des heiligen Flusses *Narmada* gelebt. Nach vierzigjähriger Übung und durch starke Willenskraft hatte er dort schließlich sein Ziel erreicht, *Nirvikalpa Samadhi* erfahren und seine Einheit mit dem Absoluten erkannt. Danach hatte er den Wunsch, nach Ostindien zu pilgern, und wanderte von Ort zu Ort. Er war in Puri gewesen und in Gangasagar an der Gangesmündung und kam auf seiner Wanderschaft entlang des Ganges nach Dakshineswar. Normalerweise verbrachte er nur drei Tage an einem Ort, denn ein Wandermönch sollte wie ein fließender Strom sein, wenn er Anhaftung vermeiden will. Er blieb im Freien, dem Wetter ausgesetzt, und ernährte sich von Almosen.

Als Totapuri in den Tempelbereich kam, ging er zuerst in die offene Säulenhalle am Ghat. Dort saß Ramakrishna geistesabwesend in einer Ecke unter vielen anderen Leuten und sah wie eine gewöhnliche Person aus. Totapuri bemerkte ihn sofort, fühlte sich zu ihm hingezogen und spürte, dass es sich um keinen gewöhnlichen Menschen handelte und er sicher reif sei, in *Vedanta* unterwiesen zu werden. Von Neugier erfüllt ging er zu ihm hin und fragte ihn direkt, ob er in dieser Disziplin unterwiesen werden wollte.

---

[1] Die Nagas gehen oft nackt umher. Sie bilden einen Unterorden der Puris, einer der zehn Mönchsorden, die auf *Shankara* zurückgehen. Darauf weist der Name Totapuri hin.

Ramakrishna erwiderte: „Ich weiß nicht, was ich tun oder nicht tun soll. Meine Mutter weiß alles. Ich werde tun, was Sie mir befiehlt." Totapuri antwortete: „Dann geh, frag deine Mutter und komm wieder, denn ich werde nicht lange hierbleiben." Totapuri dachte vermutlich, er wolle seine leibliche Mutter fragen, aber dann sah er ihn in den Kali-Tempel gehen.

Ramakrishna vernahm dort in einem Zustand von Ekstase die Worte der Göttlichen Mutter: „Geh und lerne von ihm. Der Mönch ist gekommen, um dich zu belehren." In halb unbewusstem Zustand kehrte er zu Totapuri zurück und informierte ihn darüber, was die Mutter beschlossen hatte, wobei sein Gesicht vor Freude strahlte. Totapuri amüsierte sich, da die Statue im Kali-Tempel für ihn nichts weiter als eine Statue aus Stein war, sagte jedoch nichts. Vermutlich dachte er, dass Ramakrishna diese Haltung sowieso aufgeben würde, hätte er ihn erst einmal ins *Vedanta* eingeweiht und er begonnen, den Weg des *Jnana* zu üben. Er sagte zu ihm, dass er die heilige Schnur und seinen Haarschopf, die ihn als Brahmanen auszeichneten, aufgeben müsse, bevor die Einweihung in *Sannyasa* erfolgen konnte, die unbedingt nötig sei, um im *Vedanta* unterrichtet zu werden. Ramakrishna zögerte ein wenig und sagte dann, dass er nichts dagegen einzuwenden habe, wenn es heimlich erfolgen würde. Er wollte es nicht öffentlich tun, da es seiner alten Mutter einen Schlag versetzen würde, denn die Einweihung als Mönch bedeutete in Bengalen normalerweise Jahre der Wanderschaft, und Chandra Devi würde befürchten, er könnte mit Totapuri fortgehen. Totapuri verstand das und sagte: „Sehr gut, ich werde dich im Stillen einweihen, wenn der geeignete Moment dafür kommt." Er wollte einige Tage an einem einsamen Ort verbringen, wurde von Ramakrishna ins Panchavati gebracht und ließ sich dort nieder.

Als der glückverheißende Tag kam, bat Totapuri Ramakrishna, *Sraddha* und andere Zeremonien für die Seelen seiner Ahnen auszuführen, denn fortan würde er als *Sannyasin* tot für die Welt sein und konnte keine solchen Zeremonien mehr ausüben. Dann sollte er Pindas (Klöße aus gekochtem Reis und Weizen- oder Gerstenmehl mit Ghee) für seine eigene Seele darbringen, wie die Schriften es vorschreiben. Ramakrishna führte diese und weitere einleitende Zeremonien ohne Vorbehalt aus. In der Hütte in der Nähe des Panchavati wurden alle nötigen Artikel für die Zeremonie gesammelt. Dann fastete Ramakrishna und wartete, bis die Nacht verging.

DIE HÜTTE BEIM PANCHAVATI;
URSPRÜNGLICH STAND DORT EINE LEHMHÜTTE.

Zwei Stunden vor Tagesanbruch trafen sich der Guru und der Schüler in der Hütte. Im Panchavati brannte das *Dhuni*-Feuer. Es wurden die entsprechenden Mantras gesungen. Dann legte Ramakrishna das Gelübde völliger Entsagung von Familie, Freunden, Körper, Sinnen usf. für Gott ab. Der Guru rezitierte die Mantras und Gebete, und der Schüler wiederholte sie sorgfältig und brachte seine Opfergaben nacheinander dem Feuer dar. Zuletzt warf er seine Brahmanenschnur und seine Haare ins Feuer, was bedeutete, dass er fortan ohne Kaste war und der weltlichen Gesellschaft nicht mehr angehörte. Danach legte er das Lendentuch und das ockerfarbene Gewand an, die der Guru ihm gegeben hatte, wie es üblich ist.

Anschließend erhielt er von Totapuri die Unterweisung in *Brahman*. „Brahman", sagte er, „ist die einzige Wirklichkeit, immer rein, immer leuchtend, immer frei, jenseits der Begrenzungen von Zeit, Raum und Ursache. Obwohl *Brahman* scheinbar durch die unergründliche Kraft der *Maya*, der Zauberin, die das Unmögliche ermöglicht, in Namen und Formen geteilt ist, ist Es in Wirklichkeit das Eine und unteilbar. Wenn ein Sucher in die Seligkeit des *Samadhi* eintaucht, nimmt er weder Zeit und Raum noch Name und Gestalt, die Nachkommen *Mayas*, wahr. Alles, was im Bereich der *Maya* ist,

ist unwirklich. Gib es auf. Vernichte das Gefängnis von Namen und Form und springe mit der Kraft eines Löwen aus ihm hinaus. Tauche tief bei der Suche nach dem Selbst, und erkenne Es durch *Samadhi*. Du wirst erfahren, dass die Welt aus Namen und Formen im Nichts verschwindet und das kümmerliche Ego sich im *Brahman*-Bewusstsein auflöst. Du wirst deine Identität mit *Brahman*, der absoluten Existenz-Erkenntnis-Seligkeit, erfahren."[1]

Totapuri zitierte die *Upanishaden* und sagte: „Das Wissen, mit dem man einen anderen sieht, hört oder kennt, ist oberflächlich. Was oberflächlich ist, ist wertlos und kann nie wahres Glück geben. Aber die Erkenntnis, durch die man keinen anderen sieht, hört oder erkennt, die jenseits der Zweiheit ist, ist groß, und durch solche Erkenntnis erlangt man die grenzenlose Seligkeit. Wie können der Geist und die Sinne Das ergreifen, was im Herzen aller als ewiges Subjekt erstrahlt?"[2]

Totapuri wollte, dass Ramakrishna an diesem Tag *Samadhi* erfahren sollte. Er tat sein Bestes, um ihn in den Zustand des nichtdualen Bewusstseins zu bringen, den er selbst erfahren hatte. Ramakrishna beschrieb das Ereignis mit folgenden Worten: „Nach der Einweihung begann Nangta, mich die verschiedenen Einsichten des *Advaita Vedanta* zu lehren, und bat mich, den Geist völlig von allen Objekten abzuziehen und tief ins *Atman* zu tauchen. Aber trotz aller Versuche konnte ich den Bereich von Namen und Formen nicht völlig überschreiten und meinen Geist in den bedingungslosen Zustand bringen. Ich hatte keine Schwierigkeit, den Geist von allen Objekten der Welt abzuziehen. Aber die strahlende und mir zu vertraute Gestalt der Seligen Mutter, der Verkörperung der Essenz des reinen Bewusstseins, erschien vor mir als lebendige Wirklichkeit. Ihr bezauberndes Lächeln verhinderte, dass ich ins große Jenseits hinübertrat. Immer wieder versuchte ich es, aber Sie stand mir jedes Mal im Weg. Verzweifelt sagte ich zu Nangta: ‚Es ist hoffnungslos. Ich kann meinen Geist nicht zum bedingungslosen Zustand erheben und *Atman* gegenübertreten.' Er wurde gereizt und sagte scharf: ‚Wie, du kannst es nicht? Aber das musst du!' Er sah sich um, fand eine Glasscherbe, hob sie auf und steckte sie mir zwischen die Augenbrauen. ‚Konzentriere dich auf diesen Punkt', sagte er mit donnernder Stimme. Dann meditierte ich wiederum mit strenger Entschlossenheit. Sobald die gnädige

---

[1] Nikhilananda: Sri Ramakrishna, S. 157
[2] ders.

Gestalt der Göttlichen Mutter vor mir erschien, benutzte ich meine Unterscheidungskraft als Schwert und hieb Sie mit ihr entzwei. Das letzte Hindernis fiel. Mein Geist stieg sofort über die relative Ebene hinaus, und ich verlor mich in *Samadhi*."[1]

Ramakrishna ging in die unaussprechliche Herrlichkeit des *Nirvikalpa Samadhi* ein. Die Sinne und der Geist hörten auf zu arbeiten. Der Körper wurde bewegungslos wie der einer Leiche. Das Weltall verschwand aus seinem Blick. Selbst der Raum schmolz dahin. Alles war zu Schatten reduziert, die im dunklen Hintergrund des Geistes dahinflossen. Nur ein schwaches Ich-Bewusstsein blieb übrig. Dann hörte auch das auf, und nur das Sein allein blieb übrig. Die Seele verlor sich im Selbst, und jede Vorstellung von Zweiheit, von Subjekt und Objekt, war ausgelöscht. Begrenzungen waren verschwunden, und der begrenzte Raum war eins mit dem unbegrenzten Raum. Ramakrishna hatte *Brahman* erkannt, das jenseits der Sprache, der Erfahrung und des Denkens ist. Er wusste nun, dass Mutter Kali nichts anderes als *Brahman* war.

Totapuri blieb lange neben Ramakrishna sitzen und beobachtete ihn. Dann verließ er still die Hütte und verschloss die Tür, damit niemand hereinkommen und ihn stören konnte. Er wartete im Panchavati in der Nähe, bis Ramakrishna ihn rufen würde, um die Hütte zu öffnen.

Der Tag ging in die Nacht über. Am Ende des dritten Tages, als Totapuri immer noch nicht den Ruf Ramakrishnas gehört hatte, war er neugierig geworden und öffnete die Tür. Ramakrishna saß immer noch in der gleichen Haltung da, wie er ihn verlassen hatte, und war ohne Körperbewusstsein. Sein Gesicht war gelassen und strahlte. Totapuri rief erstaunt: „Wunderbar! Wie kann ich meinen Augen trauen? Hat diese große Seele tatsächlich in einem einzigen Tag erlangt, wozu ich vierzig Jahre unermüdlich *Sadhana* üben musste?" Da er immer noch zweifelte, untersuchte er genau, ob Ramakrishnas Herz schlug und ob es das geringste Anzeichen von Atem in ihm gab. Er berührte wiederholt den Körper des Schülers, der unbeweglich wie ein Baumstamm dasaß. Aber es gab kein Anzeichen dafür, dass er zum normalen Bewusstsein zurückkehren würde. Daraufhin brachte Totapuri seinen Schüler zum Bewusstsein der äußeren Welt zurück, indem er laut das

---

[1] ders., S. 158

Mantra „*Hari* OM" sang. Ramakrishna kam wieder zu sich und öffnete die Augen. Dann verneigte er sich vor seinem neuen Guru. Totapuri umarmte ihn mit Liebe und Ehrfurcht. Er freute sich so sehr über seinen Schüler, dass er beschloss, seine Regel zu brechen und für unbestimmte Zeit in Dakshineswar zu bleiben.

Totapuri meditierte oft, obwohl er sein spirituelles Ziel erlangt hatte. Wie die anderen Mitglieder seines Klosters hielt er das *Dhuni*-Feuer für sehr heilig. Wo immer er war, zündete er ein Feuer an. Wenn nachts alle schliefen, setzte sich Totapuri neben das Feuer und meditierte. So verbrachte er auch einen Großteil des Tages. Totapuri besaß nur einen Wasserkrug, eine Feuerzange, ein Fell zum Sitzen und ein Tuch für seinen Körper. Täglich reinigte er seinen Wasserkrug und seine Feuerzange. Als Ramakrishna ihn einmal beim Meditieren beobachtete, fragte er ihn: „Du hast die höchste Erkenntnis erlangt. Warum legst du so großen Wert auf die Meditation?" Totapuri zeigte auf seinen Wasserkrug und antwortete: „Sieh, wie er glänzt! Wird er nicht seinen Glanz verlieren, wenn er nicht täglich geschrubbt wird? Ebenso ist es mit dem Geist. Wenn man ihn nicht täglich mit Meditation aufhellt, wird er unrein." Da wandte Ramakrishna ein: „Aber wenn er aus Gold ist, muss man ihn nicht täglich schrubben und scheuern." „Das stimmt", gab Totapuri zu. Ramakrishna erzählte später seinen Schülern oft von diesem Gespräch.

Die Bhairavi war in Dakshineswar, als Ramakrishna in *Sannyasa* eingeweiht wurde. Da sie dualistische Verehrung übte, konnte sie die *Advaita*-Philosophie und ihre nichtdualistischen Vorstellungen nicht gutheißen. Auch sah sie es nicht gern, dass Ramakrishna mit Totapuri so vertraut umging, und warnte ihn: „Sei mit diesem Mönch nicht so vertraut. Seine Methode ist nur trockener Intellektualismus. Du wirst deine Verehrung und Liebe für Gott verlieren, wenn du Umgang mit ihm pflegst." Ramakrishna achtete jedoch nicht auf ihre Worte.

Entgegen Totapuris Annahme ließ Ramakrishnas Liebe zur Göttlichen Mutter und zu Krishna trotz seiner *Advaita*-Erfahrung nicht nach. Bei Tagesanbruch und bei Anbruch der Dunkelheit sang er die verschiedenen Namen Gottes, indem er in die Hände klatschte und manchmal in Ekstase tanzte, wie er es auch zuvor getan hatte. Er wiederholte laut „*Hari* bol, *Hari* bol!", was „*Hari* ist der Guru, und der Guru ist *Hari*" bedeutet. Dann sang er: „Oh

*Govinda*, mein Leben!" „Der Geist ist Krishna, der Atem ist Krishna, die Erkenntnis ist Krishna, die Meditation ist Krishna, die Wahrnehmung ist Krishna, der Verstand ist Krishna" und so fort. Als er einmal bei Anbruch der Dunkelheit spirituelle Gespräche mit Totapuri führte, begann er plötzlich, den Namen Gottes zu singen, und klatschte dazu in die Hände. „Was machst du da?", fragte Totapuri sarkastisch, „Machst du Chapatis?"[1] Ramakrishna lachte, tadelte Totapuri aber wegen seiner Intoleranz. Totapuri machte sich fortan nicht mehr über Ramakrishnas Hingabe lustig.

Ein andermal saßen beide beim heiligen *Dhuni*-Feuer und unterhielten sich über *Vedanta*. Totapuri erklärte seine nichtdualistische Sichtweise, dass *Brahman* die eine Wirklichkeit sei und für den Kenner *Brahmans* die Welt der Erscheinungen (*Maya*) belanglos sei. *Maya* könne keine Kraft über ihn haben. Ramakrishna widersprach. Er wusste nur zu gut, wie machtvoll *Maya* sein konnte.

Als sie sich unterhielten, kam ein Tempeldiener. Er benötigte Feuer für seine Pfeife und wollte ein Stück heiße Kohle nehmen, um sie anzuzünden. Totapuri wurde wütend. Für ihn war die Handlung des Dieners nicht nur unverschämt, sondern ein Sakrileg, da das *Dhuni*-Feuer als heilig galt. Er drohte ihm mit seiner Feuerzange, sodass der Diener davonrannte. Ramakrishna schüttelte sich vor Lachen und rief: „Was für eine Schande! Du hast es bereits vergessen!" „Worüber lachst du?", fragte Totapuri empört. „Der Mann war unverschämt." Immer noch lachend antwortete Ramakrishna: „Oh ja, er war unverschämt. Aber du hast deine Kenntnis von *Brahman* vergessen! Hast du mir nicht soeben erzählt, dass es nichts als *Brahman* gibt und dass ein Kenner *Brahmans* nicht durch *Maya* in die Irre geführt werden kann? Und doch hast du das alles im nächsten Augenblick vergessen und willst eine der Manifestationen *Brahmans* schlagen! Siehst du, *Maya*, die du verachtest, ist stärker, als du glaubst. *Maya* ist allmächtig." Totapuri wurde ernst und schwieg. Dann sagte er: „Du hast ganz recht. Ich habe in meiner Wut *Brahman* vergessen. Wut ist tödlich. Ich werde von jetzt an nie mehr der Wut nachgeben."

---

[1] Chapatis sind dünne Fladen von ungesäuertem Brot, die gemacht werden, indem man den Teig zwischen den Handflächen hin und herklatscht.

Totapuri besaß eine stählerne Gesundheit, hatte bislang nur wenig Erfahrung mit Krankheit und Schmerz gemacht und verachtete den Körper. Doch nachdem er einige Monate in Dakshineswar verbracht hatte, litt er an starken Anfällen von Ruhr, da ihm das dortige Klima nicht bekam. Bei Tag und Nacht hatte er unerträgliche Schmerzen, die seine Konzentration und sein geistiges Gleichgewicht störten. Er spürte, dass er seiner Gesundheit wegen eigentlich weiterziehen müsste. Mehrere Male hatte er beschlossen, sich von Ramakrishna zu verabschieden, aber sobald sie zusammen waren, vertieften sie sich in ein Gespräch über Gott, und Totapuri vergaß es. Er verlor an Gewicht. Ramakrishna besorgte ihm durch Mathur Medizin, aber sie blieb wirkungslos.

Eines Nachts war sein Schmerz so unerträglich, dass er sich nicht mehr auf *Brahman* konzentrieren konnte. Da wurde er des Körpers überdrüssig und sagte sich: „Wegen dieses elenden Körpers kann ich heute meinen Geist nicht kontrollieren. Ich weiß mit Gewissheit, dass ich nicht der Körper bin. Warum sollte ich mich mit ihm verbinden und leiden? Was nützt es, ihn herumzutragen? Ich werde ihn dem Ganges darbringen und meinen Problemen ein Ende bereiten." Totapuri konzentrierte sich auf *Brahman* und ging langsam ins Wasser. Er ging immer weiter, bis er fast das andere Ufer erreicht hatte, aber das Wasser war nicht tief genug, um sich darin zu ertränken.[1] Verwirrt dachte er: „Was für eine Laune der *Maya*! Der Fluss hat heute nicht genug Wasser, um mich zu ertränken! Was für ein geheimnisvolles Spiel des Herrn!" Da machte er plötzlich die Erfahrung der göttlichen Gegenwart. Alles war die Manifestation der Göttlichen Mutter. Sie war im Wasser, Sie war an Land. Sie war der Körper, und Sie war der Geist. Sie war der Schmerz, und Sie war das Wohlgefühl. Sie war die Erkenntnis, und Sie war die Unwissenheit. Sie war das Leben, und Sie war der Tod. Er besaß nicht einmal die Freiheit, zu sterben. Sie war auch der absolute Aspekt. Sie war *Brahman*, das er sein ganzes Leben lang verehrt hatte. *Brahman* und *Shakti* waren eins, die beiden Aspekte waren ein Sein.

Auf diese Weise machte Totapuri in dieser Nacht eine neue Erfahrung. Er erkannte die Bedeutung der Göttlichen Mutter und wiederholte immer wieder Ihren Namen. Mit liebevollem Herzen ergab er sich Ihr und watete nach

---

[1] Ramakrishna erwähnte, dass der Bade-Ghat an dieser Stelle eine lange seichte Stelle hat.

Dakshineswar zurück. Er setzte sich wieder neben sein Feuer im Panchavati und meditierte über Sie.

Als Ramakrishna am nächsten Morgen zu ihm kam und fragte, wie es ihm ginge, fand er einen völlig anderen Menschen vor. Sein Gesicht leuchtete, und er schien seine Krankheit los zu sein. Er erzählte Ramakrishna alles. „Die Krankheit war mein Freund. Vergangene Nacht wurde ich mit einer Vision der Göttlichen Mutter gesegnet und wurde durch Ihre Gnade meine Krankheit los. Oh, wie völlig unwissend ich war! Jetzt lass mich die Erlaubnis deiner Mutter einholen zu gehen. Ich verstehe jetzt, dass Sie mich so lange hierbehalten hat, um mir diese Lektion zu lehren. Oft habe ich daran gedacht, zu gehen, und wollte mich von dir verabschieden. Aber jemand hat mich immer daran gehindert, wenn ich versuchte, es dir zu sagen, und hat mich mit anderen Themen davon abgelenkt."

Ramakrishna erklärte die Erfahrung Totapuris folgendermaßen: „Wenn ich an das höchste Sein als inaktiv denke – das nicht erschafft, erhält oder zerstört – nenne ich Ihn *Brahman* oder den *Purusha*, den unpersönlichen Gott. Wenn ich Ihn als aktiv denke – erschaffend, erhaltend und vernichtend –, nenne ich Ihn *Shakti* oder *Maya* oder *Prakriti* oder den persönlichen Gott. Aber in Wirklichkeit gibt es zwischen *Brahman* und *Shakti* oder dem unpersönlichen und persönlichen Gott keinen Unterschied. Das Unpersönliche und das Persönliche sind ein und dasselbe Sein wie Milch und ihre weiße Farbe. Du kannst die Milch nicht ohne ihre weiße Farbe wahrnehmen. Sie sind eins wie ein Edelstein und sein Funkeln. Sie sind eins wie eine Schlange und ihre schlängelnde Bewegung. Wenn du an eine Schlange denkst, denkst du automatisch auch an ihre schlängelnde Bewegung. Ähnlich ist die Beziehung zwischen *Brahman* und der Göttlichen Mutter."[1]

Als am Morgen die Hörner der Musiker vom Nahabat erklangen, begleitete Totapuri Ramakrishna zum ersten Mal in den Tempel und verneigte sich vor der Göttlichen Mutter. Einige Tage später verabschiedete er sich von ihm, nachdem er elf Monate in Dakshineswar verbracht hatte, und wanderte in Richtung Nordwesten weiter. Er kehrte nie wieder zurück.

Kurz nachdem Totapuri gegangen war, entstand in Ramakrishna der starke Entschluss, in ungebrochenem *Nirvikalpa Samadhi* auf der nichtdualen

---

[1] Nikhilananda: Life of Ramakrishna, S. 169

Ebene des Bewusstseins zu bleiben. Sechs Monate lang verbrachte er auf dieser Ebene und war sich seines Körpers und dessen Bedürfnisse nicht bewusst. In diesem Zustand verlor er jedes Empfinden von ich und mein, du und dein, Subjekt und Objekt. Es gab weder einen noch viele – alles wurde vom Absoluten verschlungen.

In dieser Zeit hielt sich glücklicherweise ein Mönch in Dakshineswar auf, der sich um ihn kümmerte und ihm wohl dadurch das Leben rettete, indem er ihm immer wieder einen Bissen in den Mund schob. Ramakrishna berichtete: „Sechs Monate blieb ich ununterbrochen in diesem Zustand, von dem kein gewöhnlicher Mensch zurückkehren kann, da der Körper nach drei Wochen abfällt wie ein welkes Blatt. Ich war mir nicht bewusst, ob es Tag oder Nacht war. Fliegen flogen mir in Mund und Nase, wie sie es bei einem toten Körper tun, aber ich spürte sie nicht. Das Haar wurde von Staub verfilzt. Der Körper hätte nicht überlebt und wäre sicherlich ohne die freundliche Fürsorge eines Mönchs, der damals in Dakshineswar war, umgekommen. Er erkannte meinen Geisteszustand und verstand auch, dass dieser Körper unbedingt am Leben erhalten werden musste, da er dazu bestimmt war, noch viel Gutes für die Welt zu tun. Deshalb tat er alles dafür, diesen Körper zu erhalten. Er brachte mir regelmäßig zu essen und versuchte auf verschiedene Weise, meinen Geist zum Bewusstsein der relativen Welt herunterzubringen, selbst wenn er mich mit einem Stock schlagen musste. Sobald er sah, dass ich ein wenig bei Bewusstsein war, schob er mir etwas Essen in den Mund. Nur ein Teil davon erreichte den Magen, und es gab Tage, an denen all sein Bemühen vergeblich war. Sechs Monate vergingen auf diese Weise. Schließlich erhielt ich den Befehl der Mutter: ‚Bleibe um der Menschheit willen an der Schwelle zum relativen Bewusstsein (*Bhavamukha*).‘"[1]

Mit dieser Vision der Göttlichen Mutter kam sein beständiges *Nirvikalpa Samadhi* an ein Ende.

---

[1] ders., S. 170 f.

# RAMAKRISHNA WIRD EIN MEISTER

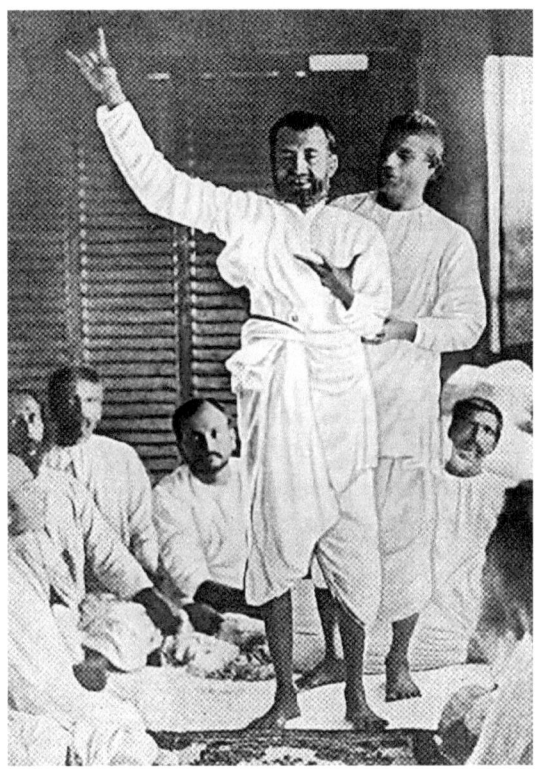

RAMAKRISHNA IN SAMADHI WÄHREND EINES KIRTAN IN KESHABS
HAUS 1879. ER WIRD VON HRIDAY GESTÜTZT.

Nach dieser intensiven Phase der Meditation war der Körper Ramakrishnas
sehr geschwächt. Zudem litt er an der Ruhr und hatte ständig starke Schmerzen. Auf diese Weise kam sein Geist wieder zum Körperbewusstsein zurück,
und er wurde wieder normal.

In dieser Zeit kamen einige Gelehrte im *Vedanta* zu ihm, um die Lehre mit
ihm zu diskutieren. Wenn sie in ihren Diskussionen untereinander nicht
übereinstimmten, musste Ramakrishna entscheiden. Es kamen auch viele
Besucher. Trotz seiner Schmerzen sprach er ununterbrochen mit ihnen über
spirituelle Dinge. Er berichtete: „Hriday pflegte zu sagen: ‚Niemals zuvor
habe ich solche Ekstase für Gott gesehen, und niemals zuvor habe ich eine

solche Krankheit gesehen.' Ich litt damals an hartnäckigem Durchfall. Es war, als würden Millionen von Ameisen an meinem Gedärm nagen. Trotzdem ging das spirituelle Gespräch bei Tag und Nacht weiter. Dr. Rama von Natagore wurde zu mir gerufen. Er traf mich an, als ich über die spirituelle Wahrheit diskutierte. ‚Was für ein Verrückter!', sagte er. ‚Von ihm ist nichts mehr übrig als ein paar Knochen, und trotzdem argumentiert er so!'"[1]

Ramakrishna dachte, dass er die Krankheit von Mathurs Frau Jagadamba Dasi auf sich genommen habe, denn diese litt ebenfalls an der Ruhr und erkrankte so schwer, dass Mathur befürchtete, sie zu verlieren. Mathur eilte ins Panchavati und erzählte Ramakrishna alles. Daraufhin ging Ramakrishna in Ekstase ein. Dann sagte er: „Hab keine Angst. Deine Frau wird sich erholen." Als Mathur nach Janbazar zurückkehrte, stellte er fest, dass es seiner Frau tatsächlich besser ging. Ramakrishna sagte später: „Von diesem Tag an wurde Jagadamba allmählich gesund, und die Krankheit wurde auf diesen Körper (sich selbst meinend) übertragen. Deswegen litt ich sechs Monate lang an der Ruhr und hatte andere Beschwerden."[2]

Hriday pflegte ihn hingebungsvoll bei Tag und Nacht. Mathur rief den berühmten Arzt Gangaprasad Sen, doch die Behandlung blieb wirkungslos. Erst nach sechs Monaten besserte sich sein Zustand.

Ramakrishna hatte jetzt alle hinduistischen Wege vollendet und war durch den Sturm und Stress der spirituellen Übungen und Visionen gegangen. Durch seine Erfahrungen war er in der Lage, andere Sucher anzuleiten, und so begann er fortan, die Gesellschaft von Verehrern und Heiligen zu suchen. Allmählich kamen *Sadhus* aller Richtungen zu ihm, Monisten und Dualisten, Tantriker, Vishnuiten und Anhänger des *Advaita*. Es kamen Asketen und Visionäre, um seinen Rat zu suchen. Ramakrishna war zum Meister geworden. Mathur kümmerte sich weiterhin um die Bedürfnisse aller und ließ Essen, Kleidung und anderes an sie verteilen.

Ramakrishna sagte: „Ich habe die Übungen aller Wege praktiziert, jede für einige Tage. Andernfalls hätte ich keinen Geistesfrieden gefunden. Ich habe

---

[1] Nikhilananda: Die Botschaft I, S. 415
[2] Der Grund für die häufigen Erkrankungen an der Ruhr lag wohl daran, dass es an sauberem Trinkwasser fehlte. Zudem wurde das Gangeswasser, das als Trinkwasser benutzt wurde, in der Regenzeit salzig.

alle Übungen ausgeführt. Ich nehme alle Wege an. Ich respektiere die *Shaktas*, die Vishnuiten und auch die *Vedantins*. Deshalb kommen Leute aller Glaubensrichtungen hierher. Und jeder von ihnen denkt, dass ich seiner Richtung angehöre. Ich respektiere auch die modernen *Brahmajnanis* (die Mitglieder des Brahmo Samaj)."[1]

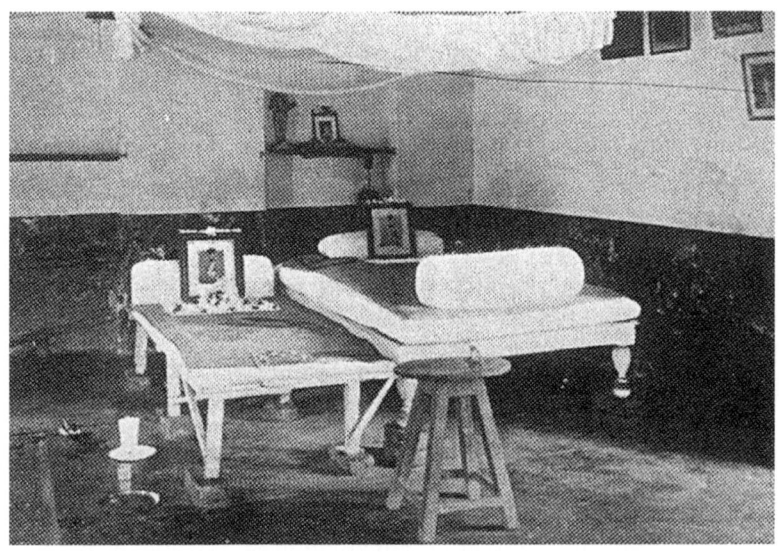

RAMAKRISHNAS ZIMMER

Ramakrishna hatte die Schriften nicht studiert und war insofern ungebildet. Aber er hatte von seinen Besuchern viel aus den Schriften gehört. Da er über ein außerordentlich gutes Gedächtnis verfügte, blieb ihm alles in Erinnerung, und er setzte es ein, wie er es brauchte. So sagte er: „Ich habe nichts gelesen, sondern gehört, was ich gelernt habe. Ich habe eine Girlande aus diesem Wissen geflochten, das ich um meinen Hals trage, und ich habe sie zu Füßen der Mutter dargebracht."[2]

Die Frage, ob er sich selbst als Guru betrachtete, kann bejaht und zugleich verneint werden. Er weihte durchaus einzelne Schüler ein, und seine späteren Schüler, verheiratete und unverheiratete, betrachten ihn eindeutig

---

[1] Nikhilananda: Die Botschaft II, S. 40
[2] Nikhilananda: Sri Ramakrishna, S. 61

als ihr Meister. Trotzdem sagte er: „Die drei Wörter – Meister, Lehrer und Vater – stechen mich wie Dornen. Ich bin der Sohn Gottes, Sein ewiges Kind. Wie kann ich ein Vater sei? Gott allein ist der Meister, und ich bin Sein Werkzeug. Er ist derjenige, der die Maschine bedient, und ich bin die Maschine. Wenn jemand mich Guru nennt, sage ich zu ihm: ‚Geh weg, du Narr! Wie kann ich ein Lehrer sein?' Es gibt keinen Lehrer außer *Satchidananda*. Es gibt keine Zuflucht außer Ihm. Er allein ist der Fährmann, der einen über das Meer der Welt bringt.“[1]

Und: „Es gibt keinen Burschen unter der Sonne, der mein Schüler ist. Im Gegenteil, ich bin der Schüler eines jeden. Alle sind Kinder Gottes. Alle sind Seine Diener. Auch ich bin ein Kind Gottes. Auch ich bin Sein Diener. ‚Onkel Mond' ist der Onkel eines jeden Kindes.“[2]

Über sein *Sadhana* sagte er: „Oh, durch was für einen Zustand ging ich! Ich verbrachte einige Tage in Shiva und *Durga* versunken, einige Tage in Radha und Krishna versunken und einige Tage in *Sita* und Rama versunken. Wenn ich Radhas Haltung einnahm, rief ich nach Krishna, und wenn ich *Sitas* Haltung einnahm, rief ich nach Rama. [...] Als ich durch all diese Zustände ging, sagte ich zur Göttlichen Mutter: ‚Mutter, in diesen Zuständen ist Trennung. Gib mir einen Zustand, in dem es keine Trennung gibt.' Dann blieb ich für einige Zeit im unteilbaren *Satchidananda* versunken. Ich entfernte die Bilder der Götter und Göttinnen aus meinem Zimmer. Ich begann, Gott in allen Lebewesen wahrzunehmen. Die formelle Verehrung fiel ab. Du siehst diesen *Belbaum*. Ich ging immer zu ihm und pflückte seine Blätter. Als ich eines Tages ein Blatt pflückte, brach ein Stück Rinde ab. Ich fand, dass der Baum voller Bewusstsein war. Ich war traurig, weil ich den Baum verletzt hatte.“[3]

Durch die Übung von *Bhavamukha* konnte Ramakrishna sowohl auf der relativen als auch auf der absoluten Ebene weilen. Beides war für ihn miteinander verbunden. Er wandte spontan seine innere Erfahrung auf das an, was er in der Außenwelt beobachtete. Für ihn lebte Gott in allen Lebewesen,

---

[1] Nikhilananda: Die Botschaft II, S. 156
[2] ders., S. 453
[3] ders., S. 225

und das nicht nur auf eine abstrakte Weise, sondern sehr konkret, wie folgende Beispiele zeigen.

In der Regenzeit war der Tempelgarten von Dakshineswar mit Gras überwuchert. Deshalb durften die Grasschneider das Gras dort kostenlos schneiden und mitnehmen. Eines Tages beobachtete Ramakrishna, wie ein alter Mann aus Gier so viel Gras geschnitten hatte, dass er nicht in der Lage war, das Bündel wegzutragen. Trotz mehrerer Versuche gelang es ihm nicht, es auf seinen Kopf zu heben. Da dachte Ramakrishna: „Ach, im Innern wohnt das Selbst, die unendliche Erkenntnis, und doch gibt es äußerlich so viel Dummheit und Ignoranz!" Dann rief er: „Oh Rama, Dein Spiel ist rätselhaft!", und ging in *Samadhi* ein.

Eines Tages sah er einen Schmetterling herumflattern, in dessen Schwanz ein kleiner Stecken steckte. Er dachte zuerst, dass ein böswilliger Junge das getan hatte, aber im nächsten Moment lachte er und sagte: „Oh Rama, Du hast Dich selbst in diese Notlage gebracht!"

In einem Bereich des Gartens des Kali-Tempels wuchs frisches *Durva-Gras*, das schön anzusehen war. Als Ramakrishna es betrachtete, identifizierte er sich damit. Da ging ein junger Mann darüber. Ramakrishna wurde sehr unruhig. Er fühlte einen solch unerträglichen Schmerz in seiner Brust, als wäre ihm jemand über die Brust getrampelt.

Einmal stand er am Ghat mit der offenen Säulenhalle und blickte auf den Ganges. Zwei Boote lagen dort vor Anker, und die Fährmänner stritten sich über etwas. Der stärkere Mann schlug dem schwächeren auf den Rücken. Daraufhin schrie Ramakrishna plötzlich vor Schmerz. Hriday hörte es vom Kali-Tempel aus und kam schnell herbeigeeilt. Er sah, dass der Rücken Ramakrishnas rot und geschwollen war.

Durch seine verschiedenen spirituellen Erfahrungen war Ramakrishna zu einer sehr breit gefächerten Sichtweise gekommen und wusste, dass die Götter der verschiedenen Religionen viele Lesearten des Absoluten sind. Alle Religionen waren für ihn nur verschiedene Wege, die zum selben Ziel führten. Fortan wollte er auch einige fremde Religionen erforschen, wie den Islam und das Christentum.

Gegen Ende 1866, als Ramakrishna von seiner Krankheit geheilt war, kam ein leidenschaftlicher spiritueller Sucher namens Govinda Roy in den Tempel von Dakshineswar. Er gehörte der *Kshatriya*-Kaste an, hatte verschiedene Lehren studiert und war mit unterschiedlichen religiösen Gemeinschaften in Kontakt gekommen. Schließlich fühlte er sich vom Islam angezogen und war formell in ihn eingeweiht worden. Er studierte den Koran und befolgte die religiösen Übungen, die diese Schriften vorschreiben. Vor allem war er dem mystischen Sufismus zugeneigt und ein leidenschaftlicher Gottliebender.

Govinda verbrachte seine Zeit im Panchavati, das er für einen geeigneten Ort für seine spirituelle Praxis hielt. Wie die Hindu-*Sadhus* waren auch die islamischen Fakire im Tempel von Dakshineswar willkommen. Sie genossen dieselbe Gastfreundschaft und wurden verköstigt. Deshalb musste Govinda nicht für Almosen umherwandern, sondern blieb dort und verbrachte seine Tage mit der spirituellen Praxis seiner Religion.

Ramakrishna unterhielt sich mit Govinda und war von seinem Glauben und seiner Liebe zu Gott fasziniert. Auf diese Weise fühlte sich nun sein Geist zum Islam hingezogen. Er dachte, dass auch das ein Weg sei, um Gott zu erkennen. Er bat Govinda, ihn in seine Religion einzuweihen, damit er auch die islamischen Übungen praktizieren konnte. Das geschah, und für eine Weile übte er den Islam nach dessen Vorschriften aus. Er berichtete: „Ich wiederholte damals die heilige Silbe ‚Allah' mit großer Hingabe, trug Kleidung wie die Moslems, sagte die islamischen Gebete zu den drei Gebetszeiten auf und wollte nicht einmal die Hindu-Gottheiten sehen, nicht davon zu sprechen, sie zu grüßen, da die Hindu-Art des Denkens völlig aus meinem Geist verschwunden war. Ich verbrachte drei Tage in dieser Stimmung und erlangte das volle Ergebnis dieser Übungen entsprechend diesem Glauben."[1]

Als Ramakrishna den Islam praktizierte, hatte er einmal die Vision einer leuchtenden, beeindruckenden Person mit einem langen Bart. „Einmal meditierte ich unter dem Banyan, als mir ein Moslem[2] mit einem langen Bart gezeigt wurde. Er kam mit Reis auf einem Tonteller zu mir. Er gab den Reis einigen anderen Moslems zu essen und gab auch mir einige Körner. Die Mutter zeigte mir, dass es nur das Eine und nicht zwei gibt. Es ist allein *Satchidananda*, das diese verschiedenen Gestalten angenommen hat. Es allein ist zur Welt und zu den Lebewesen geworden. Zudem ist Es zur Nahrung geworden."[3]

In dieser Zeit betrat Ramakrishna den Bereich des Kali-Tempels nicht mehr und schlief im Kuthi anstatt in seinem Zimmer. Auch wollte er auf mohammedanische Weise essen. Mathur besorgte ihm einen Moslem, unter dessen Anweisung ein Brahmane für ihn das Essen auf diese Weise zubereitete.

---

[1] Saradananda: Great Master I, S. 299 f.
[2] Das war vielleicht eine Vision von Mohammed.
[3] Nikhilananda: Die Botschaft II, S. 300

Ramakrishna kehrte etwa im Mai 1867 für einige Monate nach Kamarpukur zurück, um sich von den Auswirkungen seiner Entbehrungen und seiner Krankheit zu erholen. Hriday und die Bhairavi begleiteten ihn, doch seine alte Mutter blieb unter Mathurs Fürsorge in Dakshineswar.

Seit sieben Jahren war Ramakrishna nicht mehr in seinem Heimatdorf gewesen. Seine Verwandten und Freunde waren gespannt darauf, ihn wiederzusehen, denn seltsame Gerüchte hatten immer wieder ihre Ohren erreicht: dass er in Frauenkleidern umherging, das Leben eines *Sannyasin* führte und dann wieder den Namen Allahs wiederholte. Aber als sie ihn sahen, fanden sie, dass er immer noch sein altes Selbst war, von derselben Liebenswürdigkeit, Fröhlichkeit und Wahrhaftigkeit. Von dem jungen Mann ging eine besondere spirituelle Atmosphäre aus, sodass sie sich scheuten, mit ihm über weltliche Dinge zu sprechen. Viele fühlten sich von ihm angezogen, und das Haus von Rameswar war von morgens bis abends voller Besucher beiderlei Geschlechts. Ramakrishna erholte sich gut in der Gesellschaft seiner einfachen Landsleute.

Es wurde eine Nachricht ins Dorf seines Schwiegervaters geschickt, dass seine Frau hergebracht werden sollte. Bis jetzt hatte Sarada Devi ihren Mann nur einmal nach ihrer Hochzeit getroffen, als er das Haus seines Schwiegervaters besuchte, wie es Sitte war. Damals war sie sieben gewesen. Inzwischen war sie vierzehn und verbrachte einen Monat in Kamarpukur. Nach einigen Tagen begann sie zu verstehen, in welchem geistigen Zustand ihr Mann war, und da sie ein reines Herz besaß, wollte sie ihm mit all ihrer Liebe und Hingabe zu Diensten sein und von ihm belehrt werden. Ramakrishna erkannte seine neue Verantwortung und begann, sie in Haushaltsdingen zu unterweisen, aber er lehrte sie auch, den Charakter der Leute zu erkennen und sich korrekt zu benehmen und natürlich, sich ganz Gott zu überlassen.

Sarada Devi erfuhr in der Gegenwart ihres Gemahls eine unbeschreibliche Freude. Sie beschrieb sie folgendermaßen: „Mein Herz war ständig von unbeschreiblichem Glück erfüllt, und es war mir, als wäre ein Krug, der von Seligkeit überfloss, in meinem Herzen aufgestellt worden."

Als Totapuri von der Heirat Ramakrishnas erfuhr, meinte er: „Was spielt das für eine Rolle? Nur jener ist in der Erkenntnis *Brahmans* gefestigt, der an seiner Unterscheidungsfähigkeit und Entsagung festhalten kann, auch während er mit seiner Frau lebt. Nur jener hat die höchste Erleuchtung erlangt, der Mann und Frau gleichermaßen als *Atman* betrachten kann und entsprechend mit ihnen umgeht. Ein Mann mit der Vorstellung von Geschlechterunterschieden kann ein guter Übender sein, ist aber noch weit vom Ziel entfernt."

Die Brahmanin war nicht damit einverstanden gewesen, dass Ramakrishna sich von Totapuri ins *Sannyasa* einweihen ließ, da sie befürchtete, er würde die Liebe zu Gott verlieren. Sie war auf Totapuri eifersüchtig und hatte einen Stolz entwickelt, der sie glauben ließ, dass jeder ihr gehorchen musste. Ebenso wenig war sie begeistert, dass Ramakrishna sich jetzt mit seiner Frau abgab, und äußerte öffentliche Kritik. Ramakrishna sagte nichts dazu. Sarada Devi ehrte die Brahmanin wie ihre Schwiegermutter und war ihr stets zu Diensten. Sie hielt sich für ein unwissendes Mädchen und protestierte nicht gegen ihre harten Worte. Als die Brahmanin einmal einen festen Brauch nicht beachtete, kam es zum Streit mit Hriday, der ihr deutlich sagte, sie müsse das Haus verlassen, wenn sie sich nicht an die Regeln im Dorf hielt. Als ihr Ärger nachließ und sie über sich selbst nachdachte, sah sie ihren Fehler ein und bereute ihn. Eines Tages wand sie aus verschiedenen Blumen Girlanden, schmückte Ramakrishna damit und bat ihn um Verzeihung. Dann verließ sie Kamarpukur und machte sich auf den Weg nach Benares. Sie hatte sechs Jahre bei Ramakrishna verbracht.

Ramakrishna blieb sechs oder sieben Monate in Kamarpukur und kehrte vermutlich Ende 1867 mit Hriday nach Dakshineswar zurück.

Mathur und seine Frau wollten auf Pilgerreise gehen und die wichtigsten heiligen Orte im Nordwesten Indiens besuchen. Für den Aufbruch wurde ein Tag im Januar bestimmt. Viele Leute sollten sie begleiten. Sie baten auch Ramakrishna mitzukommen. Er willigte ein, sie mit Hriday zu begleiten.

Am glückverheißenden 27. Januar 1868 begann die Reise. Sie war mit sehr hohen Kosten verbunden. Die Gruppe bestand aus etwa 125 Personen: Mathur und seine Frau, seine Schwiegertochter, der Sohn seines Gurus, Hriday, Ramakrishna, ein brahmanischer Koch, ein Türhüter und Diener und Dienerinnen und weitere Personen. Mathur hatte einen Erste-Klasse-Waggon und drei Dritte-Klasse-Waggons von der Eisenbahngesellschaft gemietet und vereinbart, dass diese vier Waggons an jedem beliebigen Ort zwischen Kalkutta und Benares abgehängt werden konnten.

Der erste Halt war Deoghar mit seinem Vaidyanath-Tempel. Dort blieben Mathur und seine Gruppe einige Tage. Als Ramakrishna die Armut der Menschen in einem Dorf sah, bat er Mathur: „Du bist der Verwalter der Mutter. Gib diesen armen Leuten zu essen und jedem ein Kleidungsstück." Mathur zögerte zuerst und meinte: „Diese Pilgerreise kostet viel Geld, und es sind so viele Leute. Wir werden knapp bei Kasse sein, wenn wir ihnen zu essen geben und sie kleiden. Was meinst du, Vater?" Aber Ramakrishna setzte sich zu den Dorfbewohnern und sagte: „Ich gehe nicht nach Benares. Ich will lieber bei diesen hilflosen Leuten bleiben." Da blieb Mathur nichts anderes übrig, als zu helfen. Er bestellte Ballen von Stoff aus Kalkutta und gab den Leuten zu essen.

Von Deoghar reiste Mathur mit seiner Gruppe nach Benares weiter, jedoch nicht ohne einen Vorfall. Auf einem Bahnhof bei Mogulsarai stiegen Ramakrishna und Hriday aus, und der Zug fuhr versehentlich ohne sie weiter. Mathur telegrafierte vom nächsten Bahnhof aus, dass man sie mit dem nächsten Zug mitschicken sollte, aber ein Beamter der Bahnhofsgesellschaft nahm sie in seinem Sonderzug mit.

Die Gruppe kam mit dem Boot in Benares an. Trotz seiner Begeisterung war Ramakrishna enttäuscht. Später sagte er: „Ich hatte erwartet, dass jeder in Benares in *Samadhi* versunken ist und vierundzwanzig Stunden am Tag über

Shiva meditiert und dass jeder in Vrindavan in der Gesellschaft Krishnas verrückt vor Freude ist. Aber als ich an diese Orte kam, war es ganz anders."

BENARES

Mathur mietete zwei Häuser am Kedarghat und verhielt sich wie ein sehr wohlhabender Mann. Wenn er ausging, wurde er von einer Schar Diener in Livree begleitet, die einen silbernen Schirm über ihn hielten. Ramakrishna konnte nicht zu Fuß gehen, da man immer befürchten musste, er könnte das Bewusstsein verlieren und stürzen. Deshalb wurde er in einer Sänfte getragen. Mathur lud die Gelehrten und ihre Familien zu sich ein, gab ihnen zu essen und jedem ein Kleidungsstück und eine Rupie. Er pflegte auch Umgang mit anderen reichen Landbesitzern.

Als Mathur eines Tages mit Ramakrishna einen Grundbesitzer in Benares besuchte, war das Wohnzimmer voller Leute, die über weltliche Dinge diskutierten. Ramakrishna quälte das. Er berichtete: „Als ich sie über verschiedene weltliche Dinge wie geschäftliche Verluste usw. reden hörte, weinte ich bitterlich und sagte zur Göttlichen Mutter: ‚Mutter, wohin hast Du mich gebracht? Mir ging es im Tempelgarten in Dakshineswar viel besser. Hier bin ich an einem Ort, wo ich von „Frauen und Gold" hören muss. Aber in Dakshineswar konnte ich das vermeiden.'"[1]

TRAILANGA SWAMI

Ramakrishna besuchte fast täglich den Schrein von Vishwanath (Shiva), der Hauptgottheit im Tempel von Benares, und fiel dort in Ekstase. Hriday begleitete ihn. Er besuchte auch die bekannten Mönche der Gegend und den berühmten Trailanga Swami, der ein Schweigegelübde abgelegt hatte, und berichtete später über ihn: „Er war in einem erhabenen Zustand der Erkenntnis. Er besaß kein Körperbewusstsein. Der Sand dort wird in der Sonne so heiß, dass keiner auf ihm gehen kann. Aber er lag bequem auf ihm. Ich kochte Reisbrei für ihn, brachte ihn mit und gab ihm zu essen. Zu dieser Zeit konnte er nicht mit mir sprechen, weil er ein Schweigegelübde abgelegt hatte. Deshalb fragte ich ihn durch Zeichen, ob *Ishwara* einer oder viele sei. Er antwortete durch Zeichen, dass *Ishwara* als einer erkannt wird, wenn der Mensch in *Samadhi* eingeht, aber solange das Bewusstsein von ich und du

---

[1] Nikhilananda: Die Botschaft I, S. 166

andauert, wird *Ishwara* als viele wahrgenommen. Ich sagte zu Hriday: ‚In ihm siehst du den Zustand eines wahren Kenners von *Brahman*.'"[1]

Einmal nahm Mathur Ramakrishna mit dem Boot mit, um die Schreine am Ganges zu besuchen. Da glitt das Boot am Manikarnika Ghat, dem heiligsten Verbrennungsplatz in Benares, vorbei. Die Luft war von Rauch erfüllt, denn viele Körper lagen auf den Scheiterhaufen und verbrannten. Sobald Ramakrishna die Szene sah, wurde er von Freude ergriffen, eilte an den Bootsrand und ging in *Samadhi* ein. Die Schiffer stürzten auf ihn zu und ergriffen ihn, da sie fürchteten, er könnte über Bord gehen. Aber er stand unbeweglich und mit strahlendem Gesicht da. Hriday und Mathur standen schützend neben ihm, berührten ihn aber nicht.

MANIKARNIKA GHAT IN BENARES, 1865

Später berichtete er seinen Schülern von seiner Vision: „Ich sah eine große Gestalt mit einem weißen Körper und gelbbraunen, verfilzten Locken, die sich ruhig jedem Scheiterhaufen näherte, zärtlich jeden *Jiva* in die Höhe hob und ihm das höchste Mantra ins Ohr hauchte. Die gnädige Weltenmutter saß

---

[1] Isherwood: Ramakrishna, S. 133

auf der anderen Seite des Scheiterhaufens, beseitigte bei jedem *Jiva* nacheinander die Hüllen der Knechtschaft und schloss die Pforte von *Nirvana* für ihn auf. Sie brachte die glückliche Seele schnell zum Absoluten. So können jene, die in Benares sterben, durch die unendliche Barmherzigkeit Shivas leicht die Erkenntnis von *Advaita* erlangen, die die Menschen normalerweise erst nach viel Konzentration und Entsagung erwerben."[1]

Die Pilgergruppe verbrachte fünf oder sechs Tage in Benares und reiste dann nach Allahabad weiter, wo sich der Ganges mit dem Jamuna vereint. Dieser Ort wird für besonders heilig erachtet. Sie badeten im Jamuna und blieben drei Tage dort. Mathur und alle anderen ließen sich die Köpfe rasieren, wie es die Schriften verlangen, aber Ramakrishna tat es nicht und sagte, es sei für ihn nicht nötig. Dann kehrten sie nach Benares zurück, wo sie vierzehn Tage blieben, bevor sie nach Vrindavan weiterreisten, das mit dem frühen Leben von Krishna in Verbindung steht.

Ramakrishna war in einem Zustand beständiger Begeisterung, da alles dort ihn an Krishna erinnerte. Er erzählte: „In der Abenddämmerung ging ich am Ufer des Jamuna spazieren, wenn das Vieh den Sandbänken entlang von der Weide zurückkam. Wenn ich diese Kühe sah, kam mir Krishna in den Sinn. Ich rannte wie ein Verrückter herum und schrie: ‚Oh, wo ist Krishna? Wo ist mein Krishna?'"[2]

In Vrindavan begegnete Ramakrishna der Vishnuitin Gangamata, auch verehrungsvoll Gangamayi genannt, die Radha und Krishna verehrte. Er sagte zu Hriday, dass sie einen sehr hohen spirituellen Zustand erlangt habe. Gangamata war etwa sechzig. Sie waren sich spontan vertraut. Ramakrishna lebte für einige Zeit in ihrer Hütte und spielte sogar mit dem Gedanken, immer bei ihr zu bleiben. Er erzählte: „In Vrindavan wurde mir Gangamayi sehr zugetan. Sie war eine alte Frau, die allein in einer Hütte in der Nähe von Nidhuvan lebte. Sie sagte über meinen spirituellen Zustand und meine Ekstase: ‚Er ist die Verkörperung von Radha.' Sie nannte mich ‚Dulali'. Wenn ich bei ihr war, vergaß ich zu essen und zu trinken, mein Bad und jeden Gedanken, nach Hause zu gehen. An manchen Tagen brachte Hriday für mich Essen mit und gab es mir. Gangamayi bediente mich auch mit

---

[1] Nikhilananda: Life of Sri Ramakrishna, S. 188
[2] Nikhilananda: Die Botschaft I, S. 178

132

Essen, das sie selbst zubereitet hatte. Gangamayi hatte Trancen. Zu solchen Zeiten versammelte sich eine große Menge, um sie zu sehen. Eines Tages kletterte sie in ihrer Ekstase auf Hridays Schulter. Ich wollte sie nicht verlassen und nach Kalkutta zurückkehren. Alles war vorbereitet, dass ich bei ihr bleiben konnte. Ich würde Reis essen, und unsere Betten würden auf den gegenüberliegenden Seiten der Hütte stehen. Alle Vorbereitungen waren getroffen worden. Da sagte Hriday: ‚Du hast solch einen schwachen Magen. Wer wird sich um dich kümmern?‘ ‚Warum?‘, sagte Gangamayi, ‚Ich werde mich um ihn kümmern. Ich werde ihn pflegen.‘ Als Hriday mich an der einen Hand zog und sie an der anderen, erinnerte ich mich an meine Mutter, die damals allein hier im *Nahabat* des Tempelgartens lebte. Es war mir unmöglich, von ihr wegzubleiben, und ich sagte zu Gangamayi: ‚Nein, ich muss gehen.‘ Ich liebte die Atmosphäre von Vrindavan.“[1]

Die Gruppe blieb etwa zwei Wochen in Vrindavan und besuchte dann Mathura, Radhakunda, Shyamakunda und den Govardhan-Berg.[2] Ramakrishna stieg in Ekstase auf diesen Berg. Er berichtete: „Sobald ich den Berg sah, wurde ich von göttlichen Gefühlen überwältigt und rannte bis zu seinem Gipfel hoch. Ich verlor alles Bewusstsein der Welt um mich herum. Die Bewohner dort halfen mir, wieder herunterzukommen. Als ich auf dem Weg zu den heiligen Teichen von Shyamakunda und Radhakunda die Wiesen, Bäume, Büsche, Vögel und Rehe sah, wurde ich von Ekstase überwältigt. Meine Kleidung wurde nass von Tränen. Ich rief: ‚Oh *Krishna*, alles dort ist wie in den alten Tagen. Nur du bist nicht da!‘ Als ich in der Sänfte saß, verlor ich jede Kraft zu reden. Hriday folgte der Sänfte. Er hatte die Träger ermahnt, auf mich achtzugeben.“[3]

Danach kehrten sie nach Benares zurück.

Ramakrishna hatte bereits zuvor die Bhairavi in Benares getroffen, die mit einer anderen Verehrerin an einem der Ghats lebte. Sie hatte Ramakrishna nach Vrindavan begleitet, und er hatte sie gebeten, dort zu bleiben. Kurz nachdem Ramakrishna von seiner Pilgerreise nach Dakshineswar zurückgekehrt war, starb sie.

---

[1] ders.
[2] Orte, die ebenfalls mit Krishna in Verbindung stehen
[3] ders.

Mathur blieb mit seiner Gruppe bis Mai in Benares, weil er an einem bestimmten religiösen Fest teilnehmen wollte. Auf der Rückreise wollte er auch Gaya, die Wohnstatt Vishnus, besuchen, aber Ramakrishna war dagegen, weil er fürchtete, dass er sich dort, wo einst sein Vater den bedeutenden Traum über seine Geburt gehabt hatte, mit Gott vereinen und seinen Körper aufgeben könnte, bevor seine Mission erfüllt war. Mathur gab sein Vorhaben auf, und sie reisten nach Kalkutta zurück. Die Pilgerreise hatte etwa vier Monate gedauert.

Als Ramakrishna wieder in Dakshineswar war, verstreute er im Panchavati etwas Erde und Staub, die er aus Radhakunda und Shyamakunda mitgebracht hatte, und den Rest in seiner *Sadhana*-Hütte, wobei er sagte: „Von heute an ist dies ein heiliger Ort wie Vrindavan." Dann bat er Mathur, vishnuitische Lehrer und Verehrer aus verschiedenen Orten einzuladen und für sie im Panchavati ein Fest zu organisieren.

# DIE FOLGENDEN EREIGNISSE

Kurz nach der Rückkehr von der Pilgerreise starb Hridays Frau. Hriday besaß kein kontemplatives Wesen und war stets darauf bedacht, die Freuden der Welt zu genießen, trotz des Einflusses von Ramakrishna. Jetzt überkam ihn Leidenschaftslosigkeit.

Da er mit Ramakrishna verwandt war, dachte er, dass er Anteil an seinem göttlichen Wesen hatte, und betrachtete ihn in gewissem Sinn als sein Eigentum. Er dachte, er könne durch die göttlichen Kräfte seines Onkels übernatürliche Erfahrungen erlangen, und da seine Frau gestorben war, sei jetzt die Zeit dafür gekommen. Er ahmte Ramakrishna nach, indem er seine Kleider und die heilige Schnur ablegte. Ramakrishna betonte, dass er das nicht tun müsse, denn er würde die Ergebnisse durch seinen Dienst an ihm erlangen. Doch Hriday hörte nicht auf ihn.

Einmal beobachtete Hriday spät in der Nacht, wie Ramakrishna ins Panchavati ging. Da er dachte, sein Onkel könnte seinen Wasserkrug und ein Handtuch benötigen, folgte er ihm mit diesen Dingen. Da sah er plötzlich, wie die Gestalt Ramakrishnas, die vor ihm herging, erstrahlte und das ganze Panchavati erhellte. Hriday bemerkte, dass Ramakrishna nicht ging, sondern sich über dem Boden in der Luft bewegte. Dann betrachtete Hriday seinen eigenen Körper und sah, dass auch er strahlte. Da wurde ihm bewusst, dass dieses Licht kein anderes war als Ramakrishnas. Voller Freude rief er: „Oh Ramakrishna, du und ich sind dasselbe! Wir sind keine sterblichen Wesen! Warum sollten wir hierbleiben? Komm mit mir! Wir wollen von Land zu Land wandern und die Menschen von ihren Bindungen befreien!" Da wandte sich Ramakrishna um und bat ihn, still zu sein und nicht alle aufzuwecken. Er legte Hriday seine Hand aufs Herz, und Hriday war wieder wie zuvor. Er begann zu schluchzen: „Onkel, warum hast du das getan? Du hast diese glückliche Vision von mir genommen! Jetzt werde ich sie nie wieder haben!" Ramakrishna erwiderte: „Ich habe nicht gesagt, dass du sie nie wieder haben wirst. Du machst so viel Aufhebens um deine kleine Vision. Deshalb musste ich die Mutter bitten, dich dafür unempfänglich zu machen. Wenn du nur wüsstest, wie viele Visionen ich täglich habe! Und mache ich solch einen Lärm? Du bist noch nicht für Visionen bereit. Die Zeit dafür wird kommen."

Hriday wollte weitere Visionen, und so ging er eines Nachts ins Panchavati und setzte sich auf Ramakrishnas Platz. Gleichzeitig hatte auch Ramakrishna das Verlangen, ins Panchavati zu gehen. Als er ankam, schrie Hriday erbärmlich: „Onkel, rette mich! Ich verbrenne!" Doch es war kein Feuer zu sehen. Ramakrishna fragte ihn, was los sei. Hriday erwiderte: „Kaum hatte ich mich auf deinen Platz gesetzt, da war mir, als würden brennende Kohlen über mich geschüttet!" Ramakrishna strich mit seiner Hand über den Körper seines Neffen, und er wurde sofort kühl. Dann sagte er: „Habe ich dir nicht immer wieder gesagt, dass du alles erlangst, indem du mir dienst?" Hriday ging nach diesem Vorfall nie wieder ins Panchavati.

Hriday hatte noch eine weitere Vision. 1868 wollte er die *Durga Puja* in seinem Haus feiern und auch sein Onkel sollte daran teilnehmen, was aber nicht möglich war, da Mathur ihn bereits eingeladen hatte. Ramakrishna tröstete Hriday, indem er sagte, er würde in seinem subtilen Körper anwesend sein. An jedem der drei Tage der Feier sah Hriday die leuchtende Gestalt seines Onkels neben der Götterstatue stehen.

Inzwischen war Akshay, der Sohn von Ramakrishnas ältestem Bruder Ramkumar, nach Dakshineswar gekommen. 1865, kurz nachdem Haladhari seinen Dienst aufgegeben hatte, wurde er Priester im Radhakanta-Tempel. Er war jetzt etwa siebzehn.

Akshay war Gott sehr hingegeben, weshalb ihm der Dienst als Priester sehr zusagte. Vier Jahre später kam sein Onkel Rameswar nach Dakshineswar und nahm ihn mit nach Hause, da er eine Braut für ihn gefunden hatte. Akshay heiratete. Kurz darauf wurde Akshay krank. Er wurde nach Dakshineswar zurückgeschickt, wo sich seine Krankheit zu bessern schien. Eines Tages hatte er jedoch einen Fieberanfall, und Ramakrishna war sich sicher, dass er sterben würde. Akshay litt etwa einen Monat lang. Als er im Sterben lag, kam Ramakrishna zu ihm und sagte: „Akshay, sage: ‚Ganga *Narayana*, OM Rama‘." Akshay wiederholte das Mantra dreimal und starb. Er war im Kuthi gestorben. Danach konnte Ramakrishna nicht mehr dorthin gehen.

Nach dem Tod des jungen Mannes sagte Ramakrishna: „Akshay starb direkt vor meinen Augen. Aber es hat mich überhaupt nicht berührt. Ich stand dabei und beobachtete, wie ein Mensch stirbt. Es war, als würde ein Schwert aus der Scheide gezogen. Ich freute mich an der Szene, lachte, sang und tanzte. Sie brachten den Körper weg und verbrannten ihn. Aber am nächsten Tag stand ich hier (er deutete auf die südöstliche Veranda seines Zimmers) und spürte einen quälenden Schmerz über den Verlust von Akshay, als würde jemand mein Herz auswringen wie ein nasses Handtuch. Ich staunte darüber und dachte, dass die Mutter mir eine Lektion erteilen wollte. Ich war nicht sehr um meinen eigenen Körper besorgt, noch weniger um den eines Verwandten. Aber wenn ich solchen Schmerz über den Verlust eines Neffen empfand, wie viel größer muss dann der Kummer eines Familienvaters sein, wenn er seine Lieben verliert!"[1]

Nach Akshays Tod übernahm Rameswar den Dienst als Priester im Radhakanta Tempel. Aber er konnte nicht ständig in Dakshineswar bleiben, da er sich auch um seine Angelegenheiten in Kamarpukur kümmern musste.

In Colootollah, einem Ortsteil von Kalkutta, gab es ein Haus, in dem sich die Vishnuiten trafen, fromme Lieder sangen und dem Vorlesen religiöser Schriften zuhörten. Ein Sitzplatz war immer leer und mit Blumen geschmückt. Er wurde „Chaitanyas Sitz" genannt und war Chaitanya, dem religiösen Mystiker aus dem 15./16. Jahrhundert, vorbehalten. Die Vishnuiten betrachteten ihn als ihr erwähltes Ideal und glaubten, dass er bei ihren Zeremonien in seinem subtilen Körper gegenwärtig sei. Deshalb war dieser Sitzplatz für sie sehr heilig.

Eines Tages, nicht lang nach Akshays Tod, besuchte Ramakrishna mit Hriday ein solches Treffen, weil er von den Verehrern eingeladen worden war. Bei seiner Ankunft wurde aus dem *Bhagavata* vorgelesen. Ramakrishna und Hriday kamen herein, ohne Aufsehen zu erregen. Aber plötzlich fiel Ramakrishna in *Samadhi*. Er rannte nach vorn und stellte sich auf den Sitzplatz von Chaitanya, wobei er seine Hände erhob. Zunächst waren die Verehrer eher überrascht als schockiert. Aber später, nachdem Ramakrishna und Hriday gegangen waren, begann ein Streit. Einige sagten, dass seine Handlung gotteslästerlich gewesen sei, andere verteidigten ihn. Da sie nicht übereinkamen, fragten sie den berühmten vishnuitischen Heiligen Bhagavan Das nach seiner Meinung. Bhagavan Das ärgerte sich über Ramakrishna und sagte, sie sollten künftig vor ihm auf der Hut sein. Ramakrishna wusste nichts von alledem.

---

[1] Nikhilananda: Die Botschaft I, S. 73

Da Ramakrishna Chaitanya sehr verehrte, wollte er 1870 eine Pilgerreise nach Navadvip, am Westufer des Hugli nördlich von Kalkutta gelegen, unternehmen, wo Chaitanya einst gelebt hatte. Mathur brachte ihn im Boot dorthin. Ramakrishna berichtete: „Einmal war ich mit Mathur Babu für einige Tage in seinem Hausboot unterwegs. Wir unternahmen den Ausflug für eine Luftveränderung. Während der Fahrt besuchten wir Navadvip. Eines Tages beobachtete ich, wie die Bootsleute ihr Essen kochten. Mathur sagte zu mir: ‚Was machst du da?' Ich antwortete lächelnd: ‚Die Bootsleute kochen, und ihr Essen sieht sehr lecker aus.' Mathur befürchtete, dass ich die Bootsleute um eine Portion ihres Essens bitten könnte. Deshalb sagte er: ‚Geh da weg! Geh da weg!'"[1]

Auf dem Boot hatte er die Vision von zwei Jungen, deren Körper wie Gold erstrahlten und die er als Chaitanya und Nityananda erkannte. Sie kamen auf ihn zu und gingen in ihn ein, wobei er bewusstlos zu Boden fiel. Er wäre ins Wasser gefallen, hätte Hriday ihn nicht festgehalten. Da er in Navadvip selbst von keinen spirituellen Gefühlen überwältigt worden war, glaubte er, dass Chaitanyas Geburtsort, das alte Navadvip, vom Fluss verschluckt worden und an dieser Stelle gewesen war, wo er seine Vision hatte. Es wird berichtet, dass Nachforschungen ergeben haben, dass das tatsächlich historisch richtig ist.

Ramakrishna und Hriday besuchten den bereits erwähnten Bhagavan Das in Kalna bei Burdwan. Als sie den Ort erreichten, wurde Ramakrishna plötzlich von einer Scheu ergriffen und sagte zu Hriday, er möge vorausgehen. Als Hriday den Raum betrat, hörte er Bhagavan Das sagen: „Es scheint mir, dass eine große Seele hierhergekommen ist." Dann sah sich Bhagavan Das unter seinen Besuchern um, doch Hriday war nicht diese große Seele, die er meinte. Daraufhin wandte er sich wieder seinem Thema zu. Er beschimpfte einen bestimmten *Sadhu*, der etwas Falsches getan hatte, und wollte ihn aus der Gemeinschaft ausschließen. Während seines Wutausbruchs kam Ramakrishna herein. Er hatte sich von Kopf bis Fuß in ein Stück Stoff gehüllt, sodass sein Gesicht nur teilweise zu sehen war. Respektvoll begrüßte er Bhagavan Das und setzte sich zu den anderen Besuchern.

---

[1] Nikhilananda: Die Botschaft II, S. 53 Das Essen von Leuten einer niederen Kaste gilt für einen Brahmanen als unrein.

Hriday sagte: „Mein Onkel verliert sich im Namen Gottes. Er tut das jetzt schon lange. Er ist gekommen, um dich zu besuchen." Bhagavan Das fragte die Neuankömmlinge höflich, woher sie kämen. Hriday bemerkte, dass er von Zeit zu Zeit die Gebetsschnur durch seine Hand gleiten ließ. Deshalb fragte er ihn: „Herr, warum betest du den Rosenkranz, wenn du doch bereits die Erleuchtung erlangt hast? Du brauchst es nicht länger zu tun." Bhagavan Das erwiderte: „Es stimmt, dass ich solche Übungen nicht mehr ausführen muss. Aber ich bete den Rosenkranz, um anderen ein Beispiel zu geben. Sie machen immer das, was ich tue. Wenn ich nicht den Rosenkranz bete, führe ich sie in die Irre."

Ramakrishna schmerzte es, Bhagavan Das in solch einer egoistischen Sprache reden zu hören. „Ich" war in seinen Augen der Diener Gottes, und wenn man sagte: „Ich habe das getan", so meinte man, ich habe es als ein Werkzeug Gottes getan. Deshalb rief er entrüstet: „Denkst du sogar jetzt noch so über dich selbst? Du glaubst, du belehrst die Leute. Du willst diesen Mann aus deiner Gemeinschaft ausschließen. Du glaubst, dass du entscheiden kannst, aufzuhören, *Japa* mit der Gebetsschnur zu üben oder nicht. Wer hat dich zu einem Lehrer gemacht? Glaubst du, du kannst die Welt belehren, ohne dass der Herr, der sie erschaffen hat, dir erlaubt, das zu tun?" Das Obergewand war ihm von der Schulter gerutscht, und das Untergewand hatte sich gelöst. So stand er jetzt nackt da, während sein Gesicht seltsam leuchtete.

Keiner hatte jemals so mit Bhagavan Das gesprochen. Doch er war kein gewöhnlicher Mann. Er erkannte die Wahrheit dieser Worte und akzeptierte sie, ohne verletzt zu sein. Er wusste selbst ganz genau, dass es keinen Handelnden in der Welt gab außer Gott, und er war Ramakrishna dankbar, ihn daran erinnert zu haben. Die beiden unterhielten sich freundschaftlich und gerieten dabei in Ekstase. Bhagavan Das erkannte schließlich, dass es Ramakrishna gewesen war, der es gewagt hatte, sich auf den Sitz Chaitanyas zu stellen. Er bat ihn für seinen Ärger um Verzeihung und erklärte, dass er seine Tat völlig missverstanden habe.

Maturs Rolle, die er im Leben von Ramakrishna spielte, neigte sich allmählich ihrem Ende zu.

Einmal war Mathur wegen einer Eiterbeule an einem Gelenk bettlägerig. Hriday bat Ramakrishna, zu ihm zu gehen, doch er meinte: „Wozu soll ich hingehen? Kann ich seine Eiterbeule heilen?" Mathur schickte eine Nachricht nach der anderen, Ramakrishna möge ihn doch besuchen. Schließlich gab Ramakrishna nach. Mathur war außer sich vor Freude, als Ramakrishna hereinkam. Er stand mit großer Schwierigkeit auf, setzte sich an ein Polster gelehnt hin und sagte: „Vater, gib mir etwas vom Staub deiner Füße." Ramakrishna antwortete: „Was nützt es dir, wenn du den Staub meiner Füße nimmst? Wird das deine Eiterbeule heilen?" Mathur entgegnete: „Vater, bin ich so kleinlich? Will ich den Staub deiner Füße, um meine Eiterbeule zu heilen? Dafür sind die Ärzte da. Ich will den Staub deiner Füße, um das Meer dieser Welt zu überqueren." Daraufhin geriet Ramakrishna in Ekstase. Mathur legte seinen Kopf auf seine Füße und betrachtete sich als gesegnet. Er weinte Freudentränen. Kurz darauf war er von seiner Krankheit geheilt.

Im Juli 1871 lag Mathur mit Fieber im Bett. Nach einer Woche konnte er nicht mehr sprechen. Obwohl Ramakrishna täglich Hriday zu ihm schickte, ging er selbst nicht zu ihm. Am letzten Tag wurde Mathur nach Kalighat gebracht. Ramakrishna verbrachte den Nachmittag dieses Tages in tiefem *Samadhi*, während Mathur starb. Nach fünf Uhr erlangte er wieder sein Bewusstsein, rief Hriday zu sich und sagte: „Mathurs Seele ist zum Deviloka, der Sphäre der Mutter, aufgestiegen!" Spät in der Nacht erreichte ihn die Nachricht, dass Mathur um fünf Uhr gestorben war.

Einige Zeit nach Mathurs Tod fragte einer seiner Freunde Ramakrishna: „Herr, was ist aus Mathur nach dem Tod geworden? Sicherlich muss er nicht wiedergeboren werden, oder?" Ramakrishna meinte jedoch: „Vielleicht wird er als König wiedergeboren. Er hatte immer noch einen Wunsch nach Vergnügen." Dann wechselte er das Thema.

# SARADA DEVI IN DAKSHINESWAR

Es war das Jahr 1872. Sarada Devi war inzwischen achtzehn und hatte ihren Mann vor vier Jahren zuletzt gesehen. Danach war sie in ihr Heimatdorf Jayrambati zurückgekehrt und lebte bei ihrer Familie. Sie war zu einer stillen, gedankenvollen jungen Frau herangereift, die ihre Haushaltspflichten gewissenhaft erfüllte und gerne den Leuten in ihren Schwierigkeiten half. Obwohl Sarada Devi erst vierzehn gewesen war, als sie Ramakrishna zuletzt gesehen hatte, hatte diese Begegnung einen bleibenden Eindruck bei ihr hinterlassen. Sie liebte ihn mit einer spirituellen Liebe, die frei von Eifersucht und Besitzansprüchen war. Ihre Gedanken waren beständig bei ihm in Dakshineswar, und sie sehnte sich danach, ihn wiederzusehen, dachte aber, er würde nach ihr schicken, wenn es soweit war.

So waren die Jahre vergangen. Zu ihrem Leidwesen hörte sie aus Dakshineswar, wie unnormal sich ihr Gemahl benahm, und der Klatsch bekam stets neue Nahrung. Die Männer im Dorf machten sich über Ramakrishna lustig, und die Frauen betrachteten sie mit Mitleid. Sie war davon sehr betroffen, sagte aber nichts. Als sie ihren Mann zuletzt gesehen hatte, war er nicht verrückt gewesen, aber das war schon lange her. Was, wenn er sich verändert hatte und jetzt wirklich verrückt geworden war? Das würde erklären, dass er bis jetzt nicht nach ihr geschickt hatte. Vielleicht benötigte er ihre Hilfe. Wenn der Ehemann körperlich oder geistig krank war, war es die Pflicht seiner Frau, an seiner Seite zu sein. Schließlich kam sie zu dem Entschluss, so bald wie möglich nach Dakshineswar zu reisen, um selbst nachzusehen, ihre Zweifel zu klären und ihm beizustehen.

Jedes Frühjahr kamen viele Leute zum jährlichen Dol Purnima (dem Holi-Fest) nach Dakshineswar. An diesem Tag wurden die reich geschmückten Statuen von Krishna und Radha in einer schwingenden Schaukel durch die Straßen der Stadt getragen. Zugleich wurde der Geburtstag Chaitanyas begangen. Verehrer aus ganz Bengalen strömten nach Kalkutta, um an diesem glückverheißenden Tag im Ganges zu baden.

Einige entfernt Verwandte von Sarada Devi hatten beschlossen, das Fest zu besuchen und im Ganges zu baden. Sarada Devi äußerte den Wunsch, sie zu begleiten. Als sie ihren Vater Ramchandra um seine Zustimmung bat, war ihm klar, warum sie dorthin wollte, und er erklärte sich bereit, sie selbst hinzubringen. Da die Zuglinien damals noch nicht ausgebaut waren, mussten sie die sechzig Meilen zu Fuß gehen. So machten sich Ramchandra zusammen mit seiner Tochter und einigen anderen Begleitern auf die lange Reise.

Sarada Devi war an diese langen Fußmärsche nicht gewöhnt und bekam unterwegs Fieber. Sie machten in einem Gasthaus Halt und blieben dort, bis sich ihr Zustand besserte. Sarada Devi berichtete von einer Vision, die sie in ihrem Fieber hatte: „Mein Fieber stieg, und ich verlor das Bewusstsein. Ich lag da und konnte mich nicht einmal um meine unordentliche Kleidung kümmern. Dann sah ich ein Mädchen zu mir kommen. Sie setzte sich neben mich. Sie war von schwarzer Hautfarbe, aber ich hatte nie zuvor solch eine Schönheit gesehen. Sie strich mit ihrer Hand über meinen Kopf und Körper. Ihre Hand war sanft und kühl, sodass die Hitze in meinem Blut nachließ. Ich fragte sie liebevoll: ‚Darf ich wissen, woher du kommst?' Das Mädchen sagte: ‚Ich komme aus Dakshineswar.' Ich staunte und sagte: ‚Dakshineswar! Genau dort möchte ich sein, um meinen Mann zu sehen und mich um ihn zu kümmern. Aber jetzt habe ich dieses Fieber, und vielleicht werde ich ihn nie wiedersehen.' ‚Warum solltest du ihn nicht wiedersehen?', sagte das Mädchen. ‚Natürlich wirst du nach Dakshineswar kommen! Sobald es dir besser geht, wirst du zu ihm gehen. Ich habe mich für dich um ihn gekümmert.' ‚Wie gut du bist!', antwortete ich. ‚Sag mir, bist du eine meiner Verwandten?' ‚Ich bin deine Schwester', sagte sie. Ich sagte: ‚Ach, deshalb bist du zu mir gekommen!' Danach schlief ich ein."[1]

Am nächsten Morgen war Saradas Fieber weg. Ramchandra beschloss, die Reise fortzusetzen, weil er erkannte, dass die Untätigkeit für Sarada schlimmer war als die Müdigkeit, die sie noch immer verspürte. Nachdem sie eine kurze Strecke gewandert waren, fanden sie zum Glück eine Sänfte für sie. Sarada spürte, wie ihr Fieber wiederkam, aber es war nicht mehr so hoch wie zuvor. So sagte sie nichts davon. Sie kamen an diesem Abend gegen 21 Uhr in Dakshineswar an. Es war ein Tag im März.

Ramakrishna war besorgt, als er vom Fieber seiner Frau erfuhr und sie in diesem geschwächten Zustand sah. Er besorgte ihr ein Bett, das in seinem Zimmer aufgestellt wurde, falls das Fieber wiederkommen sollte, und sagte

---

[1] Isherwood: Ramakrishna, S. 143 f.

mit einem Seufzer: „Ach, du bist zu spät gekommen. Meinen Mathur gibt es nicht mehr, der sich um dich gekümmert hätte!" Er besorgte ihr Medizin und sorgte dafür, dass sie das Richtige aß. Solange ließ er sie bei sich wohnen. Nach drei oder vier Tagen ging es ihr wieder gut. Dann schickte er sie ins Nahabat, damit sie bei seiner Mutter lebte.

SARADA DEVI, DIE HEILIGE MUTTER

Sarada Devi war beruhigt, als sie sah, dass sich die Gerüchte als unbegründet erwiesen. Die liebende Fürsorge und Aufmerksamkeit Ramakrishnas bestärkten sie in diesem Glauben. So lebte sie mit freudigem Herzen im Nahabat und widmete sich dem Dienst für ihren Mann und seine Mutter. Ihr Vater blieb einige Tage und kehrte dann nach Hause zurück.

Man mag sich fragen, warum Ramakrishna nicht früher seine Frau zu sich geholt hatte. Ein Wort hätte genügt, und sie wäre gekommen. Sarada Devi erinnerte daran, dass man Ramakrishna nie nach den üblichen Maßstäben beurteilen durfte. Er plante nicht für die Zukunft und hatte sich völlig dem Willen Gottes ergeben. Was eintraf, das traf ein. Wie sehr er jedem Planen abgeneigt war, zeigt folgender Vorfall: Einmal sah er Hriday mit einem Kalb und fragte, was er mit ihm vorhatte. „Ich bringe es nach Hause", antwortete Hriday. „In einigen Jahren wird es ausgewachsen sein und bereit für den Pflug." Ramakrishna war so schockiert, dass er ohnmächtig wurde. Als er wieder zu Bewusstsein kam, rief er: „Sieh, wie die weltlichen Leute für die Zukunft vorsorgen! Es ist jetzt nur ein Kalb, aber es wird wachsen und auf den Feldern arbeiten! Immer so weit im Voraus planen! Werden die Menschen je auf Gott vertrauen! Ach, das ist *Maya*!"

Ramakrishna nutzte fortan jede Gelegenheit, seine Frau über die Pflichten und Ziele des Lebens zu belehren, was von der Haushaltsführung bis zur Erkenntnis *Brahmans* reichte. Er zeigte ihr, wie man den Docht einer Lampe kürzte, wie sie sich den anderen gegenüber verhalten und wie sie beten, den Namen des Herrn singen, meditieren und *Brahman* erkennen sollte.

Wenn Ramakrishna einen Schüler belehrte, ließ er ihn bei sich wohnen und machte ihn sich in jeder Hinsicht mit Liebe und Zuneigung zu eigen. Dann gab er ihm Anweisungen. Doch dabei beließ er es nicht. Er wachte sorgsam über den Schüler, ob er die Anweisungen ausführte, und wenn der Schüler irrtümlich dagegen verstieß, korrigierte er ihn. Dieselbe Methode wandte er nun auf seine erste Schülerin, seine Frau, an. Eine der entscheidenden Lektionen, die er ihr gab, war: „Gott ist jedem lieb, wie der Mond jedem Kind lieb ist. Jeder hat das gleiche Recht, zu Ihm zu beten. In Seiner Gnade zeigt Er sich allen, die Ihn anrufen. Auch du wirst Ihn sehen, wenn du Ihn anrufst."

Als Sarada Devi eines Tages die Füße des Meisters massierte, fragte sie ihn: „Als was siehst du mich?" Er erwiderte: „Die Mutter, die im Tempel wohnt, ist die Mutter, die diesen Körper geboren hat und jetzt im Nahabat lebt und auch die, die jetzt meine Füße massiert. Ich betrachte dich immer als eine Gestalt der seligen Göttlichen Mutter."

Ramakrishna und seine Frau schliefen oft im selben Bett. Wenn Sarada später über diese Zeit sprach, beschrieb sie sie als beständige Ekstase, einen Zustand verheirateten Glücks, der aber völlig frei von sexuellem Begehren war.

Als Sarada Devi eines Nachts neben Ramakrishna schlief, sagte er zu sich: „Dies, oh Geist, ist ein Frauenkörper. Die Leute betrachten ihn als ein

Objekt großer Freude, ein hochgeschätztes Ding, und sie streben danach, ihn zu genießen. Aber wenn man sich darauf einlässt, muss man vom Körperbewusstsein besessen bleiben. Man kann es nicht überwinden und Gott, der Sein-Bewusstsein-Seligkeit ist, erkennen. Oh Geist, hege nicht den einen Gedanken im Innern und eine gegenteilige Haltung nach außen. Sage wahrheitsgemäß, ob du ihn willst oder Gott. Wenn du ihn willst, ist er hier vor dir. Dann habe ihn." Auf diese Weise übte er Unterscheidung, aber kaum hegte er den Gedanken, Sarada Devi zu berühren, verlor er sich in tiefem *Samadhi* und kam in dieser Nacht nicht wieder zum normalen Bewusstsein zurück. Am nächsten Morgen musste man ihn mit großer Anstrengung zum normalen Bewusstsein zurückbringen, indem man wiederholt den Namen Gottes in seine Ohren sprach.

So verging mehr als ein Jahr. Ramakrishna sagte darüber: „Wäre sie (die Heilige Mutter) nicht so rein gewesen, hätte sie die Kontrolle über sich selbst verloren und mich bestürmt, wer weiß, ob meine Selbstkontrolle nicht zusammengebrochen und mein Körperbewusstsein erwacht wäre. Ich habe die Göttliche Mutter nach meiner Hochzeit angefleht, ihren Geist völlig frei von Lust zu bewahren. Da ich zu dieser Zeit mit ihr gelebt habe, wusste ich, dass die Göttliche Mutter mich wirklich erhört und meine Bitte gewährt hat."[1]

Dann kam der 25. Mai 1872[2], ein Neumondtag und ein besonderer Festtag im Tempel von Dakshineswar, um die Göttliche Mutter zu verehren. Am Abend bereitete Ramakrishna in seinem Zimmer eine besondere Zeremonie vor, die als *Shodasi*-Verehrung, die Verehrung der Jungfrau als Göttliche Mutter, bekannt ist. *Shodasi* bedeutet Sechzehnjährige und ist ein Tantra-Ritus. Ramakrishna bat Sarada Devi, sich auf einen hölzernen Sitz zu setzen, und schmückte sie. Dabei rezitierte er bestimmte Mantras, wobei er sie beständig mit heiligem Wasser besprengte und sie als Göttliche Mutter mit allen üblichen Riten verehrte. Dann übergab er ihr sich selbst, die Frucht seines lebenslangen *Sadhanas*, seine Gebetsschnur und alles. Sie gerieten dabei beide in *Samadhi*. Auf diese Weise verging ein Großteil der Nacht,

---

[1] Saradananda: Great Master I, S. 334
[2] Nach einer anderen Quelle fand die *Shodasi*-Verehrung im Juni 1872 statt.

bis der Ritus vorbei war und sie wieder zum normalen Bewusstsein erwachten.

Mit der *Shodasi*-Verehrung war das *Sadhana* Ramakrishnas vollendet. Es muss allerdings erwähnt werden, dass normalerweise nur Mädchen, die noch nicht die Pubertät erreicht hatten, als Göttliche Mutter verehrt wurden, sodass Ramakrishnas Handlung, eine erwachsene Frau auf diese Weise zu verehren, nicht als „orthodox" angesehen werden kann.

Ramakrishna hatte bereits früher Mädchen verehrt, wenn auch nicht auf diese Weise. Er berichtete: „Oh, was für ein ekstatischer Zustand das war! Ich verehrte die Schönheit in einem Mädchen von vierzehn. Ich betrachtete sie als die Personifizierung der Göttlichen Mutter. Am Ende der Verehrung verneigte ich mich vor ihr und legte eine Rupie vor ihre Füße. Einmal beobachtete ich eine Vorführung des Ramlila (ein Schauspiel über das Leben Ramas). Ich betrachtete die Darsteller tatsächlich als *Sita*, Rama, *Lakshmana*, Hanuman und *Bibhishana*. Dann verehrte ich die Schauspieler und Schauspielerinnen, die diese Rollen spielten.

In dieser Zeit pflegte ich Mädchen einzuladen und sie zu verehren. Ich sah in ihnen die Verkörperungen der Göttlichen Mutter.

Eines Tages sah ich cinc Frau, die ein blaues Gewand trug, neben dem Bakulbaum stehen. Sie war eine Prostituierte. Aber sie entfachte in mir sofort die Vision von *Sita*. Ich vergaß die Frau. Ich sah, es war *Sita* auf ihrem Weg zu Rama, nachdem sie in Ceylon von *Ravana* befreit worden war. Lange Zeit blieb ich in *Samadhi* und war mir der äußeren Welt nicht bewusst.

An einem anderen Tag war ich zum *Maidan* von Kalkutta gegangen, um frische Luft zu schnappen. Eine große Menge hatte sich dort versammelt, um den Aufstieg eines Ballons zu beobachten. Plötzlich sah ich einen englischen Jungen, der an einen Baum lehnte. Wie er dort stand, war sein Körper an drei Stellen gebeugt. Ich hatte sofort die Vision von *Krishna* vor Augen und ging in *Samadhi* ein."[1]

Sarada Devi verbrachte weitere fünf Monate bei Ramakrishna. Sie diente ihm und seiner Mutter, verbrachte die Tage im Nahabat und schlief nachts in seinem Zimmer. Diese Nächte waren für Sarada Devi unruhig und

---

[1] Nikhilananda: Die Botschaft I, S. 303. Der jugendliche Krishna mit seiner Flöte wird in dieser Körperhaltung dargestellt.

schlaflos, denn Ramakrishna geriet oft in *Nirvikalpa-Samadhi*, wobei sein Körper leblos war. Wenn er länger nicht aus seinem *Samadhi* erwachte, war sie alarmiert. Einmal war er sehr lange in diesem Zustand. Sie wusste nicht, was sie tun sollte, und weckte Hriday und andere auf. Erst als Hriday lange die Namen Gottes in seine Ohren sprach, kam er wieder zu Bewusstsein. Ramakrishna beschloss daraufhin, dass Sarada Devi wieder die Nächte bei seiner Mutter im Nahabat verbringen sollte, sodass sie dort ungestört schlafen konnte.

Sarada Devi blieb etwas mehr als eineinhalb Jahre in Dakshineswar und ging etwa im Oktober 1873 nach Kamarpukur, um einige Zeit bei Ramakrishnas Familie zu leben.

SAMBHU MALLICK

Im nächsten Jahr lernte Ramakrishna Sambhu Charan Mallick kennen. Er war ein großzügiger Mann und nahm bis zu einem gewissen Grad den Platz von Mathur ein, indem er sich um Ramakrishnas Bedürfnisse kümmerte. Sambhu nannte ihn seinen Guru. Darüber verärgert sagte Ramakrishna: „Wer ist der Guru, und wer ist der Schüler? Du bist mein Guru." Trotzdem bezeichnete Sambhu ihn sein ganzes Leben lang als seinen Guru.

Ramakrishna berichtete: „Sambhu Mallick sagte einmal zu mir: ‚Bitte segne mich, Herr, damit ich mein Geld für gute Zwecke ausgebe, wie das Bauen von Krankenhäusern und Apotheken, die Errichtung von Straßen und das Graben von Brunnen.‘ Ich sagte zu ihm: ‚Es ist in Ordnung, wenn du diese Dinge in einem Geist der Losgelöstheit tun kannst. Aber das ist sehr schwer.

Was immer du tust, du musst immer daran denken, dass das Ziel dieses Lebens die Erlangung von Gott ist und nicht das Bauen von Krankenhäusern und Apotheken. Nimm einmal an, Gott erscheint dir und sagt zu dir: ‚Nimm eine Wohltat von Mir an.' Würdest du Ihn dann bitten: ‚Oh Gott, baue mir einige Krankenhäuser und Apotheken'? Oder würdest du Ihn vielmehr bitten: ‚Oh Gott, möge ich reine Liebe zu Deinen Lotusfüßen haben! Möge ich Dich stets schauen!' Krankenhäuser, Apotheken und all diese Dinge sind unwirklich. Gott allein ist wirklich, alles andere ist unwirklich. Zudem spürt man nach der Erkenntnis Gottes, dass Er allein der Handelnde ist und wir nur Seine Werkzeuge sind. Warum sollten wir Ihn dann vergessen und uns vernichten, indem wir in zu viele Tätigkeiten involviert sind? Nachdem man Ihn erkannt hat, kann man durch Seine Gnade zu Seinem Werkzeug werden und viele Krankenhäuser und Apotheken errichten.'"[1]

Sambhu studierte die Schriften verschiedener Religionen. Obwohl er kein Christ war, war er der erste, der Ramakrishna aus der Bibel vorlas und mit ihm über Jesus von Nazareth sprach. Da begann Ramakrishna, sich für Jesus zu interessieren. Im November 1874 wollte er nun auch den christlichen Pfad erkunden.

Jadu Malliks Gartenhaus[2] lag südlich des Bereichs des Kali-Tempels. Dorthin machte Ramakrishna hin und wieder einen Spaziergang. Jadu und seine Mutter setzten großes Vertrauen in Ramakrishna. Deshalb öffneten die Bediensteten für ihn auch die Tür zum Wohnzimmer, wenn beide nicht zu Hause waren. An den Wänden hingen einige gute Bilder, darunter auch ein Bild der Madonna.

Eines Tages saß Ramakrishna in diesem Wohnzimmer, betrachtete das Bild und dachte über das Leben Jesu nach. Da spürte er, wie das Bild lebendig wurde. Lichtstrahlen kamen von Mutter und Kind, gingen in sein Herz ein und veränderten seine Denkweise. Alle hinduistischen Vorstellungen verschwanden. Eine große Verehrung für Jesus und seine Religion trat an ihre Stelle und beschäftigte seinen Geist. Er begann, sich nach Jesus zu sehnen.

---

[1] Nikhilananda: Die Botschaft I, S. 577
[2] Mit Gartenhaus ist das Landhaus eines reichen Mannes gemeint, das in einem Garten liegt.

BILD DER MADONNA
IN JADU MALLICKS GARTENHAUS

Als Ramakrishna in sein Zimmer zurückkehrte, blieb diese Haltung in ihm bestehen. Er vergaß drei Tage lang völlig, in den Kali-Tempel zu gehen. Als er am vierten Tag im Panchavati saß, sah er, wie ein hellhäutiger Mann mit einem schönen Gesicht auf ihn zukam und ihn unverwandt anschaute. Er hatte schöne große Augen, und seine Nase war etwas flach. Als die Person sich ihm näherte, erkannte er in der Tiefe seines Herzens: „Jesus Christus! Der große Yogi, der liebende Sohn Gottes, der eins mit dem Vater ist, sein Herzensblut hingab und endlose Qualen erlitt, um die Menschen von Sorge und Not zu befreien!" Da umarmte ihn Jesus, verschwand in seinem Körper, und er ging in Ekstase ein.

Nachdem Ramakrishna die Vision Jesu auf diese Weise erfahren hatte, zweifelte er nicht mehr im Geringsten daran, dass Jesus eine Inkarnation Gottes war, aber nicht die einzige. Er sagte: „Ich habe alle Religionen praktiziert – den Hinduismus, den Islam, das Christentum – und ich bin auch den Wegen verschiedener hinduistischer Glaubensrichtungen gefolgt. Ich habe herausgefunden, dass es derselbe Gott ist, auf den hin alle ihre Schritte lenken, wenn auch auf verschiedenen Pfaden. Man muss einmal alle

150

Glaubensrichtungen ausprobieren und alle verschiedenen Wege durchlaufen. Wohin ich auch schaue, sehe ich die Menschen im Namen der Religion streiten – Hindus, Moslems, Brahmanen, Vishnuiten und alle anderen. Aber sie überlegen sich nicht, dass derjenige, den man Krishna nennt, auch Shiva genannt wird, dass er den Namen der Urenergie, Jesus und auch Allah trägt und dass er ebenso Rama mit den tausend Namen ist. Ein See hat mehrere Ghats. An dem einen holen Hindus in Krügen Wasser und nennen es Jal, an dem anderen holen Moslems in Ledertaschen Wasser und nennen es Pani. An dem dritten nennen die Christen es Wasser. Können wir glauben, dass es nicht Jal, sondern nur Pani oder Wasser ist? Wie lächerlich! Die Substanz ist dieselbe mit verschiedenen Namen. Jeder sucht dieselbe Substanz. Nur das Klima, das Temperament und der Name schaffen Unterschiede. Jeder Mensch sollte seinem eigenen Weg folgen dürfen. Wenn er ernsthaft und leidenschaftlich Gott erkennen will, sei der Friede mit ihm! Er wird Ihn gewiss erkennen."[1]

Ramakrishna betrachtete auch Buddha als eine göttliche Inkarnation. Als er einmal das Schauspiel von Buddhas Leben von Girish Ghosh sah, meinte er: „Es ist gewiss, dass Buddha eine Inkarnation Gottes war. Es gibt keinen Unterschied zwischen dem Glauben, den er gegründet hat, und dem vedischen Pfad der Erkenntnis."

Ramakrishna achtete auch die Tirthankaras (die Gründer des Jainismus) und die zehn Gurus des Sikhismus von Nanak bis Govinda. Außer den Bildern der Hindugottheiten hatte er auch ein Bild von Jesus und eine Steinfigur von Tirthankara Mahavira in seinem Zimmer. Jeden Morgen und Abend verehrte er diese Bilder und verbrannte Weihrauch vor ihnen, auch vor diesen beiden. Allerdings hielt er die Tirthankaras und die Sikh-Gurus nicht für Inkarnationen Gottes. Über die zehn Sikh-Gurus sagte er, sie seien Wiedergeburten von *König Janaka* gewesen.

---

[1] ders., S. 67

Ramakrishna sagte: „Ich habe alle Arten von *Sadhana* geübt. Es gibt drei Arten von *Sadhana*: sattvisch, rajastisch und tamasisch. Beim sattvischen *Sadhana* ruft der Verehrer den Herrn mit großer Sehnsucht an oder wiederholt Seinen Namen. Er will nichts im Gegenzug. Das rajastische *Sadhana* schreibt viele Rituale vor wie *Purascharana*, Pilgerreisen, *Panchatapas*, Verehrung mit sechzehn Gegenständen und so fort. Das tamasische *Sadhana* ist die Verehrung Gottes mit Hilfe von *Tamas*. Die Haltung eines tamasischen Verehrers ist folgende: ‚Sei gegrüßt, Kali! Wie? Willst Du Dich mir nicht offenbaren? Wenn nicht, dann schneide ich mir mit einem Messer die Kehle durch!‘ In dieser Übung hält man sich nicht an die übliche Reinheit. Sie ist wie einige der Übungen, die das Tantra vorschreibt."[1]

„Die formelle Verehrung fällt ab, nachdem man Gott geschaut hat. Auf diese Weise kam meine Verehrung im Tempel zu einem Ende. Ich habe die Gottheit im Kali-Tempel verehrt. Plötzlich wurde mir enthüllt, dass alles der reine Geist ist. Die Gegenstände für die Verehrung, der Altar, der Türrahmen – alles ist reiner Geist. Menschen, Tiere und andere Lebewesen – alle sind reiner Geist. Dann begann ich wie ein Verrückter, Blumen in alle Richtungen zu verstreuen. Alles, was ich sah, verehrte ich."[2]

Er berichtete auch, wie er sich manchmal bestimmte Wünsche erfüllte, um sie loszuwerden. „Manchmal nahm ich eine rajastische Stimmung an, um Entsagung zu üben. Einmal hatte ich den Wunsch, ein goldbesticktes Gewand anzuziehen, einen Ring am Finger zu tragen und eine Wasserpfeife mit einem langen Schlauch zu rauchen. Mathur Babu besorgte alles für mich. Ich trug das goldbestickte Gewand und sagte nach einer Weile zu mir: ‚Das nennt man also ein goldbesticktes Gewand.' Dann zog ich es aus und warf es weg. Ich konnte das Gewand nicht mehr ertragen. Wiederum sagte ich zu mir: ‚Das also nennt man einen Schal und das einen Ring und das, eine Wasserpfeife mit einem langen Schlauch zu rauchen.' Ich warf diese

---

[1] Nikhilananda: Die Botschaft II, S. 297
[2] Nikhilananda: Die Botschaft I, S. 506

Dinge ein für alle Mal weg, und ich hatte nie wieder den Wunsch, sie zu genießen."[1]

„Es ist nicht gut, Wünsche und Verlangen zu hegen. Deshalb habe ich mir jeden Wunsch erfüllt, der mir in den Sinn kam. Einmal sah ich bunte Süßigkeiten in Burrabazar und wollte sie essen. Sie brachten mir die Süßigkeiten, und ich habe viel davon gegessen. Daraufhin fühlte ich mich krank.

Als ich in meiner Kindheit im Ganges badete, sah ich einen Jungen mit Goldschmuck um die Taille. In meinem Zustand göttlicher Berauschtheit fühlte ich den Wunsch, selbst solch einen Schmuck zu besitzen. Man gab ihn mir, aber ich konnte ihn nicht sehr lang tragen. Als ich ihn anlegte, spürte ich in meinem Körper einen schmerzhaften Luftzug. Es war, weil ich Gold mit meiner Haut berührt hatte. Ich trug den Schmuck für einige Augenblicke und musste ihn dann beiseitelegen. Andernfalls hätte ich ihn wegreißen müssen.“[2]

Am Ende seines *Sadhanas* kam Ramakrishna zu folgenden Einsichten:

Erstens, dass er eine Inkarnation Gottes war, dessen spirituelle Anstrengungen dem Wohl der anderen galten. Er sagte: „Ich hegte einen Wunsch. Ich sagte zur Mutter: ‚Oh Mutter, ich werde der König der Verehrer sein.‘" Zudem glaubte er, er müsse zum Wohl der Menschheit noch einmal in nordwestlicher Richtung geboren werden. Und er wusste, wann er sterben würde. So sagte er zu seiner Frau: „Ich werde in meinen letzten Tagen nur noch Brei essen", was auch eintreffen sollte.

Zweitens war er zu der Einsicht gelangt, dass alle Religionen wahr und alle Wege sind, da sie zum selben Ziel führen. Auch die drei großen hinduistischen Philosophien, die als Dualismus, qualifizierter Monismus und Monismus – *Dvaita*, *Vishishtadvaita* und *Advaita* – bekannt sind, sind nur verschiedene Stufen des Fortschritts eines Menschen auf seinem Weg zu Gott. Sie stehen sich nicht entgegen, sondern ergänzen sich und entsprechen verschiedenen Ansichten.

---

[1] ders., S. 159
[2] Nikhilananda: Die Botschaft II, S. 35 Ramakrishna konnte kein Metall und auch kein Gold berühren.

Drittens, dass er Schüler haben würde, denen er seine spirituellen Erfahrungen erzählen, mit denen er über spirituelle Dinge reden und die er unterweisen konnte. Mit großer Aufregung wartete er auf sie. Er berichtete aus dieser Zeit: „In jenen Tagen gab es für meine Sehnsucht keine Grenze. Tagsüber konnte ich sie noch unter Kontrolle halten, obwohl mich die Gespräche der weltlich Gesinnten quälten. Ich sehnte mich nach der Zeit, wenn meine geliebten Gefährten zu mir kommen würden. Ich dachte, was für eine Befreiung es wäre, frei und offen mit ihnen über meine Erfahrungen zu reden. Ich konnte an nichts anderes denken. Ich plante, was ich diesem sagen und jenem geben würde und so fort. Wenn der Abend kam, konnte ich meine Gefühle nicht länger beherrschen. Ich wurde von dem Gedanken gequält, dass wieder ein Tag vergangen war und sie nicht gekommen waren. Wenn der Abendgottesdienst begann und in den Tempeln das Glockengeläut und das Blasen der Muschelhörner widerhallte, stieg ich auf das Dach des Kuthi und schrie in Herzensqual, so laut ich konnte: ‚Kommt zu mir, meine Jungen! Wo seid ihr? Ich ertrage es nicht, ohne euch zu leben!' Eine Mutter hat sich nie so sehr nach ihrem Kind gesehnt oder ein Freund nach seinem Freund oder ein Liebender nach seiner Geliebten wie ich nach ihnen! Oh, es kann nicht beschrieben werden! Und bald darauf begannen sie schließlich zu kommen."[1]

Irgendwann erkannte er auch, dass er einen neuen Orden gründen würde, der aus jenen bestehen würde, die seiner Lehre folgten. Zudem glaubte er, dass jene, die ihre letzte Geburt hatten und Gott ernsthaft anriefen, zu ihm kommen mussten.

---

[1] Isherwood: Ramakrishna, S. 167

Im Oktober 1873 reiste Sarada Devi nach Kamarpukur zurück. Kurz darauf starb Rameswar im Alter von achtundvierzig an Typhus. Rameswar war ein unbekümmerter und freigiebiger Mann gewesen. Wenn Mönche oder Bettler an seine Tür kamen, gab er ihnen alles, worum sie ihn baten – Kochtöpfe, Wassertöpfe, Decken –, ohne sich darum zu sorgen, ob es seiner Familie später fehlen würde.

Nach Akshays Tod war er Priester im Radhakanta-Tempel, musste aber oft nach Kamarpukur, um seine Familienpflichten zu erfüllen. Dann sprang ein anderer Priester für ihn ein. Als er diesmal nach Hause gehen wollte, warnte ihn Ramakrishna: „Du gehst also nach Hause. Gut, aber teile dein Bett nicht mit deiner Frau, sonst wirst du nicht mehr länger leben." Als Rameswar in Kamarpukur krank wurde, sagte Ramakrishna zu Hriday: „Also hat er nicht auf meine Warnung gehört. Ich befürchte, dass sie sein Leben nicht mehr retten können."

Rameswar sah seinen Tod vier oder fünf Tage voraus. Er sagte es seinen Verwandten und traf Vorkehrungen für seine Einäscherung. Als ein Mangobaum vor dem Haus gefällt wurde, meinte er: „Das ist ein Glück. Er wird das Holz für meinen Scheiterhaufen liefern." Während seiner letzten Stunden sang er den Namen Ramas, bis er das Bewusstsein verlor. In der folgenden Nacht starb er. Sein Sohn Ramlal brachte seine Asche nach Kalkutta und verstreute sie im Ganges. Er trat die Nachfolge seines Vaters an und wurde Priester im Radhakanta-Tempel.

Als die Nachricht von Rameswars Tod Dakshineswar erreichte, befürchtete Ramakrishna, dass sie seine Mutter in endlose Trauer stürzen würde. Er ging in den Tempel und betete zur Göttlichen Mutter, dass sie es verkraften würde. Doch als er Chandra Devi die schreckliche Nachricht überbracht hatte, sagte sie: „Die Welt ist unbeständig. Jeder muss über kurz oder lang sterben. Deshalb ist es sinnlos, zu trauern."

Etwa im April 1874 kam Sarada Devi zum zweiten Mal nach Dakshineswar. Diesmal schloss sie sich einer Gruppe von Pilgerinnen an. Doch Sarada konnte nicht mit ihnen Schritt halten und blieb hinter den anderen zurück. Einige von ihnen boten ihr an, bei ihr zu bleiben, aber Sarada war nicht damit einverstanden, denn sie kamen jetzt durch ein unbewohntes Gebiet, das dafür berüchtigt war, dass sich dort Banditen aufhielten. Sie wollte das Leben ihrer Gefährtinnen nicht in Gefahr bringen, indem sie durch sie aufgehalten wurden und nach Anbruch der Dunkelheit dort waren.

So geschah es, dass Sarada plötzlich allein durch die zunehmende Dunkelheit ging und sich fürchtete. Plötzlich sah sie, wie ein großer, dunkelhäutiger Mann von unheimlichem Erscheinen mit einem langen Stab bewaffnet auf sie zukam. Sie wusste sofort, dass er ein Bandit war, und blieb stehen, da fortzurennen ohnehin vergeblich gewesen wäre. Zuerst sprach der Mann in drohendem Ton und fragte sie, wohin sie unterwegs sei. Aber dann kam er näher und sah ihr ins Gesicht. Da änderte sich sein Verhalten, und er sagte sanft: „Hab keine Angst, meine Frau ist bei mir – sie ist nur etwas hinter mir." Da wurde Sarada vertrauensvoll und sagte: „Vater, meine Freundinnen haben mich zurückgelassen, und ich habe anscheinend den Weg verloren. Mein Mann lebt im Tempel von Dakshineswar. Wenn du mich zu ihm bringst, wird er dich herzlich willkommen heißen." Da erschien auch seine Frau. Sarada sagte zu ihr: „Mutter, ich bin deine Tochter Sarada. Ich habe mich verirrt und wusste nicht, was ich tun sollte, bis Vater mir begegnet ist." Die Banditen behandelten sie tatsächlich wie ihre Tochter und besorgten einen Schlafplatz für sie. Sie gaben ihr zu essen und brachten sie am nächsten Tag zu den anderen Pilgerinnen. Danach besuchte das Paar noch oft Dakshineswar und wurde von Ramakrishna herzlich empfangen.

Sarada Devi lebte wie zuvor bei Ramakrishnas Mutter im Nahabat. Die beiden Musiktürme sehen schön und massiv aus. Es sind zweistöckige Gebäude mit kuppelförmigen Dächern. Aber der meiste Raum wird von den Veranden eingenommen, die für die Musiker gedacht sind. Die Innenräume sind winzig und die Türen niedrig. Es ist kaum vorstellbar, wie zwei Frauen darin leben konnten. Deshalb kaufte Sambhu ein kleines Stück Land außerhalb des Tempelbereichs in der Nähe des Tempels, um dort eine Hütte für Sarada Devi zu errichten.

Captain Viswanath Upadhyaya, ein Bediensteter der nepalesischen Regierung, begann zu dieser Zeit Ramakrishna zu besuchen, und wurde ihm sehr ergeben. Er war für das Holzlager auf der gegenüberliegenden Seite des Ganges zuständig, das der nepalesischen Regierung gehörte, besorgte das nötige Holz zum Bau der Hütte und ließ die Balken über den Ganges nach

Dakshineswar bringen. Da an diesem Tag eine starke Strömung herrschte, wurde einer der Balken fortgeschwemmt. Hriday meinte, dass der Vorfall beweise, dass Sarada Devi „Pech hatte". Er nutzte jede Gelegenheit, um sie herabzusetzen, da er auf sie eifersüchtig war. Viswanath ersetzte den verlorenen Balken, die Hütte wurde gebaut, und Sarada zog ein. Eine Frau wurde für die Hausarbeit eingestellt. Täglich kochte Sarada dort für Ramakrishna. Sie brachte das Essen zuerst der Göttlichen Mutter im Tempel dar und bediente dann ihren Mann. Ramakrishna stattete ihr täglich einen kurzen Besuch ab, verbrachte aber nur einmal wegen eines heftigen Regenschauers eine Nacht dort.

NAHABAT

Nachdem Sarada Devi etwa ein Jahr in dieser Hütte gelebt hatte, erkrankte sie heftig an der Ruhr. Sambhu kümmerte sich um sie. Um zu genesen, wurde sie im September 1875 nach Jayrambati geschickt. Ihr Vater Ramchandra war inzwischen gestorben. Dort kam die Krankheit verstärkt zurück. Sie war so krank, dass ihre Familie nicht erwartete, dass sie wieder gesund werden würde. Als Ramakrishna davon erfuhr, sagte er zu Hriday:

157

„Denk nur, wenn sie jetzt stirbt! Ihr Kommen in die Welt wäre vergebens gewesen. Sie hätte den einzigen Zweck im Leben nicht erreicht." Sarada Devi sollte in ihrem späteren Leben noch eine bedeutende Rolle als die spirituelle Mutter des Ramakrishna-Ordens spielen.

Als Sarada erkannte, dass ihre Situation ernst war, beschloss sie, im Simhavahini-Tempel im Dorf zu fasten, und sei es bis zum Tod, wie es einst Chandra Devi getan hatte, als sie fürchtete, Ramakrishna sei verrückt geworden. Ohne ihrer Mutter und ihren Geschwistern etwas zu sagen, ging sie zum Tempel und begann zu fasten. Es wird berichtet, dass die Göttin ihr bereits nach wenigen Stunden eine Medizin genannt habe, die sie einnahm und bald darauf wieder gesund wurde.

Sambhu diente Ramakrishna etwa vier Jahre lang. 1876 erkrankte er an Diabetes. Ramakrishna besuchte ihn und meinte: „In Sambhus Lampe ist kein Öl mehr übrig." Kurz darauf starb Sambhu still und heiter. Er sagte kurz zuvor zu seinen Freunden: „Ich habe keine Angst vor dem Tod. Ich habe mein Gepäck gepackt und bin bereit für die Reise."

Im Frühjahr desselben Jahres starb auch Chandra Devi.

Ramakrishnas Mutter war inzwischen vierundachtzig und geistig verwirrt. Er ging täglich für kurze Zeit zu ihr. Auch Hriday kümmerte sich um sie, und eine Dienerin war die ganze Zeit bei ihr. Da Chandra Devi Hriday nicht mochte, glaubte sie, er habe Akshay getötet und wolle auch Ramakrishna und Sarada töten. Sie warnte sie oft: „Tut nichts, was Hriday sagt."

In der Nähe von Dakshineswar gab es eine Jutemühle. Nach der Mittagspause wurden die Arbeiter durch ein Signal wieder zur Arbeit gerufen. In ihrer Verwirrung glaubte Chandra Devi, dass dieses Signal das Blasen der Muschelhörner war, die zu einem Bankett im *Vaikuntha*, im Paradies, über das Vishnu herrscht, rief. Deshalb weigerte sie sich zu essen, bis das Signal ertönte, da sie es für unrecht hielt, mit dem Essen zu beginnen, bevor die Götter damit begonnen hatten. An Feiertagen war die Mühle geschlossen, und das Signal ertönte nicht. Dann war es sehr schwierig, Chandra Devi zum Essen zu bewegen.

Vier Tage bevor sie starb, wollte Hriday in sein Heimatdorf gehen, aber er fühlte eine vage Vorahnung. Er erzählte Ramakrishna davon. Dieser meinte: „Dann solltest du besser hierbleiben." Die folgenden Tage vergingen ohne

Vorkommnisse. Chandra Devis Gesundheit war wie immer. Ramakrishna verbrachte den Abend des vierten Tages bei ihr und erzählte ihr Geschichten aus seiner Kindheit, was die alte Dame freute. Um Mitternacht wurde sie zu Bett geschickt, und er kehrte in sein Zimmer zurück.

Am Morgen des nächsten Tages, als die Uhr acht schlug, war die alte Dame nicht wie üblich zur Tür herausgekommen. Die Frau, die sich um sie kümmerte, ging die Treppe hinauf und rief nach ihr. Es erfolgte keine Antwort. Da legte sie ihr Ohr an die Tür und hörte ein Röcheln aus dem Zimmer kommen. Sie konnte jedoch nicht hineingelangen, weil das Zimmer von innen versperrt war. Alarmiert informierte sie Ramakrishna und Hriday. Hriday brach die Tür auf und fand Chandra Devi bewusstlos daliegen.

Drei Tage lebte sie noch. Hriday brachte ihr ayurvedische Arznei, die er ihr auf die Zunge legte, und flößte ihr Milch und Gangeswasser ein. Als das Ende nahte, trug man sie zum Gangesufer hinunter. Ramakrishna brachte ihren Füßen Lotusblumen, Sandelpaste und heilige Tulsi-Blätter dar. Dann starb sie friedlich. Ramlal vollzog für sie die Beerdigungsriten, da Ramakrishna, der ein *Sadhu* war, sie nicht ausführen durfte.

Ramakrishna bedauerte es, dass er seiner Mutter nicht die letzte Ehre erweisen durfte, wie es ein Sohn der Mutter schuldig ist. Als der Ritus der Einäscherung beendet war, wollte er ihr deshalb wenigstens eine Opfergabe darbringen, die Tarpana heißt. Dabei wird dem Geist des Verstorbenen mit der Hand Wasser dargebracht. Doch jedes Mal, wenn er Wasser in die Hand nahm, wurden seine Finger taub und öffneten sich von selbst, sodass das Wasser davonrann. Er versuchte es immer wieder, aber es war vergebens. Da bat er den Geist seiner Mutter mit Tränen um Vergebung. Später sagte ihm ein Gelehrter, dass er sich nichts vorwerfen müsse, da die Schriften bestimmen, dass ein Mann, der eine hohe Ebene der spirituellen Entwicklung erreicht hat, die vorgeschriebenen rituellen Pflichten nicht mehr erfüllen kann, selbst wenn er es tun will.

CHAITANYA UND NITYANANDA TANZEN IN EKSTASE AUF DEN
STRASSEN VON NAVADVIP

Wikimedia Commons, Gemälde aus dem 19. Jh., British Library,
Calcutta Art Studio

Einmal hatte Ramakrishna den Wunsch, das ekstatische Singen von
Chaitanya zu sehen. Da sah er in einer Vision, wie Chaitanya und seine Gefährten in Ekstase tanzend und singend vom Panchavati zum Haupttor des
Tempelgartens gingen und hinter den Bäumen verschwanden, wobei eine
große Menschenmenge sie begleitete.

Etwa 1879 machte Ramakrishna einen kurzen Besuch in Kamarpukur und
besuchte auch mehrere Dörfer in der Nähe, wie Sihore, aus dem Hriday
stammte. In Shyambazar fand zu dieser Zeit täglich ein *Sankirtan* (gemeinsames Singen von Gottes Namen) statt, und er wollte hingehen und daran
teilnehmen. Er berichtete: „Einmal besuchte ich Hridays Haus in Sihore.
Von dort wurde ich nach Shyambazar gebracht. Bevor ich ins Dorf kam,
hatte ich eine Vision von *Gauranga* (Chaitanya) und wusste, dass ich dort

seine Verehrer treffen würde. Sieben Tage und Nächte lang war ich von einer großen Menschenmenge umgeben. Solch eine Anziehung! Nichts als *Kirtans* und Tanz bei Tag und Nacht. Die Leute standen in Reihen auf den Mauern und saßen sogar auf den Bäumen.

Ich blieb in Natavar Goswamis Haus. Es war bei Tag und Nacht bevölkert. Am Morgen rannte ich fort zu dem Haus eines Webers, um mich etwas auszuruhen. Aber auch dort versammelten sich nach wenigen Minuten die Leute. Sie trugen Trommeln und Zimbeln bei sich, und die Trommeln spielten immer ‚Takuti, Takuti‘.

Überall verbreitete sich das Gerücht, dass ein Mann gekommen war, der siebenmal starb und wieder zum Leben zurückkam. [Das bezog sich auf das *Samadhi* Ramakrishnas.] Hriday zog mich aus der Menschenmenge fort in ein Reisfeld, da er fürchtete, ich könnte einen Hitzeschlag bekommen. Die Menge folgte uns wie eine Reihe Ameisen. Wiederum erklangen die Zimbeln und das nie endende ‚Takuti, Takuti‘ der Trommeln. Hriday beschimpfte sie und sagte: ‚Warum belästigt ihr uns? Haben wir nie ein *Kirtan* gehört?‘

Die vishnuitischen Priester des Dorfes kamen und begannen fast einen Streit. Sie dachten, ich würde ihren Anteil der Abgaben von den Verehrern nehmen. Aber bald entdeckten sie, dass ich kein Stück Stoff und nicht mal einen Faden anrührte. Jemand machte die Bemerkung, dass ich ein *Brahmajnani* sei. Deshalb wollten die vishnuitischen Gelehrten mich auf die Probe stellen. Einer von ihnen sagte: ‚Warum trägt er keine Holzperlen und hat kein Zeichen auf der Stirn?‘ Ein anderer erwiderte: ‚Sie sind von ihm abgefallen wie ein trockener Zweig von einer Kokospalme.‘ Dort lernte ich das Beispiel vom trockenen Zweig der Kokospalme. Die *Upadhis*, Begrenzungen, fallen ab, wenn man Erkenntnis erlangt.“[1]

Hriday war 1855 Ramakrishnas Gehilfe geworden. Er hatte seinem Onkel mit ganzer Hingabe und Liebe gedient. Als junger Mann war er impulsiv und manchmal auch etwas dumm gewesen. Als er jedoch älter wurde, verhärtete sich sein Charakter. Mit vierzig hatte sich Hriday von einem willigen Helfer und schützenden Freund in einen rechthaberischen, tyrannischen und eifersüchtigen Wächter verwandelt, der sich wie ein Kerkermeister

---

[1] Nikhilananda: Die Botschaft II, S. 37 f.

aufführte. Jeder, der Ramakrishna besuchen wollte, musste zuerst zu Hriday gehen und ihm Geld geben. Als Ramakrishna herausfand, dass er Bestechungsgelder erpresste, tadelte er ihn sehr. Aber Hriday hörte nicht auf ihn. In seiner Arroganz nutzte er jede Gelegenheit, der Welt zu zeigen, dass sein Onkel völlig von ihm abhängig war. Er war in der Öffentlichkeit unverschämt zu Ramakrishna, tadelte ihn wegen Kleinigkeiten und zwang ihm seinen Willen auf. Zudem imitierte er Ramakrishnas Gesten und sang und tanzte wie er.

Da Hriday Ramakrishna viele Dienste erwiesen hatte, ertrug er dessen unverschämtes Betragen, obwohl er manchmal bittere Tränen weinte. Er sagte: „Hriday hat so viel für mich getan. Er diente mir aus ganzem Herzen und hat mich gepflegt, wenn ich krank war. Aber später hat er mich auch schikaniert. Die Schikane wurde so unerträglich, dass ich einmal Selbstmord begehen und von der Böschung oben in den Ganges springen wollte."[1]

Einmal lag Ramakrishna mit Fieber im Bett. Da besuchten ihn einige Verehrer, als Hriday nicht da war, und brachten ihm einen Blumenkohl mit. Er freute sich darüber, sagte aber hastig: „Bitte versteckt ihn und sagt Hriday nichts davon, sonst wird er ärgerlich sein." Dann begann er, Hridays Dienst in der Vergangenheit zu loben, und sagte: „Die Mutter hat ihn reich entschädigt, da er mir so treu gedient hat. Er konnte sich Land kaufen. Er kann Geld an die Leute verleihen und ist eine sehr bedeutende Persönlichkeit in diesem Tempel und sehr geehrt." Kaum hatte er das gesagt, kam Hriday herein und sah den Blumenkohl. Ramakrishna wurde aufgeregt und sagte zu ihm: „Ich habe sie nicht gebeten, ihn mir zu bringen. Sie haben ihn von sich aus gebracht." Aber Hriday wurde ärgerlich und tadelte ihn sehr, da der Arzt ihm verboten hatte, Blumenkohl zu essen, da er ihm nicht bekam. Ramakrishna wandte sich an die Göttliche Mutter und weinte: „Oh Mutter, Du hast all meine weltlichen Bindungen beseitigt, aber Du lässt zu, dass Hriday mich derart demütigt." Plötzlich veränderte sich seine traurige Stimmung, wie es oft vorkam. Er lächelte und sagte: „Mutter, er tadelt mich nur, weil er mich so sehr liebt. Er ist immer noch ein Junge und weiß nicht, was er tut. Mutter, du darfst nicht ärgerlich auf ihn sein." Dann fiel er in *Samadhi*.

---

[1] Nikhilananda: Die Botschaft I, S. 356

Hridays Benehmen wurde allmählich unerträglich. Er beleidigte jeden, der mit ihm in Kontakt kam. Selbst die Bediensteten des Kali-Tempels griff er an. Um die wiederholte Warnung Ramakrishnas kümmerte er sich nicht.

Im Februar 1881 kam Sarada Devi von ihrem Heimatdorf nach Dakshineswar, um ihren Mann zu sehen. Hriday war unverschämt zu ihr und sagte, dass sie nicht erwünscht sei. Da machte sie sich am selben Tag auf den Rückweg nach Jayrambati. Ramakrishna hatte oft zu Hriday gesagt: „Wenn du das Lebewesen beleidigst, das in diesem Körper wohnt (womit er sich selbst meinte), wird die Mutter dich vielleicht retten. Aber wenn du die Mutter beleidigst (womit er Sarada Devi meinte), kannst du nicht einmal von Brahma, Vishnu und Shiva gerettet werden."

Bald kam für Hriday das Ende seiner Zeit im Tempel. Es wurde der Jahrestag der Gründung des Tempels gefeiert. Mathurs Sohn Trailokyanath wohnte dem Fest mit seiner Frau und seinen Kindern bei. Seine achtjährige Tochter war unbegleitet von ihren Eltern in den Kali-Tempel gegangen, als Hriday den Gottesdienst feierte. Plötzlich kam Hriday der Gedanke, die Göttliche Mutter in Gestalt des Mädchens zu verehren. Wie bereits erwähnt, war das nicht ungewöhnlich. Mädchen, die noch nicht die Pubertät erreicht hatten, wurden oft während der *Puja* als Göttliche Mutter verehrt. Auch Ramakrishna hatte das getan. Hriday brachte ihren Füßen Blumen und Sandelpaste dar, und sie ließ es geschehen.

Als das Mädchen zu seinen Eltern zurückkehrte, bemerkte die Mutter die Spuren der Sandelpaste und fragte sie, was geschehen sei. Als sie es erfuhr, war sie entsetzt, denn es gab den Aberglauben, dass ein Mädchen einer niederen Kaste, das von einem Brahmanen auf diese Art verehrt wurde, bald nach der Hochzeit Witwe werden würde. Wie wir wissen, gehörten Mathur und seine Familie einer niederen Kaste an. Damit war Hriday zu weit gegangen. Trailokya wurde zornig und befahl Hriday, sofort den Tempelbereich zu verlassen.

Hriday erzählte alles seinem Onkel und sagte: „Du kommst besser mit mir. Wenn du noch länger hierbleibst, werden sie auch dich beleidigen." Ramakrishna meinte: „Warum sollte ich gehen? Ich werde bleiben." Aber Trailokya hatte in seinem Zorn wohl eine missverständliche Bemerkung fallen lassen, dass er auch ihn loswerden wollte. Deshalb kam einer der Tempelbediensteten zu Ramakrishna und forderte auch ihn auf, sofort zu gehen. Ohne das geringste Zeichen von Verärgerung oder Bestürzung nahm Ramakrishna sein Handtuch, warf es sich über die Schulter und verließ sein Zimmer, in dem er die letzten sechsundzwanzig Jahre gelebt hatte. Er hatte fast das Tor des Tempelbereichs erreicht, als Trailokya ihm nachgerannt kam und rief: „Herr, wohin gehst du?" „Aber wolltest du nicht, dass ich fortgehe?", fragte Ramakrishna. „Nein, das haben sie missverstanden. Ich habe das nicht so gemeint", versicherte ihm Trailokya. „Bitte bleibe!" Ramakrishna lächelte, wandte sich ohne ein weiteres Wort um, ging in sein Zimmer zurück, setzte sich und nahm das Gespräch wieder auf, das er zuvor mit einigen Verehrern geführt hatte, als wäre nichts Ungewöhnliches geschehen.

Fortan war Ramakrishna von Hridays Tyrannei befreit. Wäre Hriday weiterhin bei ihm geblieben, wäre es Ramakrishna nicht möglich gewesen, seine jungen Schüler, die sich ab 1881 einstellten, zu empfangen und zu unterrichten.

Hriday ließ sich ganz in der Nähe im Gartenhaus von Jadu Mallick, das außerhalb des Tempelbereichs lag, nieder. Ramakrishna besuchte ihn manchmal dort. Hriday bat ihn erneut, den Tempelgarten zu verlassen, und schlug vor, anderswo einen Kali-Tempel zu errichten, wo sie glücklich zusammenleben konnten. Ramakrishna erwiderte: „Meinst du damit, dass du mit mir wie eine Kuriosität von Tür zu Tür hausieren gehen willst?"

Hriday litt sehr darunter, dass er der Gesellschaft Ramakrishnas beraubt war. Schließlich ging er in sein Heimatdorf zurück.

# KESHAB CANDRA SEN UND DIE BRAHMOS

KESHAB CHANDRA SEN (1838-1884)

In der Folge kam Ramakrishna intensiv mit den Mitgliedern des Brahmo Samaj in Verbindung, vor allem mit Keshab Chandra Sen.

Der Brahmo Samaj ist eine hinduistische Reformbewegung, die Rammohan Roy 1828 in Kalkutta gegründet hatte und die hinduistische, christliche und islamische Elemente miteinander verband. Der Gott der Brahmos ist weder persönlich noch unpersönlich, sondern eine Art Mischform, ein Gott ohne Gestalt, aber mit väterlichen Attributen. Zudem wurden soziale Reformen gefordert, was das Kastenwesen, die Wiederverheiratung von Witwen, das Verbot der Kinderehen und die Bildung der Frau betraf.

Als Devendranath Tagore (1817-1905), der Vater des berühmten Dichters Rabindranath Tagore und ein sehr angesehener Mann, die Leitung übernahm, blühte der Brahmo Samaj auf. Er reorganisierte die Bewegung und gewann viele Mitglieder aus der gebildeten Schicht Bengalens.

Rammohan Roy hatte große Sympathie für das Christentum und den Islam gezeigt und von ihnen die Ethik übernommen. Devendranath Tagore dagegen konnte ihnen nichts abgewinnen. Er war ein Sanskritgelehrter, bezog sich auf die alte Überlieferung der *Upanishaden* und kämpfte gegen die Unterwanderung des Samaj durch christliche Vorstellungen. 1866 trennte er sich vom christlich geprägten Brahmo Samaj und gründete einen eigenen Zweig, der sich Adi Samaj (der ursprüngliche Samaj) nannte. Von Ramakrishnas Begegnung mit Devendra Tagore wird in einem späteren Kapitel berichtet.

Außerdem gab es noch den Arya Samaj (Gemeinschaft der Edlen). Diese Organisation wurde von Swami Dayananda (1824-1883), einem vedischen Gelehrten, 1875 in Bombay gegründet. Auch sie bezog sich ausschließlich auf die *Veden* und wandte sich ebenfalls vom Christentum und Islam ab. Ramakrishna traf Swami Dayananda, als letzterer Bengalen besuchte.

Die größte Gestalt des Brahmo-Samaj war zweifellos Keshab Chandra Sen. Er entstammte der Mittelschicht einer bengalischen Familie und genoss eine englische Ausbildung. Schon in jungen Jahren kam er unter den Einfluss christlicher Missionare und lernte das Christentum kennen. 1857 trat er dem Brahmo Samaj bei und wurde bald dessen Anführer. Er versuchte, das Christentum in den Samaj zu integrieren, war ein begnadeter Redner und hatte viel Einfluss auf die gebildete Jugend.

Nachdem sich Devendra Tagore vom Brahmo-Samaj getrennt und den Adi Samaj gegründet hatte, entwickelte Keshab den Brahmo-Samaj in seinem Sinn weiter. Er versuchte, den Hinduismus, Yoga, *Bhakti* und den Vishnuismus mit dem Christentum zu verbinden und eine religiöse Bewegung zu formen, die alle Wege einschloss. Er führte eine Art Gottesdienst ein und verbrachte mit seinen Schülern Stunden mit dem Singen von *Kirtans*. Auch er lehnte das Kastensystem ab, stand für die Emanzipation der Frau, plädierte gegen die Abschaffung der frühen Heiraten, genehmigte die Wiederverheiratung von Witwen und war für Bildungsreformen aufgeschlossen. 1870 reiste er nach England, wo er sechs Monate blieb, viele Reden hielt und auch von Königin Viktoria empfangen wurde. Nach seiner Rückkehr nach Indien gründete er in verschiedenen Landesteilen Zentren seines Samaj.

Als Ramakrishna eines Tages im März 1875 in *Samadhi* war, verspürte er das Bedürfnis, Keshab zu treffen. Er hatte von dessen Frömmigkeit gehört und ihn einmal vor vielen Jahren im Brahmo Samaj meditieren gesehen, was ihn sehr beeindruckt hatte. Dabei hatte er erkannt, dass Keshab der Einzige unter den Verehrern war, der einen Zustand wahrer Meditation erreicht hatte. In seinem *Samadhi* hatte er eine Vision von Keshab in Gestalt eines Pfaus, der ein Rad schlug und einen Rubin auf dem Kopf trug. Den Pfauenschwanz erklärte er später als Symbol für Keshabs Nachfolger und den Rubin für seine Führungsqualitäten und seinen Missionseifer.

So fand in diesem Jahr, etwa ein Jahr vor dem Tod von Chandra Devi, das erste Treffen der beiden statt. Ramakrishna hatte erfahren, dass Keshab mit einigen seiner Schüler in Jayagopal Sens Gartenhaus in Belgharia, einige Meilen nördlich von Kalkutta, spirituelle Übungen machte. Er fuhr mit Hriday in der Kutsche von Captain Viswanath hin und traf gegen 13 Uhr ein. An diesem Tag trug er ein Kleidungsstück mit roter Bordüre, dessen Ende er lässig über die Schulter geworfen hatte.

Als Hriday aus der Kutsche ausgestiegen war, sah er Keshab und seine Schüler am Gartenteich sitzen. Er ging zu ihm und sagte: „Mein Onkel ist ein großer Gottliebender und hört gerne Gespräche und Lieder über *Hari*. Wenn er ihnen zuhört, inspiriert ihn das, und er fällt in Ekstase. Er hat davon gehört, dass du ein großer Gottverehrer bist, und ist hergekommen, um deinen Gesprächen über die göttliche Herrlichkeit zuzuhören. Mit deiner freundlichen Zustimmung bringe ich ihn zu dir." Keshab erklärte sich mit dem Treffen einverstanden. Hriday half Ramakrishna aus der Kutsche und begleitete ihn. Keshab und die anderen waren sehr begierig, Ramakrishna zu sehen, aber dann waren sie enttäuscht, weil er wie ein ganz gewöhnlicher Mensch aussah.

Ramakrishna sagte zu Keshab: „Ihr Herren, stimmt es, dass ihr alle die Schau Gottes habt? Ich würde gerne wissen, welcher Art diese Schau ist. Deshalb bin ich gekommen." Auf diese Weise wurde das Gespräch über Gott aufgenommen. Es ist nicht bekannt, was Keshab darauf geantwortet hat, aber Hriday hat überliefert, dass Ramakrishna das berühmte Lied von *Ramprasad* „Wer weiß, oh Geist, wie Kali ist? Sie kann nicht durch das Studium der sechs *Darsanas* erkannt werden", sang und daraufhin in *Samadhi* fiel. Als Keshab und die anderen seine Ekstase sahen, hielten sie sie nicht für einen hohen spirituellen Zustand und dachten, dass er sie nur vortäusche oder sie die Ursache einer Geistesstörung sei. Um Ramakrishna wieder zum normalen Bewusstsein zu bringen, sprach Hriday ihm das OM ins Ohr. Mit einem Lächeln kam Ramakrishna wieder zu sich. Dann erklärte er ihnen die verschiedenen Wege der Erkenntnis Gottes in so einfacher Sprache und mit allgemeinen Beispielen, dass alle begeistert waren.

„Einmal kamen Blinde zu einem Tier. Jemand sagte ihnen, dass es ein Elefant sei. Sie wurden gefragt, wie der Elefant aussähe. Die Blinden ertasteten seinen Körper. Einer von ihnen sagte, der Elefant sei wie eine Säule. Er hatte nur sein Bein berührt. Ein anderer sagte, er sei wie eine Getreideschwinge. Er hatte nur sein Ohr berührt. Auf diese Weise gaben auch die anderen, die seinen Schwanz oder seinen Bauch berührt hatten, ihre verschiedenen Sichtweisen des Elefanten wieder. Genauso beschränkt ein Mensch, der nur einen Aspekt Gottes gesehen hat, Gott auf ihn allein. In seiner Überzeugung kann Gott nichts anderes sein."[1]

„Einmal ging ein Mann in einen Wald und sah ein kleines Tier auf einem Baum. Er kam zurück und erzählte einem anderen Mann, er habe ein Lebewesen mit einer schönen roten Farbe auf einem bestimmten Baum gesehen. Der zweite Mann erwiderte: ‚Als ich in den Wald ging, sah ich auch dieses Tier. Aber warum nennst du es rot? Es ist grün.' Ein weiterer Anwesender widersprach beiden und bestand darauf, dass es gelb sei. Bald kamen andere hinzu und behaupteten, es sei grau, violett, blau usw. Schließlich stritten sie miteinander. Um den Streit beizulegen, gingen sie alle zu dem Baum. Sie sahen einen Mann darunter sitzen. Als sie ihn fragten, erwiderte er: ‚Ja, ich lebe unter diesem Baum und kenne das Tier ganz genau. Alle eure Beschreibungen sind wahr. Manchmal erscheint es rot, manchmal gelb und zu anderen Zeiten blau, violett, grau usw. Es ist ein Chamäleon. Und manchmal hat es auch überhaupt keine Farbe. Im einen Augenblick hat es eine Farbe, und im nächsten hat es keine.'

Auf ähnliche Weise kann nur jemand, der beständig an Gott denkt, Sein wahres Wesen erkennen. Er allein weiß, dass Gott sich dem Sucher in verschiedenen Gestalten und Aspekten enthüllt. Gott hat Eigenschaften, dann hat Er wiederum keine. Nur der Mann, der unter dem Baum wohnt, weiß,

---

[1] Nikhilananda: Die Botschaft I, S. 254

dass das Chamäleon in verschiedenen Farben erscheinen kann, und er weiß zudem, dass das Tier manchmal überhaupt keine Farbe hat. Es sind die anderen, die an ihrem vergeblichen Streit leiden.“[1]

Keiner bemerkte, dass die Zeit für die nächste Mahlzeit längst verstrichen war. Ramakrishna freute sich darüber und meinte lächelnd: „Wenn ein anderes Tier in eine Viehherde kommt, lecken sie seinen Körper ab und heißen es als einen der ihren willkommen. Das ist heute mit uns geschehen.“ Dann sagte er zu Keshab: „Sieh her, solange die Kaulquappe ihren Schwanz hat, lebt sie nur im Wasser und kann nicht an Land kommen. Aber wenn er abfällt, kann sie an Land und im Wasser leben. So ist es auch mit dem Menschen. Solange er den Schwanz der Unkenntnis hat, kann er nur im Wasser der Welt leben, aber wenn dieser Schwanz abfällt, kann er frei in der Welt umhergehen wie in Sein-Bewusstsein-Seligkeit (*Satchidananda*). Dein Geist, oh Keshab, hat jetzt diesen Zustand erlangt, in dem du in der Welt wie auch in Sein-Bewusstsein-Seligkeit leben kannst.“

Nachdem Ramakrishna viele Themen wie dieses mit ihnen diskutiert hatte, kehrte er wieder nach Dakshineswar zurück.

Obwohl Keshab tief von Ramakrishna beeindruckt war, misstraute er ihm anfangs und schickte einige seiner Schüler nach Dakshineswar, damit sie ihn beobachteten und ihm ihre Eindrücke schilderten. Selbst als er völlig von seiner Größe überzeugt war, wurde er noch von dem Konflikt zwischen seinen eigenen Vorstellungen und Ramakrishnas Lehre geplagt. Trotzdem war die Anziehung so stark, dass Keshab es nicht aushalten konnte, ihn länger als ein paar Tage nicht zu sehen. Entweder kam er nach Dakshineswar oder lud Ramakrishna in sein Haus in Kalkutta ein.

Entsprechend dem Brauch, nie mit leeren Händen einen Heiligen zu besuchen, brachte Keshab immer Obst und Blumen mit und legte seine Gaben ehrfurchtsvoll vor ihn hin. Dann setzte er sich ihm zu Füßen, unterhielt sich mit ihm und hörte seinen Lehren zu. Einmal sagte Ramakrishna zu ihm: „Keshab, du bezauberst so viele Leute durch deine Vorträge. Warum sagst du nichts zu mir?“ Keshab erwiderte: „Herr, soll ich in den Laden eines Schmieds gehen, um ihm Nadeln zu verkaufen? Bitte sag selbst etwas, und

---

[1] ders., S. 202 f.

lass mich dir zuhören. Die Leute sind bezaubert, wenn ich ihnen einige von deinen Worten sage."

KESHAB (IN DER MITTE) MIT SEINEN SCHÜLERN

Ramakrishna lehrte ihn, dass er auch die *Shakti Brahmans* akzeptieren müsse, wenn er *Brahman* akzeptierte, und beide immer eins seien.

Allmählich begann die Göttliche Mutter für Keshab eine immer größere Rolle zu spielen. Auch erkannte er, dass Gott nicht nur ohne Eigenschaften, sondern zugleich auch mit Eigenschaften gesehen werden musste und sich beides nicht ausschloss.

Keshabs Predigten und Schriften zeugten fortan von diesem Einfluss der Lehre Ramakrishnas. Täglich nahm sein Verständnis zu, was daran zu sehen war, dass sich seine religiöse Sichtweise durch den Kontakt mit Ramakrishna veränderte.

1878 spaltete sich Keshabs Samaj wegen eines Skandals. Der Grund war, dass der Maharaja von Cooch-Behar ihn für seinen Sohn um die Hand seiner Tochter bat. Solch eine Hochzeit war für ein Hindu-Mädchen das Beste, was ihr passieren konnte, und Keshab war damit einverstanden, obwohl seine Tochter noch keine vierzehn und damit noch nicht im heiratsfähigen Alter war. Damit verstieß er gegen sein eigenes Gesetz, das die Kinderehe verbot. In der Folge erntete er viel Kritik. Es bildeten sich zwei Parteien, eine, die ihn verteidigte, und eine, die ihn verurteilte. Die Gruppe, die ihn verurteilte, verließ den Brahmo Samaj und gründete einen eigenen Samaj.

Als Ramakrishna von der Spaltung hörte, war er sehr bekümmert. Er hatte Keshabs Kampagne gegen die Kinderhochzeit nie zugestimmt. Seiner Meinung nach waren Geburt, Tod und Heirat dem Willen Gottes unterworfen und konnten nicht in feste Regeln gegossen werden. Wenn jemand Keshab rügte, verteidigte er ihn mit den Worten: „Warum sollte man Keshab die Schuld geben? Er ist ein Familienvater. Warum sollte er nicht das tun, was er für das Beste für seine Söhne und Töchter hält? Er hat nicht gegen die Religion und Moral verstoßen. Er hat nur seine Pflicht als Vater erfüllt." Aber er kritisierte Keshab auch: „Du nimmst jeden auf, ohne ihn zu prüfen, um die Anzahl deiner Gesellschaft zu vergrößern. Ist es da überraschend, dass sie sich auflöst? Ich akzeptiere nicht jeden, ohne ihn gründlich zu prüfen."

Der abgespaltene Samaj hieß Sadharan Brahmo Samaj. Vijay Goswami, der ein bekannter Prediger im Samaj war, hatte Keshab sehr unterstützt, brach dann aber aus besagtem Grund mit ihm. Als er den Samaj verließ, taten das auch seine Anhänger. Vijay Goswami und Sivanath Sastri, ein weiterer Gelehrter und religiöser Reformer, wurden zu Lehrern des abgespaltenen Samaj.

Vijay boykottierte fortan Keshab, der einst sein Vorbild gewesen war. Doch beide besuchten Ramakrishna. So konnte es nicht ausbleiben, dass sie sich bei ihm begegneten. Wie Mahendra in seinem Gospel unter dem Eintrag vom 27. Oktober 1882 berichtet, saß Vijay bei Ramakrishna im Zimmer, als Keshabs Schüler eintrafen und ihn auf eine Dampffahrt einluden. Keshab wartete auf dem Dampfschiff auf ihn, das vor dem Tempelbereich Anker geworfen hatte.

Ramakrishna akzeptierte die Einladung, und Vijay schloss sich ihnen an. Ramakrishna und die Gruppe wurden in einem Ruderboot zum Dampfschiff gebracht, wobei Ramakrishna in *Samadhi* fiel. Nur mit Schwierigkeiten konnte er an Bord in eine Kabine gebracht werden. Dort wurde er auf einen Stuhl gesetzt. Keshab und Vijay setzten sich ebenfalls auf Stühle. In der

Kabine hatten sich viele Verehrer versammelt und saßen auf dem Boden. Die übrigen schauten zur Tür und zu den Fenstern herein. Ramakrishna ging erneut in *Samadhi* ein. Vijay und Keshab waren inmitten der versammelten Verehrer sich selbst überlassen, die sie natürlich neugierig beobachteten.

VIJAY GOSWAMI (1841-1899)

Allmählich kehrte Ramakrishna zu seinem normalen Bewusstsein zurück und führte mit seinen Verehrern spirituelle Gespräche. Da er die gespannte Atmosphäre zwischen Keshab und Vijay spürte, sagte er zu Keshab: „Sieh, dort ist Vijay. Euer Streit erinnert mich an den zwischen Shiva und Rama. Shiva war Ramas Guru. Sie bekämpften sich, aber sie versöhnten sich bald wieder. Es waren ihre Nachfolger, Shivas Geister und Ramas Affen, die Gesichter schnitten und einander anschnatterten. Sie hörten damit nicht auf. Du hast eine religiöse Gesellschaft, und Vijay denkt auch, er müsse eine haben. Das ist ganz natürlich. Während Sri Krishna, der selbst ein inkarnierter Gott war, in der Gesellschaft der *Gopis* in Vrindavan glücklich war, mussten selbst dort die beiden Störenfriede Jatila und Kutila auftauchen. Warum?

Weil ohne Störenfriede die Sache nicht vorangetrieben werden kann. Ohne Jatila und Kutila gibt es keinen Spaß." Auf diese Weise neckte er die beiden. Alle lachten laut, und ihr Streit war vorläufig geschlichtet. Danach sprachen Keshab und Vijay wenigstens wieder miteinander.

SIVANATH SASTRI (1847-1919)

Auch Sivanath Sastri kam regelmäßig zu Ramakrishna und respektierte ihn sehr. Trotzdem kritisierte er ihn auch offen, da er seine völlige Entsagung nicht verstehen konnte. Sein wiederholtes *Samadhi* betrachtete er als Nervenkrankheit. Einmal erwiderte Ramakrishna: „Sivanath, ich höre, dass du mein *Samadhi* als Krankheit bezeichnest und sagst, dass ich zu dieser Zeit nicht bei Bewusstsein bin. Du denkst bei Tag und Nacht an alle Arten von materiellen Dingen und hältst deinen Geist trotzdem für gesund, während ich, der ich über die ewige Quelle des Bewusstseins meditiere, dir als geistesgestört vorkomme. Das ist eine feine Art der Beweisführung!" Darauf wusste Sivanath nichts zu erwidern.

Nach der Abspaltung verlor Keshabs Samaj immer mehr an Einfluss. Dadurch wurde er nach innen gewandt und sehnte sich nach spiritueller Erfahrung. Durch Ramakrishnas Einfluss akzeptierte er jetzt viele hinduistische Rituale und symbolische Handlungen, die er zuvor als bedeutungslos abgetan hatte. Zwei Jahre nach der Abspaltung formulierte und predigte er einen neuen Glauben, den er *Navavidhan*, The New Dispensation, nannte. Er war eine Mischung aus Hinduismus und Christentum, vor allem aber eine Präsentation von Ramakrishnas Lehre, soweit Keshab in der Lage war, sie zu verstehen. Was Keshab an Ramakrishna besonders faszinierte, war seine Allgemeingültigkeit und dass er eine Vision von Jesus gehabt hatte.

Ramakrishna freute sich an Keshabs spirituellem Wachstum, erschien jetzt häufig unangemeldet bei den Treffen seines Brahmo Samaj und sang mit ihnen *Kirtans*. Die Mitglieder begannen natürlicherweise, ihn als ihren exklusiven Besitz zu betrachten, und dachten, dass er nur ihren Glauben teilte. Sie konnten nicht verstehen, dass Ramakrishna an religiösen Bräuchen jeder Art teilnehmen wollte. Ramakrishna versuchte, die Brahmos von ihrer Beschäftigung mit Sozialreformen abzubringen und ihren Geist auf die Meditation und Erkenntnis Gottes zu richten. Aber er kannte natürlich die menschliche Natur und erwartete nicht zu viel von ihnen. Er wusste, dass den christlich beeinflussten Brahmos nicht alles von seiner Lehre zusagen konnte. So sagte er zu ihnen: „Ich habe gesagt, was mir in den Sinn kommt. Nehmt so viel davon (von meiner Lehre), wie ihr wollt. Ihr könnt den Kopf und den Schwanz (das Unwesentliche) weglassen."

Einmal beschrieb er die Brahmo-Treffen folgendermaßen: „Ich ging in Keshabs Haus und beobachtete sie beim Beten. Nachdem der Prediger lange über die Herrlichkeit Gottes gesprochen hatte, sagte er: ‚Wir wollen jetzt über Ihn meditieren.' Ich fragte mich, wie lange sie meditieren würden. Aber du meine Güte, kaum hatten sie ihre Augen zwei Minuten lang geschlossen, da war auch schon alles vorbei! Wie kann man Gott erkennen, indem man so meditiert? Als sie meditierten, beobachtete ich ihre Gesichter. Danach sagte ich zu Keshab: ‚Ich habe viele von euch meditieren gesehen, und weißt du, woran es mich erinnert? In Dakshineswar sitzen manchmal Gruppen von Affen still unter den Bäumen, als seien sie vollkommene Herren und ganz unschuldig. Aber das sind sie nicht. Sie sitzen da und denken an die Kürbisse, die die Familienväter auf ihren Dächern züchten, und an die Gärten voller Bananen und Auberginen. Nach einer Weile springen sie schreiend auf und rennen in die Gärten, um ihre Mägen zu füllen. Ich habe viele von euch so meditieren gesehen."[1] Da lachten alle.

Ramakrishna versuchte, die Vorstellungen der Brahmos über Gott zu korrigieren. So fragte er sie: „Warum sprecht ihr immer so viel von den verschiedenen Kräften Gottes? Denkt ein Kind, das neben seinem Vater sitzt, beständig daran, wie viele Pferde, Kühe, Häuser und Grundstücke er hat? Ist es nicht einfach glücklich, zu spüren, wie sehr es seinen Vater liebt und wie sehr sein Vater es liebt? Der Vater ernährt und kleidet das Kind. Warum sollte Gott das nicht tun? Schließlich sind wir seine Kinder. Ist es so etwas Besonderes, wenn er sich um uns kümmert? Anstatt dabei zu verweilen, macht ein wirklicher Verehrer sich Gott durch Liebe zu eigen. Er bittet, nein, er fordert, dass seine Gebete erhört werden und Gott sich ihm offenbart. Wenn ihr so sehr bei Gottes Kräften verweilt, könnt ihr nicht an Ihn als euer Nächstes und Liebstes denken, und so könnt ihr euch nicht frei fühlen, von Ihm Dinge zu fordern. Wenn man an Seine Größe denkt, lässt Ihn das weit von Seinem Verehrer entfernt erscheinen. Denkt an Ihn als euer Eigen. Das ist der einzige Weg, Ihn zu erkennen."

Ramakrishna konnte die Brahmos auch von ihrer Abneigung gegen die Bilderverehrung abbringen, die auf ihrer Überzeugung beruhte, dass Gott gestaltlos sei. Sie verstanden, was Ramakrishna meinte, wenn er sagte: „Ihr solltet in Gottes Wesen keine Grenzen sehen – das heißt, Gott ist beides, mit und ohne Gestalt."

Gegen Ende 1883 wurde Keshab ernsthaft krank. Der letzte Besuch von Ramakrishna bei ihm am 28. November wird ausführlich im Gospel geschildert.

Ramakrishna, Rakhal, Latu und andere Verehrer wurden im Lily Cottage, Keshabs Haus, von dessen Verwandten empfangen und auf die Veranda des Wohnzimmers geführt. Dort warteten sie auf Keshab, der aber lange nicht erschien. Draußen wurde es bereits dunkel, und die Lampen mussten angezündet werden. Sie setzten sich ins Wohnzimmer, als schließlich Keshab hereinkam. Er war völlig verändert, zum Skelett abgemagert, und stützte sich an der Wand ab, da er sich kaum aufrecht halten konnte. Schließlich

---

[1] Isherwood: Ramakrishna, S. 165 f.

setzte er sich mit großer Schwierigkeit, verneigte sich vor Ramakrishna und berührte seine Füße mit der Stirn. Dann nahm er Ramakrishnas Hand, streichelte sie zärtlich und sagte: „Ich bin hier, Herr." Ramakrishna, der in *Samadhi* gewesen war, kam wieder zu sich und unterhielt sich mit Keshab über spirituelle Themen. Dann sagte er: „Warum bist du krank? Dafür gibt es einen Grund. Dein Körper hat viele spirituelle Gefühle erfahren. Ich habe große Dampfschiffe im Ganges vorbeifahren sehen. Während sie vorbeifahren, bemerkst du fast nichts. Aber dann, du meine Güte, was für ein gewaltiger Lärm, wenn die Wellen ans Ufer schlagen!" Er verglich den Prozess, bei dem man die Erkenntnis Gottes erlangt, mit einer Feuersbrunst: „Das Feuer der Erkenntnis zerstört zuerst die Leidenschaften, dann den Egoismus. Zuletzt greift es den physischen Körper an." Er sagte noch weitere Dinge.

Da kam Keshabs Mutter herein und bat ihn, Keshab zu segnen. Doch er meinte: „Was kann ich tun? Gott allein kann uns alle segnen." Dann fuhr er fort: „Gott lacht über zwei Dinge. Er lacht, wenn zwei Brüder ein Stück Land untereinander aufteilen. Sie ziehen eine Schnur über das Land und sagen: ‚Diese Seite gehört mir und diese dir.' Gott lacht und denkt: ‚Das ganze Universum gehört mir, und sie nehmen diese kleine Ackerscholle und sagen, diese Seite gehört mir und diese dir!' Gott lacht auch, wenn ein Arzt zur Mutter sagt, die weint, weil eines ihrer Kinder todkrank ist: ‚Hab keine Angst, Mutter, ich werde dein Kind heilen.' Der Arzt versteht nicht, dass keiner dieses Kind retten kann, wenn Gott will, dass es stirbt."

Als Ramakrishna zu sprechen aufgehört hatte, schwiegen alle. Keshab wurde von einem Hustenanfall gequält. Er hustete lange, während die anderen ihn traurig und hilflos ansahen. Als der Husten nachließ, war Keshab so erschöpft, dass er nicht mehr sprechen konnte. Er verneigte sich vor Ramakrishna und verließ langsam das Zimmer, indem er sich wie zuvor an der Wand abstützte.

Nachdem Keshab am 8. Januar 1848 gestorben war, sagte Ramakrishna: „Ich konnte drei Tage lang mein Bett nicht verlassen, als ich die Nachricht erhielt. Es war mir, als seien meine Glieder gelähmt."

Nach Keshabs Tod versank seine Bewegung in der Bedeutungslosigkeit, da ihr die Führung fehlte.

# DIE ERSTEN SCHÜLER KOMMEN

Die Begegnung mit Keshab war für Ramakrishna ein Türöffner. Durch ihn wurde er nicht nur im Kreis der Brahmos, sondern auch darüber hinaus bekannt. Viele Brahmos besuchten ihn und luden ihn in ihre Häuser ein. Der Brahmo Samaj hatte mehrere Zeitungen unter sich wie den Sunday Mirror und das Theistic Quarterly Review, in denen Artikel über Ramakrishna erschienen. So erfuhren immer mehr Sucher von ihm.

Neben den Verheirateten kamen allmählich auch unverheiratete junge Männer aus der Mittelschicht zu ihm, die noch zur Schule gingen oder studierten, an denen er besonders interessiert war. Seine Erfahrung zeigte, dass nur solche jungen Männer, die noch nicht mit „Frauen und Gold"[1] in Berührung gekommen waren, in der Lage waren, seine ganze Lehre aufzunehmen. Wenn Ramakrishna nach dem Grund gefragt wurde, warum ihn besonders junge, unverheiratete Männer anzogen, sagte er: „Die vollkommene Erkenntnis Gottes kann nicht erlangt werden, wenn man nicht seinen ganzen Geist darauf richtet. Diese Jungen haben ihren ganzen Geist bei sich. Er wurde nicht von Frau, Söhnen, Wohlstand, Ehre, Ruhm und anderen weltlichen Dingen abgelenkt. Wenn sie es jetzt versuchen, können sie ihren ganzen Geist Gott anbieten und mit Seiner Schau gesegnet werden. Deshalb ist mir daran gelegen, sie auf dem Weg der spirituellen Erkenntnis zu führen."

Ab Ende 1881 begannen die jungen Schüler zu kommen, die später Mönche werden sollten. Von den meisten hatte er zuvor Visionen. Sie kamen bis 1884, die meisten von Mitte 1883 bis Ende 1884. Nur Purna kam Anfang 1885. Nachdem Purna gekommen war, der allerdings kein Mönch wurde, sagte Ramakrishna: „Mit Purna ist die Ankunft der Verehrer, die ich in Visionen gesehen habe, beendet. Danach wird keiner mehr kommen."

Bei der Suche der Jungen spielte Mahendra, der Verfasser des Gospel, eine bedeutende Rolle, der Schulleiter in Shyambazar war. Er brachte bei seinen häufigen Besuchen bei Ramakrishna oft den einen oder anderen seiner Schüler mit, bei dem er ein spirituelles Interesse erkannte. So kamen Purna, Teychandra, Narayan, Haripada, Binode, der jüngere Naren, Paltu und andere

---

[1] Ramakrishna sprach ständig von „Frauen und Gold". Gemeint sind die beiden Grundtriebe Lust und Gier; s.a. „Frauen und Gold" im Glossar

Schüler zu Ramakrishna. Mahendra wurde deshalb spaßeshalber „der kidnappende Lehrer" genannt.

Wenn Ramakrishna einen neuen Schüler erwartete, sagte er: „Einer, der zu diesem Ort gehört, kommt heute aus dieser Richtung", wobei er in die entsprechende Richtung zeigte. Wenn er kam, gab er ihm zu essen, unterhielt sich mit ihm über spirituelle Dinge und berührte seinen Körper, etwa die Brust. Diese Berührung bewirkte oft, dass sich der Geist des Schülers nach innen wandte und er die Vision eines göttlichen Lichts oder der Gestalt einer Gottheit hatte. Andere fielen in tiefe Meditation, fühlten ein Glück, wie sie es nie zuvor erlebt hatten, oder empfanden eine plötzliche Sehnsucht, Gott zu erkennen. Manchen gab er auch ein Mantra.

Die Verheirateten besuchten ihn an den Wochenenden. Die jungen Männer bat Ramakrishna jedoch, an den Werktagen zu kommen, und gab ihnen besondere Anweisungen, die nicht für die Verheirateten gedacht waren. Manchmal verbrachten Schüler die Nacht in seinem Zimmer oder auf der Veranda.

Bevor Ramakrishna jemanden als seinen Schüler annahm, prüfte er ihn eingehend, auch seine äußere Erscheinung. So sagte er: „Nimm zum Beispiel die Augen einer Person. Bei manchen sind sie wie die Blütenblätter eines Lotus, bei anderen wie die Augen eines Bullen und bei wieder anderen wie die eines Yogis. Ein Mensch, der Augen wie die Blütenblätter eines Lotus hat, trägt gute Gedanken in sich. Einer, der Augen wie ein Bulle hat, hat überwiegend Begierde in sich. Die Augen eines Yogis schauen nach oben und sind rötlich. Jene, die hin und wieder beim Gespräch aus den Augenwinkeln blicken, sind intelligenter als gewöhnliche Leute."

Ebenso betrachtete er die Gliedmaßen und die Brust seiner Verehrer. Es kam zuweilen vor, dass er einen Neuankömmling bat, ihm seine Brust zu zeigen. Oder er beurteilte den Charakter eines Menschen danach, ob seine Hände leicht oder schwer waren. Dafür hielt er ihn bei den Händen. Fühlten sie sich leicht an, sah er, dass er einen reinen Geist hatte. So fühlte er bei Baburam (Swami Premananda) bei dessen erstem Besuch das Gewicht seiner Hände. Auch Frauen begutachtete er auf diese Weise und teilte sie in Frauen ein, die ihren Männern auf dem Weg zu Gott halfen, und Frauen, die ihre Männer ins Weltliche zogen. Er fragte alle Männer, die er belehren wollte, ob sie verheiratet waren, ob die finanzielle Lage seiner Familie zum Leben ausreichte und ob es nahe Verwandte gab, die seine Familie unterhalten konnten, falls er beschloss, der Welt zu entsagen. Er hielt nichts davon, wenn ein Mann seine Familie für ein spirituelles Leben verließ, ohne für sie vorgesorgt zu haben.

RAMAKRISHNA AUF SEINEM SOFA

Wenn sein Geist sich zu ihm hingezogen fühlte, unterwies er ihn und bat ihn, von Zeit zu Zeit wiederzukommen. Wenn der junge Mann seinen Besuch wiederholte, beobachtete er ihn genau, ob und inwieweit er spirituelle Neigungen besaß, ohne dass er es bemerkte. Vor allem beobachtete er, ob er „Frauen und Gold" zugeneigt war. Er fand das heraus, indem er beobachtete, wie er sprach, handelte und sich benahm und was für einen Charakter er besaß. Er sagte einmal zu seinen Schülern: „Wenn ich in den frühen Morgenstunden alleine bin, denke ich oft an euer aller Wohlergehen. Die Mutter enthüllt mir alles über euch: wie weit jeder von euch fortgeschritten ist, was den künftigen spirituellen Prozess eines jeden von euch blockiert und so fort." Und: „Wie man in einem Glaskasten alle Dinge in ihm sieht, so sehe ich alles über eine Person, sobald ich sie anschaue – ihre Gedanken, die Eindrücke aus ihrer Vergangenheit und so fort."

Durch sein *Sadhana* hatte Ramakrishna die Fähigkeit erlangt, intuitiv die spirituelle Kraft anderer wahrzunehmen. Er stellte seinen jungen Schülern Fragen, um herauszufinden, ob ihre natürliche Neigung den weltlichen Vergnügungen oder der Entsagung galt. Wenn sie bereit waren, lehrte er sie den letzten Weg.

So geschah es zum Beispiel bei einem Jungen, der für einige Tage nach Dakshineswar gekommen war. Eines Tages fragte Ramakrishna ihn plötzlich: „Warum heiratest du nicht?" „Herr", erwiderte er, „ich habe meinen Geist noch nicht unter Kontrolle. Wenn ich jetzt verheiratet wäre, könnte ich an meiner Frau hängen, und das würde meine Kraft der Unterscheidung zwischen dem, was gut und was nicht gut ist, vernichten. Wenn ich einmal die Begierde überwinden kann, kann ich heiraten." Ramakrishna erkannte, dass der Geist des Jungen zum Weg der Entsagung hingezogen wurde, obwohl er noch Anhaftung besaß, und sagte lächelnd: „Du musst nicht heiraten, wenn du die Begierde überwunden hast."

Wenn Ramakrishna einen jungen Mann fragte, ob er heiraten wollte, und er es verneinte, aber meinte, er würde sich Arbeit suchen müssen, sagte Ramakrishna, der sehr die Freiheit liebte: „Wenn du nicht heiratest und die Pflichten eines Familienvaters übernimmst, warum solltest du dann einem anderen ein Leben lang dienen? Biete dein ganzes Herz und deinen ganzen Geist Gott an und verehre Ihn. Ein Mensch, der in der Welt geboren wurde, kann nichts Größeres als das tun. Wenn es dir nicht möglich ist, allein zu leben, heirate. Aber wisse ein für alle Mal, dass die Erkenntnis Gottes das höchste Ziel im Leben ist. Betrete den Pfad der Rechtschaffenheit und lebe das Leben eines Familienvaters."

Ramakrishna fühlte sich zutiefst betroffen, wenn einer der Jungen, den er fähig für das Leben der Entsagung hielt, heiratete, ohne Notwendigkeit eine Arbeit aufnahm oder sich mit einer weltlichen Tätigkeit befasste, um Namen und Ruhm zu erwerben. Als er davon hörte, dass Niranjan, einer seiner Schüler und der spätere Swami Niranjanananda, Arbeit angenommen hatte, sagte Ramakrishna zu ihm: „Du hast Arbeit angenommen, um deine alte Mutter zu unterstützen. Damit kann ich mich abfinden. Andernfalls könnte ich dir nicht ins Gesicht blicken." Als ein anderer junger Verehrer namens Naren der Jüngere heiratete und ihn besuchte, warf er seine Arme um dessen Nacken, wie man es tut, wenn man den Verlust eines Sohnes betrauert, und vergoss unablässig Tränen, wobei er immer wieder sagte: „Mögest du Gott nicht vergessen und völlig im Meer der Welt versinken!"

Unter dem Impuls der neuen Liebe zu Gott wurden manche Verehrer zu vertrauensvoll und unkritisch. Jogin, der spätere Swami Yogananda, kaufte einmal eine Eisenpfanne von einem Krämer. Als er nach Hause kam, sah er, dass die Pfanne einen Riss hatte. Ramakrishna erfuhr davon und tadelte ihn: „Muss man ein Narr sein, weil man ein Verehrer Gottes ist? Hat der Krämer einen Laden eröffnet, um Religion zu üben? Und sollte Frömmigkeit der Grund sein, ihm zu glauben und eine Pfanne zu kaufen, ohne sie sich zuvor genau anzusehen? Tu das nie wieder! Wenn du Artikel kaufen willst, solltest du dich in einigen benachbarten Läden nach dem wirklichen Preis erkundigen, sie genau begutachten, bevor du sie kaufst, und nicht weggehen, ohne die Zugaben zu verlangen, wie es üblich ist, wenn der Kauf erfolgt ist." Jogin wurde öfter ein Opfer der Händler, die ihm minderwertige Waren andrehten. Dann schickte Ramakrishna ihn in den Laden, um die Ware zurückzugeben.

Oft werden Menschen, die ein spirituelles Leben führen, zu mild und sanft. Deshalb lehrte Ramakrishna sie immer, sie mögen streng sein. So war Jogin kaum in der Lage, ärgerlich zu sein oder harte Worte zu gebrauchen, selbst wenn es dafür einen guten Grund gab.

Niranjan war dagegen impulsiv. Als er eines Tages in einem Boot nach Dakshineswar kam, hörte er, wie Passagiere schlecht über Ramakrishna sprachen. Er protestierte zunächst dagegen. Aber da sein Protest wirkungslos blieb, wurde er wütend und wollte das Boot zum Kentern bringen. Er war stark und zudem ein hervorragender Schwimmer. Da entschuldigten sich die Leute. Als Ramakrishna davon erfuhr, tadelte er ihn, indem er sagte, dass man seinem Ärger nicht nachgeben sollte und dass kleingeistige Leute viele unberechtigte Dinge sagten. So reagierte Ramakrishna je nach Charakter des Schülers unterschiedlich. Seinen Schülerinnen gab er die gleichen Anweisungen.

Auch die Überwindung von Scham gehört zur Entsagung. Ramakrishna warf oft, vor allem in seinen späteren Jahren, seine Kleidung von sich, weil er sich durch sie behindert fühlte, oder sie fiel einfach aus Unachtsamkeit zu Boden. Einmal sagte er in Dakshineswar zu einem Jungen: „Kannst du mir sagen, was das ist? Ich kann nicht immer ein Kleidungsstück um meine Lenden anbehalten. Es bleibt nicht dort. Ich bemerke nicht einmal, wenn es herunterfällt. Und ich, ein so alter Mann, muss nackt umhergehen. Trotzdem spüre ich meine Nacktheit nicht. Früher war ich mir nicht einmal dessen bewusst, wer mich in diesem Zustand sah. Da ich weiß, dass sich die Leute schämen, wenn sie mich so sehen, behalte ich jetzt ein Kleidungsstück auf meinem Schoß."

Ein Schüler erinnerte sich in diesem Zusammenhang an ein anderes Ereignis. „Es war eine mondhelle Nacht. Die Flut des Ganges setzte kurz nachdem wir zu Bett gegangen waren ein. Der Meister verließ sein Bett und rannte zum Ufer, wobei er rief: ‚Kommt alle, und seht die Flut!' Er tanzte wie ein Junge, um zu sehen, wie sich das stille Wasser des Flusses in hohe Wellen mit Schaumkronen verwandelte. Wir waren verschlafen, als der Meister uns rief, und waren etwas spät dran, um ihm zu folgen. Wir mussten erst aufstehen und uns um unsere Kleidung kümmern. Kaum hatten wir das Ufer erreicht, war die Flut auch schon vorüber. Einige von uns sahen ein wenig davon, während andere überhaupt nichts sahen. Der Meister war so lange glücklich mit sich selbst. Als die Flut vorbei war, sah er uns an und sagte: ‚Habt ihr die Flut gesehen?' Als er von uns hörte, dass die Flut vorbei war, bis wir unsere Kleider angezogen hatten, sagte er: ‚Ach, ihr Dummköpfe! Wird die Flut darauf warten, bis ihr eure Kleider angezogen habt? Warum habt ihr eure Kleider nicht zurückgelassen wie ich?'"[1]

Ramakrishna nahm seine Rolle als Lehrer sehr ernst. Auch betonte er, dass nur einer, dem Gott die Bevollmächtigung gegeben hatte, ein Lehrer sein könne. Er sagte: „Es gibt drei Arten von Ärzten: die guten, mittleren und schlechten. Der schlechte Arzt fühlt den Puls des Kranken, bittet ihn nur, die Arznei einzunehmen, und geht dann. Er bemüht sich nicht herauszufinden, ob der Kranke seine Anweisungen befolgt hat. Der mittlere Arzt versucht, den Kranken freundlich dazu zu überreden, die Arznei einzunehmen, und sagt: ‚Sieh her. Wie kannst du ohne die Arznei wieder gesund werden? Nimm sie ein, mein Lieber. Ich bereite sie mit meinen eigenen Händen zu.' Aber der beste Arzt folgt einer anderen Methode. Wenn er bemerkt, dass der Kranke sich hartnäckig weigert, die Arznei zu schlucken, drückt er mit

---

[1] Saradananda: Great Master II, S. 891 f.

seinem Knie auf den Brustkorb des Kranken und zwingt die Arznei seinen Hals hinunter. [...] Wie bei den Ärzten gibt es drei Arten von religiösen Lehrern. Der schlechte Lehrer ist damit zufrieden, nur spirituelle Anweisungen zu erteilen. Er sorgt sich danach überhaupt nicht mehr um den Schüler. Der mittlere Lehrer erklärt die Lehre immer wieder zum Wohl des Schülers, damit er sie aufnehmen kann. Er überzeugt den Schüler mit Liebe und Freundlichkeit, ihr zu folgen. Aber der beste Lehrer gebraucht Gewalt, wenn nötig, wenn der Schüler stur ist."[1]

Ramakrishna beobachtete seine Schüler ganz genau und kümmerte sich sehr darum, dass sie seine Anweisungen ausführten. Er fragte nach, ob sie seine Lehre verstanden hatten und ob sie völliges Vertrauen in seine Worte besaßen. Er machte sie untereinander bekannt und war darauf bedacht, dass sie mit den Menschen, die ihre spirituelle Entwicklung fördern konnten, eine enge Beziehung aufbauten. Ihm war auch die gegenseitige Anziehung von Schüler und Lehrer wichtig. Oft fragte er sie, als was sie ihn betrachteten und ob sie von ihm angezogen wurden, wie etwa: „Was ist deine Vorstellung von mir? Wer bin ich?" Darauf erhielt er die unterschiedlichsten Antworten, die von „Du bist ein wahrer Verehrer Gottes" bis „Du bist eine Inkarnation Gottes" reichten. Er forderte seine Schüler auch dazu auf, genau zu beobachten, ob die Lehre mit dem Leben des Gurus übereinstimmte, und riet: „Beobachte einen heiligen Mann bei Tag, beobachte ihn in der Nacht, und habe dann Vertrauen zu ihm."

Auch war Ramakrishna davon überzeugt, dass jene, die ihre letzte Geburt erlangt hatten, zu ihm kommen mussten. „Nur wer sein letztes Leben lebt, wer am Ende einer Reihe von Wanderungen angekommen ist (d.h. wer in diesem Leben Befreiung erlangt), wird hierherkommen und die liberale Lehre dieses Ortes akzeptieren." Zudem sagte er bei mehreren Anlässen, dass sechs seiner Schüler sich von den übrigen unterschieden, da sie Ishwarakotis seien, Lebewesen, die ewig von der Bindung des *Karmas* frei sind und nur wiedergeboren wurden, um der Menschheit Gutes zu tun. Diese sechs waren Narendra, Rakhal, Baburam, Niranjan, Jogin und Purna.

---

[1] Nikhilananda: Die Botschaft II, S. 452

# DIE VERHEIRATETEN SCHÜLER

Die verheirateten Schüler kamen meist am Wochenende und an den Feiertagen, während die unverheirateten Schüler auch unter der Woche kamen. An den Sonntagnachmittagen war Ramakrishnas Zimmer immer voller Leute. Die Verehrer lernten sich kennen, und jene, die religiöse Übungen unter der Anleitung Ramakrishnas machten, bildeten eine spirituelle Bruderschaft. Der Meister ermutigte das brüderliche Empfinden. Gelegentlich nahm er Einladungen nach Kalkutta an, um die verheirateten Verehrer zu besuchen, und kümmerte sich darum, dass auch andere Verehrer eingeladen wurden. Diese Treffen waren gewöhnlich kleine Feste. Es gab *Sankirtans*, und alle hörten stundenlang den Reden des Meisters zu. Danach gab es ein reiches Festessen. Durch diese Feste erfuhren die Nachbarn von Ramakrishna, und viele besuchten ihn später in Dakshineswar.

Ramakrishna unterwies die verheirateten Schüler getrennt von den unverheirateten Schülern. Er lehrte sie nicht den Weg der völligen Entsagung. Mit der einen Hand sollten sie ihre weltlichen Pflichten erfüllen und mit der anderen an Gott festhalten bzw. einen kleineren Teil ihres Geistes den Pflichten widmen und den größeren Teil Gott.

Um das zu illustrieren, erzählte er gern von den Frauen, die den Reis zerstampften. „In Kamarpukur habe ich die Frauen von Tischlerfamilien gesehen, die zerstampften Reis verkauft haben. Lass mich dir sagen, wie aufmerksam sie sind, während sie diese Arbeit verrichteten. Der Stößel der Schälmaschine, der den Reis zerstampft, fällt ständig in das Loch des Mörsers. Mit einer Hand wendet die Frau den Reis im Loch und hält mit der anderen ihr Baby auf dem Schoß, während sie es stillt. In der Zwischenzeit kommen die Kunden. Die Maschine stampft den Reis weiter, und sie führt ihre Geschäfte mit den Kunden fort. Sie sagt: ‚Zahl zuerst die wenigen Pennys, die du mir schuldet, bevor du noch mehr nimmst.‘ Wie du siehst, muss sie all diese Dinge gleichzeitig tun – das Baby stillen, den Reis wenden, während der Stößel ihn zerstampft, den zerstampften Reis aus dem Loch nehmen und mit den Käufern sprechen. Das wird das Yoga des Handelns genannt. Fünfzehn von sechzehn Teile ihres Geistes sind auf den Stößel der Schälmaschine gerichtet, damit er ihr nicht die Hand zerquetscht. Mit nur einem Teil ihres Geistes stillt sie das Baby und spricht mit den Käufern.

Ebenso sollte ein Familienvater fünfzehn Teile seines Geistes Gott widmen. Andernfalls wird er ins Verderben stürzen und in die Fänge des Todes geraten. Er sollte die weltlichen Pflichten mit nur einem Teil seines Geistes erledigen."[1]

Ramakrishna riet seinen verheirateten Schülern zur dienenden Haltung Gott gegenüber und warnte sie davor, die Haltung der Nichtzweiheit (*Advaita*) zu übernehmen. Er brachte sie dazu, ihre Anhaftung an die Weltlichkeit durch Liebe zu Gott zu überwinden. Sie sollten ihre Pflichten selbstlos erfüllen wie die Magd, die im Haus ihres Herrn den Haushalt führt und die Kinder erzieht. „Die Magd im Haus eines Reichen erfüllt alle ihre Pflichten, aber sie denkt an ihr Zuhause auf dem Land. Das ist ein Beispiel dafür, die Pflicht auf gleichmütige Weise zu erfüllen. Du solltest der Welt nur im Geist entsagen. Aber ein *Sannyasin* sollte der Welt sowohl innerlich als auch äußerlich entsagen."[2]

Seine ideale Vorstellung von Verheirateten war, dass sie nach der Geburt von einem oder zwei Kindern wie Bruder und Schwester zusammenleben und sich religiösen Gesprächen und der Meditation widmen sollten. Der Familienvater sollte immer wieder eine gewisse Zeit allein oder in Gesellschaft von *Sadhus* von seiner Familie getrennt verbringen, mit einem sehnsüchtigen Herzen zu Gott beten und über ihn meditieren. Er betonte, dass das Leben als Familienvater in gewissem Sinn sogar leichter sei als das des Mönchs, da er den Feind innerhalb der Festung besiegen könne, während der Mönch es auf offenem Feld tun müsse.

Nicht alle seine Schüler waren verständig. Es gab auch welche, die immer wieder Schwierigkeiten machten, wie Pratap Chandra Hazra und Mahimacharan.

Pratap Chandra Hazra war ein Mann in den mittleren Jahren, der einige Jahre im Tempelgarten von Dakshineswar lebte. Er stammte aus einem Dorf in der Nähe von Kamarpukur, war aus einem spontanen religiösen Impuls heraus fortgegangen und hatte seine alte Mutter und seine Familie im Stich gelassen, die niemanden hatten, der sich um sie kümmerte. Man sah ihn oft mit der Gebetsschnur. Da er Schulden hatte, hoffte er, dass die Leute ihm

---

[1] Nikhilananda: Die Botschaft I, S. 470 f.
[2] ders., S. 283

wegen seiner Frömmigkeit Geld geben würden. Ramakrishna erkannte das und erklärte ihm, dass das Gebet frei von selbstsüchtigen Motiven sein müsse. Hazra beachtete jedoch nicht, was Ramakrishna sagte. Er diskutierte viel und wies Ramakrishnas junge Schüler zurecht. Ramakrishna duldete ihn, warnte aber seine Schüler, sich zu sehr mit ihm abzugeben, indem er sagte: „Dieser Kerl Hazra hat einen großen, berechnenden Verstand. Hört nicht auf ihn!"

Ramakrishna verwies oft auf ihn als Beispiel für einen Menschen, der nutzlose Argumente vorbrachte. Auch mischte Hazra sich ständig ein. Ramakrishna meinte einmal: „Vielleicht war Hazra in seinem früheren Leben ein armer Mann und will deshalb unbedingt die Manifestation der Macht sehen. Er will wissen, was ich mit dem Koch bespreche. Er sagt zu mir: ‚Du musst nicht mit dem Koch sprechen. Ich werde selbst mit dem Verwalter des Tempels sprechen und mich darum kümmern, dass du alles bekommst, was du willst.' So spricht er mit mir, und ich sage nichts."[1]

Eines Tages betete Ramakrishna zur Göttlichen Mutter: „Mutter, wenn Hazra ein Heuchler ist, dann beseitige ihn von hier." Wenige Tage später ging Hazra.

Mahimacharan Chakravarty aus Cossiporc in Kalkutta war einer der frühesten Besucher in Dakshineswar. Er traf Ramakrishna lange bevor die Schüler kamen. Er wollte zwar ein religiöses Leben führen, sehnte sich aber zugleich nach Berühmtheit. Manchmal griff er deshalb auf die Unwahrheit zurück und tat Dinge, die ihn lächerlich machten. Er schnitt damit auf, dass er von Totapuri eingeweiht worden sei. An besonderen Tagen trug er ein ockerfarbenes Gewand und Rudraksha-Perlen um den Hals, saß auf einem Tigerfell im Panchavati und gab vor, ein großer Verehrer zu sein.

Mahima besaß eine große Bibliothek von Büchern in Englisch und Sanskrit, die er alle gelesen haben wollte. Eines Tages nahm Narendra ein Buch aus dem Regal und sah, dass die Seiten nicht aufgeschnitten worden waren.[2] Auch andere Bücher waren offensichtlich nicht gelesen worden. Wenn man ihn darauf ansprach, meinte er: „Die Leute leihen sich meine Bücher aus

---

[1] ders., 365
[2] Früher musste man die gefalzten Blätter der Bücher mit einem Papiermesser aufschneiden, bevor man sie lesen konnte.

und geben sie nicht zurück. Ich habe sie bereits gelesen, aber ich ersetze sie dann durch neue Exemplare. Jetzt verleihe ich keine Bücher mehr."

Mahima rezitierte oft aus den *Veden* und anderen heiligen Büchern, was Ramakrishna gefiel. Er förderte selbst die geringste Spur von Spiritualität in seinen Schülern. Da Mahima immer über das *Vedanta* diskutierte, half er ihm, die Schlussfolgerung dieser Philosophie zu verstehen. Auch erkannte er, dass Mahima nicht die Welt aufgeben konnte, und sagte zu ihm: „Wozu muss man die Welt ganz aufgeben? Es genügt, wenn man die Anhaftung an sie aufgibt. Aber man muss religiöse Übungen machen, um die fünf Sinne zu bekämpfen." Da Mahima dem Studium und den Schriften eine zu große Bedeutung beimaß, sagte Ramakrishna: „Wie lange wirst du noch die Schriften lesen? Was gewinnst du durch leere Diskussionen? Versuche zuerst, Ihn zu erkennen, mach dafür einige spirituelle Übungen und vertraue dem Guru. Wenn du keinen Guru hast, bete ernsthaft zu Gott, und Er wird dir sagen, wie Er ist. Was wirst du durch reines Bücherstudium lernen? Solange du nicht auf dem Markt bist, hörst du nur ein Murmeln aus der Ferne. Aber wenn du einmal da bist, ist es ganz anders. Dann siehst und hörst du alles ganz genau. Nach der Erkenntnis Gottes erscheinen Bücher, Schriften und Wissenschaften wie Spreu."

Ishan Chandra Mukherjee aus Thanthania, Kalkutta, war ein frommer und wohltätiger Mann, der Ramakrishna oft besuchte und ihn gelegentlich in sein Haus einlud. Seine Freunde und Nachbarn ehrten Ishan sehr und baten ihn manchmal, ihre Streitigkeiten zu schlichten. Eines Tages riet ihm Ramakrishna, er möge seine Energie nicht damit vergeuden, sondern tief in die Herrlichkeit Gottes eintauchen, bis er Ihn erkannt habe.

Navagopal Ghosh war ein weiterer Verehrer. Bei seinem ersten Besuch kam er mit Frau und Kindern nach Dakshineswar. Ramakrishna fühlte sich stark zu ihm hingezogen, aber Navagopal kam nicht wieder und vergaß drei Jahre lang den Meister. Eines Tages fragte Ramakrishna nach ihm und schickte ihm eine Einladung, nach Dakshineswar zu kommen. Navagopal war erstaunt, dass er sich noch an ihn erinnerte, und besuchte ihn. Ramakrishna sagte zu ihm, er müsse nicht viele spirituelle Übungen machen. Wenn er nach Dakshineswar käme, würde er sein Ziel erreichen. Navagopal und seine Familie hingen fortan sehr an Ramakrishna und kamen oft nach Dakshineswar.

Als Ramakrishna eines Tages in einem halbbewussten Zustand war, sagte Ramchandra Datta zu Navagopal, er möge Ramakrishna um eine Wohltat bitten. Da verneigte sich Navagopal vor ihm und sagte: „Ich bin in Weltlichkeit versunken. Bitte sag mir, wie ich ihr entrinnen kann." Ramakrishna erwiderte: „Sorge dich nicht. Denke einmal am Tag an mich, wenn du nichts anderes tun kannst."

Atul Krishna Ghosh war der Bruder von Girish Ghosh (s. späteres Kapitel über Girish). Er ging Ramakrishna zunächst aus dem Weg und gab ihm den Spitznamen Rajahamsa (Schwan). Als er eines Tages Girish sagte, was er über Ramakrishna dachte, kam dieser unerwartet zu Besuch. Ramakrishna sagte zu Girish: „Ich habe mich vor deinem Bruder immer gefürchtet. Aber heute ist er anders." Da erzählte Girish ihm von Atuls Spott über ihn. Ramakrishna nahm es freundlich auf und meinte: „Ich nehme das als Kompliment. Die Ente trinkt eine Mischung aus Milch und Wasser, aber es heißt, dass der Schwan beides trennen kann und nur die Milch trinkt. Er wird deshalb Rajahamsa oder Schwanenkönig genannt. Dein Bruder hat deshalb einen guten Namen für mich ausgesucht."

Die Einfachheit Ramakrishnas beeindruckte Atul sehr. Ramakrishna lud ihn nach Dakshineswar ein. Er kam, sah sich die Tempel und das Panchavati an und genoss den wundervollen Ausblick am Ganges. Dann unterwarf er sich Ramakrishna und akzeptierte ihn als seinen spirituellen Führer.

Manilal Mallik aus Sinduriapatti, Kalkutta, war ein älteres Brahmo-Mitglied und verehrte Ramakrishna sehr. Als er einen erwachsenen Sohn verlor, eilte er nach Dakshineswar. Ramakrishna unterhielt sich mit einigen Verehrern. Sobald seine Augen auf den verwirrten Manilal fielen, fragte er ihn, was los sei. Der trauernde Vater erzählte schluchzend seine Geschichte. Einige der Anwesenden versuchten, ihn mit freundlichen Worten zu trösten, aber Ramakrishna hörte dem alten Mann schweigend zu. Nach einiger Zeit fiel Ramakrishna in einen halbbewussten Zustand, stand plötzlich auf und sang ein frommes Lied, das mit den Worten begann: „Zu den Waffen! Oh Mensch, der Tod greift dein Haus an!", wobei er entsprechend gestikulierte. Die Atmosphäre veränderte sich und beruhigte Manilal. Nach dem Lied erlangte Ramakrishna sein normales Bewusstsein wieder und sprach mit ihm über die natürliche Trauer beim Verlust eines Sohns, wobei er sich auf seine eigene Erfahrung beim Verlust seines Neffen Akshay bezog. Dann sprach er über das flüchtige Wesen irdischer Beziehungen und meinte, dass die einzige Zuflucht des Menschen darin bestünde, sich Gott hinzugeben. Manilal war getröstet und sagte: „Deshalb bin ich zu dir gekommen. Ich wusste, dass kein anderer meinen Kummer lindern kann."

Nityagopal Goswami war ein bekannter bengalischer Schriftsteller aus Dacca. Als Vijay Goswami ihm von Ramakrishna erzählte, machte er sich sofort auf den Weg nach Dakshineswar. Ramakrishna war beim Essen, als Nityagopal das Zimmer betrat. Er ließ sein Mahl halb beendet, um den Neuankömmling zu begrüßen. Als er sich anschließend zu einer Ruhepause zurückzog, bat er Nityagopal, sanft seine Füße zu massieren. Der junge Verehrer fand in ihm die Quelle des Friedens und Glücks, nach der er so lange gesucht hatte.

Weitere verheiratete Schüler waren Bhupati, Girindra, Kaviraj Mahendranath Pal, Chunilal Bose, Upendra, Kishore, Captain Viswanath Upadhyaya und viele andere.

RAMCHANDRA DUTTA (1851-1899)

Die beiden Familienväter Ramchandra (Ram) Dutta und Manomohan Mitra kamen 1879 als erste Schüler zu Ramakrishna. Ram und Manomohan waren Cousins und lebten in Kalkutta. Ersterer war Arzt und im Calcutta Medical College angestellt, letzterer war ein Geschäftsmann. Wie die meisten Gebildeten ihrer Zeit waren beide praktisch Atheisten. Ram sagte über sich selbst: „In jenen Tagen glaubten wir nicht an Gott. Die Natur genügte uns, um das Universum zu erklären. Wir waren üble Materialisten und hielten das leibliche Wohl für das höchste Gut im Leben." Aber sie waren geistig sehr rastlos. In dieser Zeit stießen sie in der Brahmo-Zeitschrift Sulabh Samachar, die Keshab herausgab, auf einen Artikel über Ramakrishna. Da beschlossen sie, ihn zu besuchen und sich ein Bild davon zu machen, was für ein Heiliger er war.

Als sie an einem Nachmittag 1879 in Dakshineswar ankamen, fanden sie die Tür verschlossen vor und klopften an. Sie wurde von einem Mann geöffnet, der schlicht gekleidet war und nicht wie ein üblicher *Sannyasin* mit verfilztem Haar und mit Asche beschmiert aussah. Aber bald waren sie davon überzeugt, dass er der Heilige sein musste. Er hieß sie willkommen, als hätte er sie erwartet, und stellte ihnen viele Fragen über ihr Leben. Als er erfuhr, dass Ramchandra Dutta Arzt war, rief er Hriday herbei, der Fieber hatte, und sagte zu ihm: „Komm, Hriday, hier ist ein Arzt. Du kannst dir bei ihm den Puls fühlen lassen." Das geschah. Die beiden Cousins verbrachten den ganzen Nachmittag mit spirituellen Gesprächen bei Ramakrishna. Als sie sich verabschiedeten, gab er ihnen Süßigkeiten und bat sie, wiederzukommen.

Fortan besuchten sie ihn an den Sonntagen. In der Folge veränderte sich ihr Leben. Sie fühlten eine zunehmende Abneigung gegen die Welt und begannen, ernsthaft über Gott zu reden. Ihre Verwandten bemerkten ihre Veränderung und waren alarmiert. Als Manomohan eines Tages Ramakrishna besuchen wollte, versuchte seine Tante, ihn daran zu hindern. Er hörte nicht auf sie und machte sich mit Ram auf den Weg. Sie trafen Ramakrishna auf dem Bett sitzend und traurig dreinblickend an. Als sie ihn fragten, was ihm fehle, antwortete er: „Es gibt einen Verehrer, der gerne herkommen möchte, aber seine Tante ist nicht damit einverstanden. Sie versucht, ihn davon abzuhalten. Es macht mich traurig, wenn ich daran denke, dass er auf sie hören könnte und nicht mehr herkommen würde." Manomohan und Ram waren überrascht. Kurz darauf erhob auch Manomohans Frau Einwände gegen seine Besuche in Dakshineswar. Doch in der Folge legte sich das, und sie brachten ihre Verwandten und Freunde mit, unter anderem die beiden später bedeutenden Schüler Ramakrishnas, Narendra und Rakhal.

Ram war ein Zweifler. Eines Tages fragte er Ramakrishna, ob Gott wirklich existiere. Ramakrishna antwortete: „Zweifellos. Gott gibt es wirklich. Du siehst tagsüber die Sterne nicht, aber das bedeutet nicht, dass sie nicht existieren. In der Milch ist Butter. Aber kann jemand sie sehen? Um Butter zu erhalten, musst du die Milch an einem kühlen Ort buttern. Ebenso wenig kannst du Gott erkennen, nur weil du es willst. Du musst verschiedene geistige Übungen machen."

Ram stammte aus einer vishnuitischen Familie und war deshalb mit dem Leben Chaitanyas vertraut. Als er eines Abends allein mit Ramakrishna im

Zimmer war, fragte Ramakrishna ihn plötzlich: „Was betrachtest du?" Ram antwortete: „Ich betrachte dich." „Und was hältst du von mir?" „Ich halte dich für Chaitanya." Ramakrishna erwiderte: „Die Brahmanin hat dasselbe gesagt."

Zu solchen Zeiten war Ram voller Glauben. Das ging sogar so weit, dass er von Ramakrishna in *Sannyas* eingeweiht werden wollte. Doch dieser verwies ihn auf seine Pflichten seiner Frau und seinen Kindern gegenüber und sagte wie so oft zu den Familienvätern: „Was wirst du gewinnen, wenn du der Welt entsagst? Das Familienleben ist wie eine Festung. Es ist leichter, den Feind aus der Festung heraus zu bekämpfen als draußen." Doch dann schlich sich bei Ram wieder der Zweifel ein. Erkannte Ramakrishna wirklich Gott, oder besaß er nur übernatürliche Kräfte? Er wusste es nicht.

Eines Nachts träumte er, dass Ramakrishna ihm ein Mantra gab und ihm auftrug, es mehrmals täglich zu wiederholen. Am nächsten Morgen eilte er mit der Neuigkeit nach Dakshineswar. Ramakrishna versicherte ihm, dass das eine gesegnete Erfahrung gewesen sei. Kaum war er jedoch gegangen, überkam ihn wieder der Zweifel. Es hatte sich ja nur um einen Traum gehandelt, und was bewies das schon.

Einige Tage später unterhielt er sich mit einem Freund auf dem College-Hof inmitten von Kalkutta. Sie hatten von seinem Zweifel gesprochen. Da sahen sie plötzlich einen dunkelhäutigen Mann neben sich stehen, der zu Ram sagte: „Warum bist du so besorgt? Hab Geduld." Dann war er verschwunden, aber sie hatten ihn beide gesehen. Als Ramakrishna davon erfuhr, meinte er: „Ja, du wirst noch viele solche Dinge sehen!"

Aber Ram zweifelte weiterhin, und je mehr er zweifelte, desto mehr verabscheute er sein Leben und die Welt um sich herum. Als er wieder nach Dakshineswar kam und Ramakrishna um Hilfe bat, rief Ramakrishna ungeduldig aus: „Was kann ich tun? Alles hängt vom Willen Gottes ab." „Aber Herr", rief Ram, „ich habe mich auf dich verlassen. Was soll ich tun, wenn du mir nicht hilfst?" Ramakrishna antwortete ihm mit offensichtlicher Gleichgültigkeit: „Ich schulde dir nichts. Du kannst weiterhin herkommen. Mach, was du willst!" Diese Behandlung war in dieser Situation genau das, was Ram brauchte. Er rannte aus dem Zimmer und wollte sich in den Ganges werfen, aber etwas Nachdenken brachte ihn wieder zur Vernunft. Er beschloss, sich fortan selbst anzustrengen, anstatt von Ramakrishna zu erwarten, ihn zu retten. Also setzte er sich auf die nördliche Veranda von Ramakrishnas Zimmer und begann, das Mantra, das Ramakrishna ihm im Traum gegeben hatte, zu wiederholen. So vergingen Stunden, und es wurde dunkel. Mitten in der Nacht öffnete Ramakrishna die Terrassentür und sagte zu ihm: „Diene den Verehrern des Herrn, und du wirst Frieden finden." Dann ging er ins Zimmer zurück.

Ram war sehr geizig, und Ramakrishnas Rat behagte ihm nicht. Wenn er ihm folgte, würde er viel Geld ausgeben müssen. Zunächst tat er nichts. Aber Ramakrishna kam kurz darauf wieder auf das Thema zu sprechen und legte einen Tag fest, an dem er und die Verehrer Rams Haus besuchen würden. Ram war verpflichtet, sie zu verköstigen. Da begann er zu verstehen, dass Ramakrishna ihm ein großes Privileg einräumte, indem er ihm erlaubte, ihm zu Diensten zu sein.

Nach Ramakrishnas Besuch ging Ram nach Dakshineswar. Ramakrishna empfing ihn gütig, und sie unterhielten sich bis um zehn Uhr abends. Die Nacht war sehr dunkel. Ram hatte sich bereits verabschiedet und stand auf der Veranda, als er Ramakrishna auf sich zukommen sah. „Sag mir, was du willst", forderte Ramakrishna. Ram spürte auf einmal, dass er in der Gegenwart von etwas Größerem als einem Menschen war, einer Kraft, die ihm alles gewähren konnte, was er sich wünschte. Seine Stimme zitterte, als er antwortete: „Herr, ich weiß nicht, worum ich dich bitten soll. Entscheide du." Ramakrishna streckte seine Hand aus und sagte: „Gib mir das Mantra zurück, das ich dir im Traum gegeben habe." Dann fiel er in *Samadhi*. Ram fiel vor ihm nieder und wiederholte das Mantra. Ramakrishna berührte ihn mit der Zehe seines rechten Fußes am Kopf. So blieben sie für eine lange Zeit. Dann zog Ramakrishna seinen Fuß weg, und Ram erhob sich. „Sieh mich an", sagte Ramakrishna. Da sah Ram in ihm die Verkörperung seiner erwählten Gottheit. „Du brauchst keine weiteren spirituellen Übungen zu machen", sagte Ramakrishna. „Komm mich nur gelegentlich besuchen und bring eine kleine Opfergabe mit, etwas Kleines."

Fortan wurde Ram nicht nur ein treuer Verehrer, sondern kümmerte sich auch großzügig um die Bedürfnisse Ramakrishnas und seiner Schüler.

Manomohan tat sich leichter mit der Hingabe. Doch er entwickelte einen ungesunden Stolz auf seine Spiritualität und war auf Ramakrishnas andere Schüler eifersüchtig. Als Ramakrishna eines Tages Surendranath Mitra vor einer großen Zuhörerschaft pries und sagte, seine Hingabe sei unvergleichlich, fühlte Manomohan sich tief verletzt, da er glaubte, Ramakrishna schätze Surendra mehr als ihn. Er verließ das Zimmer und beschloss, nie mehr nach Dakshineswar zu kommen.

MANOMOHAN MITRA (1851-1903)

Da er ein regelmäßiger Sonntagsbesucher war, bemerkte Ramakrishna seine Abwesenheit schnell und fragte Ram, was los sei. Aber Manomohan hatte ihm den Grund nicht genannt, und so konnte er Ramakrishna nur sagen, dass es seinem Cousin gut ging und er den Grund für sein Benehmen nicht wusste.

Manomohan steigerte sich immer mehr in sein Gefühl hinein, und als Ramakrishna ihn weiterhin einlud, nach Dakshineswar zu kommen, zog er sogar nach Konnagar, das einige Meilen außerhalb von Kalkutta liegt, um außer Reichweite zu sein, und musste nun täglich den Zug in die Stadt nehmen, um in sein Büro zu kommen. Es ging ihm immer schlechter. Er konnte nicht aufhören, an Ramakrishna zu denken. Schließlich musste er zugeben, dass er ihn nicht hasste, sondern liebte.

Eines Tages nahm Manomohan im Ganges sein Bad und erinnerte sich daran, wie Ramakrishna oft von der großen Heiligkeit des Flusses gesprochen hatte. Als er mit diesem Gedanken im Wasser stand, sah er ein Boot mit zwei Gestalten darin, das auf ihn zugerudert kam. Eine davon war Ramakrishna, die andere Niranjan, einer der jungen Schüler. Manomohan freute sich. Niranjan fragte ihn: „Warum kommst du nicht mehr nach Dakshineswar? Sri Ramakrishna hat sich um dich solche Sorgen gemacht." Es war ein sehr heißer Tag, Ramakrishna fächelte sich Luft zu und ging dann in *Samadhi* ein. „Und er hat all diese Mühe um meinetwillen auf sich genommen!", dachte Manomohan. „Wie Unrecht habe ich ihm getan!" Er brach in Tränen aus und wäre gestürzt, wäre Niranjan nicht aus dem Boot gesprungen und hätte ihn festgehalten. Ramakrishna kam wieder zu Bewusstsein und bat Niranjan, Manomohan an Bord zu helfen. „Ich habe mir solche Sorgen um dich gemacht, dass ich dich holen musste", sagte er zärtlich. Manomohan warf sich ihm zu Füßen und schluchzte: „Herr, nur meine Eitelkeit war daran schuld." Dann ruderte Niranjan mit ihnen nach Dakshineswar zurück.

SURENDRANATH MITRA (1850-1890)

Surendranath Mitra, der ungewollte Anlass für Manomohans Eifersucht, war etwa dreißig, als er Ramakrishna begegnete. Er war gebildet, hatte eine bedeutende Stellung in einer englischen Firma inne, womit er gut verdiente, und war ein typischer junger Mann dieser Zeit ohne einen Bezug zur Religion. Er trank und besuchte Prostituierte, aber er linderte auch die Nöte der Armen. Sein Freund Ram, der in seiner Nähe wohnte, lud ihn oft nach Dakshineswar ein, doch Surendra hatte immer eine Ausrede. Schließlich sagte er: „Nun gut, ich komme mit. Aber wenn dein Heiliger ein Schwindler ist, werde ich ihn an den Ohren ziehen."

Als sie das Zimmer Ramakrishnas betraten, war es voller Verehrer. Surendra wollte sich seine kritische Unabhängigkeit bewahren und setzte sich deshalb hin, ohne Ramakrishna zu begrüßen. Dieser erzählte gerade eines seiner

Gleichnisse. „Warum benimmt sich ein Mensch wie ein junger Affe und nicht wie ein Kätzchen? Er hält sich aus eigener Kraft an seiner Mutter fest, wenn sie umhergeht. Aber das Kätzchen miaut, bis die Mutter kommt und es am Nacken packt. Der junge Affe verliert manchmal den Halt an seiner Mutter und wird schwer verletzt. Aber das Kätzchen hat kein solches Risiko, denn die Mutter trägt es von Ort zu Ort. Solcherart ist der Unterschied zwischen der eigenen Anstrengung und der Gottergebenheit."

Dieses Gleichnis war für Surendra ein Augenöffner. Es zeigte ihm, was an seinem Leben falsch war. „Ich benehme mich wie der junge Affe", dachte er. „Und das ist der Grund für all meine Probleme. Fortan werde ich mit jeder Lage zufrieden sein, in die mich die Göttliche Mutter stellt." Er fühlte sich innerlich gestärkt und glücklich. Als er gehen wollte, sagte Ramakrishna zu ihm: „Komm auf jeden Fall wieder." Surendra verneigte sich jetzt willig vor Ramakrishnas Füßen und sagte auf dem Heimweg enthusiastisch zu seinen Freunden: „Ach, wie er den Spieß umgedreht hat! Er hat mich bei den Ohren gezogen. Wie konnte ich ahnen, dass er solch ein Mann ist, dass er meine innersten Gedanken lesen würde! Jetzt fühle ich endlich, dass das Leben einen Sinn hat!"

Surendra hing fortan sehr an Ramakrishna und besuchte ihn fast jeden Sonntag. Ramakrishna nannte ihn Suresh.

Obwohl Surendra ein Verehrer Ramakrishnas geworden war und sich sichtbar verändert hatte, hatte er sich noch nicht von seinen alten Neigungen befreit. Er besuchte immer noch gelegentlich Prostituierte. Danach schämte er sich so sehr, dass er Ramakrishna mied. An einem Sonntag kam er deshalb nicht nach Dakshineswar und redete sich damit heraus, dass er geschäftlich in Kalkutta zu tun habe. Seine Freunde berichteten es Ramakrishna. Der meinte: „Er hat immer noch einige Wünsche. Soll er sie noch für eine Weile genießen. Er wird bald makellos sein." Surendra erfuhr von diesen Worten. Am folgenden Sonntag besuchte er Ramakrishna wieder, setzte sich aber in eine entfernte Ecke. Der Meister bemerkte ihn und bat ihn sanft, sich zu ihm zu setzen. Dann sagte er in seinem halbbewussten Zustand: „Warum nimmt ein Mann, der an einen unerwünschten Ort geht, nicht die Göttliche Mutter mit? Dann kann er vielen schlechten Taten entkommen." Surendra wurde verlegen und fürchtete vielleicht, dass Ramakrishna ihn vor allen bloßstellen würde. Aber dann fand er diesen Rat sehr hilfreich.

Seine Freunde versuchten, ihn vom Trinken abzubringen. Besonders Ram tat alles dafür, nicht nur, weil es seiner Gesundheit schadete, sondern auch, weil es auf den Namen Ramakrishnas ein schlechtes Licht warf. Surendra hielt das Trinken nicht für so schlimm, da er ein Anhänger des *Shakti*-Kults war, und meinte schließlich zu Ram: „Warum bestehst du so sehr darauf? Der Meister würde mich bestimmt warnen, wenn er es für schädlich für mich hielte. Er weiß davon." „Gut", sagte Ram, „dann wollen wir zu ihm gehen. Er wird dich bestimmt darum bitten, es aufzugeben." „Einverstanden", antwortete Surendra. „Aber du darfst das Thema nicht vorbringen. Er soll es von sich aus sagen, und ich werde das Trinken ganz bestimmt aufgeben."

Also gingen sie nach Dakshineswar und verneigten sich vor dem Meister, der in einer erhabenen Stimmung unter dem Bukalbaum saß. Ramakrishna sagte: „Suresh, warum solltest du den Wein für gewöhnlichen Wein halten, wenn du ihn trinkst? Bring ihn Kali dar, und nimm ihn als Ihr *Prasad*. Aber sorge dafür, dass du nicht betrunken wirst. Dein Gang darf nicht schwanken, und deine Gedanken dürfen nicht wandern. Zunächst wirst du die übliche Erregtheit spüren, aber bald wird sie dich zur spirituellen Seligkeit führen." Die beiden Freunde waren überrascht. Surendra folgte künftig diesem Rat und brachte jeden Abend der Göttin etwas Wein dar, bevor er ihn trank, was seine Hingabe an die Göttliche Mutter vertiefte. Er hatte keinen Rausch mehr.

Surendra ließ ein Bild malen, das die Harmonie aller Religionen darstellte, wie Ramakrishna sie lehrte. Die Propheten aller Religionen treffen sich. Im Hintergrund sind eine Moschee, ein Tempel und eine Kirche zu sehen. Chaitanya und Jesus tanzen miteinander, und Ramakrishna zeigt Keshab die Einheit aller Glaubensrichtungen. Surendra schenkte Keshab das Bild.

Surendra spielte in der Folge eine große Rolle. Er unterstützte Ramakrishna und seine Schüler finanziell und kümmerte sich nach dem Tod des Meisters um den Unterhalt des ersten Math in Baranagore.

Auch Kedarnath (Kedar) Chatterjee kam zu dieser Zeit zu Ramakrishna. Er war ein Brahmo, versuchte aber auch viele andere spirituellen Wege und besaß ein großes Talent für philosophische Debatten. Kedar lebte meist in Dacca und erzählte den Leuten dort von Ramakrishnas Lehre. Als Ramakrishna einmal des Lehrens überdrüssig war, weil immer mehr Verehrer zu ihm kamen und seine Führung suchten, betete er zu Kali: „Mutter, ich kann nicht zu so vielen Menschen sprechen. Bitte ermächtige Kedar, Girish, Ram, Vijay und Mahendra, die einführenden Anweisungen zu geben, damit ich nur ein wenig lehren muss."

RAMAKRISHNA LEHRT KESHAB DIE EINHEIT DER
RELIGIONEN

Ramakrishna, der den ernsthaften Glauben eines jeden respektierte, ermutigte oft Verehrer verschiedenen Temperaments, miteinander zu diskutieren. Kedar war sehr schlagfertig. Einmal fragte ein Verehrer Kedar, warum es so viel Elend in der Schöpfung gäbe, wenn Gott doch unser liebender Vater sei. Kedar antwortete schlagfertig: „Er hat mich nicht zu dem Treffen eingeladen, als Er das beschlossen hat." Ramakrishna mochte die Antwort und bezog sich oft darauf.

BHAVANATH

Nachdem Hriday aus dem Tempelbereich verstoßen worden war, war Harish einer der ersten Verehrer, die bei Ramakrishna lebten. Er war ein wohlhabender junger Mann mit Frau und einem Kind. Nachdem er Ramakrishna einige Male besucht hatte, wurde er der Welt überdrüssig und beschloss, Heim und Familie zu entsagen und seine Tage in Dakshineswar zu verbringen. Ramakrishna war mit seiner Ernsthaftigkeit und seinem stillen Wesen zufrieden und gewährte ihm Unterschlupf. In der Folge lebte Harish meist in Dakshineswar, kümmerte sich um Ramakrishnas Bedürfnisse und widmete seine Freizeit dem Gebet und der Meditation. Doch Harishs Frau litt sehr unter der Trennung. Eines Tages nahm Ramakrishna ihn beiseite und sagte: „Deine Frau leidet. Warum gehst du nicht heim und tröstest sie? Was schadet es, wenn du etwas freundlich zu dem armen Mädchen bist?" Harish erwiderte: „Herr, das ist nicht die Gelegenheit, Freundlichkeit zu zeigen.

Wenn ich versuche, freundlich zu ihr zu sein, könnte ich mein Ideal vergessen und mich in die Welt verstricken." Ramakrishna war mit dieser Antwort sehr zufrieden.

Ein weiterer Verehrer war Bhavanath Chatterjee, der noch ein Teenager war, als er 1881 Ramakrishna begegnete. Seine Eltern und Verwandten betrachteten den Meister als geisteskrank und warnten ihn davor, Ramakrishna zu besuchen. Aber Bhavanath hielt sich nicht daran und verbrachte oft die Nächte in Dakshineswar. Er war ein Mitglied des Brahmo Samaj und hing sehr an Narendra.

Während Bhavanath Dakshineswar besuchte, wurde er zu einem Vegetarier und gab es auf, Betelblätter zu kauen, weil er es für sein spirituelles Leben als hilfreich betrachtete. Aber Ramakrishna betonte mehr die innere Reinheit als die Beachtung äußerer Formen und sagte lächelnd zu ihm: „Was nützt es, Fisch oder Betel aufzugeben? Es geht darum, Lust und Wohlstand zu entsagen." Bhavanath war früher verheiratet gewesen, hatte sich aber vom weltlichen Leben abgewandt. Einmal sagte Ramakrishna, um ihn zu prüfen: „Warum genießt du die Welt nicht ein wenig?" Bhavanath antwortete empört: „Herr, sollten auch wir dem ordinären Vergnügen frönen?" Ramakrishna war mit der Antwort sehr zufrieden. Wenn Ramakrishna die Reinheit Bhavanats sah, erweckte das oft sein spirituelles Empfinden.

BALARAM BOSE (1842-1890)

Balaram Bose war einer der bekanntesten verheirateten Schüler Ramakrishnas. Er entstammte einer berühmten vishnuitischen Familie und
wohnte in Baghbazar, einem Stadtteil Kalkuttas. Er hatte Baburams Schwester geheiratet und war ein wohlhabender Familienvater, aber sehr beschei-
den. Täglich verbrachte er vier oder fünf Stunden mit Andachten und religi-
ösem Studium.

Als er in Keshabs Zeitschrift von Ramakrishna las, fühlte er sich sofort von
ihm angezogen. 1881 oder 1882 traf er Ramakrishna zum ersten Mal in
Dakshineswar. Da Keshab mit seinen Brahmo-Freunden ebenfalls zu Besuch war, waren viele Leute anwesend. Balaram setzte sich in eine Zimmer-
ecke. Als die Gruppe zum Essen ging, rief Ramakrishna ihn zu sich und
fragte, ob er eine Frage habe. „Herr", sagte Balaram, „existiert Gott wirk-

lich?" „Gewiss", antwortete der Meister. „Kann jemand Ihn erkennen?" „Ja. „Er enthüllt sich dem Verehrer, der Ihn für das Nächste und Liebste hält. Wenn du einmal auf dein Gebet zu Ihm keine Antwort erhältst, darfst du daraus nicht schließen, dass Er nicht existiert." „Aber warum kann ich Ihn nicht sehen, wenn ich so sehr zu Ihm bete?", wandte Balaram ein. Ramakrishna fragte lächelnd: „Ist Er deinem Herzen wirklich so teuer wie deine eigenen Kinder?" „Nein, Herr. Ich habe für Ihn noch nie so stark empfunden." Da sagte Ramakrishna mit lebhafter Stimme: „Bete zu Gott, denke, dass Er dir lieber ist als du selbst. Wahrlich, ich sage dir, Er hängt sehr an Seinen Verehrern. Er muss sich ihnen enthüllen. Er kommt zum Menschen, bevor dieser Ihn sucht. Es gibt niemanden, der vertrauter und liebevoller ist als Gott."

Diese Worte hinterließen in Balaram einen unauslöschlichen Eindruck. Als er sich verabschiedete, sagte Ramakrishna: „Du musst wiederkommen."

Bereits am nächsten Morgen kam er wieder und traf den Meister alleine an. Ramakrishna fragte ihn, wo er wohne, über die Mitglieder seiner Familie und Ähnliches. Zum Schluss sagte er: „Sieh her, die Mutter hat mir gesagt, dass du einer von uns bist." Dann bat er ihn, kleine Geschenke mitzubringen, wie es üblich ist, wenn man einen Heiligen, einen *Sadhu* oder einen Tempel besucht. Ramakrishna bat oft seine Verehrer, etwas mitzubringen, und sei es nur eine Kleinigkeit. Zu einem armen Verehrer konnte er sagen: „Warum solltest du jedes Mal ein ganzes Stück mitbringen? Kaufe nur ein Stück, das den Wert einer Betelnuss hat, und lass es zerteilen. Wenn du kommst, bring etwas davon mit."

Balaram kaufte einige Nahrungsmittel für den Meister und kehrte in einer Kutsche nach Dakshineswar zurück. Ramakrishna empfing ihn herzlich und nahm die Dinge an, die er gekauft hatte. Ramakrishna hielt Balaram für einen der Nachfolger Chaitanyas, die ihn bei seiner ekstatischen Prozession mit Tanzen und Singen von Gottes Namen durch die Straßen von Navadvip begleitet hatten, wie er es vor einigen Jahren in einer Vision im Panchavati gesehen hatte. Er liebte Balaram sehr und sagte: „Balarams Essen ist sehr rein." Oft besuchte er Balarams Haus in Baghbazar in Kalkutta und aß bei ihm, obwohl Balaram ein *Kayastha* war. Er verlor sich in *Samadhi*, Tanzen, Singen und endlosen Gesprächen. Er bat Balaram oft, junge Schüler einzuladen, wenn er kam, wie Rakhal, Bavanath, Narendra und andere. Sein Haus wurde zu einem der Haupttreffpunkte des Meisters mit seinen Schülern in Kalkutta. Manchmal verbrachte er auch die Nacht bei ihm.

BALARAM BOSES HAUS

Ramakrishna machte oft Scherze über Balarams Geiz. Einmal sagte er: „Wisst ihr, wie Balaram ein Fest organisiert? Er ist wie ein geiziger Brahmane, der eine Kuh hält. Die Kuh darf nur wenig fressen, soll aber Milch in Strömen geben." Und: „Eines Tages mietete Balaram für mich eine Kutsche von Kalkutta nach Dakshineswar. Er sagte, dass die Wagenfahrt zwölf *Annas* kosten würde. Ich sagte: ‚Wird der Kutscher mich den ganzen Weg nach Dakshineswar für nur zwölf Annas fahren?' ‚Oh, das reicht', antwortete er. Bevor wir in Dakshineswar ankamen, brach eine Seite des Wagens herunter. Zudem blieb das Pferd stehen. Es wollte einfach nicht weitergehen. Der Kutscher peitschte das Pferd, und dann trottete es einige Schritte weiter."

Balaram glaubte fest an das Nichttöten. Er konnte nicht einmal Moskitos töten, die ihn bei der Meditation störten. Eines Tages dachte er, dass es seiner Konzentration helfen würde, wenn er einige von diesen Störenfrieden tötete. Aber dann überkam ihn wieder der Zweifel, und er beschloss, Ramakrishna nach seiner Meinung zu fragen. Auf seinem Weg nach Dakshineswar dachte er darüber nach, ob er jemals gesehen hatte, wie der Meister

Insekten tötete. Er konnte sich an keine solche Gelegenheit erinnern. Als er zur Tür des Meisters kam, sah er ein seltsames Schauspiel. Ramakrishna sammelte die Wanzen von seinem Kissen ein und tötete eine nach der anderen. Als Balaram ihn gegrüßt hatte, meinte Ramakrishna: „Das Kissen ist voller Wanzen. Ihre Bisse lenken den Geist ab. Deshalb töte ich sie." Somit war Balarams Frage beantwortet.

Balaram besuchte Ramakrishna fast täglich in Dakshineswar. Er erkannte, dass der Meister das gleiche Interesse an allen Formen der göttlichen Manifestation zeigte. Er vergoss Tränen für Kali und Shiva, für Radha und Krishna, und fiel in *Samadhi*, während er über *Brahman* ohne Eigenschaften sprach. Seine Liebe zu Gott war so intensiv, wie sie breit angelegt war. Balaram staunte zunehmend, je mehr er ihn kennenlernte.

Eines Tages hörte er Ramakrishna beten: „Oh Mutter, ich verlasse mich auf Deine Gnade. Lass mich beständig an Dich denken! Mutter, ich suche keine Sinnesfreuden, ich suche keinen Ruhm. Auch will ich keine übernatürlichen Kräfte. Worum ich Dich bitte, ist reine Liebe für Dich, Liebe, die unberührt von Wünschen ist, reine Liebe, die nicht die Dinge der Welt sucht. Oh Mutter, gewähre Deinem Kind, das von der Faszination an der Welt verzaubert ist, auch, dass es Dich nie vergisst! Oh gewähre, dass ich nie Liebe für Lust und Wohlstand empfinde! Göttliche Mutter, siehst Du nicht, dass ich niemanden in der Welt habe außer Dich! Ich weiß nicht, wie ich Deinen Namen singen soll. Mir fehlt es an Hingabe und auch an Erkenntnis, die mich zu Dir führen, und an echter Liebe. Oh gewähre mir aus Deinem unendlichen Erbarmen diese Liebe!" Balaram hatte noch nie ein solches Gebet gehört.

Allmählich entwuchs Balaram der äußeren Verehrung. Er kostete die Essenz der göttlichen Liebe und unterwarf sich völlig dem Willen Gottes. Er führte auch andere Familienmitglieder zu Ramakrishna.

MAHENDRANATH GUPTA (1854-1932)

Mahendranath Gupta, auch Mahendra oder nur M. genannt, hatte eine hervorragende akademische Ausbildung genossen und arbeitete als Schulleiter an verschiedenen Schulen. Er arbeitete mit einigen der bekanntesten Männer der damaligen Zeit zusammen, wie Iswar Chandra Vidyasagar und Surendranath Banerjee, und war in pädagogischen Kreisen sehr geachtet, in denen er normalerweise als Rektor Mahashay angesprochen wurde. Säkulare Bildung zu vermitteln, war jedoch nur sein Beruf. Sein hauptsächliches Augenmerk galt der spirituellen Erneuerung des Menschen. Deshalb schloss er sich dem Brahmo Samaj an.

Das bahnbrechende Ereignis in seinem Leben kam auf sehr seltsame Weise. Mahendra gehörte einer Großfamilie mit vielen Mitgliedern an. Etwa zehn Jahre, nachdem er seine Karriere als Pädagoge begonnen hatte, brachen in seiner Familie erbitterte Streitigkeiten aus, die den sensiblen Mahendra in die Verzweiflung und völlige Mutlosigkeit trieben. Er verlor alles Interesse am Leben und verließ sein Zuhause, um in die weite Welt hinauszugehen, mit dem Gedanken, sein Leben zu beenden. Mitten in der Nacht suchte er Zuflucht im Haus seiner Schwester in Baranagore. Am nächsten Morgen wanderte er in Begleitung seines Neffen Sidhu von einem Garten zum nächsten, bis Sidhu ihn in den Tempelgarten von Dakshineswar führte, wo Ramakrishna lebte. Nachdem sie einige Zeit im Garten verbracht hatten, besuchten sie ihn in seinem Zimmer. Es war ein Sonntag im Februar 1882. Ramakrishna saß auf seinem kleinen Sofa und sprach mit den Verehrern, die auf dem Boden saßen und ihm interessiert zuhörten. Mahendra gefiel, was er hörte. Alles an diesem Ort bezauberte ihn.

Sidhu und er besuchten anschließend die Tempel und kehrten später in Ramakrishnas Zimmer zurück. Der Duft von Räucherwerk drang aus der geschlossenen Tür. Mahendra fragte eine Dienstmagd, ob sie hineingehen könnten. Sie bejahte. Der Meister war jetzt alleine. Mahendra begrüßte ihn mit gefalteten Händen und wurde gebeten, sich hinzusetzen. Ramakrishna stellte ihm verschiedene Fragen, doch Mahendra bemerkte, dass der Meister irgendwie geistesabwesend war, und beschloss zu gehen. Ramakrishna bat ihn, wiederzukommen.

Bei seinem nächsten Besuch fragte Ramakrishna ihn, ob er verheiratet sei und Kinder habe. Als er beides bejahte, bedauerte der Meister das, meinte dann aber beschwichtigend: „Es gibt gute Zeichen an deinem Körper. Ich kann das an der Stirn und den Augen ablesen. Was denkst du über deine Frau? Besitzt sie Eigenschaften, die zu Gott führen, oder das Gegenteil?" Mahendra erwiderte: „Sie ist gut, aber sie ist unwissend." Ramakrishna antwortete: „Und du bist ein Mann des Wissens!" Dann stellte er ihm eine Frage, die er vielen Neuankömmlingen stellte: „Welchen Aspekt Gottes sagt dir zu – mit oder ohne Gestalt?" Mahendra erwiderte: „Der gestaltlose Aspekt, Herr." „Sehr gut", meinte der Meister. „Man sollte an einem Ideal festhalten. Es ist hervorragend, dass du an den unpersönlichen Gott glaubst. Aber du darfst nicht denken, dass nur deine Sichtweise die richtige ist und die anderen irren. Du musst wissen, dass beide Aspekte gleich wahr sind. Du hältst an dem Aspekt fest, der dir zusagt." Auch warnte er Mahendra, der durch seine rationalistische Sichtweise dazu neigte, viel zu diskutieren, vor zu vielen Debatten.

Fortan drehte sich Mahendras Leben um Ramakrishna, obwohl er weiterhin als Pädagoge arbeitete. Alle Ferien, auch die Sonntage, verbrachte er in seiner Gesellschaft und dehnte seinen Aufenthalt manchmal auf mehrere Tage aus. Schließlich empfand er das Verlangen, das Familienleben aufzugeben – seine Frau war eine Verwandte Keshabs, und er hatte vier Kinder – und ein *Sannyasin* zu werden. Als er dem Meister von dieser Idee erzählte, verbot er es ihm.

Als er einmal als Schulleiter in einer Schule arbeitete, die dem großen Vidyasagar gehörte, schnitt die Schule bei den öffentlichen Prüfungen ziemlich schlecht ab. Vidyasagar führte das auf Mahendras Beschäftigung mit Ramakrishna und sein daraus resultierendes Versäumnis zurück, sich angemessen um die Schularbeit zu kümmern. Mahendra gab sofort seine Stellung auf, ohne an die Konsequenzen zu denken. Innerhalb von zwei Wochen war die Familie verarmt.

Eines Tages ging Mahendra auf der Veranda seines Hauses auf und ab und dachte darüber nach, wie er am nächsten Tag seine Kinder ernähren sollte. In diesem Moment kam ein Mann mit einem Brief von seinem Freund Surendranath Banerjee mit dem Angebot, eine Professur am Ripon College zu übernehmen. Dort unterrichtete er in der Folge Englisch, Philosophie, Geschichte und Wirtschaft. Doch er gab auch diese Stelle und einige weitere wieder auf, um spirituelles *Sadhana* an heiligen Orten zu üben.

Mahendra war bereits als Kind ein passionierter Tagebuchschreiber gewesen. So hatte er von seinem ersten Besuch bei Ramakrishna an begonnen, ausführlich jedes Detail und sämtliche Gespräche aufzuschreiben. Mit diesem Tagebuch wollte er sich ein Mittel verschaffen, sich stets die heilige Gesellschaft mit Ramakrishna vergegenwärtigen zu können. Zu Lebzeiten Ramakrishnas scheint er niemandem den Inhalt seines Tagebuchs gezeigt zu haben. Erst 1897 veröffentlichte er einige Ausschnitte daraus als kleine Schrift in Englisch und später nach und nach sein komplettes Tagebuch, das als Gospel of Sri Ramakrishna (Die Botschaft Sri Ramakrishnas) in der Literatur über Ramakrishna einen einmaligen Stellenwert besitzt.

Nach dem Tod Ramakrishnas verbrachte Mahendra seine Wochenenden und seinen Urlaub bei den monastischen Brüdern im Math in Baranagore und nahm an dem intensiven Leben der Hingabe und Meditation, dem sie folgten, teil. Zu anderen Zeiten zog er sich zur Meditation nach Dakshineswar oder in einen Garten in der Stadt zurück. Auch ging er mehrmals auf Pilgerreise.

1905 gab er sein aktives Leben als Lehrer auf und widmete seine restlichen siebenundzwanzig Jahre ausschließlich der Verkündigung des Lebens und der Botschaft des großen Meisters. Er kaufte das Morton Institution, das unter seiner Leitung zu einer der besten Bildungseinrichtungen in Kalkutta gedieh. Er benutzte ein Zimmer im Treppenhaus im obersten Stockwerk, kochte seine eigenen einfachen Mahlzeiten und kümmerte sich selbst um seine persönlichen Bedürfnisse. Am Morgen verbrachte er etwa eine Stunde damit, die Klassen der Schule zu inspizieren, und zog sich danach in sein Zimmer zurück, um durch sein Tagebuch zu gehen und sich die göttliche Atmosphäre der irdischen Tage des großen Meisters zu vergegenwärtigen, es sei denn, es kamen Besucher. Dann las er ihnen aus seinem Tagebuch vor. Allmählich bildete sich um ihn ein Schülerkreis, zu dem auch der bekannte Paramahamsa Yogananda gehörte.

1932 hatte er den letzten Teil seines Gospel fertiggestellt und an die Presse gegeben. Sein Ende kam unmittelbar, nachdem er die Aufgabe seines Lebens erfüllt hatte. Nachdem er am 3. Juni 1932 in seinem Schrein zu Hause Gottesdienst gefeiert hatte, las er das Gospel eine Stunde lang Korrektur. Plötzlich hatte er starke Nervenschmerzen, an denen er seit kurzem gelegentlich litt. In den frühen Morgenstunden des nächsten Tages starb er bei vollem Bewusstsein, wobei er „Gurudeva-Ma, Kole toole na-o! Oh Meister! Oh Mutter! Nimm mich in Deine Arme!" sang.

PRANKRISHNA MUKHERJI

Prankrishna Mukherji entstammte einer angesehenen Familie, war verheiratet und lebte in Kalkutta. Er interessierte sich sehr für *Vedanta*, war ein ernsthafter Verehrer Ramakrishnas und besuchte ihn, wann immer es ihm möglich war. Da er korpulent war, bezeichnete Ramakrishna ihn manchmal als den „fetten Brahmanen".

Einmal besuchte Prankrishna Ramakrishna in Dakshineswar und setzte sich neben den Meister auf den Boden. Rakhal, Narendra und Mahendra waren auch da. In Reichweite stand ein kleiner Korb mit Süßigkeiten. Ramakrishna nahm etwas davon und meinte lächelnd zu Prankrishna: „Da ich den Namen der Mutter wiederhole, erhalte ich all diese Dinge zu essen. Aber Sie gibt keine belanglosen Dinge. Sie gibt unsterbliche Werte – Erkenntnis, Liebe, Unterscheidung und Entsagung."

Da kam ein Kind von sechs oder sieben ins Zimmer. Ramakrishna wurde spontan von einem anderen Empfinden ergriffen. Wie ein Kind versuchte er, den Korb mit Süßigkeiten zu verbergen, und stellte ihn schließlich zur Seite. Dabei fiel er in *Samadhi*. Als er wieder zu sich kam, begann er mit Prankrishna ein Gespräch.

„Gott ist nicht nur gestaltlos, sondern hat auch eine Gestalt. Man kann Seine einzigartige Gestalt durch Hingabe und Begeisterung erkennen. Die Mutter enthüllt sich auf verschiedene Weise. Je näher du Gott kommst, desto mehr Frieden hast du. Frieden, Frieden, unaussprechlichen Frieden! Je näher du dem Ganges bist, desto mehr spürst du seine Kühle. Und nachdem du in ihm gebadet hast, bist du noch mehr erfrischt. Du kannst Ihn nicht erkennen, wenn du noch die kleinste Anhaftung in dir hast. Ein Faden mit abstehenden Fasern geht nicht durch ein Nadelöhr."

ADHAR CHANDRA SEN (1855-1885)

Adhar Chandra Sen war stellvertretender Richter. Er hatte zwar von Ramakrishna gehört und wollte ihn seit langem besuchen, hatte es aber bisher
nicht getan. Im April 1883 verlor einer seiner Freunde seinen ältesten Sohn
und war untröstlich. Adhar nahm die Gelegenheit wahr und nahm ihn mit
nach Dakshineswar. Ramakrishna war in *Samadhi*, als sie sein Zimmer betraten. Als er wieder zum normalen Bewusstsein zurückkam, begann er ein
Gespräch mit Adhar. Dieser erzählte ihm vom Kummer seines Freundes.
Ramakrishna sang ein Lied über die Unbeständigkeit des Lebens und die
Notwendigkeit von Hingabe angesichts des Todes. Dann tröstete er den trau-
ernden Vater und unterwies ihn, sich Gott hinzugeben.

Ramakrishna rief Adhar beiseite und sagte: „Du bist stellvertretender Richter, aber das bist du nur durch Gottes Gnade. Vergiss Ihn nicht. Und wisse
eines sicher, dass jeder die Schuld der Natur zahlen muss. Unser Aufenthalt
hier ist begrenzt. Diese Welt ist das Zentrum für unser Handeln. Wir kommen hierher, um bestimmte Dinge zu tun, wie die Leute zum Arbeiten nach
Kalkutta kommen, aber anderswo ihr Zuhause haben. Du musst einige Arbeit erledigen, aber beende sie schnell. Wenn ein Goldschmied Gold ein-
schmilzt, benutzt er seinen Blasebalg, seinen Fächer und sein Blasrohr, um

das Feuer bis zum richtigen Punkt zu erhitzen, sodass das Gold leicht schmilzt. Erst wenn es in die Form gegossen ist, lässt er die Arbeit ruhen und lässt sich Tabak bringen. Es ist feste Entschlossenheit nötig. Nur dann kann man erfolgreich üben. Der Name Gottes besitzt eine gewaltige Macht. Er vernichtet die Unwissenheit. Richte deinen Geist immer auf Gott. Zuerst musst du etwas kämpfen, dann wirst du deinen Lohn genießen."

Von Anfang an fühlte sich Adhar zu Ramakrishna hingezogen und besuchte ihn fast täglich nach der Arbeit. Ramakrishna besuchte ihn gelegentlich in Kalkutta.

Einmal kam Adhar mehrere Tage nicht. Als er das nächste Mal vor Ramakrishna erschien, fragte dieser ihn nach dem Grund. Adhar erwiderte, dass er sich um Treffen, die mit der Schule zu tun hatten, und anderes hatte kümmern müssen. „So hast du uns völlig vergessen, weil du dich um diese Dinge kümmern musstest?", meinte Ramakrishna. „Sieh her, all das ist unwirklich. Deine Schule, dein Treffen und dein Büro sind vergängliche Dinge. Nur Gott ist wirklich, und alles andere ist unwirklich. Man sollte seinen ganzen Geist aufwenden, um Ihn anzurufen." Adhar schwieg. Ramakrishna fuhr fort: „Das alles ist unwirklich. Dieser Körper ist dem Tod unterworfen, der ihn in jedem Augenblick überraschen kann. Man muss zu Gott beten, bevor es zu spät ist." Adhar war reumütig. Nach einer Weile sagte er: „Herr, es ist lange her, seit du in unserem Haus gewesen bist. Das Wohnzimmer riecht muffig. Alles scheint seinen Geschmack verloren zu haben." Diese Worte berührten Ramakrishna sehr. Er stand plötzlich auf und segnete Adhar und Mahendra, der auch anwesend war, indem er ihre Köpfe und ihre Brust berührte. Dann sagte er mit zärtlicher Stimme: „Ich betrachte euch als den Herrn selbst. Ihr seid mein Eigen."

Kurz darauf bewarb sich Adhar als stellvertretender Vorsitzender der Stadtverwaltung Kalkuttas. Er suchte dafür die Unterstützung vieler Persönlichkeiten. Auf seine Bitte hin betete Ramakrishna zur Göttlichen Mutter: „Mutter, er ist Dein Verehrer. Lass ihn die Stellung bekommen, wenn es Dein Wille ist." Doch im gleichen Atemzug fügte er hinzu: „Ist er nicht dumm? Anstatt Dich um Erkenntnis und Hingabe zu bitten, rennt er diesen Kleinigkeiten hinterher."

Adhar konnte sich den Posten nicht sichern. Bei seinem nächsten Besuch sagte Ramakrishna zu ihm: „Warum bettelst du bei diesen weltlichen Leuten, nachdem du so lange mit uns vertraut bist?" Adhar erwiderte: „Einer, der in der Welt lebt, muss diese Dinge tun. Und du hast es mir nicht ausgeredet." Ramakrishna antwortete: „Es ist besser, den Wunsch nach Vergnügen zu kontrollieren, als ihn zu befeuern. Diene einem Meister. Die Leute sehnen sich nach einer Stellung, in der sie fünfzig oder hundert Rupien verdienen, und du beziehst dreihundert Rupien. Du hast keine gewöhnliche Anstellung. Warum hältst du nicht daran fest? Ist es nicht lästig, mehrere Herren zu haben?"

Ramakrishna sprach mit Adhar oft über den Tod und die Vergänglichkeit des Lebens. Kurze Zeit später starb Adhar bei einem Reitunfall. Ramakrishna hatte ihn vor dem Reiten gewarnt, aber Adhar hatte es nicht ernst genommen. Ramakrishna weinte bitterlich vor der Göttlichen Mutter über Adhars frühen Tod. Er war noch keine dreißig gewesen.

# NAG MAHASHAY

NAG MAHASHAY (1846-1899)

Durgacharan Nag, der als Nag Mahashay bekannt war, war in Kalkutta als Homöopath tätig. Er verlangte von seinen Patienten nichts, sondern nahm nur, was sie ihm freiwillig gaben oder geben konnten. Er war zum zweiten Mal verheiratet, fühlte sich jedoch zu einem Leben der Meditation hingezogen.

Eines Tages diskutierte er mit seinem Freund Suresh Chandra Dutta, der ein Mitglied des Brahmo Samaj war, über religiöse Themen und sagte zu ihm: „Die Zeit wird mit bloßem Gespräch vergeudet. Das Leben ist sinnlos, bis man eine direkte Erfahrung macht." Da erzählte Suresh ihm von Ramakrishna, worauf Nag Mahashay von einem unüberwindbaren Verlangen ergriffen wurde, den Heiligen sofort zu besuchen.

Bereits am nächsten Tag gingen die beiden nach Dakshineswar. Als sie vor Ramakrishnas Zimmer standen, fragten sie einen Mann, der vor der Tür saß, wo der *Paramahamsa* leben würde. Dieser erwiderte: „Hier, aber heute ist er nach Chandernagore gegangen. Kommt an einem anderen Tag wieder." Niedergeschlagen machten sie kehrt, als sie jemanden drinnen bemerkten, der ihnen zuwinkte, hereinzukommen. Es war Ramakrishna. Er empfing sie freundlich und erklärte ihnen, dass Hazra diese Geschichte erzählte, um Fremde abzuhalten. Er bat sie, sich zu setzen. Nag Mahashay versuchte, die Füße des Meisters zu berühren, aber dieser zog sie zurück. Er deutete das so, dass er noch nicht bereit sei, sie zu berühren. Er sah Ramakrishna an und sagte: „Ich wollte dich unbedingt sehen, und jetzt ist es mir möglich." Ramakrishna bat beide, ins Panchavati zu gehen und zu meditieren. Danach zeigte er ihnen die Tempel. Gegen fünf Uhr verabschiedeten sie sich von ihm, und er bat sie, wiederzukommen.

Nag Mahashay konnte seinen nächsten Besuch kaum erwarten. Als er mit Suresh das nächste Mal nach Dakshineswar kam, sagte Ramakrishna: „Ich habe dich erwartet" und fügte nach einer Weile hinzu: „Fürchte dich nicht, mein Kind. Du hast einen sehr erhabenen Zustand erreicht." Dann bat er ihn, ihm etwas zum Rauchen vorzubereiten. Als Nag Mahashay das Zimmer verließ, sagte er zu Suresh: „Hast du es bemerkt? Dieser Mann ist wie ein strahlendes Feuer!"

Bei seinem nächsten Besuch traf er den Meister allein an. Als Ramakrishna ihn sah, stand er in Ekstase auf, murmelte etwas und ging im Zimmer auf und ab. Dann sagte er: „Du bist Arzt. Kannst du nachsehen, was mir am Fuß wehtut?" Nag Mahashay untersuchte den Fuß, konnte aber nichts finden. „Warum untersuchst du ihn nicht gründlicher?", fragte Ramakrishna. Da verstand Nag Mahashay, dass er nun die Möglichkeit hatte, seine Füße zu berühren. Voller Freude streichelte er sie und berührte sie mit seinem Kopf. Später meinte er: „Man musste ihn um nichts bitten. Er verstand sofort die innersten Wünsche und erfüllte sie von sich aus."

Nag Mahashay wurde ein häufiger Besucher in Dakshineswar. Er akzeptierte jedes Wort von Ramakrishna. Eines Tages hörte er den Meister über die Ärzte sagen: „Wie kann der Geist das Unendliche wahrnehmen, wenn er an dem kleinen Tropfen Medizin festhält?" Nag Mahashay hatte schon länger gespürt, dass sein Beruf sein spirituelles Leben behinderte, aber um seinen Vater zufriedenzustellen, hatte er damit weitergemacht. Diese Worte brachten ihn zu dem Entschluss, seinen Beruf aufzugeben. Am selben Abend warf er seinen Medizinkasten und seine Medizinbücher in den Ganges und widmete sich nur noch dem Gebet und der Meditation.

Er sehnte sich sehr danach, der Welt völlig zu entsagen. Eines Tages bat er Ramakrishna um Erlaubnis, ein *Sannyasin* zu werden. Aber der Meister erwiderte: „Was schadet es, ein Familienvater zu bleiben? Halte den Geist nur auf Gott gerichtet. Lebe wie *König Janaka*. Dein Leben wird ein Vorbild sein, wie ein Verheirateter leben soll."

Als sein Vater sich aus dem Berufsleben zurückzog, ging er in sein Heimatdorf zurück und nahm Arbeit bei der Firma M/s Pals an, bei der sein Vater beschäftigt gewesen war. Doch man konnte von einem Mann, für den selbst Essen und Kleidung unwichtig geworden waren, keine regelmäßige Arbeit erwarten. Einer seiner Freunde, der auch dort arbeitete, half ihm, indem er einen Teil seiner Pflichten übernahm. Später gab Nag Mahashay diese Arbeit auf. Als sein Vater gebrechlich und krank wurde, pflegte er ihn. Ramakrishna versprach ihm, dass es ihm nie an einfacher Nahrung und Kleidung fehlen würde.

Nag Mahashay fragte ihn: „Wie soll ich meine Tage verbringen?"

Ramakrishna antwortete: „Du musst nichts tun, nur mit heiligen Männern Umgang pflegen."

Nag Mahashay: „Wie du weißt, bin ich ein Narr. Wie soll ich sie erkennen?"

Ramakrishna: „Du musst dich nicht auf die Suche nach ihnen machen. Bleibe zu Hause, und die wirklichen *Sadhus* werden zu dir kommen und dir die Ehre erweisen."

Nach Ramakrishnas Tod zogen er und seine Frau zurück nach Deobhog. Ihr Haus stand jedem Besucher offen, den sie als den personifizierten Gott betrachteten. Als Nag Mahashay 1899 starb, wurde er in Bengalen bereits als Heiliger verehrt.

GIRISH GHOSH (1844-1912)

Girish Chandra Ghosh war in Bengalen als der größte Dramatiker seiner Zeit und Vater der Bühne bekannt. Er war Mitbegründer des Great National Theater, das eine der ersten professionellen Theatertruppen in Bengalen besaß, schrieb viele Theaterstücke über religiöse, historische und soziale Themen und führte in vielen Stücken Regie oder spielte selbst mit. Später wurde er Manager im neu erbauten Star Theater in Kalkutta.

Doch Girish war ein verschwenderischer Mensch. Er führte ein völlig ungeregeltes Leben und trank viel.

Eines Tages las er im „Indian Mirror", dass in Dakshineswar ein *Paramahamsa* lebte und Keshab ihn häufig mit seinen Schülern besuchte. Kurz darauf erfuhr er, dass der *Paramahamsa* jemanden in seiner Nachbarschaft besuchen würde. Aus Neugier ging er hin. Es war Abend, und die Lampen wurden angezündet. Aber Ramakrishna, der in einem halbbewussten Zustand war, fragte, ob es Abend sei. Da dachte Girish, dass das der Gipfel der Absurdität sei, und ging enttäuscht.

Das Star Theater in der Beadon Street war erst 1883 eröffnet worden und stand unter Girishs Leitung. Ramakrishna besuchte es zweimal, am 21. September 1884 mit der Aufführung des Lebens von Chaitanya und am 14. Dezember 1884 mit der Aufführung des Lebens von *Prahlada*, Stücke, die Girish selbst geschrieben hatte. Beide Aufführungen genoss er sehr und geriet immer wieder in *Samadhi*.

Girish traf Ramakrishna erneut in Balaram Boses Haus. Girish fragte Ramakrishna: „Was ist ein Guru?" Der Meister antwortete: „Er ist wie ein Vermittler, der die Vereinigung des Liebenden mit seiner Geliebten arrangiert. Auf dieselbe Weise arrangiert ein Guru das Treffen zwischen der individuellen Seele und ihrem Geliebten, dem Göttlichen Geist." Dann fügte er hinzu: „Du brauchst dich nicht zu sorgen. Dein Guru wurde bereits ausgewählt."

Anschließend wandte sich das Gespräch dem Theater zu, und Ramakrishna meinte: „Ich habe dein Stück sehr gemocht. Die Sonne der Erkenntnis hat für dich zu scheinen begonnen. Alle Makel werden aus deinem Herzen verschwinden. Schon bald wird die Hingabe kommen und dein Leben mit Freude und Friede versüßen." Doch Girish konnte solch unverdientes Lob nicht ertragen und sagte frei heraus, er habe keine guten Eigenschaften und das Stück nur geschrieben, um Geld zu verdienen. Ramakrishna überging diese Antwort.

Später traf Girish Ramakrishna in Rams Haus. Girish fragte: „Herr, wird meine Verworfenheit jemals vergehen?" „Ja", erwiderte Ramakrishna. Dreimal wiederholte er die Frage, und dreimal erhielt er dieselbe Antwort.

Einige Tage später ging Girish nach Dakshineswar. Ramakrishna saß auf der südlichen Veranda seines Zimmers und unterhielt sich mit Bhavanath. Er bat ihn, sich zu setzen, und wollte ihn unterweisen. Da meinte Girish: „Ich möchte keinen Unterweisungen zuhören. Ich habe selbst viele geschrieben. Es ist nutzlos. Bitte hilf mir auf eine greifbare Art, wenn du kannst." Das gefiel dem Meister. Er bat Ramlal, einen bestimmten Sanskritvers zu zitieren, der besagte, dass ein Mensch ohne Glauben nichts erreichen kann, selbst wenn er in Einsamkeit oder in einer Berghöhle weilt.

GIRISH MIT ANDEREN SCHÜLERN RAMAKRISHNAS, MAHENDRA GANZ
RECHTS

Girish entwickelte Vertrauen zu Ramakrishna und fragte ihn, ob er mit dem Theater weitermachen sollte. Ramakrishna bestärkte ihn darin. Fortan wurde Girish ein treuer Verehrer. Trotzdem gab er zunächst das Trinken nicht auf, was einmal einen Verehrer so sehr störte, dass er zu Ramakrishna sagte, er möge ihn darum bitten, es aufzugeben. Aber der Meister meinte: „Warum zerbrichst du dir über ihn den Kopf? Derjenige, der für ihn verantwortlich ist, wird sich um ihn kümmern. Girish ist ein Verehrer des heldenhaften Typs. Ich sage dir, das Trinken beeinträchtigt ihn nicht." Er wusste, dass bloße Worte einen Menschen nicht dazu brachten, tief verwurzelte Gewohnheiten aufzugeben.

Eines Tages besuchte Girish eine seiner Schauspielerinnen, die krank war, und trank so viel, dass er die Nacht in ihrem Haus verbringen musste. Es war das erste Mal, dass er an solch einem Ort geschlafen hatte. Am Morgen, als er wieder nüchtern war, begriff er, was geschehen war, und machte sich von Gewissensbissen geplagt direkt auf den Weg nach Dakshineswar, jedoch nicht ohne eine Flasche Wein. Als er aus der Kutsche gestiegen war, rannte er zum Meister, umklammerte seine Füße und begann zu weinen. Ramakrishna sagte zu einem Verehrer, er solle Girishs Schuhe, Schal und

Flasche aus der Kutsche holen. Als Girish ruhiger wurde, wollte er trinken und war sehr durcheinander, da die Kutsche, in der er die Flasche gelassen hatte, bereits abgefahren war. Aber Ramakrishna holte die Flasche hervor, und Girish trank vor allen. Als ihm bewusst wurde, was er getan hatte, schämte er sich sehr. Ramakrishna meinte nur: „Gut, trinke bis zum Umfallen. Es wird nicht mehr lange dauern." Und so kam es. Nach diesem Vorfall trank Girish nur noch selten Alkohol.

Einmal sagte Ramakrishna zu Girish, er solle wenigstens am Morgen und Abend an Gott denken. Girish dachte: „Das ist sehr einfach, aber ich bin ein beschäftigter Mann mit keinen festen Zeiten zum Essen und Schlafen. Ich werde bestimmt vergessen, zu diesen festen Zeiten an Gott zu denken. Wie kann ich es also versprechen?" Ramakrishna wusste, was er dachte, und sagte: „Nun gut, wenn du das nicht tun kannst, dann denke vor den Mahlzeiten und zur Schlafenszeit an Gott." Girish wollte nicht einmal das versprechen, da er gegen feste Regeln war. Da meinte Ramakrishna: „Du bist also nicht einmal dazu bereit. Nun gut, dann gib mir deine Vollmacht. Fortan werde ich all deine Verantwortung übernehmen. Du brauchst nichts zu tun."

Girish seufzte vor Erleichterung und dachte, er müsse sich nun um nichts mehr kümmern. Aber damit hatte er sich Ramakrishna ausgeliefert. Ramakrishna führte Girish fortan in diese Richtung. Girish wurde mehr und mehr zu einem willigen Instrument des göttlichen Willens. Einmal sagte Girish über etwas Unbedeutendes: „Ja, ich werde es tun." „Nein, nein", korrigierte ihn Ramakrishna, „du darfst nicht auf diese rechthaberische Weise sprechen. Nimm einmal an, du schaffst es nicht, es zu tun. Sag: ‚Wenn Gott es will, werde ich es tun.'" Girish verstand.

Girish dachte beständig an Ramakrishna. Dadurch wurde sein unsteter Geist allmählich ruhiger. Später sagte er, dass der Weg der völligen Selbsthingabe im religiösen Leben viel schwerer sei als Selbstbestimmung und Anstrengung, und meinte: „Seht mich an, ich bin nicht einmal frei zu atmen!", womit er meinte, dass er keine willentliche Handlung ohne die Hilfe Gottes ausführen konnte.

Girish starb 1912 nach einem sehr bewegten Leben. In Erinnerung an seine Verbindung mit dem Meister hängt seitdem in jedem Theater in Kalkutta ein Foto von Ramakrishna hinter der Bühne.

DEVENDRA MAZUMDAR (1844-1911)

Devendranath Mazumdar war der Bruder des berühmten bengalischen Dichters Surendranath Mazumdar. Er war in mittleren Jahren, arbeitete im Büro eines Grundbesitzers und lebte mit einem Verwandten in Kalkutta. In ihm brannte der starke Wunsch, Gott zu erkennen, aber er wusste nicht, wie er dieses Ziel erreichen sollte. Deshalb beschloss er, einen Guru zu suchen, und betete zu Gott, ihm einen solchen zu schicken.

Als sich seine Sehnsucht verstärkte, konnte er nicht mehr schlafen. Der Gedanke „Wenn Gott existiert, warum offenbart Er sich mir nicht?", quälte ihn bei Tag und Nacht. Eines Tages beschloss er, zu Bhagavan Das, dem bereits erwähnten vishnuitischen Heiligen in Kalna, zu gehen und sich von ihm einweihen zu lassen. Aber er verpasste das Dampfschiff. Da öffnete er aufs Geratewohl ein Buch. Auf der Seite stand in einer Fußnote: „Das ist die Meinung von Ramakrishna *Paramahamsa* von Rasmanis Kali-Tempel in

Dakshineswar." „Ramakrishna *Paramahamsa*", dachte er. „Ein *Paramahamsa* ist ein Heiliger, der Gott erkannt hat. Vielleicht kann er mir helfen, mein Ziel zu erreichen."

Spontan beschloss er, Ramakrishna zu besuchen, machte sich sofort auf den Weg nach Dakshineswar und kam um die Mittagszeit mit dem Boot im Tempelgarten an. Er fragte, wo der *Paramahamsa* lebe. Ihm wurde sein Zimmer gezeigt, doch er war nicht da. Also wartete er auf der Veranda. Schließlich kam Ramakrishna. Er fragte ihn, woher er käme. „Aus Kalkutta", antwortete Devendra. „Ich bin gekommen, um dich zu sehen." „Mich zu sehen!", wiederholte der Meister. „Was gibt es da zu sehen? Sieh her, ich habe meinen Arm gebrochen.[1] Oh, welche Schmerzen!" Er zeigte Devendra seinen verletzten Arm und sagte: „Willst du nachsehen, ob der Knochen gebrochen ist? Es tut so weh." Devendra untersuchte den Arm und fragte, wie es zu diesem Unfall gekommen sei. Ramakrishna antwortete: „Manchmal falle ich in einen bestimmten Zustand. Bei solch einer Gelegenheit ist der Arm gebrochen. Glaubst du, dass ich wieder gesund werde?" Devendra meinte: „Ja, bestimmt." Sofort schien bei Ramakrishna jede Spur von Schmerz verschwunden zu sein, und er rief wie ein Junge: „Seht her, dieser Herr aus Kalkutta sagt, dass mein Arm wieder gesund werden wird!"

Devendra dachte: „Was für ein seltsamer Mann er doch ist! Er hält mich für ein Orakel. Ist es möglich, dass ein Mensch so arglos ist? Oder ist es ein Schwindel?" Aber das kindliche Betragen des Meisters vertrieb all seine Zweifel. Im Laufe des Gesprächs erklärte Ramakrishna ihm die Bedeutung der göttlichen Liebe. Dann bat er einen jungen Verehrer, ihm etwas zu essen zu geben.

Am Nachmittag fragte Ramakrishna ihn: „Warum siehst du so blass aus? Bist du krank?" Devendra hatte einen Rückfall von seinem alten Malariafieber. Ramakrishna war sehr besorgt und bat Baburam, ihn nach Kalkutta zurückzubringen.

Devendra lag daraufhin sechs Wochen mit Fieber im Bett, sagte immer wieder Ramakrishnas Namen und sah ihn an seinem Bett sitzen. Als er sich erholt hatte, verwarf er diese Visionen als Halluzinationen und gab den

---

[1] s. Kapitel: Die Verletzung des Arms des Meisters

Gedanken auf, Ramakrishna wieder zu besuchen, da er glaubte, dass sein Rückfall mit seinem Besuch in Dakshineswar zu tun gehabt habe.

So vergingen einige Monate. Eines Tages fiel sein Blick auf eine Notiz in einer bengalischen Zeitung: „Sri Ramakrishna *Paramahamsa* wird seine Verehrer heute Abend im Haus von Sri Balaram Bose aus Baghbazar treffen." Da konnte er nicht widerstehen und machte sich auf den Weg nach Baghbazar. Es fand ein großes Treffen statt. Es wurde gesungen, und Ramakrishna und andere tanzten in Ekstase. Devendra beobachtete die Szene, wagte aber nicht, nach seiner langen Abwesenheit zum Meister zu gehen.

Als das *Kirtan* vorbei war und Ramakrishna wieder seinen normalen Zustand erlangt hatte, gingen alle zu ihm hin, um seine Füße zu berühren. Devendra erkannte, dass es die Gelegenheit war, ihn zu begrüßen, ohne Aufmerksamkeit zu erregen. Er verschaffte sich mit den Ellbogen einen Weg durch die Menge und berührte seine Füße. Da spürte er ein sanftes Klopfen auf seinem Rücken und hörte die bekannte Stimme fragen: „Du bist hier? Warum bist du nicht nach Dakshineswar gekommen? Ich denke oft an dich. Es geht dir jetzt hoffentlich gut?" „Herr", antwortete Devendra entschuldigend, „ich habe lange Zeit im Bett gelegen." Ramakrishna meinte: „Du musst wiederkommen, hörst du?" Devendras Herz schmolz und er bejahte.

Diesmal hielt er sein Versprechen und übergab sich Ramakrishnas Führung. Dann spürte er den Wunsch, der Welt zu entsagen, und bat den Meister um seinen Segen, aber Ramakrishna meinte, er solle als Familienvater in der Welt bleiben. Es würde seinem spirituellen Fortschritt nicht schaden.

Nityagopal war ein häufiger Besucher in Dakshineswar und hielt viel von Ramakrishna. Er verbrachte seine Tage und Nächte mit Meditation und Gebet. Oft fiel er in Trance, wenn religiöse Lieder gesungen wurden. Ramakrishna liebte ihn sehr und sagte von ihm, er habe den Zustand eines *Paramahamsa* erlangt.

Eines Tages besuchte der Meister mit einigen Verehrern Ramchandra Dutta. Auch Nityagopal war anwesend. Sobald das *Kirtan* begann, ging Ramakrishna in *Samadhi* ein und legte seine Füße auf Nityagopals Schoß. Der Junge brach in Freudentränen aus. Nach einer Weile erlangte Ramakrishna das Bewusstsein wieder.

Eine Frau hegte mütterliche Gefühle für den Jungen und lud ihn gern in ihr Haus ein. Ramakrishna warnte ihn oft vor dieser Art der Vertrautheit und sagte: „Geh nicht zu oft dorthin. Ein *Sannyasin* muss sehr strenge Regeln beachten. Er darf nicht einmal das Bild einer Frau betrachten. Er sollte mit keiner Frau zu tun haben, auch wenn sie eine große Verehrerin ist. Auch wenn ein Mönch seine Sinne unter Kontrolle hat, sollte er diese Regeln beachten, um anderen, die von seinem Ideal der Selbstverleugnung lernen, ein Beispiel zu geben. Andernfalls unterliegen sie der Versuchung. Das betrifft jedoch nicht Familienväter. Ein *Sannyasin* ist ein Welten-Lehrer."

Nityagopal entsagte später der Welt. Er wurde jedoch kein Mönch des Ramakrishna-Ordens.

KALIPADA GHOSH

Kalipada Ghosh war ein enger Freund von Girish und teilte dessen Vorlieben für ein vergnügungsreiches Leben und das Trinken. Zudem schikanierte er seine Frau Vishnu Priyangini Devi und seine Familie.[1] Girish hatte begonnen, Ramakrishna zu besuchen, und Kalipada erfuhr auf diese Weise von ihm. Er hatte bemerkt, dass sich sein Freund verändert hatte, seit er den sogenannten *Paramahamasa* besuchte. Aus Neugierde begleitete er Girish eines Nachmittags 1884 nach Dakshineswar.

Ramakrishna erkannte ihn als den Mann, über den seine Frau sich vor einigen Jahren so bitterlich beschwert hatte, und sagte: „Hier ist ein Mann, der hergekommen ist, nachdem er zwölf Jahre lang seine Frau schikaniert hat." Kalipada war überrascht. Woher konnte Ramakrishna von ihm wissen. Er schwieg, setzte sich zu den Verehrern und hörte ihm zu.

---

[1] über den Besuch seiner Frau bei Ramakrishna s. Kapitel Verehrerinnen

Kalipada empfand nicht viel Ehrfurcht vor Ramakrishna und fragte eines Tages frei heraus: „Kannst du mir Wein geben?" Dies war eine der schamlosesten Fragen, die man einem Heiligen stellen konnte. Aber Ramakrishna zeigte keinen Ärger. Er sah ihn vielmehr an und erwiderte: „Ja, ich kann dir Wein geben. Aber der Wein, den ich habe, ist so berauschend, dass du ihn nicht vertragen kannst." „Großartig!", antwortete Kalipda. „Ist es echter britischer Wein? Gib mir etwas davon, damit ich meine Kehle befeuchten kann." Ramakrishna meinte: „Nein, es ist kein britischer Wein. Er ist selbstgemacht. Wenn eine Person diesen Wein nur einmal kostet, sind für ihn alle anderen Getränke geschmacklos. Aber nicht jeder kann ihn vertragen. Bist du bereit für solch einen Wein?" Kalipada zögerte kurz, sagte dann aber: „Gib mir diesen Wein, der mich für mein ganzes Leben berauscht macht." Ramakrishna berührte ihn, und Kalipada begann zu weinen. So begann die außergewöhnliche Beziehung zwischen Kalipada und Ramakrishna.

Bald darauf fuhr er allein mit dem Boot nach Dakshineswar. Ramakrishna hieß ihn wie einen alten Bekannten willkommen und sagte, er würde gern nach Kalkutta fahren. Kalipada bot ihm an, ihn mitzunehmen. Also stieg Ramakrishna mit Latu ins Boot, und sie machten sich auf den Weg nach Kalkutta. Unterwegs schüttete Kalipada Ramakrishna sein Herz aus. Er erzählte, dass er entgegen seinem Benehmen ein Verehrer der Göttlichen Mutter sei und einen wahren Lehrer gesucht, aber bis jetzt keinen gefunden habe. Dann kniete er sich nieder, umfasste die Füße Ramakrishnas mit seinen beiden Händen und sagte: „Du bist mein Guru. Bitte rette das Leben dieses Sünders." Ramakrishna wollte nicht Guru genannt werden und antwortete: „Oh nein! Sing den Namen des Herrn, und du wirst Befreiung erlangen." Aber Kalipada gab nicht nach, klammerte sich nur noch fester an Ramakrishnas Füße und jammerte: „Herr, ich bin ein böser Mann und ein Trinker. Meine Arbeit lässt mir keine Zeit, den Namen des Herrn zu singen. Bitte rette diesen Grobian, der undiszipliniert und ungerecht ist." Da ging Ramakrishna in *Samadhi* ein und bat ihn, seine Zunge herauszustrecken. Dann schrieb er etwas mit dem Finger darauf und sagte: „Fortan wird diese Zunge den Namen des Herrn von selbst singen." Kalipada fühlte einen Frieden und eine Freude, wie er sie noch nie zuvor erfahren hatte. Als sie Kalkutta erreichten, segnete der Meister ihn noch zusätzlich, indem er sein Haus besuchte. Kalipada wurde einer der geliebten Schüler Ramakrishnas.

Kalipada wurde moralischer, doch alte Gewohnheiten sind schwer aufzugeben. Deshalb hatte er gelegentlich einen Rückfall. Ramakrishna erlaubte ihm, wie auch Girish, viele Freiheiten, die er anderen verwehrte. Doch allmählich gab Kalipada tatsächlich das Trinken auf.

Als Ramakrishna Ende September 1885 wegen seiner Krankheit nach Kalkutta umzog, weil er dort besser behandelt werden konnte, mochte er das Haus nicht und zog vorerst zu Balaram Bose. Kalipada half, dass ein geeigneteres Haus für den Meister gefunden werden konnte, steuerte die nötigen Haushaltsartikel bei und hing Bilder von den Göttern und Göttinnen an die Wände.

# NARAYAN, NAREN, PURNA UND ANDERE JUGENDLICHE

DER JÜNGERE NAREN IN SPÄTEREN JAHREN

Unter den jungen Männern, die zu Ramakrishna kamen und später heirateten, waren Narayan, Paltu, der jüngere Naren, Tejchandra und Purna.

Narayan war ein junger brahmanischer Student aus einer wohlhabenden Familie, aber seine Leute waren mit seiner Verbindung mit Ramakrishna nicht einverstanden und schlugen ihn, wenn er Dakshineswar besuchte. Trotzdem kam er hin und wieder. Der Meister liebte ihn für seine Ernsthaftigkeit und Hingabe an Gott und bezahlte oft seine Wagenfahrten.

Der jüngere Naren, dessen voller Name Narendranath Mitra war, war spirituell veranlagt. Er liebte Ramakrishna sehr. Obwohl er von seiner Familie dafür bestraft wurde, verbrachte er immer wieder einige Tage in Dakshineswar. Wenn der Junge längere Zeit nicht nach Dakshineswar kam, schickte Ramakrishna nach ihm, und wenn er kam, gab er ihm mit eigenen

Händen zu essen. Oft weinte und betete er für den Jungen zur Göttlichen Mutter. Einmal sagte er zu ihm: „Es genügt nicht, von der Existenz Gottes überzeugt zu sein. Selbst Visionen von Ihm zu haben, ist nicht der Höhepunkt des spirituellen Lebens. Du musst völlig vertraut mit Ihm sein. Du musst in direktem Austausch mit Ihm stehen. Einige haben von Gott gehört, andere haben Ihn gesehen, aber nur wenige haben Ihn völlig gekostet. Viele können den König sehen. Aber nur wenige können ihn als Gast in ihrem Heim verköstigen."

PURNA IN SPÄTEREN JAHREN

Purna war erst dreizehn. Auch seine Eltern waren nicht mit seinen Besuchen bei Ramakrishna einverstanden. So musste sein erstes Treffen mit Ramakrishna 1885 heimlich erfolgen. Purna ging wie immer in die Schule, wurde von dort mit einem Wagen nach Dakshineswar gebracht und rechtzeitig wieder zurück in die Schule gefahren, bevor der Unterricht für diesen Tag beendet war. So kam er pünktlich wie jeden Tag nach Hause, ohne dass jemand etwas bemerkte. Ansonsten hätte er wohl Schläge bekommen.

Purna war sehr von diesem Treffen beeindruckt, und sein Wesen wurde nach innen gekehrt. Ramakrishna war Purna sehr zugetan, fragte oft nach ihm und bat ihn zu kommen oder andere, ihn herzubringen. Oft vergoss er Tränen aus Sehnsucht nach ihm. Manchmal fuhr er auch eigens zur Mittagszeit nach Kalkutta und ging in Balaram Boses Haus in Baghbazar oder ins Haus eines anderen Schülers in diesem Wohnviertel und ließ nach Purna schicken, der in der Schule war. Dann unterwies er ihn und gab ihm mit eigenen Händen zu essen. Als er ihn fragte: „Was denkst du von mir? Wer bin ich?", antwortete Purna aus einem Impuls heraus: „Du bist der göttliche Herr, Gott selbst." Er sagte über den Jungen: „Purna ist ein Teil von *Narayana* und ein spirituell Suchender, der ein hohes Maß an *Sattva* besitzt. In dieser Hinsicht kann man sagen, dass er einen Platz direkt hinter Narendra besetzt. Das Kommen von Purna markiert das Ende der Ankunft dieser Art von Verehrer, die ich in einer Vision gesehen habe und die eigens dazu bestimmt sind, hierherzukommen, um spirituelle Erkenntnis zu erlangen. Deshalb werden künftig keine weiteren Personen dieser Art mehr kommen."

Purna musste später heiraten und ein Familienleben führen. Doch er behielt seinen Glauben und seine Hingabe an Gott.

Ramakrishna pflegte mit seinen Verehrerinnen eine sehr liebliche Beziehung, da er auch weibliche Züge in sich trug. Sie fühlten sich von ihm verstanden und betrachteten ihn als ihren Vertrauten. Er riet ihnen wie den Männern, Begierde und Verlangen zu überwinden und sich vor den Fallstricken der Männer zu hüten. Sie kamen zu ihm in ihren Nöten oder um spirituelle Unterweisung zu erhalten.

VISHNU PRIYANGINI DEVI

Eines Tages kam Vishnu Priyangini Devi, die einer hochgeachteten Hindufamilie angehörte, nach Dakshineswar, um Ramakrishna zu besuchen, von dem sie gehört hatte. Während ihre Gefährtinnen die Tempel besuchten, ging sie in Ramakrishnas Zimmer. Mit Tränen in den Augen erzählte sie ihm von ihrem Mann, der in schlechte Gesellschaft geraten war und üble Gewohnheiten angenommen hatte. Sie bat ihn, sie zu segnen und ihr einen Rat zu geben, wie sie ihn zum Guten beeinflussen konnte. Ramakrishna tröstete sie und sagte, dass ihr Mann in Wirklichkeit ein Verehrer Gottes sei und über kurz oder lang nach Dakshineswar kommen würde. Ihr Mann war Kalipada Ghosh, ein enger Freund von Girish (s. Kapitel vorne).

Bekannte Verehrerinnen waren auch die Mutter von Manomohan Mitra, die Mutter von Devendranath Mazumdar, Yogin Ma und andere.

YOGIN MA

Yogin Ma war die Frau eines reichen Mannes. Sie war aber wegen Familienproblemen sehr unglücklich. Eines Tages hörte sie von Balaram, mit dem sie verwandt war, von Ramakrishna und ging nach Dakshineswar. Als sie den Meister sah, vergaß sie all ihre Sorgen. Er stellte sie Sarada Devi vor. Sie kam fortan oft nach Dakshineswar und verbrachte manchmal mehrere Tage bei Sarada Devi. Später wurde sie ihre beständige Gefährtin.

Eine weitere bekannte Verehrerin war Golap Ma. Sie war eine Witwe in den mittleren Jahren. Als ihre einzige Tochter starb, war sie untröstlich. Da hörte sie von Yogin Ma von Ramakrishna, machte sich auf den Weg nach

Dakshineswar und erzählte dem Meister ihre traurige Geschichte. Ramakrishna fiel in einen halbbewussten Zustand und sagte: „Du hast Glück. Gott hilft jenen, die keinen anderen in der Welt haben, den sie ihr eigen nennen können." Diese Worte ermutigten sie. Ramakrishna sagte zu Sarada Devi: „Behalte diese Brahmanin im Auge. Sie wird auf Dauer bei dir leben." Nach Ramakrishnas Tod begleitete sie Sarada Devi nach Vrindavan und wurde in der Folge ihre beständige Begleiterin.

GOLAP MA                    GAURI MA

Bekannt ist auch Gauri Ma, die große Hingabe und Entsagung besaß. Schon früh wurde sie Nonne und übte in Vrindavan die vishnuitische Form der Verehrung. Als sie von Balaram Bose von Ramakrishna erfuhr, kam sie nach Dakshineswar. Bei ihrem ersten Treffen mit Ramakrishna glaubte sie, dass er eine Inkarnation von Chaitanya sei, und wurde ihm sehr ergeben. Sie war oft bei Sarada Devi und kochte manchmal für Ramakrishna. Später widmete sie sich der Bildung der Frauen und gründete den Sri Saradeshwari Ashram für Frauen am Ufer des Ganges in Barrackpore, in der Nähe von Kalkutta.

GOPAL MA (1822-1906)

Die Brahmanin Aghoremani Devi, die später Gopal Ma (Gopalas Mutter) genannt wurde, hatte eine besondere Stellung unter den Verehrerinnen inne. Schon mit vierzehn war sie verwitwet. Später lebte sie im Bereich eines Krishna-Tempels in ihrem Heimatdorf Kamarhati, drei Meilen nördlich von Dakshineswar gelegen. Dort bewohnte sie ein winziges Zimmer. Sie führte ein Leben großer Entsagung und Hingabe. Ihre Lieblingsgottheit war *Gopala*, das Baby Krishna, das sie als ihr eigenes Kind betrachtete. Dreißig Jahre lang saß sie in ihrer kleinen Zelle im Tempel und übte mit der Gebetsschnur *Japa*.

An einem Nachmittag im Jahr 1884 ging Aghoremani mit zwei Gefährtinnen nach Dakshineswar, um Ramakrishna zu besuchen. Sie war inzwischen über sechzig. Der Meister empfing sie freundlich, sprach mit ihr über die Hingabe und sang einige Lieder. Er bat sie wiederzukommen. Aghoramani fühlte sich sehr zu Ramakrishna hingezogen.

Kurz darauf kam sie wieder nach Dakshineswar und brachte einige Süßigkeiten mit. „Oh, du bist gekommen", sagte Ramakrishna. „Gib mir, was du für mich mitgebracht hast." Zögernd gab ihm Aghoremani die Süßigkeiten, die Ramakrishna mit großem Genuss aß. Dann meinte er: „Warum gibst du Geld aus, um diese Dinge auf dem Markt zu kaufen? Bereite zu Hause einige süße Kokosbälle zu und bring einen oder zwei von ihnen mit, wenn du herkommst. Oder bring ein wenig von den einfachen Gerichten mit, die du für dich kochst. Ich möchte sehr gern Dinge essen, die du selbst gekocht hast." Aghoremani sagte später darüber: „Anstatt über Gott oder Religion zu sprechen, sprach er über dieses und jenes Essen. Ich dachte: ‚Was für ein seltsamer Mönch! Er spricht nur übers Essen! Und ich bin eine arme Witwe. Wie kann ich ihm täglich zu essen geben? Ich sollte ihn nicht mehr besuchen.'" Aber eine unwiderstehliche Anziehungskraft zog sie einige Tage später wieder nach Dakshineswar. Sie brachte diesmal selbstgemachtes Curry mit. Ramakrishna genoss es sehr und lobte ihre Kochkünste. Sie besuchte ihn fortan gelegentlich.

Im Frühjahr 1885 übte Aghoremani eines Nachts um 3 Uhr wie üblich mit ihrer Gebetsschnur *Japa*. Da sah sie plötzlich Ramakrishna zu ihrer Linken sitzen, wobei er die linke Hand zu einer Faust geballt hatte. Sie dachte verwundert: „Was ist das! Was in aller Welt konnte ihn zu dieser Uhrzeit hierherführen?" Als sie seine linke Hand ergreifen wollte, sah sie an seiner Stelle *Gopala*, der sie um Butter bat.[1] Da sie arm war, gab sie ihm Kokosbonbons. Sie berichtete von ihrer Vision: „*Gopala* saß auf meinem Schoß, schnappte sich meine Gebetsschnur, sprang auf meine Schulter und ging im Zimmer umher. Sobald der Tag anbrach, eilte ich wie eine Verrückte nach Dakshineswar. *Gopala* begleitete mich und ruhte mit seinem Kopf an meiner Schulter. Ich drückte ihn mir an die Brust und ging den ganzen Weg. Ich sah seine kleinen roten Füße deutlich über meiner Brust baumeln."

Als sie Dakshineswar erreichte, geriet Ramakrishna in Trance, identifizierte sich mit *Gopala* und setzte sich auf ihren Schoß. Nach einiger Zeit kam er wieder zu sich und setzte sich auf sein Bett. Aghoremani geriet in Ekstase und tanzte im Zimmer umher. Seit diesem Tag wurde sie Gopal Ma (Gopalas Mutter) genannt. Ramakrishna behielt sie den ganzen Tag bei sich in Dakshineswar und schickte sie am Abend nach Hause zurück.

---

[1] Das bezieht sich auf die Geschichte vom jungen Krishna, den seine Mutter Yasoda mit Creme und Butter fütterte.

Als Gopal Ma einige Tage später nach Dakshineswar kam, bestätigte Ramakrishna ihr, dass ihre spirituellen Übungen beendet seien, und meinte, dass ein solch erhabener spiritueller Zustand in diesen Zeiten selten wäre. Ihre Visionen hielten etwa zwei Monate an. Dann schwächten sie sich ab, aber sie konnte *Gopala* immer noch während ihrer Meditation sehen.

Eines Tages waren Narendra und Gopal Ma bei Ramakrishna. Es konnte keinen stärkeren Kontrast geben als diese beiden. Ramakrishna mit seinem Humor konnte der Versuchung nicht widerstehen, sie miteinander zu konfrontieren. Er bat Gopal Ma, Narendra von ihren Erfahrungen zu erzählen. Daraufhin berichtete sie über all die wundersamen Vorfälle in ihrem Leben. Obwohl Narendra Rationalist war, besaß er doch ein weiches Herz und konnte die Tränen nicht zurückhalten. Die alte Frau sagte zu ihm: „Mein Sohn, du bist gelehrt und intelligent, und ich bin eine arme, ungebildete Frau. Ich verstehe nichts. Sag mir, ob du meine Visionen von *Gopala* für wirklich hältst." Narendra entgegnete, dass sie wahr seien.

Einmal blieb Ramakrishna einige Tage in Kalkutta und kehrte dann mit einem Boot nach Dakshineswar zurück. Einige Verehrer, auch Gopal Ma, begleiteten ihn. Balarams Familie hatte ihr einige Kleider und Utensilien geschenkt, die sie in einem Bündel im Boot bei sich trug. Ramakrishna wusste von anderen Verehrern, was in dem Bündel war. Ohne direkt darauf hinzuweisen, begann er von Entsagung zu sprechen und meinte: „Nur ein Mensch, der Entsagung übt, erkennt Gott. Der Verehrer, der mit der Gastfreundschaft eines anderen zufrieden ist und mit leeren Händen zurückkehrt, sitzt sehr nahe bei Gott." Er sagte kein einziges Wort zu ihr, sah aber ständig auf ihr Bündel. Da verstand Gopal Ma, dass sie gemeint war.

Nach Ramakrishnas Tod begleitete sie oft Sarada Devi. Kurz vor ihrem Tod wurde sie zum Ganges gebracht, wo sie starb.

Für Ramakrishna war es sehr wichtig, dass seine Schüler, vor allem die Unverheirateten, regelmäßig zu ihm kamen. Als einmal ein junger Mann für einige Tage nicht in Dakshineswar erschien, sagte Ramakrishna zu ihm: „Warum kommst du nicht? Ich will euch alle so gern sehen, weil ich weiß, dass ihr Gottes besondere Lieblinge seid. Was kann ich sonst von euch erwarten? Ihr habt nicht die Mittel, um mir Geschenke im Wert von einem Penny zu machen, noch habt ihr eine zerrissene Matte, die ihr auf dem Boden ausbreiten könnt, wenn ich euch zu Hause besuche. Und trotzdem liebe ich euch so sehr. Versäumt nicht zu kommen, denn hier werdet ihr alles erlangen. Wenn ihr glaubt, Gott irgendwo anders zu finden, dann geht unbedingt dorthin. Ich will, dass ihr Gott erkennt, die Not der Welt überwindet und göttliche Seligkeit genießt. Versucht, es irgendwie in diesem Leben zu erlangen. Aber die Mutter sagt mir, dass ihr Gott ohne Anstrengung erkennen werdet, wenn ihr nur herkommt. Deshalb bestehe ich auf euer Kommen.“

Von den späteren Mönchen waren alle außer dem älteren Gopal Teenager oder etwas älter, als sie zu Ramakrishna kamen. Sie stammten aus der Mittelschicht und waren meist Schüler oder Studenten. Ihre Eltern hatten für sie glänzende Karrieren vorgesehen. Sie sollten später zum Familienunterhalt beitragen und eine eigene Familie gründen. Alle von ihnen besaßen starke spirituelle Neigungen und wollten nicht heiraten. Ramakrishna lehrte sie völlige Entsagung und Selbstkontrolle im Gegensatz zu den Verheirateten. Da sie von „Frauen und Gold“ unberührt waren, waren sie für seine Lehre formbar. Wenn er sie belehrte, ließ er nicht zu, dass Verheiratete in der Nähe waren.

Mahendra erzählte, wie ungezwungen er mit seinen jungen Verehrern umging. Neben der Belehrung wurde auch viel gescherzt. So berichtete er: „Sri Ramakrishna war mit seinen jungen und reinen Verehrern in der glücklichsten Stimmung. Er setzte sich auf das kleine Sofa und machte auf lustige Weise eine *Kirtani* nach. Die Verehrer lachten herzhaft. Die *Kirtani* ist luxuriös gekleidet und mit Schmuck behängt. Sie steht da und singt, wobei sie in der Hand ein buntes Halstuch hält. Bisweilen hustet sie, um die Aufmerksamkeit der Leute auf sich zu ziehen, und schnäuzt sich die Nase, wobei sie ihren Nasenring anhebt. Wenn ein seriöser Herr ins Zimmer kommt, heißt sie ihn mit den entsprechenden Worten willkommen, wobei sie weitersingt. Bisweilen zieht sie ihren Sari von den Armen, um ihren Schmuck zu zeigen.

Die Verehrer bogen sich vor Lachen über die Nachahmung Sri Ramakrishnas. Paltu wälzte sich auf dem Boden. Der Meister zeigte auf ihn und sagte zu M.: ‚Sieh dieses Kind! Er wälzt sich vor Lachen.' Dann sagte er zu Paltu: ‚Erzähl das nicht deinem Vater, oder er wird noch den wenigen Respekt, den er für mich hat, verlieren. Du weißt, er ist ein „Engländer" [westlich gesinnter Mann].'"[1]

1886, etwa ein Jahr nach Ramakrishnas Tod, gründeten diese jungen Schüler den Mönchsorden. Fast alle monastischen Namen wählte Narendra, der ihr Anführer war, auf der Grundlage dessen aus, was Ramakrishna über den jeweiligen Schüler gesagt hatte. Die Namensendung „*Ananda*" bedeutet Seligkeit, im Sinne von: „der die Seligkeit von … hat". Viveka bedeutet zum Beispiel Unterscheidung, und Vivekananda der die Seligkeit der Unterscheidung hat.

Die ersten Mönche waren:

- Narendranath Datta (Swami Vivekananda, Unterscheidung, 1863-1902)
- Rakhal Chandra Ghosh (Swami Brahmananda, *Brahman*, 1863-1922)
- Gopal der Ältere (Swami Advaitananda, Nichtzweiheit, 1828-1909)
- Baburam Ghosh (Swami Premananda, ekstatische Liebe, 1861-1918)
- Taraknath Ghoshal (Swami Shivananda, Shiva, 1854-1934)
- Jogindranath Choudhury (Swami Yogananda, Yoga, 1861-1899)
- Shashibhushan Chakravarty (Swami Ramakrishnananda, Ramakrishna, 1863-1911)
- Saratchandra Chakravarty (Swami Saradananda, Sarada Devi, die Heilige Mutter, 1865-1927)
- Latu (Swami Adbhutananda, das Wunderbare, unbekannt-1920)

---

[1] Nikhilananda: Die Botschaft II, S. 263

- Nitya Niranjan Ghosh (Swami Niranjanananda, der völlig Unschuldige, unbekannt-1904)
- Kaliprasad Chandra (Swami Abhedananda, Nichtzweiheit, 1866-1939)
- Harinath Chatterjee (Swami Turiyananda, Vierter Bewusstseinszustand (*Samadhi*), 1863-1922)
- Hariprasanna Chatterjee (Swami Vijnanananda, spirituelle Weisheit, 1868-1838)
- Sarada Prasanna (Swami Trigunatitananda, die drei *Gunas* überschreitend, 1865-1915)
- Gangadhar Ghatak (Swami Akhandananda, das Untrennbare, Unendliche, 1864-1937)
- Subodh Ghosh (Swami Subodhananda, *Jnana*, 1867-1932)
- Tulasi Charan Dutta (Swami Nirmalananda, ohne Fehler, 1863-1938)

NARENDRA (1863-1902) IM GARTENHAUS
VON COSSIPORE, 1886

Narendranath Datta, auch kurz Narendra oder Naren genannt, war der Lieblingsschüler Ramakrishnas und übernahm später die Leitung der Mönchsbrüder als Swami Vivekananda.

Er wurde 1863 als Sohn Viswanath Dattas, eines Anwalts am Hohen Gericht in Kalkutta, geboren und gehörte der *Kayastha*-Kaste an. Sein Großvater war ein sehr gläubiger Mensch gewesen und war später Mönch geworden. Narendras Vater dagegen verlor durch seine westliche Bildung allen Glauben und wurde ein Freidenker. Ihm blieb Spiritualität immer fremd. Das Ziel des Lebens lag für ihn darin, Geld zu verdienen, ein glückliches Leben zu führen und anderen zu helfen, es ebenfalls zu tun. Für ihn gab es nichts von den alten *Rishis* und den heiligen Schriften zu lernen.

241

Narendra dagegen wurde schon früh von den wandernden *Sadhus* angezogen und kaufte sich Götterstatuen auf dem Markt, vor denen er dann zu Hause meditierte. Zudem machte er bereits in seiner Kindheit eine seltsame Erfahrung, die er folgendermaßen beschrieb: „Seit der frühesten Zeit, an die ich mich erinnern kann, sah ich einen wundervollen Lichtpunkt zwischen den Augenbrauen, sobald ich meine Augen schloss, um zu schlafen, und beobachtete aufmerksam seine verschiedenen Veränderungen. Um ihn besser beobachten zu können, kniete ich mich aufs Bett in der Haltung, die ein Verehrer einnimmt, wenn er sich vor einem Schrein verneigt und mit der Stirn den Boden berührt. Der wundervolle Lichtpunkt veränderte seine Farbe und wurde immer größer, bis er die Gestalt eines Balls annahm. Schließlich platzte er und bedeckte meinen Körper von Kopf bis Fuß mit weißem, flüssigem Licht. Sobald das geschah, verlor ich das Bewusstsein und schlief ein. Ich glaubte, dass jeder auf diese Weise einschlafen würde. Als ich älter wurde und zu meditieren begann, tauchte dieser Lichtpunkt auf, sobald ich die Augen schloss, und ich konzentrierte mich auf ihn. Damals meditierte ich mit einigen Freunden nach den Anweisungen von Devendranath Tagore. Wir erzählten uns von den Visionen und Erfahrungen, die wir hatten, und so fand ich heraus, dass keiner von ihnen jemals diesen Lichtpunkt gesehen hatte oder auf diese Weise eingeschlafen war."[1]

Zusätzlich zu seiner kontemplativen Seite besaß Narendra bereits in frühen Jahren großen Mut, Willensstärke und einen unabhängigen Geist. Er war der geborene Anführer. Zudem war er sehr intelligent, talentiert und musikalisch. Im College setzte er sich mit der westlichen Philosophie auseinander und wurde in englischer Literatur und in europäischer und indischer Geschichte bewandert. Er akzeptierte keine Religion und keine Schriften, ohne sie zuvor mit seinem scharfen Verstand auf Irrtümer überprüft zu haben. Er wollte Beweise. Zunächst schloss er sich Keshabs Brahmo Samaj an und später dem Sadharan Brahmo Samaj. Er glaubte an das gestaltlose *Brahman* mit Attributen, meditierte viel und sang im Chor mit. Aber er vermisste dort die persönliche religiöse Erfahrung.

Ramakrishna hatte Narendra bereits in einer Vision gesehen, bevor dieser zu ihm kam. Zur bedeutenden ersten Begegnung kam es folgendermaßen:

---

[1] Isherwood: Ramakrishna, S. 188

Surendra Mitra lud Ramakrishna zu einem Fest zu sich nach Hause ein. Da kein guter Sänger zu finden war, lud er Narendra ein, der in der Nachbarschaft wohnte, um dem Meister fromme Lieder vorzusingen. Vermutlich war es im November 1880. Narendra war achtzehn und bereitete sich auf sein erstes Examen an der Universität von Kalkutta vor.

Sobald Ramakrishna Narendra sah, fühlte er sich zu ihm hingezogen. Er rief Surendra und Ram zu sich und erkundigte sich nach dem Sänger mit der lieblichen Stimme. Nach dem Singen ging Ramakrishna zu ihm hin, studierte aufmerksam seine äußere Erscheinung und lud ihn nach Dakshineswar ein.

Einige Wochen später hatte Narendra das Eingangsexamen an der Universität bestanden. Sein Vater bereitete seine Hochzeit mit der Tochter eines respektablen Herrn vor. Narendra hatte aber Einwände, und so fand die Hochzeit nicht statt. Ram war Narendras Cousin und wollte ihn zu der Hochzeit überreden. Als er erkannte, dass Narendra nicht dazu zu bewegen war, weil er ein spirituelles Leben führen wollte, sagte er zu ihm: „Wenn du dich wirklich nach Gott sehnst, dann geh zum Meister nach Dakshineswar anstatt den Brahmo Samaj und andere Orte zu besuchen." Er bot ihm an, ihn selbst hinzubringen.

Einige Tage später fuhren sie mit einigen weiteren Freunden in einer Kutsche nach Dakshineswar. Ramakrishna erzählte ausführlich über diese erste Begegnung mit Narendra, die 1881 stattgefunden haben muss: „Naren kam am ersten Tag durch die westliche Tür (die dem Ganges zugewandt ist) herein. Ich bemerkte, dass er sich nicht um seinen Körper kümmerte. Seine Haare und seine Kleidung waren völlig ungepflegt. Anders als andere hatte er überhaupt keinen Wunsch nach einem äußeren Objekt. Er war sozusagen frei von allem. Seine Augen zeigten, dass der größte Teil seines Geistes unweigerlich nach innen gerichtet war. Als ich das alles sah, fragte ich mich: ‚Ist es möglich, dass solch ein großer spiritueller Aspirant, der einen Überfluss an *Sattva* besitzt, in Kalkutta lebt, der Heimat von weltlichen Leuten?'

Auf dem Boden lag eine Matratze ausgebreitet. Ich bat ihn, sich daraufzusetzen. Er setzte sich in die Nähe des Kruges mit Gangeswasser. Einige Bekannte von ihm waren an diesem Tag auch mitgekommen. Ich spürte, dass ihr Wesen wie das der gewöhnlichen weltlichen Leute war und ganz das

Gegenteil von seinem. Ihre Aufmerksamkeit war nur auf den Genuss gerichtet.

Als ich ihn fragte, erfuhr ich, dass er nur zwei oder drei bengalische Lieder gelernt hatte. Ich bat ihn, sie zu singen, und er begann, das Brahmo-Lied zu singen: ‚Oh Geist, komm, lass uns nach Hause gehen. [...]' Er sang es mit ganzem Herzen und Verstand, als wäre er in Meditation. Als ich es hörte, konnte ich mich nicht mehr beherrschen und geriet in Ekstase.

Als er später gegangen war, trug ich die ganzen vierundzwanzig Stunden des Tages eine Begierde im Herzen, ihn zu sehen. Ich kann es nicht in Worten ausdrücken. Immer wieder fühlte ich einen qualvollen Schmerz, als würde mein Herz wie ein nasses Handtuch ausgewrungen. Ich konnte mich nicht mehr beherrschen, rannte zu den Tamariskenbäumen im Norden des Gartens, wohin die Leute gewöhnlich nicht gehen, und weinte laut: ‚Oh mein Kind, komm! Ich halte es nicht aus, dich nicht zu sehen.' Erst nachdem ich auf diese Weise etwas geweint hatte, konnte ich mich wieder beherrschen. Das geschah sechs Monate lang beständig. Mein Geist war auch manchmal unruhig nach einigen anderen Jungen, die kamen. Aber das war nichts im Vergleich zu Narendra."[1]

Narendra berichtete von seinem ersten Besuch: „Ich beendete das Singen. Sofort stand der Meister auf, nahm mich bei der Hand und führte mich auf die nördliche Veranda. Es war Winter. Um das Zimmer vor dem Nordwind zu schützen, war der offene Raum zwischen den Säulen der Veranda mit Schirmmatten bedeckt. Wenn man auf die Veranda trat und die Tür schloss, konnte man von niemandem im Zimmer oder von draußen gesehen werden. Sobald der Meister auf die Veranda getreten war, schloss er die Tür zum Zimmer. Ich dachte, er wolle mir vielleicht privat einige Anweisungen geben. Aber was er sagte und tat, übertraf meine Vorstellungskraft. Er ergriff plötzlich meine Hand und vergoss Freudentränen. Er sprach liebevoll mit mir, wie mit jemand, der ihm bereits vertraut ist, und sagte: ‚Gehört es sich, dass du so spät kommst? Hast du nicht daran gedacht, wie sehr ich auf dich gewartet habe? Wenn ich beständig das unnütze Geschwätz der weltlichen Leute höre, versengt das fast meine Ohren. Da ich keinen habe, mit dem ich über meine innersten Gefühle reden kann, bin ich fast am Platzen.' Auf diese

---

[1] Saradananda: Great Master II, S. 823 f.

Weise tobte und weinte er sich aus. Im nächsten Augenblick stand er mit gefalteten Händen vor mir, ehrte mich wie einen Gott und sagte: ‚Ich weiß, mein Herr, dass du der altehrwürdige *Rishi Nara* bist, ein Teil von *Narayana*, der sich diesmal inkarniert hat, um das Elend und die Leiden der Menschheit zu beseitigen.' Ich war völlig verblüfft und dachte: ‚Wen habe ich da besucht? Wie ich sehe, ist er völlig verrückt. Warum sollte er sonst auf diese Weise mit mir sprechen? Ich bin doch der Sohn von Vishwanath Datta.' Doch ich schwieg, und der wundervolle Verrückte sprach weiter, wie es ihm beliebte. Im nächsten Augenblick bat er mich zu warten, ging ins Zimmer, brachte Butter, Kandiszucker und *Sandesh* und gab sie mir mit eigenen Händen zu essen. Er achtete nicht auf meine wiederholte Bitte, mir diese Dinge zu geben, damit ich sie mit meinen Gefährten teilen konnte, sondern sagte: ‚Sie werden später davon bekommen. Nimm du sie selbst.' Er fütterte mich mit all diesen Süßigkeiten und war erst dann zufrieden. Er ergriff meine Hand und sagte: ‚Versprich mir, dass du bald wiederkommst und allein.' Ich konnte seine ernsthafte Bitte nicht abschlagen und sagte: ‚Ich werde es tun.' Dann ging ich mit ihm ins Zimmer zurück und setzte mich neben meine Gefährten.

Ich beobachtete ihn genau und konnte keine Spur von Verrücktheit in seinem Benehmen und seinen Gesprächen oder seinem Verhalten anderen gegenüber entdecken. Ich war von seinen guten Gesprächen und seiner Ekstase beeindruckt und dachte, dass er wirklich ein Mann der Entsagung war, der alles für Gott aufgegeben hatte und persönlich übte, was er vertrat. Er sagte: ‚Gott kann gesehen werden, und man kann mit Ihm sprechen, genauso wie ich dich sehe und mit dir spreche. Aber wer will das? Die Leute trauern, vergießen kannenweise Tränen beim Tod ihrer Frauen und Söhne und verhalten sich so um des Geldes und Besitzes willen. Aber wer macht das, weil er Gott nicht erkennen kann? Wenn jemand ebenso begierig ist, Ihn zu sehen, und Ihn mit einem sehnsuchtsvollen Herzen anruft, wird Er sich ihm bestimmt offenbaren.'

Als ich seine Worte hörte, erweckte das in mir den Eindruck, dass es sich nicht nur um Dichtkunst oder Einbildung handelte, die in schönen Redewendungen formuliert werden, wie andere Prediger sich ausdrücken, sondern dass er von etwas sprach, das er unmittelbar kannte, von etwas, das er erlangt hatte, als er wirklich alles für Gott aufgegeben und Ihn mit seinem ganzen Geist angerufen hatte.

Als ich versuchte, diese Worte mit seinem Verhalten mir gegenüber in Einklang zu bringen, erinnerte ich mich an das Beispiel von den Monomanen, das Abercrombie und andere englische Philosophen erwähnt haben, und kam zum sicheren Schluss, dass er dieser Klasse angehörte. Obwohl ich zu diesem Schluss kam, konnte ich nicht die Größe seiner wunderbaren Entsagung für Gott vergessen. Sprachlos dachte ich: ‚Nun gut, er kann verrückt sein, aber nur eine seltene Seele kann in der Welt solche Entsagung üben. Ja, verrückt, aber wie rein! Und welche Entsagung! Er ist wahrhaft wert, vom menschlichen Herzen geachtet und verehrt zu werden.‘ Als ich das dachte, verneigte ich mich zu seinen Füßen, verabschiedete mich von ihm, und kehrte nach Kalkutta zurück.“[1]

Narendra blieb einen Monat Dakshineswar fern. Vielleicht fürchtete er die Kraft von Ramakrishnas Einfluss. Obwohl er mit der Spiritualität des Brahmo Samaj unzufrieden war, empfand er doch einen Enthusiasmus für dessen Reformideen. Er stand dem traditionellen Hinduismus, den Ramakrishna vertrat, kritisch gegenüber. Er glaubte eher an die Vernunft als an die Intuition, an die Unterscheidung als an die Hingabe. Ramakrishnas Ekstase verwirrte ihn. Er konnte sich nicht vorstellen, sich in einem Tempelbereich einzuschließen und die Tage mit Meditation und Verehrung zu verbringen.

Als er Ramakrishna zum zweiten Mal in Dakshineswar besuchte, kam er allein und zu Fuß. „Ich hatte keine Vorstellung, dass der Kali-Tempel von Dakshineswar so weit von Kalkutta entfernt liegt, denn ich war nur einmal dort gewesen, und das mit dem Wagen. […] Schließlich erreichte ich irgendwie Dakshineswar, nachdem ich viele Leute nach dem Weg gefragt hatte, und ging direkt ins Zimmer des Meisters. Ich sah, dass er alleine in sich selbst versunken auf einem kleinen Bett saß, das neben einem größeren stand. Es war niemand bei ihm. Kaum hatte er mich gesehen, rief er mich freudig zu sich und ließ mich ans Ende des Bettes sitzen. Ich setzte mich, fand aber, dass er in einer seltsamen Stimmung war. Er sprach undeutlich mit sich selbst, sah mich unverwandt an und rückte langsam auf mich zu.

---

[1] ders., S. 825 f.

Ich dachte, dass eine weitere verrückte Szene folgen würde. Kaum hatte ich das gedacht, kam er zu mir und stellte seinen rechten Fuß auf meinen Körper. Sofort machte ich eine wundervolle Erfahrung. Ich sah mit offenen Augen alle Dinge im Zimmer gleichzeitig, wobei die Wände sich schnell drehten und in eine unbekannte Region zurückwichen. Mein Ich verschwand mit dem ganzen Universum in einer alles verschlingenden, großen Leere. Eine furchtbare Angst überwältigte mich. Ich wusste, dass die Zerstörung des Ichs den Tod bedeutete. Deshalb dachte ich, dass mir der Tod bevorstand und ganz nahe war. Ich konnte mich nicht kontrollieren und schrie laut: ‚Ach! Was hast du mit mir gemacht? Ich habe Eltern, wie du weißt.' Er lachte laut über meine Worte, berührte meine Brust mit seiner Hand und sagte: ‚Dann soll es jetzt aufhören. Es muss nicht alles auf einmal geschehen. Es wird zu seiner Zeit eintreten.' Ich war verblüfft zu sehen, wie meine außergewöhnliche Erfahrung so schnell verschwand, wie sie gekommen war, als er mich auf diese Weise berührte und diese Worte sagte. Ich kam wieder zum normalen Zustand und sah, dass die Dinge innerhalb und außerhalb des Raumes wie zuvor stillstanden."[1]

Diese Erfahrung verwirrte Narendra, da er nicht wusste, wie er sie deuten sollte, und einen kritischen Verstand besaß. Er konnte zu keinem Ergebnis kommen. Fortan war er vor Ramakrishna auf der Hut, aber auch neugierig, und wollte ihn besser verstehen.

Nachdem sich Narendra von seiner Vision erholt hatte, scherzte Ramakrishna mit ihm und gab ihm zu essen. Als es Abend wurde, sagte Narendra, er müsse nach Hause gehen. Ramakrishna schien gequält und enttäuscht zu sein, und Narendra musste ihm versprechen, so bald wie möglich wiederzukommen.

Als Narendra eine Woche später wiederkam, war er auf der Hut, nicht wieder hypnotisiert zu werden. Ramakrishna bat ihn, ihn zu Jadu Mallicks Gartenhaus zu begleiten, da sie dort mehr Ruhe hatten. Sie gingen eine Zeitlang im Garten am Gangesufer spazieren und unterhielten sich. Dann setzten sie sich ins Wohnzimmer (dasselbe, in dem Ramakrishna einst das Bild von Maria und Jesus betrachtet hatte), und Ramakrishna versank in *Samadhi*. Narendra beobachtete still den Zustand des Meisters, als dieser sich ihm

---

[1] ders., S. 842 f.

plötzlich näherte und ihn wie beim letzten Mal berührte. Obwohl er auf der Hut war, verlor er völlig das Bewusstsein und nicht nur teilweise wie beim letzten Mal. Als er nach einer Weile wieder zur Besinnung kam, sah er, dass der Meister seine Hand auf seine Brust gelegt hatte und freundlich lächelte.

JADU MALLICKS GARTENHAUS

Ramakrishna berichtete später über dieses Ereignis: „Als Narendra sein normales Bewusstsein verloren hatte, stellte ich ihm an diesem Tag viele Fragen wie etwa, wer er sei, woher er käme, warum er gekommen sei (geboren wurde), wie lange er hier (in dieser Welt) bleiben würde und so fort. Er trat in die Tiefe seines Seins ein und gab die richtigen Antworten auf all diese Fragen. Seine Antworten bestätigten, was ich dachte und sah und was ich von ihm durch meine Visionen wusste. Es ist verboten, diese Dinge zu enthüllen. Aber ich habe durch all das erfahren, dass er am Tag, an dem er weiß, wer er ist, nicht mehr in dieser Welt bleiben wird. Er wird sofort mit starker Willenskraft durch Yoga seinen Körper aufgeben. Narendra ist eine große Seele, vollkommen in der Meditation.“[1]

---

[1] ders., S. 845

Narendras Ansicht über Ramakrishna veränderte sich. Er verstand zwar immer noch nicht, was das alles bedeutete, aber er hielt ihn nicht mehr für geisteskrank und fühlte sich zunehmend von ihm angezogen. Trotzdem blieb er kritisch.

Narendra war Ramakrishnas Lob oft nicht recht. Als Keshab und Vijay einmal mit einer Gruppe von Brahmo-Verehrern Dakshineswar besuchten, war Narendra auch da. Nachdem die beiden gegangen waren, sagte Ramakrishna zu einigen der Brahmos, die noch geblieben waren: „Ich konnte das Licht der Erkenntnis in Keshab und Vijay brennen sehen. Es ist wie eine Kerzenflamme. Aber in Naren ist es wie die blendende Sonne." Narendra protestierte heftig: „Die Leute werden denken, dass du verrückt bist, wenn du so redest! Keshab ist in der ganzen Welt berühmt. Vijay ist ein Heiliger. Und ich bin ein Niemand. Wie kannst du uns im selben Atemzug erwähnen? Bitte sag so etwas nie wieder!" Ramakrishna antwortete mit einem unschuldsvollen Lächeln: „Aber mein Kind, was kann ich dagegen tun? Du glaubst doch nicht etwa, ich habe so etwas von mir aus gesagt? Es war die Mutter, die mir die Wahrheit über dich gesagt hat, und so musste ich sie erzählen. Die Mutter hat mich nie angelogen." „Aber woher weißt du, dass es die Mutter war, die es dir gesagt hat?", wandte Narendra ein. „Das alles kann eine Erfindung deines eigenen Gehirns sein. Die Naturwissenschaft und die Philosophie beweisen, dass unsere Sinne uns oft täuschen, besonders wenn wir etwas glauben wollen. Du magst mich, und du willst glauben, dass ich ein großer Mann bin. Vielleicht hast du deshalb diese Visionen."[1]

Ramakrishna fühlte sich manchmal von Narendras beißender Kritik erschlagen und fragte sich tatsächlich, ob sie berechtigt war. So fragte er einmal die Mutter und vernahm von Ihr die Worte: „Warum hörst du auf ihn? Er wird das alles in kurzer Zeit als wahr akzeptieren."

Ramakrishna sehnte sich sehr nach Narendra, wenn dieser mal für länger ausblieb. So berichtete er: „Als die Tage vergingen, sehnte ich mich immer mehr danach, ihn zu sehen. Mein Herz sehnte sich nach ihm. Eines Tages sagte ich zu Bholanath[2]: ‚Kannst du mir sagen, warum ich so fühle? Es gibt einen Jungen namens Narendra, der der *Kayastha*-Kaste angehört. Warum

---

[1] Isherwood: Ramakrishna, S. 202 f.
[2] Bholanath war ein Angestellter im Tempelgarten von Dakshineswar.

bin ich so unruhig nach ihm?' Bholanath sagte: ‚Du wirst die Erklärung im *Mahabharata* finden. Wenn ein Mensch, der in *Samadhi* gegründet ist, auf die Ebene des gewöhnlichen Bewusstseins herunterkommt, genießt er die Gesellschaft reiner Menschen. Er fühlt Geistesfriede, wenn er solche Menschen sieht.' Als ich das hörte, war ich beruhigt. Immer wieder saß ich allein da und weinte danach, Narendra zu sehen."[1]

Einmal war Narendra länger als üblich Dakshineswar ferngeblieben. Da wurde Ramakrishna so besorgt, dass er beschloss, nach Kalkutta zu fahren und nach ihm zu sehen. Es war an einem Sonntag. Ramakrishna ging zum Hauptquartier des Brahmo Samaj, da er wusste, dass Narendra normalerweise an den Sonntagen dort war und beim abendlichen Gottesdienst im Chor sang. Er dachte, er würde warm empfangen werden, da er mit Keshab und anderen Brahmo-Führern ein hervorragendes Verhältnis hatte. Was er nicht wusste, war, dass andere berühmte Brahmos ihm die Veränderung, die er bei Keshab und Vijay bewirkt hatte, übelnahmen.

Ramakrishna betrat die Versammlung während des Gottesdienstes. Seine Ankunft verursachte eine große Unruhe. Viele Leute standen von den Sitzbänken auf und sahen ihn an. Es kam zu Lärm und einem Durcheinander. Das verärgerte die Brahmo-Führer und besonders den Prediger, der dazu gezwungen war, seine Predigt abrupt zu beenden. Aber Ramakrishna war sich dessen gar nicht bewusst. Ohne nach rechts und links zu blicken, ging er zum Altar, wo er in *Samadhi* fiel. Das führte zu einer noch größeren Aufregung. Die Platzanweiser, die erkannten, dass sie die Ordnung nicht wiederherstellen konnten, machten alle Gaslampen aus, um die Leute dazu zu bringen, das Gebäude zu verlassen. Alle drängten im Dunkeln zum Ausgang. Narendra war unter den Chormitgliedern. Er kämpfte sich mit den Ellbogen zu Ramakrishna durch, führte ihn zur Hintertür hinaus und brachte ihn zur Kutsche. Dann fuhr er mit ihm nach Dakshineswar.

Später sagte Narendra: „Welche Qual spürte ich an diesem Tag, als ich sah, dass der Meister auf diese Weise gedemütigt wurde, und alles meinetwegen! Wie sehr habe ich ihn dafür getadelt! Aber er kümmerte sich kein bisschen um meine Schelte oder seine Demütigung. Er war einfach glücklich, mich wieder bei sich zu haben. Ich sagte sehr ernst zu ihm: ‚In den *Puranas* steht,

---

[1] Nikhilananda: Die Botschaft I, S. 302 f.

dass *König Bharata* so sehr an sein Lieblingsreh dachte, dass er nach seinem Tod selbst ein Reh wurde. Wenn das stimmt, solltest du dich davor hüten, zu viel an mich zu denken.' Der Meister verhielt sich wie ein Junge. Er nahm wörtlich, was ich sagte, und fragte bekümmert: ,Du hast recht. Was wird also mit mir geschehen, da ich es nicht ertrage, dich nicht zu sehen?' Dann ging er besorgt fort, um die Göttliche Mutter zu fragen. Nach einer Weile kam er freudestrahlend zurück und rief: ,Lass mich in Ruhe, du Schurke! Ich werde nie mehr darauf hören, was du sagst! Die Mutter hat zu mir gesagt: „Du liebst ihn so sehr, weil du ihn als *Narayana* betrachtest. Wenn der Tag jemals kommen sollte, an dem du *Narayana* nicht in ihm siehst, wirst du ihm keinen einzigen Blick mehr schenken!"'"[1]

Die Freiheit, die sich Narendra Ramakrishna gegenüber herausnahm, war ungewöhnlich. Oft argumentierte er mit ihm gegen die Bilderverehrung. Eines Tages sagte Ramakrishna: „Warum kommst du her, wenn du meine Mutter nicht anerkennst?" Narendra erwiderte: „Muss ich Sie annehmen, nur weil ich herkomme?" „Nun gut", meinte der Meister, „bald wirst du nicht nur die Gesegnete Mutter anerkennen, sondern bei Ihrem Namen weinen." Dann sagte er zu den anderen Verehrern: „Dieser Junge glaubt nicht an die Gestalten Gottes und erzählt mir, dass meine übersinnlichen Erfahrungen Halluzinationen seien, aber er ist ein sehr feiner Junge mit einem reinen Instinkt. Er glaubt nichts, bis er einen direkten Beweis dafür erhält. Er hat viel studiert und besitzt eine große Urteilskraft und ein großes Unterscheidungsvermögen."

Ramakrishna war damit einverstanden, dass seine Schüler seine Gotteserkenntnis prüften. So sagte er einmal zu Narendra: „Prüfe mich, wie die Geldwechsler ihre Münzen prüfen. Du brauchst mich nicht zu akzeptieren, bis du mich gründlich geprüft hast."

Eines Tages, als Ramakrishna in Kalkutta war, kam Narendra nach Dakshineswar. Da niemand im Zimmer war, kam ihm der Gedanke, die Verachtung des Meisters für Geld einer Prüfung zu unterziehen. Deshalb legte er eine Rupie unter die Matratze. Dann ging er ins Panchavati, um zu meditieren. Nach einiger Zeit kam Ramakrishna zurück. Kaum hatte er das Bett berührt,

---

[1] Isherwood: Ramakrishna, S. 204

wich er zurück. Die Berührung hatte ihm Schmerzen verursacht.[1] Verwundert sah er sich um, da er nicht wusste, was mit ihm geschehen war, als Narendra hereinkam und ihn schweigend beobachtete. Ramakrishna rief einen Tempeldiener herbei, der das Bett untersuchte, und die Rupie wurde entdeckt. Als Narendra ihm erzählte, was er getan hatte, war Ramakrishna froh, dass er ihn geprüft hatte.

Im Gegenzug prüfte auch Ramakrishna seine Schüler. Er tat das auch bei Narendra. Wenn Narendra zu Besuch kam, war er gewöhnlich außer sich vor Freude und stammelte: „Hier kommt Na, – hier kommt Na", konnte den Satz nicht beenden und ging in *Samadhi* ein. Einen Monat lang ignorierte er Narendra und sprach kein Wort mit ihm. Er hieß ihn nicht willkommen, fragte nicht, wie es ihm ginge, und behandelte ihn wie einen Fremden. Narendra ging dann oft zu Hazra hinaus, der auf der Veranda saß, und diskutierte mit ihm und den anderen. Als er ins Zimmer zurückkam, wandte Ramakrishna sein Gesicht von ihm ab. Narendra ging am Abend nach Hause, kam aber weiterhin wie üblich. Manchmal schickte Ramakrishna zwischen den Besuchen jemanden zu Narendra nach Hause, um sich zu informieren, wie es ihm ging. Aber wenn Narendra dann wiederkam, behandelte er ihn gleichgültig.

Schließlich beendete Ramakrishna die Prüfung, ließ Narendra rufen und sagte zu ihm: „Ich spreche kein einziges Wort mit dir. Trotzdem kommst du. Warum?" Narendra antwortete: „Komme ich, um zu hören, was du sagst? Ich liebe dich. Ich will dich sehen. Deshalb komme ich." Ramakrishna war mit der Antwort sehr zufrieden und sagte: „Ich habe dich geprüft, um zu sehen, ob du aufhören würdest zu kommen, wenn du nicht die übliche Liebe und Aufmerksamkeit erhältst. Nur ein spirituell Suchender deiner Klasse kann so viel Vernachlässigung und Indifferenz ertragen. Jeder andere hätte mich schon längst verlassen und wäre nie wiedergekommen."

Einmal rief Ramakrishna Narendra zu sich ins Panchavati und sagte zu ihm: „Durch die Ausführung von strengen spirituellen Übungen habe ich übernatürliche Kräfte erlangt. Aber wie kann ich von ihnen Gebrauch machen? Ich kann nicht einmal meinen Körper anständig bedecken. Deshalb denke ich

---

[1] Ramakrishna konnte kein Geld berühren, ohne dass es ihm physische Schmerzen bereitete.

daran, sie mit der Erlaubnis der Mutter dir zu geben. Sie hat mich wissen lassen, dass du viel Ihrer Arbeit tun musst. Wenn ich diese Kräfte auf dich übertrage, kannst du sie anwenden, wenn nötig. Was sagst du dazu?" Narendra wusste, dass Ramakrishna bestimmte Kräfte besaß. Aber da er sich sehr nach Gott sehnte, wollte er sie nicht annehmen. Er fragte: „Herr, werden mir diese Kräfte bei der Gotteserkenntnis helfen?" Ramakrishna antwortete: „Nein, das werden sie nicht, aber sie werden dir sehr nützen, wenn du dich mit Seiner Arbeit befasst, nachdem du Gott erkannt hast." Narendra erwiderte: „Dann will ich sie nicht. Ich will zuerst Gott erkennen, und danach werde ich entscheiden, ob ich sie will oder nicht. Wenn ich jetzt diese wunderbaren Kräfte annehme, könnte ich mein Ideal vergessen, und wenn ich sie für eigennützige Zwecke einsetze, könnte ich mein Ideal zerstören." Es ist nicht klar, ob Ramakrishna wirklich diese Kräfte auf Narendra übertragen wollte oder ob es nur eine Prüfung gewesen war. Jedenfalls war er sehr erfreut darüber, dass Narendra sie zurückwies.

Manchmal blieb Narendra in Dakshineswar und verbrachte die Nacht in Meditation. Während er meditierte, wurde er in den frühen Morgenstunden vom Pfeifen der Jutemühle in der Nähe abgelenkt. Ramakrishna riet ihm, über den Pfeifton zu meditieren. Als Narendra das tat, störte er ihn nicht länger. Narendra sagte zu Ramakrishna, wie schwierig er es fände, die Existenz des Körpers zu vergessen. Da tat Ramakrishna dasselbe, was Totapuri einst bei ihm gemacht hatte – er presste seinen Fingernagel an die Stelle zwischen Narendras Augenbrauen und sagte, er solle sich auf den Schmerz konzentrieren. Auf diese Weise konnte Narendra für lange Zeit das Körperbewusstsein verlieren.

Als Narendra nach Dakshineswar kam, freute er sich, dort Rakhal anzutreffen, mit dem er zur Schule gegangen und befreundet war. Beide waren zusammen in den Brahmo Samaj eingetreten. Aber bald entdeckte er, dass Rakhal sein Gelöbnis des Brahmo Samaj, an den gestaltlosen Gott zu glauben, verletzte. Unter Ramakrishnas Einfluss war Rakhal mit seinem hingebungsvollen Wesen zur Verehrung Gottes mit Gestalt zurückgekehrt. Er ging täglich in den Tempel und verneigte sich vor den Götterstatuen. Narendra verachtete immer noch alle Verehrung der Götterstatuen und tadelte Rakhal in seiner üblichen Direktheit. Rakhal war zu sanftmütig, um sich mit seinem Freund zu streiten, aber er war sehr verletzt und begann, Narendra aus dem Weg zu gehen. Ramakrishna hörte davon und erklärte Narendra, dass er Rakhals Art der Verehrung respektieren müsse, auch wenn es nicht sein eigener Weg war.

Von Anfang an versuchte Ramakrishna, Narendra in *Advaita* zu unterrichten. Er ließ ihn das *Ashtavakra Samhita* und andere advaitische Abhandlungen lesen. Aber Narendra erschien diese Lehre blasphemisch, atheistisch und noch schlimmer als Rakhals Bilderverehrung. Er rief: „Was ist der Unterschied zum Atheismus? Wie kann eine erschaffene Seele glauben, sie selbst sei der Schöpfer? Was könnte eine größere Sünde sein? Was ist das alles für ein Unsinn: ‚Ich bin Gott, du bist Gott, alles, was geboren wurde und stirbt, ist Gott'? Die Verfasser dieser Bücher müssen verrückt gewesen sein. Wie hätten sie sonst solches Zeug schreiben können?" Ramakrishna lächelte über Narendras Entrüstung und meinte milde: „Du bist vielleicht im Augenblick nicht in der Lage, diese Wahrheiten zu akzeptieren, aber ist das ein Grund, die großen Weisen, die sie gelehrt haben, zu verachten?" Aber Narendra war nicht überzeugt.

Narendra verstand sich gut mit Hazra, da dieser intelligent war und gern philosophierte. Eines Tages erklärte Ramakrishna Narendra vieles, was die Theorie der Einheit des *Jiva* mit *Brahman* stützte. Narendra konnte dies jedoch nicht akzeptieren und ging zu Hazra. Er diskutierte mit ihm über diese Dinge, wobei er sagte: „Ist es möglich, dass ein Wassertopf Gott ist, dass eine Tasse Gott ist, dass alles, was wir sehen, und wir alle Gott sind?" Hazra stimmte ihm zu, und beide brachen in Gelächter aus. Ramakrishna war in einem halbbewussten Zustand. Als er Narendra lachen hörte, kam er wie ein Junge mit seiner Kleidung unter dem Arm aus seinem Zimmer und sagte liebevoll: „Worüber sprecht ihr beide?" Ohne auf eine Antwort zu warten, berührte er Narendra und ging in *Samadhi* ein.

Narendra erzählte später: „Mein Geisteszustand veränderte sich im Augenblick der wundervollen Berührung Ramakrishnas völlig. Ich war bestürzt, als ich erkannte, dass tatsächlich nichts im ganzen Universum war außer Gott. Aber ich schwieg, obwohl ich es erkannte, und fragte mich, wie lange dieser Zustand anhalten würde. Aber die Trunkenheit legte sich an diesem Tag nicht.

Ich kehrte nach Hause zurück. Dort war es dasselbe. Es schien mir, dass alles, was ich sah, Er war. Ich setzte mich zum Essen hin, und alles – Essen,

Teller, derjenige, der das Essen servierte, wie auch ich selbst – war nichts anderes als Er. Ich aß einen oder zwei Bissen und saß still da. Die warmherzigen Worte meiner Mutter: ‚Warum sitzt du so still da? Warum isst du nicht?‘ brachten mich wieder zu Bewusstsein, und ich aß erneut. Auf diese Weise machte ich diese Erfahrung, wenn ich aß, trank, saß oder lag, ins College oder spazieren ging. Ich war immer von einer Art unbeschreiblicher Berauschtheit überwältigt. Als ich einmal die Straße entlangging, sah ich eine Kutsche auf mich zufahren. Ich wollte ihr nicht wie sonst ausweichen, damit sie mich nicht anfuhr, denn ich dachte: ‚Ich bin auch das und nichts als das.‘ Meine Hände und Füße waren in dieser Zeit immer gefühllos. Wenn ich aß, fühlte ich nicht, dass ich aß. Es war mir, als würde jemand anders essen. Manchmal legte ich mich hin, während ich aß, und stand kurz darauf wieder auf, um weiterzuessen. An manchen Tagen aß ich viel mehr als üblich. Aber das machte meine Krankheit nicht aus. Meine Mutter war alarmiert und sagte: ‚Ich fürchte, du bist ernsthaft krank.‘ Und manchmal sagte sie: ‚Er wird nicht weiterleben.‘

Als die überwältigende Trunkenheit ein wenig nachließ, erschien mir die Welt wie ein Traum. Wenn ich am Ufer des Wasserspeichers in Hedua entlangging, schlug ich meinen Kopf gegen den Eisenzaun, der ihn umgab, um zu sehen, ob ich ihn im Traum sah oder ob er wirklich war. Wegen meiner Gefühllosigkeit in den Händen und Füßen fürchtete ich, ich könnte gelähmt werden. Ich konnte dieser schrecklichen, berauschten Stimmung und diesem überwältigenden Zustand nicht einmal für kurze Zeit entfliehen.

Als ich wieder im normalen Zustand war, dachte ich, dass sich die Erkenntnis der Nichtzweiheit angedeutet hatte. Das, was in den Schriften darüber geschrieben steht, ist also auf keinen Fall falsch. Seitdem konnte ich nie wieder die Wahrheit der Nicht-Zweiheit bezweifeln.“[1]

Anfang 1884, kurz nachdem Narendra seine B.A.-Prüfung abgelegt hatte, starb sein Vater völlig unerwartet an einem Herzinfarkt. Narendra war bei Freunden, als ihn die Nachricht erreichte. Er kehrte sofort nach Hause zurück und kümmerte sich als das älteste männliche Familienmitglied um die Trauerfeier.

---

[1] Saradananda: Great Master II, S. 879 f.

Bald stellte sich heraus, dass die finanzielle Lage der Familie sehr ange-spannt war. Sein Vater hatte Schulden hinterlassen und mehr ausgegeben, als er verdient hatte. Die Gläubiger klopften an die Tür. Die Verwandten, die sich gern von Narendras Vater finanziell hatten helfen lassen, versuchten nun, die Familie durch einen Rechtsstreit aus ihrem Haus zu vertreiben. Sie verloren zwar, aber die Familie hatte keine Einkünfte mehr, und sechs oder sieben Personen mussten ernährt werden.

Narendra fühlte sich hilflos. Er wusste nicht, was er tun sollte. Er erzählte später: „Noch bevor die vorgeschriebene Trauerzeit vorbei war, rannte ich auf der Suche nach Arbeit hierhin und dorthin. Mir war schwindelig, da ich nicht genug zu essen hatte, und ich musste barfuß in der glühend heißen Sonne mit meinen Bewerbungsunterlagen von Büro zu Büro gehen. Überall traf ich auf Zurückweisung. Aus dieser Erfahrung habe ich gelernt, dass selbstlose Sympathie in der Welt selten vorkommt. Es gibt keinen Platz für die Armen und Schwachen. Selbst jene, die es noch vor einigen Wochen als Glück betrachtet hätten, mir einen Gefallen zu tun, zogen jetzt unwillige Gesichter, obwohl sie mir leicht hätten helfen können, wenn sie gewollt hät-ten. […]

Als ich eines Morgens aufstand, sah ich, dass es im Haus nicht genug für uns alle zu essen gab. Da sagte ich zu meiner Mutter: ‚Ich bin von einem Freund zum Mittagessen eingeladen worden.‘ An solchen Tagen hatte ich nichts zu essen, denn ich hatte kein Geld in der Tasche. Ich war zu stolz, jemanden außerhalb der Familie davon zu erzählen. Manchmal luden mich reiche Männer in ihre Häuser ein, um auf ihren Festen zu singen und zu spielen, und ich ging hin wie immer. Die meisten von ihnen kümmerte es nicht, wie es mir ging. Nur sehr wenige fragten: ‚Warum siehst du heute so blass und traurig aus?‘ Und nur einer von ihnen fand jemals heraus – und nicht durch mich –, wie die Dinge wirklich standen. Er schickte meiner Mut-ter anonym von Zeit zu Zeit etwas Geld. Ich bin ihm ewig dankbar."[1]

Narendra bekam auch einige unmoralische Angebote, seine finanzielle Lage zu verbessern. So boten ihm einige Frauen an, sich mit ihm zu verheiraten. Dann besäße er ihren Besitz.

---

[1] Isherwood: Ramakrishna, S. 209 f.

Trotzdem hielt Narendra an seinem Glauben fest, dass Gott gut sei. Er wiederholte täglich den Namen des Herrn, wenn er am Morgen aufstand. Eines Tages hörte es seine Mutter und sagte bitter: „Was nützt das? Von Kindheit an wiederholst du den Namen des Herrn, und was hat Er für dich getan?" Narendra kannte seine Mutter immer als eine sehr fromme Frau, und ihr Zweifel traf ihn tief. Da begann auch er zu zweifeln und fragte sich, wie Gott existieren konnte, wenn das größte Flehen unerhört blieb. Wie konnte Gott gnädig sein, wenn seine Schöpfung voller Elend war?

Da Narendra immer offen war, konnte er seinen Zweifel vor den anderen nicht verbergen. Also erzählte er ihnen frei heraus und etwas aggressiv, dass Gott nicht existiere, und selbst wenn Er existierte, es nutzlos sei, ihn anzurufen. Daraufhin verbreitete sich das Gerücht, dass er ein Atheist geworden sei und sich mit Leuten von schlechtem Charakter einließ, trank und Freudenhäuser aufsuchte. Diese Lügen machten Narendra nur noch provokanter, und er erzählte jetzt allen, dass er nichts dagegen habe, wenn jemand trank oder ins Bordell ging, wenn ihm das half, sein schweres Los in dieser elenden Welt zu vergessen.

Dieses üble Gerücht erreichte schließlich das Ohr Ramakrishnas und das der Verehrer in Kalkutta. Einige von ihnen besuchten ihn, um herauszufinden, ob es stimmte. Das verletzte Narendra sehr, und er reagierte damit, dass er stolz behauptete, dass es Gott nicht gäbe und es eine Schwäche sei, aus Angst vor Seiner Strafe an Ihn zu glauben. Er forderte sie heraus, indem er sagte, dass die Existenz Gottes nicht bewiesen werden könne, und unterstützte seine These mit den Aussagen westlicher Philosophen, indem er Hume, Mill, Bain, Comte und andere zitierte. Daraufhin verließen ihn viele Freunde, da sie glaubten, er sei hoffnungslos verloren.

Narendra war davon überzeugt, dass Ramakrishna dem allem Glauben schenken könnte, und das schmerzte ihn noch mehr. Später erfuhr er jedoch, dass der Meister nie daran geglaubt hatte. Als einmal ein Verehrer weinend zu ihm sagte: „Herr, wir hätten nie davon geträumt, dass Naren so tief sinken würde", schrie er: „Schweig, du Narr! Die Mutter hat mir gesagt, dass er sich nie so weit erniedrigen würde. Wenn du nochmals davon sprichst, kann ich deine Anwesenheit nicht mehr ertragen."

Doch in Wahrheit war Narendra hin- und hergerissen. Hatte er im einen Moment behauptet, Gott würde nicht existieren, so kamen ihm im nächsten Moment die Erfahrungen seiner Kindheit und besonders die mit Ramakrishna in den Sinn. Er dachte dann: „Gott existiert bestimmt, und die Mittel, Ihn zu erkennen, gibt es auch. Wozu ist das Leben sonst gedacht? Worin besteht sein Wert? Man muss den Weg finden, wie groß die Qual und der Schmerz der Suche auch sein mögen."

Dem Sommer folgte die Regenzeit. Narendra suchte weiterhin nach Arbeit. Als er eines Tages vom Regen durchnässt war und den ganzen Tag nichts zu essen hatte, kehrte er müde nach Hause zurück. Seine Erschöpfung war so groß, dass er nicht mehr weiterkonnte und sich auf die offene Veranda des Nachbarhauses niedersinken ließ. „Ich kann nicht sagen, ob ich einige Zeit lang völlig das Bewusstsein verlor, aber ich erinnere mich, dass in meinem Geist nacheinander Gedanken und bunte Bilder auftauchten und von selbst wieder verschwanden. Ich hatte keine Kraft, sie zu vertreiben oder mich auf einen bestimmten Gedanken zu konzentrieren. Plötzlich spürte ich, wie durch die Macht der Vorsehung in meinem Geist viele Leinwände hochgezogen wurden, eine nach der anderen, und ich sah in der innersten Tiefe meines Herzens die Lösung der Probleme, die meinen Verstand so lange verwirrt und abgelenkt hatten – Probleme wie: Warum gibt es böse Kräfte in der Schöpfung eines gütigen Gottes? Und: Wo ist die Harmonie zwischen der strengen Gerechtigkeit und dem unendlichen Erbarmen Gottes? Ich war außer mir vor Freude. Als ich danach meinen Heimweg fortsetzte, bemerkte ich, dass mein Körper kein bisschen müde und mein Geist mit unendlicher Kraft und Frieden erfüllt war."[1]

In der Folge wurde Narendra völlig gleichgültig gegenüber Lob und Tadel. Er war jetzt davon überzeugt, dass er nicht dazu bestimmt war, Geld zu verdienen, der Familie zu dienen und seine Zeit mit weltlichem Vergnügen zu verbringen, sondern war bereit, der Welt zu entsagen und fortzugehen, wie sein Großvater es einst getan hatte. Er begann, sich auf das Leben als Wandermönch vorzubereiten, und legte seine Reiseroute fest.

Als er erfuhr, dass Ramakrishna an diesem Tag in das Haus eines Verehrers in Kalkutta kommen würde, dachte er: „Das ist ein Glück. Ich werde die

---

[1] Saradananda: Great Master II, S. 926

Welt mit dem Segen meines Gurus verlassen." Er berichtete weiter: „Aber sobald ich den Meister traf, sagte er ernst: ‚Du musst heute mit mir nach Dakshineswar kommen.' Ich brachte verschiedene Ausreden vor, aber er blieb unerbittlich. Ich musste mit ihm in seinem Wagen mitfahren.

Unterwegs sprachen wir nicht viel. Nachdem wir Dakshineswar erreicht hatten, saß ich für einige Zeit mit den anderen in seinem Zimmer, als der Meister in Ekstase geriet. Plötzlich kam er zu mir, nahm meine Hand in die seine und begann zu singen, während ihm Tränen übers Gesicht rannen:

> Ich fürchte mich, zu sprechen,
> und ich fürchte mich auch, nicht zu sprechen.
> Mir kommt der Zweifel,
> ob ich dich verliere, oh meine Radha,
> ob ich dich verliere.

Lange hielt ich meine starken Gefühle zurück, konnte sie dann aber nicht mehr unterdrücken. Auch meine Brust wurde von Tränen nass, wie die des Meisters. Ich war mir ganz sicher, dass der Meister alles wusste. Alle anderen waren überrascht über unser Benehmen. Einige fragten den Meister nach dem Grund, nachdem er wieder im normalen Zustand war. Er lächelte und sagte: ‚Das ist etwas zwischen uns beiden.' Danach schickte er alle anderen weg, rief mich zu sich und sagte: ‚Wisse, dass du in die Welt gekommen bist, um die Arbeit der Mutter zu tun. Du kannst nie ein weltliches Leben führen. Aber bleibe um meinetwillen bei deiner Familie, solange ich lebe.'"[1] Narendra versprach es.

Am nächsten Tag kehrte er nach Hause zurück. Er begab sich mit erneuter Energie auf Arbeitssuche und hielt sich und seine Familie mit Gelegenheitsjobs wie der Übersetzung einiger Bücher und der Arbeit im Büro eines Rechtsanwalts über Wasser, bekam aber keine dauerhafte Anstellung.

Da kam es ihm in den Sinn, dass Gott bestimmt auf das Gebet des Meisters hören würde. Mit diesem Gedanken eilte er nach Dakshineswar und bat Ramakrishna inständig, der Göttlichen Mutter die Schwierigkeiten seiner Mutter und Geschwister vorzutragen. Ramakrishna meinte: „Mein Junge, ich kann solche Bitten nicht vorbringen. Warum betest du nicht selbst? Du

---

[1] ders., S. 926 f.

akzeptierst die Mutter nicht. Deshalb leidest du so sehr." Narendra entgegnete: „Ich kenne die Mutter nicht. Bitte bete für mich zu Ihr. Du musst es tun. Ich werde nicht gehen, bis du es getan hast." Ramakrishna meinte: „Mein lieber Junge, ich habe es wiederholt getan. Aber du akzeptierst Sie nicht. Deshalb erhört Sie mein Gebet nicht." Dann wies er ihn an, seine Skrupel zu überwinden, die Existenz der Göttlichen Mutter anzuerkennen und am Abend selbst in den Tempel zu gehen, da es zudem Dienstag war, ein für die Mutter besonders heiliger Tag. Sie würde ihm alles geben, worum er Sie bitten würde.

Narendra ging um neun Uhr abends in den Tempel. Er berichtete: „Auf dem Weg überkam mich eine Art starker Trunkenheit, und ich schwankte. Ich wurde von der festen Überzeugung überwältigt, dass ich tatsächlich die Mutter sehen und Ihre Worte hören würde. Ich vergaß alles und war völlig in diesen Gedanken versunken. Als ich in den Tempel kam, erkannte ich, dass die Mutter tatsächlich reines Bewusstsein war, lebte und die Quelle unendlicher Liebe und Schönheit war. Mein Herz schwoll von liebevoller Hingabe. Ich grüßte Sie wiederholt und betete: ‚Mutter, gewähre mir Unterscheidung, gewähre mir Anhaftungslosigkeit, gewähre mir göttliche Erkenntnis und Hingabe. Gib, dass ich Dich immer unbehindert sehe.' Mein Herz war von Frieden überflutet. Das ganze Weltall verschwand, und allein die Mutter blieb und erfüllte mein Herz."[1]

Kaum war Narendra zu Ramakrishna zurückgekehrt, fragte dieser ihn, ob er für seine Familie zur Mutter gebetet habe. Er antwortete, er habe es völlig vergessen und nur um Anhaftungslosigkeit, Hingabe und Erkenntnis gebetet. Ramakrishna schickte ihn erneut in den Kali-Tempel, doch es war wiederum dasselbe. Dann schickte Ramakrishna ihn zum dritten Mal in den Tempel, indem er sagte: „Du dummer Junge! Kannst du dich nicht ein wenig beherrschen und dich an deine Bitte erinnern? Geh zurück und sag der Mutter, was du willst, schnell!" Diesmal war Narendras Erfahrung eine andere. Er vergaß seine Bitte nicht, dachte aber: „Um was für eine Kleinigkeit will ich die Mutter bitten! Es ist, als würde man einen gnädigen König um etwas Gemüse bitten! Was für ein Narr ich bin!"

---

[1] ders., S. 928

Als er zum dritten Mal aus dem Tempel kam, dachte er, dass das wohl ein Spiel des Meisters war, und sagte zu ihm: „Das bist bestimmt du, der mich auf diese Weise berauscht macht. Jetzt musst du wenigstens für mich bitten, dass es meiner Mutter und meinen Geschwistern nie an Nahrung und Kleidung fehlen wird." Ramakrishna antwortete zärtlich: „Mein Kind, ich kann für niemanden um so etwas bitten. Die Worte kommen einfach nicht aus meinem Mund. Du wirst von der Mutter alles bekommen, was du willst, wie ich dir gesagt habe. Aber auch du kannst Sie nicht darum bitten. Du bist nicht für das weltliche Glück bestimmt. Was kann ich da machen." Schließlich versicherte Ramakrishna ihm, dass es ihm und seiner Familie nie an einfacher Nahrung und Kleidung fehlen würde. Und so traf es auch ein.

Das bedeutete für Narendra eine Wendung, was seine Einstellung zur Göttlichen Mutter betraf. Er erkannte fortan, dass er die *Shakti* nicht ignorieren konnte und es auch nötig ist, Gott auf der relativen Ebene zu verehren.

Am nächsten Morgen besuchte ein gewisser Vaikunthanath Sannyal, der Narendra oberflächlich kannte, Dakshineswar. Ramakrishna stand mit strahlendem Gesicht in seinem Zimmer, während Narendra draußen auf der Veranda schlief.

Vaikuntha berichtete: „Kaum war ich hereingekommen und hatte mich verneigt, als der Meister auf Naren zeigte und sagte: ,Sieh dir diesen Jungen an. Er ist sehr gut. Er heißt Narendra. Er wollte zuvor die Göttliche Mutter nicht akzeptieren. Erst vergangene Nacht hat er das getan. Er benötigte dringend Geld. Deshalb riet ich ihm, die Mutter darum zu bitten. Aber das konnte er nicht. Er sagte, er schäme sich. Als er aus dem Tempel kam, bat er mich, ihm ein Lied zum Lob der Mutter beizubringen. Also lehrte ich ihn das Lied ,Mutter, Du bist die Retterin', und er sang es die ganze Nacht. Deshalb schläft er jetzt.' Dann lächelte der Meister voller Freude und sagte: ,Narendra hat Kali akzeptiert. Das ist sehr gut, nicht wahr?' Da ich sah, dass er darüber glücklich wie ein Kind war, antwortete ich: ,Ja, Herr, das ist sehr gut.' Wenig später lächelte er erneut und sagte: ,Narendra hat die Mutter akzeptiert. Ist das nicht sehr gut? Was meinst du?' Und er lächelte weiter und wiederholte das immer wieder."

Als Naren aufwachte, kam er und setzte sich neben den Meister. Das war etwa um vier Uhr am Nachmittag. Es schien, dass Naren sich jetzt von ihm verabschieden und nach Kalkutta zurückkehren würde. Aber der Meister ging in Ekstase ein, näherte sich Naren und sagte: ‚Was ich sehe, ist, dass ich dieser (sich selbst meinend) und auch jener Körper (Narendra) bin. Ich sehe wirklich keinen Unterschied. Wenn du einen Stecken auf die Oberfläche des Ganges legst, scheint sich das Wasser zu teilen, aber es ist in Wirklichkeit eins, es gibt keine Teilung. So ist es auch hier. Kannst du das verstehen? Was existiert sonst, außer die Mutter? Ist es nicht so?'"[1]

Narendra wiederholte oft: „Seit unserem ersten Treffen setzte nur der Meister und kein anderer, nicht einmal meine Mutter und meine Geschwister, Vertrauen in mich. Sein Vertrauen und seine Liebe haben mich für immer an ihn gebunden. Es war der Meister allein, der zu lieben wusste. Er liebte, während andere nur aus eigenem Interesse vorgaben, zu lieben."

Ramakrishna machte klar, dass Narendra der hervorragendste Schüler von allen war, indem er etwa sagte: „Naren ist eine Lotusblüte mit tausend Blütenblättern, während andere seiner Art zwar auch Lotublüten sind, aber nur mit zehn, fünfzehn oder höchstens zwanzig Blütenblättern." Oder: „So viele sind hierhergekommen, aber keiner ist wie Naren."

Narendra sagte in späteren Jahren: „Ramakrishna war im Inneren ein *Jnani* (ein Mann der Unterscheidung) und nach außen ein *Bhakta* (ein Mann der Verehrung), aber ich bin im Innern ein *Bhakta* und nach außen ein *Jnani*."

Als Narendra später als Swami Vivekananda in den Westen kam, lehrte er eher Unterscheidung als Hingabe. Er wusste, dass der Glaube an Mutter Kali für die Mehrheit der westlichen Verehrer nur schwer zu akzeptieren war. Deshalb erwähnte er die Göttin selten in seinen Vorträgen in Amerika und England.

---

[1] Isherwood: Ramakrishna, S. 215 f.

LATU, SWAMI ADBHUTANANDA (UNBEKANNT-1920)

Latu, Gopal Ghosh und Rakhal waren die ersten Schüler, die zu Rama-krishna kamen und später Mönche wurden. Latu war der allererste. Er stammte aus Bihar und aus sehr armen Verhältnissen. Seine Eltern starben, als er noch ein Kind war, und ein Onkel kümmerte sich um ihn. Dieser Onkel musste später sein Dorf verlassen und Arbeit in Kalkutta suchen. Latu ging mit ihm und wurde von Ramchandra Dutta als Hausjunge eingestellt.

Latu war ein vertrauensvoller und williger Diener. Aber er war stolz bis hin zur Unhöflichkeit. Einmal äußerte ein Freund Rams den Verdacht, dass Latu Geld, das er zum Einkaufen erhalten hatte, in die eigene Tasche gesteckt hatte. Latu nahm diese Anschuldigung nicht demütig hin, sondern wehrte sich und sagte in seinem gebrochenen Bengalisch: „Herr, verstehe, ich bin ein Diener, kein Dieb!" Er sagte das mit natürlicher Würde, was den

Beschuldiger zum Schweigen brachte. Aber der Mann fühlte sich beleidigt, weil jemand es gewagt hatte, in diesem tadelnden Ton mit ihm zu sprechen, und beschwerte sich bei Ram. Doch Ram vertraute Latu.

Als Latu zu Ram kam, war Ram bereits ein Verehrer Ramakrishnas, und so wurde in seinem Haushalt oft von Gott gesprochen und Ramakrishna zitiert. Ram sagte: „Jeder, der ernsthaft Gott sucht, wird Ihn auf jeden Fall erkennen." Und: „Man sollte in die Einsamkeit gehen, beten und um Ihn weinen – nur dann wird Er sich offenbaren." Latu nahm sich diese Ratschläge zu Herzen und setzte sie in die Tat um. Man fand ihn oft unter seiner Decke liegen und sich Tränen aus den Augen wischen. Die Frauen im Haushalt waren davon gerührt und dachten, dass er Heimweh hatte oder seinen Onkel vermisste. Latu sagte ihnen nie den wahren Grund. In seinem ganzen Leben sprach er nur sehr wenig von sich.

Latu wollte unbedingt Ramakrishna besuchen. Bald fand er eine Gelegenheit, nach Dakshineswar zu gehen. Da er sich in Kalkutta und seinen Vororten nicht auskannte, kostete es ihn einige Mühe, den Weg zu finden. Als er ankam, sah er einen Mann in schlichter Kleidung, der auf der Veranda auf und ab ging. Er verneigte sich vor ihm. Ramakrishna fragte: „Woher kommst du?" „Aus dem Haus von Ramchandra Dutta in Simla", lautete die Antwort. Ramakrishna führte ihn in sein Zimmer, gab dem Jungen Erfrischungen und sprach mit ihm über verschiedene Dinge. Latu war nicht bewusst, dass es Ramakrishna war, mit dem er sprach. Er spürte nur, dass er in Gegenwart dieses freundlichen Mannes große Freude empfand. Das genügte ihm.

Als er sich am Abend verabschiedete, meinte Ramakrishna: „Geh nicht zu Fuß. Nimm einige *Pice* für einen Sitzplatz in einem Boot oder einer Kutsche an." „Danke", sagte Latu, „ich habe einige *Pice* bei mir." „Bist du sicher?", fragte Ramakrishna lächelnd. „Sonst nimm meine. Hab keine Scheu deswegen." Latu lächelte und ließ die Münzen in seiner Tasche klimpern. Ramakrishna bat ihn, wiederzukommen.

Bei seinem zweiten Besuch saß Ramakrishna beim Essen. Er bot Latu etwas davon an. Aber Latu lehnte es wie die meisten orthodoxen Leute aus Bihar ab, von Fremden oder Leuten, die nicht seiner eigenen Kaste angehörten, etwas zu essen anzunehmen. Ramakrishna ignorierte es und brachte ihm eine Tasse mit Gangeswasser und ein Bananenblatt als Teller. Latu weigerte sich erneut. „Warum isst du nicht?", fragte Ramakrishna. „Dieses Essen wurde mit Gangeswasser gekocht, und zudem ist es das *Prasad* von Mutter Kali." „Bitte verzeih mir", sagte Latu verlegen. „Ich kann es nicht essen." Aber Ramakrishna drängte ihn weiter, und plötzlich gab Latu nach – er wusste auch nicht warum – und sagte: „Nun gut, ich esse es, weil es dein *Prasad* ist."

Latu wurde von Ram oft beauftragt, Obst und Süßigkeiten nach Dakshineswar zu bringen, was Latu nur zu gerne tat. Manchmal verbrachte er zwei oder drei Tage dort. Er fühlte sich sehr vom Meister angezogen. Seinen Dienst bei Ram erfüllte er nicht mehr so begeistert wie früher. Rams Familie bemerkte das. Keiner tadelte ihn, da alle den Grund dafür kannten.

1980 besuchte Ramakrishna zum letzten Mal sein Heimatdorf Kamarpukur. Latu fühlte sich durch seine Abwesenheit elend. Manchmal ging er nach Dakshineswar, aber dort vermisste er Ramakrishna nur noch mehr. Später erzählte er: „Ihr könnt euch nicht vorstellen, wie ich in dieser Zeit litt. Ich ging immer in Sri Ramakrishnas Zimmer oder wanderte in den Gärten umher, aber alles fühlte sich geschmacklos an. Ich weinte, um mein Herz zu erleichtern. Nur Ram Babu konnte teilweise verstehen, was ich fühlte. Er gab mir ein Foto des Meisters."[1]

Als Ramakrishna zurückkehrte, spürte er, dass er einen persönlichen Gehilfen brauchte, und bat Ram, dem Jungen zu erlauben, beständig in Dakshineswar zu bleiben. Ram betrachtete das als eine gute Gelegenheit für den Jungen und war damit einverstanden. Fortan blieb Latu bei Ramakrishna, diente ihm und befolgte in allem seine Anweisungen.

Ramakrishna hatte ihn einmal mild getadelt, weil er am Abend geschlafen hatte: „Wenn du schläfst, wann willst du dann meditieren?" Da gab Latu es auf, nachts zu schlafen, und meditierte stattdessen. Nur tagsüber gönnte er sich gelegentlich ein Nickerchen.

Latu liebte *Kirtans* und frommes Singen. In Dakshineswar wurden oft solche Lieder gesungen. Er sang mit großer Begeisterung mit und geriet in Ekstase. Ramakrishna unterwies ihn in Meditation und anderen Übungen. Latu

---

[1] Isherwood: Ramakrishna, S. 177

machte große Fortschritte. Er war jedoch völlig ungebildet. Obwohl Ramakrishna versuchte, ihm wenigstens das bengalische Alphabet und das Lesen beizubringen, gelang es nicht. Sein lustiger Hindi-Akzent brachte Ramakrishna zum Lachen, und dann lachte Latu über sich selbst. Schließlich wurde der Unterricht als hoffnungslos aufgegeben. Latu blieb sein Leben lang ungebildet.

Als die Schüler nach Ramakrishnas Tod monastische Namen annahmen, hieß Latu Swami Adbhutananda. Er behielt seinen Hindi-Akzent und seine kindliche Art ein Leben lang bei. Ramakrishna sagte stets, dass Offenheit eine Tugend sei, die es einem leicht ermöglicht, Gott zu erkennen, und Latu war sicherlich offen.

Als in späteren Jahren Schüler zu ihm kamen, um von ihm unterwiesen zu werden, sagte er ihnen, sie mögen einfach den Namen Gottes wiederholen. Einmal fragte einer von ihnen: „Wie können wir uns Gott, den wir nie gesehen haben, unterwerfen?" Latu antwortete: „Es spielt keine Rolle, dass du Ihn nie gesehen hast. Du kennst Seinen Namen. Was tust du, wenn du auf eine Behörde gehst? Du wendest dich an einen Beamten, den du noch nie gesehen hast. Du kennst nur seinen Namen, aber das genügt. So wende dich an Gott durch Seinen Namen, und du wirst Seine Gnade erlangen." Wenn er gefragt wurde, wie er Zeit für seine Andachten und Meditation gefunden hatte, während er viele Stunden damit verbrachte, sich um Ramakrishna zu kümmern, antwortete er: „Der Dienst für den Meister war unsere höchste Verehrung und Meditation."

Alle monastischen Schüler liebten Latu. Narendra mochte ihn besonders und sprach ihn mit Latu-bhai (Bruder Latu) an. Latu nannte Narendra „Loren", da er seinen Namen nicht richtig aussprechen konnte. Narendra pflegte über ihn zu sagen: „Latu ist Ramakrishnas größtes Wunder. Ohne irgendeine Bildung hat er die tiefste Weisheit erlangt, nur durch die Kraft von Ramakrishnas Berührung."

RAKHAL, SWAMI BRAHMANANDA (1863-1922),
BANGALORE, 1908

Einer der ersten Schüler, die später auch Mönche wurden, war Rakhal Chandra Ghosh. Er kam 1880 nach Dakshineswar, wenige Monate bevor Ramakrishna zum ersten Mal Narendra traf. Rakhal wurde 1863 in Basirhat geboren, wo sein Vater ein wohlhabender Grundbesitzer war. Seine Mutter verehrte Krishna, weshalb sie ihrem einzigen Sohn den Namen „Rakhal" (Kuhhirte) gab, im Gedenken an die Kuhhirten, die die Gefährten des jugendlichen Krishna in Vrindavan gewesen waren. Seine Mutter starb, als er fünf war, und sein Vater heiratete zum zweiten Mal.

Rakhal besuchte zunächst die Dorfschule, wo er sich als intelligent erwies. Physisch war er viel stärker als die anderen Jungen seines Alters. Seine Gefährten konnten ihm beim Ringen und Spiel nicht das Wasser reichen, und er nahm an vielen Dorfspielen teil. Aber er hatte auch von früh an eine kontemplative Veranlagung. In der Nähe war ein Tempel, der der Göttin Kali geweiht war. Rakhal saß oft still da und beobachtete die Zeremonie des Gottesdienstes, oder er stand andächtig vor der Götterstatue.

Mit zwölf wurde er in die englische Schule nach Kalkutta geschickt. Dort begegnete er Narendra. Rakhal fühlte sich mit seinem freundlichen, mitleidsvollen Wesen sofort zum kühnen Narendra hingezogen und andersherum.

Narendra hatte sich dem Brahmo Samaj angeschlossen und überredete Rakhal, es ebenfalls zu tun. Also unterschrieben beide die Mitgliedschaft und meditierten fortan über den gestaltlosen Gott. Rakhal vernachlässigte die Schule wegen seiner spirituellen Beschäftigung und verlor zunehmend alle weltlichen Interessen. Sein Vater war darüber besorgt und beschloss als Heilmittel, ihn zu verheiraten. Rakhal akzeptierte die Entscheidung seines Vaters in seiner üblichen Ergebenheit. Mit sechzehn wurde er mit einem jungen Mädchen namens Visweswari verheiratet, deren Bruder Manomohan Mitra war, und es war Manomohan, der Rakhal Anfang 1880 zu Ramakrishna brachte.

Ramakrishna hatte einige Zeit, bevor Rakhal zu ihm kam, zur Göttlichen Mutter gebetet: „Bring mir einen Jungen, der wie ich ist, reinen Herzens und Dir hingegeben." Einige Tage später sah er in einer Vision einen Jungen unter einem Banyanbaum im Tempelbereich stehen. Dann hatte er eine zweite Vision, von der er berichtete: „Wenige Tage bevor Rakhal kam, sah ich in einer Vision, dass die Mutter mir ein Kind auf den Schoß legte und sagte: ‚Dies ist dein Sohn.' Ich schauderte bei dem Gedanken und fragte Sie überrascht: ‚Was meinst Du damit? Ich habe einen Sohn?' Dann erklärte Sie mir lächelnd, dass er mein spirituelles Kind sein würde, und ich war getröstet. Bald darauf kam Rakhal, und ich erkannte ihn sofort als den Jungen, den mir die Göttliche Mutter gegeben hatte."[1] In einer dritten Vision sah Ramakrishna eine Lotusblüte auf der Oberfläche des Ganges und zwei Jungen, die auf ihr tanzten. Der eine war Krishna, der andere derselbe Junge. Diese Vision führte Ramakrishna dazu, Rakhal als eine der reinen Seelen auszumachen, die sich als Spielgefährten Krishnas inkarniert hatten.

---

[1] Nikhilananda: Life of Sri Ramakrishna, S. 264 f.

Ramakrishna hatte zu Rakhal eine besonders enge und vertraute Beziehung. Rakhal war sehr kindlich, und Ramakrishna fühlte für Rakhal eher wie eine Mutter als wie ein Vater, was Rakhal erwiderte. So kam es zwischen ihnen zu vielen vertrauten Szenen wie zwischen Mutter und Kind. Doch Rakhal war eifersüchtig und konnte nicht ertragen, dass der Meister auch andere liebte. Erst allmählich sah er ein, dass Ramakrishna der Meister vieler war.

Rakhal wollte nicht mehr nach Hause gehen. Ramakrishna zwang ihn, ab und zu heimzugehen, aus Furcht, sein Vater könnte nicht mehr zulassen, dass er bei ihm lebte. Anfangs hinderte sein Vater ihn daran, zu Ramakrishna zu gehen. Als er aber sah, dass viele reiche und gelehrte Leute Dakshineswar besuchten, hatte er keine Einwände mehr. Als einmal die Frau Rakhals, die noch ein Kind war, zu Ramakrishna kam, musterte er sie von Kopf bis Fuß und erkannte, dass sie für ihren Mann kein Hindernis für dessen spirituellen Weg darstellte.

Später wurde Rakhal als Swami Brahmananda einer der führenden Schüler Ramakrishnas und der erste Präsident des Ramakrishna-Math und der Ramakrishna-Mission.

DER ÄLTERE GOPAL, SWAMI ADVAITANANDA
(1828-1909)

Gopal Chandra Ghosh aus Sinti, in der Nähe von Kalkutta, war einige Jahre
älter als Ramakrishna und damit der älteste von Ramakrishnas Mönchsschü-
lern. Mit fünfundfünfzig verlor er seine Frau. Er war in tiefer Trauer, als ihn
ein Freund nach Dakshineswar mitnahm.

Bei seinem ersten Besuch fand er nichts Bemerkenswertes an Ramakrishna.
Doch nach mehreren weiteren Besuchen empfand er den Einfluss eines großen Lehrers. Die einfache Erklärung des Meisters über die Unwirklichkeit
der Welt sagte ihm zu. Nach diesem Treffen begann Gopal ernsthaft darüber
nachzudenken, der Welt auf der Suche nach Gott zu entsagen. Diesen Entschluss setzte er um, indem er sich in den letzten Tagen des Meisters ganz
seinem Dienst verschrieb. Ramakrishna nannte ihn den älteren Gopal, weil
es noch einen jüngeren Gopal gab.

Als Ramakrishna krank im Gartenhaus von Cossipore lag, äußerte Gopal
dem Meister gegenüber den Wunsch, ockerfarbene Kleider und Gebets-
schüre an Mönche zu verteilen. Darauf erwiderte Ramakrishna: „Du wirst
keine besseren Mönche als diese Jungen hier finden. Du kannst ihnen die
Kleidungsstücke und Gebetsschnüre geben." Gopal legte das Bündel

Kleider vor Ramakrishna, der sie an die jungen Schüler verteilte. Das war in gewisser Weise der Beginn des künftigen Ramakrishna-Ordens.

Nach Ramakrishnas Tod blieb Gopal noch einige Zeit im Gartenhaus von Cossipore und trat dann als einer der Ersten dem neuen Math in Baranagore bei. Er ließ sich in *Sannyas* einweihen und wurde als Swami Advaitananda bekannt. Nach einiger Zeit begab er sich auf Pilgerreise, lebte mehrere Jahre in Benares, und als der Belur Math gegründet wurde, ließ er sich dort dauerhaft nieder. Er verrichtete verschiedene Arbeiten und kümmerte sich vor allem um den Gemüsegarten. Er starb am 28. Dezember 1909 im Alter von einundachtzig.

HARINATH, SWAMI TURIYANANDA (1863-1922)

Harinath Chatterjee aus Baghbazar wurde sehr früh Waise und von seinem ältesten Bruder großgezogen. Bereits als Jugendlicher interessierte er sich für die *Vedanta*-Philosophie.

Mit dreizehn oder vierzehn traf er Ramakrishna zum ersten Mal, als dieser ein Haus in der Nachbarschaft besuchte, zwei oder drei Jahre später erneut. Es war ein Feiertag, und es hatten sich eine Menge Verehrer versammelt. Ramakrishna nahm ihn beiseite und bat ihn, an einem normalen Tag wiederzukommen. Harinath hing sehr an Ramakrishna.

Eines Tages sagte der junge Verehrer zu Ramakrishna: „Herr, wie angenehm und fröhlich ist alles hier an diesem Ort! Kalkutta ist im Vergleich dazu die Hölle." „Warum?", fragte Ramakrishna. „Du bist der Diener des Herrn *Hari*, und Sein Diener kann nirgendwo unglücklich sein." Der Junge entgegnete: „Aber ich weiß nicht, dass ich Sein Diener bin." Der Meister

272

bekräftigte: „Die Wahrheit hängt nicht vom Wissen von irgendjemand ab. Ob du sie kennst oder nicht, du bist ein Diener Gottes."

Von Kindheit an hatte Hari eine Abneigung gegen Frauen. Selbst kleine Mädchen ließ er nicht in seine Nähe. Einmal sagte er zu Ramakrishna: „Oh, ich kann sie nicht ertragen." „Du sprichst wie ein Narr", rügte ihn der Meister. „Auf die Frauen herabschauen! Wozu? Sie sind die Manifestationen der Göttlichen Mutter. Verneige dich vor ihnen wie vor deiner Mutter und respektiere sie. Das ist der einzige Weg, ihrem Einfluss zu entgehen. Je mehr du sie hasst, desto mehr gerätst du in ihre Fallstricke." Diese Worte veränderten Haris Sichtweise.

Eines Tages fragte er Ramakrishna: „Herr, wie weiß man, dass die Erkenntnis dämmert?" Ramakrishna antwortete: „Ein Mensch springt nicht umher, wenn er die Erleuchtung erhält. Äußerlich bleibt er, wie er war. Aber seine ganze Sichtweise der Welt hat sich verändert. Die Berührung des Steins des Weisen verwandelt ein Stahlschwert in Gold. Es behält seine frühere Gestalt, aber es kann nicht mehr töten – es ist weich geworden."

Wie ein wahrer *Vedantin* lebte Hari asketisch und enthaltsam. Einmal war er so sehr in seine Bücher über *Vedanta* vertieft, dass er einige Tage nicht nach Dakshineswar kam. Ramakrishna bemerkte es und sagte zu ihm: „Du kommst nicht mehr so häufig. Man sagt, dass du jetzt *Vedanta* studierst und darüber meditierst. Das ist gut. Aber was lehrt die *Vedanta*-Philosophie? *Brahman* allein ist wirklich, und alles andere ist unwirklich – ist das nicht das Wesentliche, oder gibt es noch etwas anderes? Warum gibst du dann nicht das Unwirkliche auf und hältst dich am Wirklichen fest?" Diese Worte lenkten Haris Gedanken in eine neue Richtung.

Wenige Tage später ging Ramakrishna nach Kalkutta und schickte nach Hari. Als dieser eintraf, fand er den Meister in halbbewusstem Zustand vor. Ramakrishna sagte zu den Versammelten: „Es ist nicht leicht, die Welt der Erscheinungen als unwirklich zu sehen. „Dieses Wissen ist ohne die besondere Gnade Gottes nicht möglich. Persönliches Bemühen allein kann diese Erkenntnis nicht bewirken. Der Mensch ist trotz allem ein kleines Geschöpf mit sehr begrenzter Macht. Was für einen winzigen Teil der Wahrheit kann er begreifen!"

Hari glaubte, dass diese Worte an ihn gerichtet waren, da er alles tat, um Erleuchtung zu erlangen. Daraufhin sang der Meister ein Lied über die wundervolle Macht der göttlichen Gnade, wobei ihm Tränen die Wangen hinunterliefen. Hari war tief berührt und brach ebenfalls in Tränen aus. Danach lernte er, sich dem Herrn hinzugeben.

Ramakrishna liebte Hari sehr und lobte seine spirituellen Fähigkeiten.

Nach Ramakrishnas Tod wurde Hari zu Swami Turiyananda und verbrachte die meiste Zeit der nächsten dreizehn Jahre auf Wanderschaft. Später holte ihn Vivekananda nach Amerika, um dort *Vedanta* zu lehren. Seine letzten Jahre verbrachte er wieder in Indien.

GANGADHAR, SWAMI AKHANDANANDA (1864-1937)

Gangadhar Ghatak wurde 1864 in Kalkutta geboren, stammte aus einer Brahmanenfamilie und war ein Freund Haris. Wie Hari machte er von Kindheit an religiöse Übungen und aß nur vegetarisches Essen, das er selbst gekocht hatte. Eines Tages ging er mit einem *Sadhu* fort, ohne jemandem davon zu erzählen. Er wollte zu heiligen Orten pilgern, aber als er an seine Eltern dachte, kehrte er nach einem Monat wieder zurück. Doch er ging nicht weiter zur Schule.

Gangadhar war schon als Kind sehr mitleidsvoll und gab einmal einem armen Klassenkameraden, dessen Hemd zerrissen war, das seine. Auch gab er den Bettlern zu essen, ohne dass seine Eltern davon wussten.

Gangadhar und sein Freund Hari sahen Ramakrishna 1877 zum ersten Mal in Dinanath Basus Haus. Als Gangadhar den Meister in *Samadhi* sah, verstärkte sich seine spirituelle Sehnsucht. Manchmal ging er auf den Verbrennungsplatz und dachte über die Unbeständigkeit des menschlichen Lebens nach.

Eines Tages im Jahr 1884 begleitete er Hari nach Dakshineswar. Ramakrishna sprach mit ihm, als würden sie sich schon lange kennen, und fragte ihn nach seiner Reise mit dem *Sadhu* und anderem, Fortan besuchte Gangadhar Dakshineswar regelmäßig. Ramakrishna wollte nicht, dass er zu orthodox war, und stellte ihm deshalb Narendra vor. Gangadhar war von Narendra sehr beeindruckt und wurde ihm treu ergeben.

Gangadhars Vater fand für ihn Arbeit in einem Kaufmannsladen. Er arbeitete dort einige Tage, gab es dann aber auf. Fortan widmete er sich ganz den spirituellen Übungen und dem Dienst für seinen Meister, auch während seiner letzten Krankheit.

Nachdem er 1886 die Mönchsgelübde abgelegt und den Namen Swami Akhandananda angenommen hatte, wanderte er im Himalaya umher und verbrachte drei Jahre in Tibet. Er war sozial sehr aktiv. Er leitete das erste Projckt dcr Ramakrishna-Mission zur Linderung des Hungers, errichtete für die Kinder, deren Eltern an Hunger gestorben waren, ein Waisenhaus und eine Gewerbeschule, sammelte Geld und Nahrung, unterrichtete die Waisen und pflegte die Kranken während einer Cholera-Epidemie. Wenn er jemanden hungern sah, war er so sehr davon berührt, dass er selbst nichts aß, bis die Ärzte ihn davor warnten, dass er umfallen würde und man ihn pflegen müsste.

Swami Akhandananda wurde 1925 Vizepräsident des Ramakrishna-Ordens und der Ramakrishna-Mission. Nach dem Tod von Swami Shivananda wurde er 1934 der dritte Präsident des Ordens. Er starb 1937.

SHASHI, SWAMI RAMAKRISHNANANDA (1863-1911)

Shashibhushan und Saratchandra Chakravarti waren Cousins, die aus einer frommen, reichen Brahmanenfamilie in Kalkutta stammten. Beide waren Mitglieder des Brahmo Samaj und erfuhren von Keshab von Ramakrishna.

Shashi, der achtzehn, und Sarat, der zwanzig war, besuchten den Meister im Oktober 1883 zum ersten Mal. Ramakrishna empfing sie lächelnd und ließ für sie eine Matte auf dem Boden ausbreiten. Als er Shashi fragte, ob er an Gott mit oder ohne Gestalt glaube, antwortete der frei heraus: „Ich bin mir nicht einmal sicher, ob Gott überhaupt existiert. Deshalb kann ich weder das eine noch das andere sagen." Diese Antwort gefiel Ramakrishna sehr.

Shashi und Sarat waren von der Persönlichkeit Ramakrishnas fasziniert. Shashi war von Kindheit an sehr an religiösen Schriften wie der Bibel und der Lebensbeschreibung Chaitanyas und anderer Heiligen interessiert. Gebet, Meditation und Verehrung gehörten zu seinen täglichen Beschäftigungen. Er war ein hervorragender Student und bereitete sich auf das erste Examen an der Universität vor, als er den Meister traf. Seine Eltern setzten natürlich große Hoffnungen in ihn. Aber durch den Kontakt mit Ramakrishna verabschiedete er sich bald von allen weltlichen Perspektiven und gehörte schließlich dem inneren Kreis der Nachfolger des Meisters an. Ramakrishna sagte über Shashi und Sarat, dass beide in einer früheren Geburt Nachfolger Jesu gewesen seien.

Shashi pflegte Ramakrishna in der Zeit seiner Krankheit hingebungsvoll bei Tag und Nacht und gab dafür sein Mathematikstudium auf. Nachdem Ramakrishnas Körper auf dem Verbrennungsplatz verbrannt worden war, sammelte er die Überreste des Meisters in einer Urne und kümmerte sich um den Schrein im Baranagore Math, wo sie beigesetzt wurde. Er ließ den Schrein nie unbeaufsichtigt und sorgte dafür, dass die Urne regelmäßig rituell verehrt wurde. Für ihn bedeutete es den Dienst für die lebende Gottheit. Zudem kümmerte er sich wie eine Mutter um seine Mitbrüder. 1897 gründete Shashi (Swami Ramakrishnananda) auf Vivekanandas Wunsch hin die Ramakrishna-Mission in Madras und blieb bis zu seinem Tod 1911 für sie verantwortlich. Er verbreitete die Botschaft Ramakrishnas auch in anderen Teilen Südindiens.

Auch Sarat verehrte Ramakrishna sehr. Eines Tages fragte der Meister ihn: „Wie willst du Gott erkennen? Welche göttlichen Visionen bevorzugst du in der Meditation?" Sarat erwiderte: „Ich möchte keine bestimmte Gestalt Gottes in der Meditation sehen. Ich möchte Ihn sehen, wie er sich in allen Kreaturen in der Welt manifestiert. Ich mag keine Visionen." Ramakrishna sagte lächelnd: „Das ist das Endgültige bei der spirituellen Verwirklichung. Du kannst es nicht sofort haben." „Aber ich kann nicht mit weniger zufrieden sein", antwortete der Junge. „Ich werde den Weg der religiösen Übung entlangtrotten, bis sich dieser gesegnete Zustand einstellt."

Sarats Vater besaß eine Apotheke und wollte, dass sein Sohn Arzt wurde. Sarat war damit einverstanden und besuchte das Calcutta Medical College. Aber als Ramakrishna schwer krank wurde, ließ er sein Medizinstudium fallen und widmete sich der Pflege des Meisters. Dann wurde er Mönch. Doch auch später fühlte er sich dazu berufen, die Kranken zu pflegen.

Sarat war für seinen Mut und seine unerschütterliche Ruhe bekannt. Als er einmal mit einem anderen Verehrer in einem Boot in einen heftigen Sturm geriet, sah es danach aus, dass das Boot kentern würde. Doch Sarat rauchte weiterhin seine Wasserpfeife. Seine Ruhe irritierte den anderen Verehrer so sehr, dass er schließlich dessen Pfeife ergriff und ins Wasser warf.

SARAT, SWAMI SARADANANDA (1865-1927)

1893 ging Swami Vivekananda zum ersten Mal in die USA. Er verbrachte mehr als drei Jahre dort und in Europa und hielt Vorträge. 1896 bat er Sarat, jetzt Swami Saradananda, in den Westen zu kommen und ihm zu helfen. Beide trafen sich in London, wo Saradananda einige Vorträge hielt. Dann kehrte Vivekananda nach Indien zurück, während Saradananda mit dem Schiff nach New York fuhr, wo er der Vedanta Society vorstand, bis er 1898 nach Indien zurückkehrte. Später wurde er der erste Sekretär des Ramakrishna Math und der Ramakrishna-Mission und behielt diese Position bis zu seinem Tod 1927 bei. Er schrieb die bekannte und sehr detailreiche Ramakrishna-Biografie „Sri Ramakrishna, the Great Master", die eine der Hauptquellen dieses Buches ist.

HARIPRASANNA, SWAMI VIJNANANANDA (1868-1938)

Hariprasanna Chatterjee aus Belgharia ging mit Shashi und Sarat aufs College. Sarat nahm ihn 1883 zu Ramakrishna mit.

Hariprasanna berichtete von dieser ersten Begegnung: „Ich bemerkte im Zimmer eine spürbare Atmosphäre des Friedens. Die anwesenden Verehrer schienen in seliger Versunkenheit den Worten, die von den Lippen des Meisters kamen, zuzuhören. Ich kann mich nicht mehr erinnern, was er sagte, aber ich erinnere mich noch an die Begeisterung, als wäre es gestern gewesen. Ich saß lange da, außer mir vor Freude, und meine ganze Aufmerksamkeit konzentrierte sich auf Sri Ramakrishna. Er sagte nichts zu mir, und ich stellte ihm keine Frage. Die Verehrer gingen, einer nach dem anderen, und plötzlich war ich mit ihm allein. Sri Ramakrishna sah mich aufmerksam an. Ich dachte, es sei Zeit zu gehen, und verneigte mich vor ihm. Als ich wieder aufstand, fragte er mich: ,Kannst du ringen? Komm, lass mich sehen, wie gut du ringen kannst!' Mit diesen Worten stand er auf, bereit, mit mir zu raufen. Ich war sehr über diese Art der Herausforderung überrascht. Ich dachte: ,Was für eine Art Heiliger ist das?' Trotzdem sagte ich: ‚Natürlich kann ich ringen.‘ Sri Ramakrishna kam mit einem Lächeln auf den Lippen näher. Er griff nach meinen Armen und begann, mich zu stoßen. Aber ich war ein muskulöser junger Mann und stieß ihn an die Wand zurück. Er lächelte noch immer und hielt mich fest. Allmählich spürte ich eine Art elektrischen Strom aus seinen Händen kommen und in mich eindringen. Diese Berührung machte mich völlig hilflos. Ich verlor meine körperliche Kraft. Ich ging in Ekstase ein, und die Haare auf meinem Körper standen zu Berge. Dann ließ mich Sri Ramakrishna los. Er sagte lächelnd: ‚Du bist der Sieger‘ und setzte sich wieder auf seine Pritsche. Ich war sprachlos. Wellen der Seligkeit durchströmten mein ganzes Sein. Nach einer Weile stand Sri Ramakrishna auf. Er klopfte mir freundlich auf den Rücken und sagte: ‚Komm oft hierher.‘ Dann bot er mir Süßigkeiten als *Prasad* an, und ich kehrte nach Kalkutta zurück. Noch tagelang hielt der Zauber der berauschenden Freude an, und ich erkannte, dass er mir spirituelle Kraft übertragen hatte.“[1]

Bei einem weiteren Besuch beschwerte sich Hariprasanna, dass er nicht ordentlich meditieren könne. Ramakrishna berührte seine Zunge und sagte, er solle ins Panchavati zum Meditieren gehen. Dort verlor er sein äußeres Bewusstsein. Ramakrishna sagte zu ihm: „Fortan wird deine Meditation immer tief sein.“

Doch dann zog er mit seiner Familie nach Bankipore in Bihar und studierte in Poona Bauingenieurwesen, weshalb er Ramakrishna nicht mehr besuchen konnte. Dort hatte er eines Tages eine Vision von Ramakrishna und erfuhr am folgenden Tag, dass er gestorben war.

Später arbeitete er für die Regierung, aber er sehnte sich immer nach dem monastischen Leben. 1896, als er genug Geld verdient hatte, um seine verwitwete Mutter zu versorgen, trat er dem Orden bei und nahm den Namen Swami Vijnanananda an. 1900 ging er nach Allahabad und gründete dort einige Jahre später einen Zweig des Ordens. Zudem kümmerte er sich um den Erhalt der Gebäude des Maths. Er entwarf den Belur Math und auch den dortigen Tempel. 1837 wurde er als letzter von Ramakrishnas direkten Schülern Präsident des Ordens und folgte Swami Akhandananda nach. Ein Jahr später starb er.

---

[1] Isherwood: Ramakrishna, S. 237

KALI, SWAMI ABHEDANANDA (1866-1939)

Kaliprasad Chandra stammte aus Kalkutta und war ein frühreifer Junge. Schon bald lernte er Sanskrit und studierte die westliche Philosophie. Da er von den Yoga-Sutras des Patanjali fasziniert war, wollte er jemanden finden, der ihn im Yoga unterweisen konnte.

Kurz darauf beschloss Kali, Ramakrishna zu besuchen. Es war das Jahr 1884, und er war achtzehn Jahre alt. Er machte sich auf den Weg nach Dakshineswar, verirrte sich aber und erreichte erst um die Mittagszeit müde und hungrig sein Ziel. Seine Enttäuschung war maßlos, als er erfuhr, dass Ramakrishna nach Kalkutta gefahren war. Er setzte sich hin und wusste nicht, was er tun sollte. Er hatte kein Geld, um sich Essen zu kaufen oder nach Kalkutta zurückzufahren. Glücklicherweise sprach ihn ein gleichaltriger Junge an und fragte ihn, was er wolle. Es war Shashi. Kali erzählte es ihm. Shashi bat ihn zu bleiben, und die beiden Jungen verbrachten den

Nachmittag und Abend zusammen. Am späten Abend informierte Shashi ihn, dass Ramakrishna zurückgekehrt sei.

Als Ramakrishna erfuhr, dass Kali da war, wollte er ihn sehen. Kali ging vor Furcht zitternd in sein Zimmer. Zu seiner Überraschung sah er keinen abgemagerten Asketen mit verfilztem Haar, sondern einen schlichten Mann in mittleren Jahren mit einem lächelnden Gesicht.

Kali berichtete: „Der *Paramahamsadeva* bat mich gütig, mich auf die Matte zu setzen, und fragte: ‚Wer bist du? Wo bist du zu Hause? Wie heißt du? Warum hast du so viel Mühe auf dich genommen, herzukommen? Was willst du?' usw. Mit vor Hingabe erstickter Stimme sagte ich: ‚Ich möchte Yoga lernen. Wirst du es mich lehren?' Der *Paramahamsadeva* schwieg eine Weile und sagte dann: ‚Es ist ein gutes Zeichen, dass du in diesem zarte Alter Yoga lernen willst. In deiner vergangenen Geburt warst du ein großer Yogi. Ein kleiner Teil des *Sadhanas* muss noch beendet werden. Dies ist deine letzte Geburt. Ja, ich werde dich Yoga lehren. Ruh dich heute Nacht aus und komm morgen wieder.'"[1]

Kali verbrachte die Nacht auf der Veranda. Ramakrishna unterhielt sich am nächsten Morgen mit ihm und fragte, ob er verheiratet sei. Kali verneinte, sagte aber, dass seine Eltern ihn dazu drängten. Da nahm ihn der Meister mit auf die nördliche Veranda und ließ ihn auf einer hölzernen Pritsche Platz nehmen. Dann berührte er den Jungen, der sofort spürte, dass ihm Kraft übertragen wurde. Daraufhin wies er ihn an, in den Kali-Tempel zu gehen und zu meditieren. Als Kali sich verabschiedete, bat ihn Ramakrishna wiederzukommen.

Kali machte unter der Anleitung von Ramakrishna religiöse Übungen. Er hatte während seiner Meditation Visionen von Göttern und Göttinnen, was aber später nachließ. Er gehörte dem inneren Kreis der jungen Schüler an.

Doch auch er kämpfte mit Zweifeln. Als er den Meister um Rat fragte, wollte dieser wissen: „Glaubst du an Gott?" Kali antwortete: „Nein." „Glaubst du an die Religion?" „Nein", antwortete der Junge frei heraus. „Ich glaube nicht an die *Veden* oder an irgendwelche Schriften. Ich glaube nicht an etwas Spirituelles." Der Meister sagte ruhig: „Hättest du das zu einem gewöhnlichen

---

[1] Abhedananda: My Life-Story, S.27

Guru gesagt, hätte er dich geschlagen. Sieh dir Naren an. Auch er ist durch diesen Zweifel gegangen, aber jetzt glaubt er an alles. Er vergießt Tränen bei dem Namen von Radha und Krishna. Auch dein Zweifel wird bald vertrieben, und du wirst an alles glauben."

Kali angelte oft in den Teichen des Tempelgartens. Eines Tages fing er drei oder vier Fische. Als Ramakrishna davon erfuhr, fragte er ihn, warum er so grausam sei. Kali erwiderte: „Warum, Herr? Ich habe nichts Falsches getan. Wir alle sind *Atman*, und *Atman* ist unsterblich. Deshalb habe ich die Fische nicht wirklich getötet." Ramakrishna antwortete: „Mein lieber Junge, du irrst dich. Ein Mann der Erkenntnis kann niemals so grausam zu anderen sein. Es ist gegen seine Natur. Solch ein Mensch kann keinen falschen Schritt tun. Sein Geist denkt nie auf falsche Weise. Denk darüber nach." Kali ging schweigend fort. Er dachte drei Tage lang über diese Worte nach und erkannte schließlich ihre Wahrheit.

Als Ramakrishna krank wurde, gehörte Kali zu denen, die sich um ihn kümmerten. Er trat dem Orden bei und wurde als Swami Abhedananda bekannt. Lange Zeit führte er das Leben eines Wandermönchs.

Als Vivekananda 1896 in London war, ließ er Abhedananda kommen und bat ihn sofort nach seiner Ankunft, vor einer großen Zuhörerschaft einen Vortrag zu halten. Abhedananda hatte noch nie öffentlich gesprochen, aber er hielt eine hervorragende Rede. Vivekananda reiste nach Indien zurück, während Abhedananda für ein Jahr in England blieb.

1897 bat ihn Vivekananda, die Vedanta Society in New York zu übernehmen. Er blieb dort und lehrte bis 1921. Danach überquerte er zu Fuß den Himalaya und reiste nach Tibet, wo er den Buddhismus studierte. Als er 1923 nach Kalkutta zurückkehrte, gründete er die Vedanta Society, die sich allmählich vom Belur Math abspaltete. Abhedananda war der letzte Überlebende der direkten Schüler Ramakrishnas und starb 1939.

SARADA, SWAMI TRIGUNATITANANDA (1865-1915)

Sarada Prasanna Mitra stammte aus einer reichen Grundbesitzerfamilie in Basarat. Von Kindheit an war er ein großer Gottverehrer.

Wie Rakhal und Baburam besuchte er Mahendras Schule. Als er das Eingangsexamen an der Universität von Kalkutta ablegen sollte, wurde von ihm die beste Leistung erwartet, denn er war einer der besten Schüler gewesen. Aber am zweiten Tag des Examens verlor er seine goldene Uhr, die sein liebster Besitz war. Das brachte ihn so durcheinander, dass er nur zweitklassig abschnitt. Wochenlang war Sarada deswegen verzweifelt. Mahendra liebte den Jungen, und anstatt ihn auszulachen, weil er wie ein Kind weinte, nahm er ihn am 27. Dezember 1884 mit zu Ramakrishna. Fortan besuchte Sarada Dakshineswar regelmäßig.

285

Sarada schwänzte oft den Unterricht, weil er bei Ramakrishna sein wollte, bestand aber trotzdem sein Examen. Seine Eltern wollten, dass er heiratete. Er weigerte sich und rannte von zu Hause fort, wurde aber zurückgebracht. Sein älterer Bruder war so besorgt, dass er Mönch werden könnte, dass er eine große Geldsumme für eine sechswöchige Zeremonie ausgab, die Sarada zu einem weltlichen Leben hinwenden sollte.

Bei Sarada zu Hause gab es immer Diener, die den Haushalt führten. So war der Junge sehr verwöhnt und nicht bereit, Hausarbeit zu erledigen. An einem ungewöhnlich heißen Tag bat Ramakrishna ihn: „Bitte bring Wasser und wasch meine Füße." Sarada stand stocksteif da und wurde rot. Gab es nicht Diener für solche Dinge? Der Meister schien seine Verwirrung nicht zu bemerken und wiederholte die Bitte. Da blieb Sarada nichts anderes übrig, als zu gehorchen. Damit war der Stolz seiner Geburt für immer gebrochen, und der Geist des selbstlosen Dienstens erwachte in ihm.

Nach Ramakrishnas Tod ging Sarada, jetzt Swami Trigunatitananda, auf Pilgerreise, verbrachte aber die meiste Zeit in Kalkutta. 1902 ging er nach Amerika und kümmerte sich um das Zentrum in San Francisco. Er ließ dort den ersten Hindu-Tempel in den USA bauen, der 1906 eingeweiht wurde. Im Dezember 1914 warf ein ehemaliger Student in seiner Geistesverwirrung eine Rohrbombe nach ihm und verletzte ihn schwer. Der junge Mann wurde dabei getötet. Auf dem Weg zum Krankenhaus sprach Trigunatitananda mit tiefem Mitgefühl über seinen Angreifer. Am 10. Januar 1915 erlag er jedoch seinen Verletzungen.

# TULASI

TULASI, SWAMI NIRMALANANDA (1863-1938)

Tulasi Charan Datta lebte in Bosepara in Kalkutta und ging mit Haripra-sanna in dieselbe Klasse. An einem späten Nachmittag im Jahr 1882, als er achtzehn war, unterhielt er sich mit einigen Freunden, als er plötzlich hörte, dass ein *Paramahamsa* das Haus von Balaram besuchen würde. Viele Leute wollten hingehen. So beschloss auch Tulasi hinzugehen und zu sehen, um was für eine Art *Paramahamsa* es sich handelte.

Als er Balarams Haus erreichte, sah er, dass das Wohnzimmer und die Ve-randa voller Leute waren. In der Zimmermitte war ein leerer Sitzplatz mit einem Kissen. Tulasi ging auf die westliche Veranda und wartete. Wenige Minuten später sah er einen Mann, der schwankend wie ein Betrunkener auf ihn zukam, ihn für einen Augenblick ansah und langsam ins Wohnzimmer torkelte. Tulasi war verblüfft und vergaß, den Mann zu grüßen. Er fühlte sich wie gelähmt. Als dieses Gefühl nachließ, rannte er nach Hause.

Einige Tage später besuchte Tulasi seinen Freund Harinath. Letzterer schlug vor, nach Dakshineswar zu gehen und den *Paramahamsa* zu besuchen. Als sie dort ankamen, erfuhren sie, dass der Meister nach Kalkutta gefahren war. Sie gingen in sein Zimmer, und Tulasi betrachtete die Bilder, die an der Wand hingen. Darunter war ein Foto des Meisters. Als Tulasi es sah, war er erstaunt. „Ich habe ihn bereits gesehen", meinte er. „Wo?", fragte Hari. „Bei Balaram Babu", antwortete Tulasi.

Kurz darauf ging Tulasi allein nach Dakshineswar. Er traf Ramakrishna beim Mittagessen an. Er grüßte ihn und setzte sich auf den Boden. Nachdem Ramakrishna gegessen hatte, sprach er mit dem Jungen. Sie waren allein. Nach einigen einleitenden Fragen sagte Ramakrishna: „Kürzlich kam ein Junge, der mich an dich erinnerte. Er fragte, ob ich ihm als Vermittler dienen könne." Tulasi verstand nicht, worauf Ramakrishna hinauswollte. Deshalb schwieg er. Ramakrishna fuhr fort: „Mit einem ‚Vermittler' meine ich jemanden, der das Treffen eines Individuums mit seinem geliebten Herrn veranlasst. Er ist der Guru, und er ist alles. Es gibt keinen Unterschied zwischen ihm und Gott." Da verstand Tulasi, dass er Ramakrishna als solchen betrachten sollte.

Nach einer Weile legte Ramakrishna seine linke Hand auf die Schulter des Jungen und ging langsam mit ihm zum Panchavati. Dort setzte er sich hin und redete mit der Göttlichen Mutter. Tulasi konnte nur hin und wieder das Wort „Mutter" verstehen. Nach einer Weile kehrte Ramakrishna in sein Zimmer zurück, und Tulasi verabschiedete sich.

Nach Ramakrishnas Tod besuchte Tulasi gelegentlich den Baranagore Math. Später legte er das Mönchsgelübde ab und nahm den Namen Swami Nirmalananda an. Er führte das Leben eines Wandermönchs und pilgerte unter anderem in den Himalaya. Einige Jahre verbrachte er in Amerika und leitete das Vedanta-Center in Brooklyn. Wieder in Indien arbeitete er in verschiedenen Maths des Ordens und leitete vorwiegend in Südindien einige.

TARAK, SWAMI SHIVANANDA (1854-1934)

Taraknath Ghoshal stammte aus Barasat. Sein Vater Ram Kanai war der Rechtsbeistand von Rani Rasmani und kam während Ramakrishnas *Sadhana*-Periode oft in den Tempel von Dakshineswar.

Tarak war, wie viele junge Männer, Mitglied von Keshabs Brahmo Samaj, doch der Brahmo Samaj stellte ihn nicht zufrieden. Durch Keshabs Schriften erfuhr er von Ramakrishna. Eines Tages hörte er, dass Ramakrishna Ram besuchen würde. Er ergriff die Gelegenheit und ging hin. Ramakrishna saß in halbbewusstem Zustand vor einer großen Zuhörerschaft und redete. Tarak hörte ihm aufmerksam zu. Vor allem wollte er etwas über *Samadhi* erfahren. Erfreut erkannte er, dass Ramakrishna genau darüber sprach. Da beschloss er, den Meister am nächsten Samstag in Dakshineswar zu besuchen. Er wusste nicht viel über Dakshineswar, aber ein Freund brachte ihn hin.

Als sie ankamen, machte Ramakrishna mit Bhavanath am Gangesufer einen Spaziergang. Tarak ging zu ihm hin und berührte seine Füße. Ramakrishna erfuhr, dass er aus Kalkutta kam, und erkundigte sich nach der Gesundheit von Ram und Narendra, obwohl er nicht wissen konnte, dass er diese beiden Verehrer kannte. Dann bat er ihn, ihm auf die nördliche Veranda zu folgen. Dort breitete Bhavanath eine Matte aus, auf die sich alle setzten. Wie Ramakrishna es oft tat, fragte er Tarak: „Woran glaubst du? An einen Gott mit oder ohne Gestalt?" Tarak erwiderte: „An Gott ohne Gestalt." „Aber du musst auch die göttliche *Shakti* anerkennen", meinte Ramakrishna, und nahm den Jungen mit in den Kali-Tempel, wo der Abendgottesdienst im Gang war. Ramakrishna verneigte sich vor der Götterstatue. Tarak zögerte zunächst, seinem Beispiel zu folgen, da nach dem Glauben der Brahmos die Götterstatue nur ein Stein war, aber dann dachte er: „Warum sollte ich so kleinlich denken? Ich weiß, dass Gott allgegenwärtig ist. Er lebt überall. Dann muss Er auch in der Steinfigur sein." Also verneigte er sich vor ihr.

Ramakrishna bat Tarak: „Bleib heute Nacht hier. Du kannst keinen dauerhaften Nutzen davon haben, wenn du nur gelegentlich einen Tag herkommst. Du musst oft herkommen." Doch Tarak hatte seinem Freund versprochen, bei ihm zu übernachten, und verabschiedete sich von Ramakrishna mit dem Versprechen, am nächsten Abend wiederzukommen.

Tarak nutze fortan jede Gelegenheit, um Ramakrishna zu besuchen. Eines Tages nahm der Meister ihn beiseite und bat ihn, die Zunge herauszustrecken. Dann schrieb er etwas darauf. Der Junge ging in tiefe Meditation ein und war sich der äußeren Welt nicht mehr bewusst. Ramakrishna tat das noch ein weiteres Mal.

Tarak erzählte aus dieser Zeit: „Mir war in der Gegenwart des Meisters oft nach Weinen zumute. Eines Nachts stand ich vor dem Kali-Tempel und weinte sehr. Der Meister sagte: ‚Gott begünstigt jene, die nach Ihm weinen können. Tränen, die so vergossen werden, waschen die Sünden früherer Geburten ab.'

An einem anderen Tag meditierte ich im Panchavati, als der Meister kam. Kaum hatte er seinen Blick auf mich geworfen, brach ich in Tränen aus. Er stand still da, ohne ein Wort zu sagen. Eine Art kriechendes Empfinden ging durch mich hindurch, und ich begann am ganzen Körper zu zittern. Der Meister gratulierte mir, weil ich diesen Zustand erreicht hatte, und sagte, es sei das Ergebnis des göttlichen Gefühls. Dann nahm er mich mit in sein

Zimmer und gab mir etwas zu essen. Er konnte nur durch einen Blick die verborgene spirituelle Energie eines Verehrers erwecken."[1]

Tarak war verheiratet, aber die Ehe wurde nie vollzogen. Seine Frau starb kurz darauf. Das ermutigte ihn, die Welt aufzugeben, wozu sein Vater ihm seinen Segen gab. Seine Liebe und Hingabe für Ramakrishna nahmen zu. Ramakrishna kümmerte sich um ihn und formte sein spirituelles Leben.

Nach dem Tod des Meisters lebte Tarak als einer der ersten im Baranagore Math und ging dann als Wandermönch fort. Er nahm den Namen Swami Shivananda an. 1902 eröffnete er einen Zweig des Ordens in Benares und 1922, nach dem Tod von Swami Brahmananda, wurde er der zweite Präsident des Ramakrishna-Ordens. Er starb im Februar 1934.

---

[1] Nikhilananda: Life of Sri Ramakrishna, S. 300 f.

# BABURAM

BABURAM, SWAMI PREMANANDA (1861-1918)

Baburam Ghosh wurde 1861 geboren und stammte aus Antpur im Hugli-Distrikt. Seine Schwester war mit Balaram Bose verheiratet. Die Schule, die er besuchte, wurde von Mahendra geleitet, und Rakhal war sein Klassenkamerad. Baburam wusste, dass Rakhal Dakshineswar besuchte. Er fragte ihn nach dem Heiligen, und sie beschlossen, am nächsten Samstag zusammen hinzugehen. Das war im Herbst 1882.

Bei Sonnenuntergang erreichten sie mit Ramdayal, der zu ihnen stieß, Dakshineswar mit dem Boot. Baburam war von der Schönheit des Ortes fasziniert. Es sah wie ein Märchenland aus. Sie gingen in Ramakrishnas Zimmer, aber er war nicht da. Rakhal sagte: „Er ist zum Kali-Tempel gegangen. Wartet hier. Ich werde ihn rufen." Er eilte zum Tempel und führte wenige Minuten später Ramakrishna an der Hand herbei. Der Meister war in einem Zustand der Gottesberauschtheit und ging mit schwankenden Schritten.

Rakhal führte ihn vorsichtig die Treppe hinauf. Als Ramakrishna sein Zimmer erreichte, setzte er sich auf das kleine Sofa. Bald erlangte er sein normales Bewusstsein wieder und fragte nach den Neuankömmlingen. Dann nahm er Baburams Hand und sagte: „Komm näher ans Licht. Lass mich dein Gesicht sehen." Im trüben Lampenlicht studierte er sorgfältig sein Gesicht. Er war zufrieden mit dem, was er sah, und nickte. Dann untersuchte er die Arme und Beine des Jungen und wollte seine Handflächen sehen. Er legte sie auf die seinen und wog ihr Gewicht. Dann sagte er: „Gut, gut."

Es war zehn Uhr abends. Ramdayal hatte Essen für Ramakrishna mitgebracht. Der Meister nahm einen Teil davon und verteilte den Rest unter den drei Verehrern. Dann fragte er sie, wo sie schlafen wollten, in seinem Zimmer oder draußen. Rakhal schlief im Zimmer, Baburam und Ramdayal draußen.

Ramakrishna hatte Ramdayal bereits nach Narendra gefragt, der seit längerem nicht gekommen war, und ihn gebeten, er möge ihm ausrichten, ihn zu besuchen. Die beiden Verehrer, die draußen übernachteten, waren kaum eingeschlafen, als Ramakrishna schwankend mit seinem Gewand unter dem Arm herauskam. Er sagte zu Ramdayal: „Hallo, schläfst du?" „Nein, Herr", erwiderte dieser. Dann sagte der Meister mit großem Eifer: „Bitte sage ihm (Narendra), er soll kommen. Es fühlt sich an, als würde jemand so mein Herz auswringen", und er wand sein Gewand aus. Seine Worte und Gesten drückten eine unaussprechliche Herzensqual aus. Schwankend ging er in sein Bett zurück. Eine halbe Stunde später erschien er erneut und sagte zu Ramdayal: „Er ist sehr rein. Ich betrachte ihn als die Manifestation von *Narayana* und kann nicht ohne ihn leben. Seine Abwesenheit wringt mir so mein Herz aus", und er wrang wiederum seine Kleidung aus. Diese Szene wiederholte sich im Abstand von einer Stunde die ganze Nacht über.

Als Baburam Ramakrishna am nächsten Morgen sah, schien er ein völlig anderer Mann zu sein. An ihm war keine Spur von Sorge mehr zu bemerken.

Ramakrishna bat Baburam, ins Panchavati zu gehen. Als Kind hatte Baburam den Wunsch gehegt, ein Leben der Entsagung zu führen. Er wollte mit einem Mönch in einer Hütte leben, die durch eine dicke Mauer von der Öffentlichkeit abgeschottet war. Als er das Panchavati sah, war er überrascht, dass es so sehr seinem jugendlichen Traum entsprach. Danach schickte

Ramakrishna ihn in den Kali-Tempel. Als Baburam sich verabschiedete, bat der Meister ihn, wiederzukommen.

Am nächsten Sonntagvormittag ging Baburam erneut nach Dakshineswar. Ramakrishna hieß ihn willkommen und schickte ihn ins Panchavati, wo Narendra, der nun doch gekommen war, mit Rakhal und einigen jungen Verehrern saß. Rakhal stellte ihm Narendra vor. Baburam war von Narendra sehr beeindruckt.

Baburam unterwarf sich bald Ramakrishna für immer. Der Meister hatte eine sehr hohe Meinung von ihm, hielt ihn für völlig rein und hatte ihn gern um sich. Er war einer der wenigen, deren Berührung er ertragen konnte. Deshalb wurde Baburam einer der Gehilfen Ramakrishnas, die sich um ihn kümmerten.

Eines Tages riet Hazra in seiner charakteristischen Art Baburam und anderen Jungen, Ramakrishna um etwas Greifbares zu bitten, wie übernatürliche Kräfte, anstatt nur ein fröhliches Leben mit ihm zu führen und immer gute Sachen zu essen zu haben. Ramakrishna bemerkte, dass Hazra Unheil stiften wollte, rief Baburam zu sich und sagte: „Worum kannst du bitten? Gehört dir nicht bereits alles, was ich habe? Ja, alles, was ich in Gestalt von Erkenntnis erlangt habe, ist für euer aller Wohl gedacht. Werde also den Gedanken ans Betteln los, der entfremdet, indem er einen Abstand schafft. Erkenne vielmehr deine Verwandtschaft mit mir, und erwirb den Schlüssel zu allen Schätzen."

Baburam hatte ein sanftes Wesen. Ramakrishna sagte, er habe ein weibliches Wesen, während Narendra ein männliches besaß. Später stand dieser sanfte Mann als Swami Premananda von 1902 bis 1906 dem Belur Math vor und kümmerte sich wie eine Mutter um die jungen Mönche und um die Besucher.

NIRANJAN, SWAMI NIRANJANANANDA
(UNBEKANNT-1904)

Nitya Niranjan Gosh, kurz Niranjan, kam zu Ramakrishna, als er achtzehn war. Er lebte bei einem Onkel in Kalkutta und war ein erfolgreiches Medium in einer Spiritistengruppe. Als er von der großen spirituellen Kraft Ramakrishnas hörte, kam er eines Tages nach Dakshineswar. Wie üblich war der Meister von Verehrern umgeben, mit denen er sich unterhielt. Gegen Abend löste sich die Versammlung auf. Ramakrishna wandte sich an Niranjan und fragte ihn aus. Dann meinte er: „Mein Junge, wenn du immer an Geister denkst, wirst du zu einem Geist. Und wenn du an Gott denkst, wirst du zu Gott. Was ist dir lieber?" „Natürlich letzteres", antwortete der Junge. Ramakrishna wies ihn an, alle Verbindungen mit den Spiritisten abzubrechen, womit Niranjan einverstanden war.

Da es inzwischen dunkel geworden war, lud Ramakrishna ihn ein, die Nacht in Dakshineswar zu verbringen, anstatt den langen Heimweg anzutreten.

Niranjan meinte, sein Onkel würde sich sorgen, verabschiedete sich und versprach, wiederzukommen.

Obwohl der Besuch kurz gewesen war, war der Junge sehr beeindruckt. Zwei oder drei Tage später kam er wieder zu ihm. Ramakrishna war voller Freude, als er ihn wiedersah, und umarmte ihn warm, wobei er sagte: „Niranjan, mein Junge, die Tage vergehen schnell. Wann wirst du Gott erkennen? Dieses Leben ist vergebens, wenn du Ihn nicht erkennst. Wann übergibst du deinen Geist völlig Gott? Oh, wie große Sorge ich um dich habe!" Der Junge war überrascht und dachte: „Er ist ein seltsamer Mann. Warum ist er so sehr um mein spirituelles Wohlergehen besorgt?"

Niranjan verbrachte die Nacht und die beiden folgenden Tage in Dakshineswar. Als er nach Hause zurückkehrte, stellte ihn sein Onkel, der sich sehr um ihn gesorgt hatte, zur Rede und überwachte ihn streng. Niranjan war sehr betrübt, dass er nicht mehr nach Dakshineswar gehen konnte, aber später gab sein Onkel nach und gab ihm die Freiheit, Ramakrishna zu besuchen, wann immer er wollte.

Als seine Verwandten ihn zur Hochzeit zwingen wollten, sträubte er sich. Ramakrishna hielt ihn für eine sehr reine Seele. Aber Niranjan besaß ein heftiges Temperament. Als er eines Tages in einem Boot auf dem Weg nach Dakshineswar war, begannen einige seiner Mitpassagiere, schlecht von Ramakrishna zu sprechen. Niranjan protestierte zunächst, aber da das ohne Wirkung blieb, beschloss er, ihnen eine Lektion zu erteilen. Er begann, das Boot heftig zu schaukeln, und drohte ihnen, dass er sie alle mitten im Strom ertrinken lassen würde. Seine robuste Gestalt und sein Zorn schüchterten die Passagiere ein. Sie entschuldigten sich, womit die Sache beigelegt wurde.

Als Ramakrishna davon hörte, schalt er Niranjan für seinen Wutausbruch. „Ärger ist eine Todsünde", sagte er. „Warum solltest du ihm nachgeben? Die Empörung eines guten Menschen ist wie eine Linie, die auf der Wasseroberfläche gezogen wird. Sie verschwindet sofort wieder. Dumme Leute sagen alle Arten von Dingen. Du solltest sie völlig ignorieren. Wenn du stattdessen mit ihnen kämpfst, musst du das dein ganzes Leben lang tun. Stell dir nur vor, welchen Schaden du in der Hitze des Augenblicks fast angerichtet hättest!"

Einmal musste Niranjan Arbeit in einem Büro annehmen. Ramakrishna war über die Neuigkeit besorgt und meinte: „Es würde mich nicht mehr schmerzen, wenn ich von seinem Tod hörte." Wenige Tage später erfuhr er, dass Niranjan wegen seiner alten Mutter den Job angenommen hatte. Erleichtert meinte er: „Ach, dann ist es in Ordnung. Es wird deinen Geist nicht beschmutzen. Aber hättest du es um deinetwillen getan, hätte ich dich nicht mehr berühren können. Es ist für mich undenkbar, dass du dich zu solch einer Erniedrigung herablassen konntest. Weiß ich nicht, dass mein Niranjan nicht die leiseste Spur von Unreinheit in sich trägt?" Einer der Verehrer, der das gehört hatte, meinte: „Herr, du wertest die Arbeit in sehr starken Worten ab. Aber wie soll man seine Familie unterhalten, ohne Geld zu verdienen?" Ramakrishna erwiderte: „Soll der es machen, der will. Ich rate nicht jedem davon ab. Ich sage das nur zu diesen jungen Suchern, die eine eigene Klasse bilden."

Niranjan hatte diese Stelle nicht lange inne, denn bald darauf widmete er sich völlig dem Dienst für den Meister. Später, als Ramakrishna krank wurde und in Shyampukur und Cossipore wohnte, übernahm er den Posten als Pförtner.

Nach Ramakrishnas Tod kümmerte er sich besonders um die Verehrung der Asche des Meisters. Er war auch Sarada Devi sehr ergeben. 1904 starb er an der Cholera.

JOGIN, SWAMI YOGANANDA (1861-1899)

Von Jogindra haben wir bereits gehört. Er entstammte einer aristokratischen Brahmanenfamilie, die im Dorf Dakshineswar lebte. Da die Familie verarmt war, lag alle Hoffnung auf ihm als dem ältesten Sohn. Jogin entwickelte schon sehr früh in seinem Leben religiöse Neigungen. Im Alter von fünf wurde er oft von seltsamen Gefühlen überwältigt. Dann verlor er alles Interesse am Spiel, zog sich in einen stillen Winkel zurück, blickte zum Himmel und dachte: „Wo bin ich? Bestimmt gehöre ich nicht hierher. Das sind nicht meine Spielgefährten. Ich habe andere Freunde und Gefährten. Ich muss von einem dieser Sterne gekommen sein. Aber von welchem? Ich weiß es nicht. Und warum bin ich hier, wenn ich in eine andere Welt gehöre? Ist das alles ein Traum?"

Jogin besuchte oft den Garten von Rani Rasmani. Eines Abends – er war etwa siebzehn – beobachtete er, dass sich ein großer Menschenauflauf vor einem bestimmten Zimmer in diesem Garten gebildet hatte und die Leute aufmerksam zuhörten. Er hatte gehört, dass ein exzentrischer Brahmane, der früher der Tempelpriester gewesen war, dort lebte. Jogin war neugierig und wollte wissen, was da vor sich ging. Er ging zur Tür und lauschte. Von den ersten Worten, die er hörte, konnte er schließen, dass der „verrückte Priester", wie die Leute aus der Gegend ihn nannten, sprach. Auf einfache Weise erklärte er die Philosophie der Liebe. Jogin war von diesen Worten verzaubert und stand wie gelähmt da. Als sich die Versammlung auflöste, ging Jogin nach Hause und dachte: „Dieser Mann muss ein Heiliger sein, der Gott geschaut hat. Die Leute verstehen es nicht, deshalb lachen sie ihn aus. Wie sonst kann man diese Worte der Hingabe erklären, diese göttliche Liebe und Ekstase durch den Namen Gottes? Ich will ihn genauer beobachten."

Am nächsten Tag ging er zu Ramakrishna, der sich freute, als er erfuhr, wer er war, und sagte: „Du stammst aus einer Familie, die ich gut kenne. Früher ging ich oft in dein Haus, um das *Bhagavata* und andere Schriften zu hören. Du musst oft herkommen. Du wurdest in eine edle Familie geboren und besitzt viele Eigenschaften von spiritueller Größe. Du wirst leicht diesen Weg meistern."

Jogin war von der freundlichen Behandlung des Meisters sehr beeindruckt und besuchte ihn täglich. Er hielt es jedoch vor seinen Eltern geheim, da sie den allgemeinen Glauben über den Meister teilten, dass dieser verrückt sei.

Jogin wollte zunehmend ein Leben der Entsagung führen. Obwohl er wusste, dass seine akademische Laufbahn für seine Familie sehr wichtig war, wollte er alles aufgeben und beschloss, nicht zu heiraten. Er wollte sich entfernt von zu Hause Arbeit suchen und so die Familie unterstützen. Damit könnte er die meiste Zeit dem Gebet und der Meditation widmen, so dachte er. Eines Tages sagte er zu seinem Vater: „Es ist nutzlos für mich, weiterhin in die Schule zu gehen. Ich sollte mir vielmehr eine Anstellung in einem Büro besorgen. Mit deiner Erlaubnis werde ich zu meinem Onkel nach Kanpur gehen und mich um eine Anstellung bemühen." Sein Vater nahm es hin. Aber Jogin konnte keine Anstellung finden. Deshalb verbrachte er die meiste Zeit mit Gebet und Meditation. Seine Geistesabwesenheit alarmierte den Onkel, und er schrieb seinem Vater, man solle ihn verheiraten.

Die Ehevorbereitungen wurden heimlich getroffen. Dann wurde Jogin unter dem Vorwand, seine Mutter sei erkrankt, heimgeschickt. Als Jogin in Sorge nach Hause kam, fand er alle fröhlich in Erwartung der kommenden Hochzeit vor. Er war schockiert und weigerte sich, doch sein Vater hatte dem Vater der Braut sein Wort gegeben, und seine Mutter bat ihn unter Tränen einzuwilligen und die Ehre der Familie zu retten. Da gab Jogin nach und heiratete.

Jogin dachte, diese Hochzeit hätte seine spirituellen Perspektiven ruiniert und eine unüberwindbare Barriere zwischen ihm und Ramakrishna errichtet. Er ging nicht mehr nach Dakshineswar und versuchte, sich mit Beschäftigungen abzulenken.

Ramakrishna hatte von der Hochzeit gehört und wollte den Jungen sehen. Er ließ wiederholt nach ihm schicken, doch Jogin kam nicht. Jeder sagte, er habe sich seit seiner Hochzeit sehr verändert. Da griff Ramakrishna auf einen Trick zurück. Er sagte zu einem von Jogins Freunden: „Was für ein Mann ist Jogin? Bevor er nach Kanpur ging, nahm er Geld von einem Tempelbediensteten, für das er keine Rechenschaft ablegte. Er ist auch nicht gekommen, selbst wenn man nach ihm geschickt hat. Bitte geh zu ihm und sage ihm das." Jogin erinnerte sich, dass er einige Rupien erhalten hatte, um einige Dinge zu kaufen. Die Artikel hatte er vor langem geschickt, aber er hatte immer noch das Wechselgeld von einigen *Annas*. Zuerst dachte er daran, es persönlich zurückzugeben, aber nach seiner Hochzeit wollte er Ramakrishna nicht mehr besuchen. Doch seine Kritik machte ihm zu schaffen. Er dachte: „Ich habe zwar alle Hoffnung verloren, aber es ist noch nicht so weit mit mir, dass ich ein Betrüger geworden bin. Denkt er wirklich, ich sei so weit gesunken? Nun gut, ich werde noch heute hingehen und diese *Annas* zurückgeben."

Jogin ging noch am selben Nachmittag nach Dakshineswar. Er kam zur östlichen Veranda von Ramakrishnas Zimmer, von wo aus er den Meister auf seinem kleinen Sofa sitzen sah, mit seiner Kleidung sorglos auf dem Schoß. Als Ramakrishna Jogin sah, eilte er zu ihm, wobei er seine Kleidung wie ein Junge unter dem Arm trug. Er griff nach seiner Hand und sagte: „Was macht es schon aus, dass du verheiratet bist? Habe nicht auch ich geheiratet? Wovor sollte man Angst haben?" Er legte seine Hand auf seine Brust. „Wenn dieser (sich selbst meinend) glücklich ist, dann werden dich selbst hunderttausend Heiraten nicht berühren. Wenn du in der Welt sein willst, dann bring eines Tages deine Frau mit, und ich werde ihren Geist so verändern, dass sie dir immer in deiner spirituellen Entwicklung eine Hilfe sein wird. Aber wenn du dem verheirateten Leben abgeneigt bist, werde ich deine Anhaftung an die Welt wegnehmen."

Jogin war wie betäubt. War das möglich? Eine schwere Last fiel von seinem Herzen. Der Meister sprach nicht über das Restgeld. Als Jogin ihn danach fragte, meinte er: „Lass es in dieser zerbrochenen Blechdose."

Jogin verbrachte fortan seine Tage glücklich beim Meister. Seine Eltern murrten wegen seiner Gleichgültigkeit der Welt gegenüber. Eines Tages sagte seine Mutter: „Wenn du dich nicht darum bemühst, Geld zu verdienen, warum hast du dann überhaupt geheiratet?" Jogin erwiderte: „Habe ich dir nicht immer wieder gesagt, dass ich nicht heiraten will? Aber ich musste nachgeben, weil du geweint hast." „Was meinst du? Warum hast du geheiratet, wenn du nicht wolltest?", fragte seine Mutter irritiert. Jogin war perplex. „Du meine Güte", dachte er, „ich habe das getan, um meiner Mutter zu gefallen, und jetzt redet sie so daher! Ich spucke auf die Welt! Sri Ramakrishna ist die einzige Person, die ich getroffen habe, deren Worte und Gedanken genau übereinstimmen." Von diesem Tag an hatte er genug von der Welt und fand seinen einzigen Trost in der Gesellschaft Ramakrishnas. Er verbrachte die Tage und manchmal auch die Nächte im Tempelgarten.

Jogin war sehr nachgiebig. Ramakrishna erkannte seine Schwäche und warnte ihn. Die Geschichte mit der Pfanne wurde bereits früher erzählt.

Einmal fand Ramakrishna Kakerlaken unter seiner Kleidung in einer Truhe. Er bat Jogin, die Kleidung nach draußen zu nehmen, die Kakerlaken auszuschütteln und zu töten. Der weichherzige Jogin schüttelte sie aber nur aus und ließ sie frei. Er glaubte nicht, dass Ramakrishna der Angelegenheit einen weiteren Gedanken widmen würde, da die Kleidung ja nun von ihnen befreit war. Aber der Meister fragte, ob er den Auftrag ausgeführt habe. Jogin erzählte ihm, was er getan hatte. Da tadelte Ramakrishna ihn mit den Worten: „Ich habe dir gesagt, sie zu töten, und du lässt sie frei! Du musst meinen Befehl wortwörtlich ausführen, oder du wirst es bei ernsthafteren Dingen bereuen."

Eines Tages kam Jogin in einem Boot nach Dakshineswar. Als er von einem Passagier gefragt wurde, wohin er fuhr, sagte er, er sei zum Meister in Rani Rasmanis Kali-Tempel unterwegs. Kaum hatte der Mann das gehört, begann er, Ramakrishna mit den Worten zu verleumden: „Oh, er ist bloß ein Heuchler und täuscht die Öffentlichkeit. Er isst gut, liegt auf Kissen und wendet seinen Kopf den Schuljungen zu." Jogin war betroffen und wollte es dem

Mann zuerst heimzahlen, dachte dann aber, viele Leute würden Ramakrishna falsch einschätzen und deshalb schlecht von ihm reden. Deshalb protestierte er nicht und schwieg. Als er Ramakrishna von dem Vorfall erzählte, erwartete er, er würde nur darüber lachen. Aber der Meister reagierte ganz anders und rügte ihn sehr. Der Leser mag sich daran erinnern, wie er bei einem ähnlichen Vorfall auf Niranjans gegensätzliches Verhalten reagiert hat.

Einmal beschloss Jogin, die Nacht beim Meister zu verbringen, um ihm zu Diensten zu sein, falls nötig. Sie legten sich schlafen. Um Mitternacht wachte Jogin plötzlich auf und sah, dass die Zimmertür offenstand und Ramakrishna nicht da war. Da kam ihm der Verdacht, Ramakrishna könnte zu seiner Frau gegangen sein, und er fragte sich, ob die Handlungen seines Meisters vielleicht doch nicht ganz seiner Lehre entsprächen. Er wollte die Wahrheit herausfinden und beobachtete die Tür des Nahabat, wo Sarada Devi lebte. Plötzlich hörte er das Geräusch von Schritten aus der Richtung des Panchavati kommen. Einen Augenblick später stand Ramakrishna neben ihm. „Was willst du hier?", fragte er. Jogin ließ vor Scham den Kopf hängen und konnte nichts sagen. Ramakrishna verstand sofort und meinte: „Gut gemacht. Du musst einen *Sadhu* bei Tag und Nacht prüfen, bevor du an ihn glaubst."

Nach Ramakrishnas Tod und der Gründung des Ramakrishna-Ordens wurde Jogin, jetzt Swami Yogananda, der Gehilfe von Sarada Devi. Er war der erste Vizepräsident der Ramakrishna-Mission, die Swami Vivekananda 1897 gegründet hatte. Swami Brahmananda (Rakhal) war der Präsident. Jogin starb 1899 als erster der direkten Mönchsschüler mit erst achtunddreißig Jahren.

SUBODH, SWAMI SUBODHANANDA (1867-1932)

Subodh Chandra Ghosh gehörte zur Familie von Shankar Ghosh, der den Kali-Tempel in Thanthania, einem Viertel in Kalkutta, gegründet hatte. Nach dem Examen sollte er heiraten. Um der Hochzeit zu entgehen, bat er Gott, ihn schlecht in der Prüfung abschneiden zu lassen. Und er fiel tatsächlich durch.

Eines Tages gab ihm sein Vater ein bengalisches Buch über Ramakrishnas Lehre von Suresh Chandra Datta zu lesen. Subodh war so beeindruckt, dass er den Meister so bald wie möglich treffen wollte. Sein Vater bat ihn, bis zu den Ferien zu warten, wenn er ihn begleiten konnte, aber Subodh war das zu lang, und so machte er sich mit seinem Freund Kshirode zu Fuß auf den Weg nach Dakshineswar. Das war im Jahr 1884, als er siebzehn war.

Subodh dachte, dass ein *Paramahamsa* eine Art Magier sei. Er hatte nie zuvor mit einem *Sadhu* gesprochen. Deshalb sagte er zu seinem Freund: „Du musst vorangehen und mit dem heiligen Mann sprechen. Ich weiß nicht, wie man sich ihm gegenüber verhält." Sein Freund war damit einverstanden. Sie betraten das Zimmer des Meisters und begrüßten ihn mit gefalteten Händen. „Woher kommt ihr?", fragte Ramakrishna. „Aus Kalkutta", lautete die Antwort. Er deutete auf Subodh und sagte: „Warum steht er so weit weg? Komm näher." Subodh kam näher. „Gehörst du nicht zur Familie von Shankar Ghosh?", fragte Ramakrishna. Subodh staunte und sagte: „Ja, Herr, aber woher weißt du das?" „Als ich in Jhamapukur war, besuchte ich oft dein Zuhause und auch euren Kali-Tempel in Thanthania. Das war vor deiner Geburt. Ich wusste, dass du kommen würdest. Die Mutter schickt jene hierher, die Spiritualität erlangen werden. Warum stehst du so weit weg? Komm näher." Subodh ging noch näher zum Meister, der seine Hand ergriff und für einige Minuten die Augen schloss. Dann sagte er: „Du wirst das Ziel erreichen. Die Mutter hat es gesagt."

Ramakrishna bat um eine Matte für Subodh und seinen Freund. Dann fragte er sie, wie sie nach Dakshineswar gekommen seien. Subodh hatte durch die Freundlichkeit Ramakrishnas jede Scheu verloren und antwortete: „Zu Fuß." „In der Tat!", sagte Ramakrishna, „Aber woher wusstest du von mir?" Subodh antwortete: „Ich mag deine Aussprüche. Du bist ein so großer Mann und so berühmt! Deshalb besuchen wir dich." Da antwortete Ramakrishna mit einer Demut, die die Jungen erstaunte: „Ach, ich bin schlimmer als ein Wurm. Name und Ruhm! Das ist lächerlich! Ich bin in Wirklichkeit unbedeutender als ein Wurm." Nach einer Pause meinte er: „Die Mutter schickt jene hierher, die Ihre Gnade erlangen werden. Komm an den Dienstagen oder Samstagen. Viele Leute aus deinem Stadtteil kommen jetzt hierher." Subodh meinte zunächst, dass das nicht möglich sei, da seine Verwandten es herausfänden, stimmte dann aber zu. Da es schon spät war, verabschiedeten sie sich. Ramakrishna gab den Jungen Süßigkeiten und bat sie, das Geld für eine Kutsche oder ein Boot anzunehmen, aber sie lehnten ab und kehrten zu Fuß nach Kalkutta zurück.

Am folgenden Samstag stahl sich Subodh mit seinem Freund Kshirode aus der Schule und eilte nach Dakshineswar. Das Zimmer war voller Besucher. Sie spähten durch die Tür und grüßten Ramakrishna, der sie entdeckte und ihnen durch ein Zeichen zu verstehen gab, draußen zu bleiben. Er bat seine Besucher zu warten und ging zu ihnen hinaus, um sie zu begrüßen.

Um 3 Uhr nachmittags bat Ramakrishna Rakhal, etwas Gangeswasser zu bringen, und wusch sich damit die Hände. Dann hockte er sich auf die Treppe südlich seines Zimmers, die zu den Shiva-Tempeln führt, und bat auch die Jungen, sich hinzusetzen. Er bat Kshirode, ihm seine Zunge zu zeigen. Dann schrieb er mit dem Finger etwas auf sie und strich vom Nabel bis zum Hals über seinen Körper. Dasselbe tat er mit Subodh, wobei er sagte: „Erwache, Mutter, erwache!" Dann sagte er beiden, sie sollten meditieren.

Diese Berührung erweckte Subodhs verborgene Spiritualität. Kaum hatte er zu meditieren begonnen, zitterte sein ganzer Körper. Er spürte, wie ein Strom durch das Rückenmark zum Gehirn hinaufschoss. Unaussprechliche Freude überwältigte ihn, und er sah ein seltsames Licht in sich, in dem die Gestalten unzähliger Götter und Göttinnen aufleuchteten. Seine Meditation vertiefte sich, und der Junge verlor jedes Empfinden seiner persönlichen Identität. Als er wieder zu Bewusstsein kam, sah er, dass der Meister in die andere Richtung über seinen Körper strich, vom Kopf abwärts. Er fragte ihn: „Meditierst du zu Hause?" „Sehr wenig", antwortete der Junge. „Ich denke etwas an die Götter und Göttinnen, von denen ich von meiner Mutter gehört habe." „Ach", meinte der Meister, „deshalb kannst du dich so gut konzentrieren." Dann fragte er Kshirode, ob er etwas gesehen oder gefühlt habe. Als der Junge verneinte, meinte er: „Gut, du wirst es später tun."

Nach diesem Treffen mit Ramakrishna begann Subodh ein seltsames Licht zwischen seinen Augenbrauen zu sehen. Seine Mutter ermahnte ihn, mit keinem darüber zu sprechen, aus Angst vor übernatürlichen Folgen. Aber Subodh meinte: „Was kann es mir schaden, Mutter! Ich will nicht das Licht, sondern das, wovon es herrührt."

Subodh sagte immer, was er dachte. Einmal fragte Ramakrishna ihn: „Was denkst du von mir?" Er antwortete: „Die Leute sagen alles Mögliche über dich. Ich glaube keinem von ihnen, bis ich einen klaren Beweis habe." Doch er war bald von Ramakrishnas Größe überzeugt, und das so sehr, dass er nicht mehr meditieren wollte, da er es für unnötig hielt, weil sich seiner Meinung nach der Meister um sein spirituelles Leben kümmerte.

Als Ramakrishna ihm sagte, er möge Mahendra besuchen, antwortete er: „Er konnte nicht seiner Familie entsagen. Was kann ich von ihm über Gott lernen?" Ramakrishna antwortete: „Er wird nicht über sich selbst sprechen. Er wird dir nur sagen, was er von mir gelernt hat." Also besuchte Subodh Mahendra und erzählte ihm auf seine direkte Art von diesem Gespräch mit dem Meister. Mahendra meinte: „Ich bin niemand, aber ich lebe am Meer der Erkenntnis und Seligkeit, und ich habe einige Krüge von diesem Wasser. Wenn ein Gast kommt, biete ich es ihm an. Worüber sonst sollte ich reden?" Somit wurden die beiden Freunde. Subodh hatte fortan große Achtung vor Mahendra, besuchte ihn oft und hörte ihm zu, wenn er über Ramakrishna sprach.

Subodh nahm den Mönchsnamen Subodhananda an, aber seine Mitbrüder nannten ihn Khoka (Kind), weil er der Jüngste von ihnen war. Alle Swamis liebten ihn wegen seines kindlichen Wesens und weil er die Leute aufheitern konnte. Er unternahm mehrere Pilgerreisen mit Swami Brahmananda.

Als Vivekananda 1897 von seiner ersten Reise in den Westen nach Indien zurückkam und voller Eifer die Ramakrishna-Mission aufbaute, die er neu gegründet hatte, verfügte er, dass alle seine Mitbrüder sich ans Reden in der Öffentlichkeit gewöhnen mussten. Um das zu üben, war an einem bestimmten Tag in der Woche jeweils ein anderer dran. Als Subodhananda an die Reihe kam, ließ er nichts unversucht, um dem zu entgehen, aber Vivekananda blieb streng. Die anderen Mönche erhofften sich einen Spaß und versammelten sich in der Halle, um zu sehen, wie Khoka sich zum Narren machte. Der arme Khoka stieg unwillig und in elender Verfassung auf das Podium und öffnete seinen Mund, um zu sprechen. Doch bevor er ein Wort sagen konnte, begann das Gebäude zu erzittern, und draußen stürzten Bäume um. Es war ein starkes Erdbeben. Vivekananda sagte, als sich der Tumult gelegt hatte: „Gut, Khoka, du hast eine welterschütternde Ansprache gehalten."

Swami Subodhananda arbeitete in verschiedenen Funktionen für den Ramakrishna-Orden und die Ramakrishna-Mission und kümmerte sich um die Neulinge. Er reiste durch Bihar und Bengalen und verbreitete dort die Lehre Ramakrishnas. Er starb am 2. Dezember 1932.

Ramakrishna traf in der Folge mehrere berühmte gelehrte Männer seiner Zeit. Er schätzte nicht die Gelehrsamkeit um der Gelehrsamkeit willen, die nur die Eitelkeit beflügelte, sondern untersuchte stets das Herz der Menschen und seine Erkenntnis Gottes. Wenn das fehlte, hatte er nichts mit den Gelehrten zu schaffen.

DEVENDRA TAGORE (1817-1905)

Eines Tages wollte Ramakrishna Devendra Tagore besuchen, um herauszufinden, wie weit der berühmte religiöse Führer der Brahmos in der Spiritualität fortgeschritten war. Deshalb bat er Mathur, ihn zu ihm zu bringen. Mathur war mit Devendra zur Schule gegangen, weshalb er ihn besuchen konnte, ohne Formalitäten zu beachten.

Ramakrishna bat Devendra ohne Umschweife, ihm seine Brust zu zeigen. Devendra zog sein Hemd hoch und zeigte ihm seine rote Brust. (Die rote Brust weist auf tiefe, lange Meditation hin). Sie kamen ins Gespräch, und Devendra erklärte: „Diese Welt ist wie ein Kronleuchter, auf dem jedes Lebewesen ein Licht ist. Gott hat die Menschen erschaffen, um seine Herrlichkeit kundzutun. Wenn es keine Lichter auf dem Kronleuchter gibt, ist alles dunkel. Man kann nicht einmal den Kronleuchter sehen." Diese Erklärung beeindruckte Ramakrishna, denn er hatte einst eine ähnliche Vision gehabt.

Ramakrishnas Meinung über Devendra war jedoch zwiegespalten. Einerseits dachte er, er hinge noch sehr an seiner Gelehrsamkeit und am weltlichen Leben, andererseits respektierte er ihn sehr. Er berichtete: „Während ich mit Devendra sprach, geriet ich plötzlich in diesen Geisteszustand, in dem ich einen Menschen als das erkennen kann, was er wirklich ist. Ich wurde innerlich von Lachen geschüttelt. […] Wenn ich sehe, dass ein Gelehrter keine Unterscheidungsfähigkeit und Entsagung hat, halte ich ihn für wertloses Stroh. Ich sehe, dass er wie ein Geier ist, der sich hoch in die Lüfte schwingt, seinen Blick aber auf das Aas unten gerichtet hat.

Ich fand, dass Devendra Yoga und Bhoga (Genuss) in seinem Leben kombiniert hatte. Er hatte viele Kinder, und alle waren klein. Der Hausarzt war da. Somit siehst du, dass er mit dem weltlichen Leben beschäftigt war, obwohl er ein *Jnani* war. Ich sagte zu ihm: ‚Du bist der *König Janaka* dieses *Kaliyuga*.'"[1]

Devendra bat ihn, zur jährlichen Feier des Brahmo Samaj zu kommen. „Das hängt vom Herrn ab", antwortete Ramakrishna. „Du siehst ja, in welcher Verfassung ich bin. Ich weiß nicht, in welchen Zustand Er mich zu einer bestimmten Zeit versetzen wird." Devendra meinte, dass Ramakrishna trotzdem kommen müsse, bat ihn aber, sowohl ein Ober- als auch ein Untergewand zu tragen. „Das ist nicht möglich", antwortete Ramakrishna. „Ich kann mich nicht wie ein Herr kleiden." Devendra lachte, doch am nächsten Tag erhielt Mathur von ihm einen Brief. Die Einladung wurde mit der Begründung zurückgenommen, Ramakrishna könne nicht zur Feier kommen, ohne anständig gekleidet zu sein.

---

[1] Nikhilananda: Die Botschaft II, S. 178

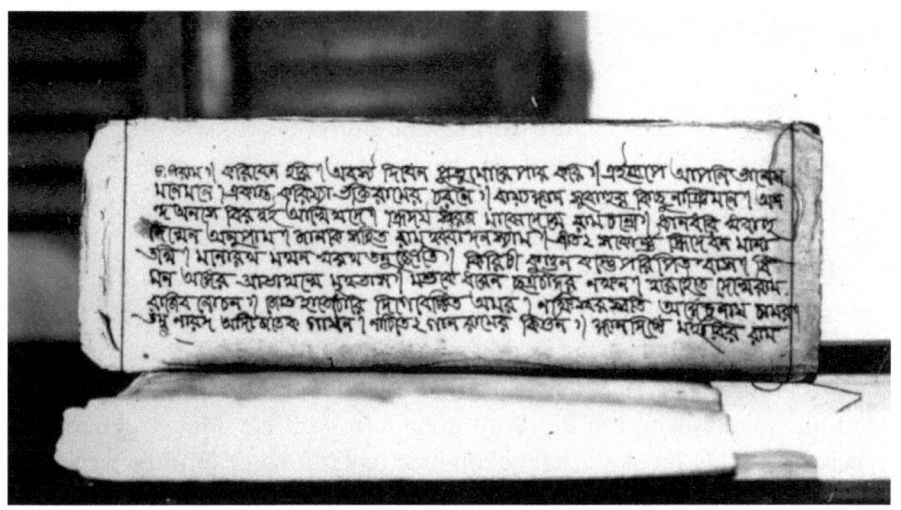

RAMAKRISHNAS HANDSCHRIFT IN BENGALISCH

Kristodas Pal war der Herausgeber des Hindu Patriot und einer der Pioniere der Nationalbewegung. Er wurde sowohl von der Regierung als auch von der Öffentlichkeit respektiert. Als er Ramakrishna besuchte, kam das Thema Entsagung zur Sprache.

Kristodas Pal meinte: „Herr, diese Heuchelei von Entsagung hat fast das Land ruiniert. Deshalb sind die Inder eine unterdrückte Nation. Anderen Gutes zu tun, die Bildung zu den Unwissenden zu bringen und vor allem die materiellen Bedingungen des Landes zu verbessern – das sollte jetzt unsere Pflicht sein. Der Ruf nach Religion und Entsagung schwächt uns dagegen. Du solltest die jungen Männer Bengalens anweisen, nur solche Werke zu tun, die dem Land einen Auftrieb geben."

Ramakrishna erwiderte: „Du scheinst ein geringes Verständnis zu haben. Du wagst es, mit diesen Begriffen etwas geringzuschätzen, was alle unsere Schriften als die größte aller Tugenden beschreiben! Indem du zwei Seiten Englisch liest, meinst du schon, die Welt zu verstehen. Du scheinst zu glauben, dass du allwissend bist. Hast du diese kleinen Krabben gesehen, die im Ganges geboren werden, sobald es zu regnen beginnt? In diesem großen Weltall bist du unbedeutender als eine dieser kleinen Kreaturen. Wie kannst du es wagen, davon zu reden, der Welt zu helfen? Der Herr wird sich darum kümmern. Du hast nicht die Macht, es zu tun."

Nach einer Pause fuhr er fort: „Kannst du mir erklären, wie du für andere arbeiten kannst? Ich weiß, was du damit meinst, anderen zu helfen. Einer Anzahl von Leuten zu essen zu geben, sie zu behandeln, wenn sie krank sind, eine Straße zu bauen oder einen Brunnen zu graben – ist das nicht alles? Das sind zweifelsohne gute Taten, aber wie bedeutungslos im Vergleich zur Größe des Universums! Wie viel kann ein Mensch auf diese Weise tun? Wie viele Leute kannst du vor dem Hunger retten? Die Malaria hat eine ganze Provinz zerstört. Was kannst du tun, um den Prozess einzudämmen? Gott allein kann sich um die Welt kümmern. Soll der Mensch zuerst Ihn erkennen. Soll er die Autorität bekommen und mit Seiner Kraft ausgestattet sein. Dann, und nur dann, kann er daran denken, anderen Gutes zu tun. Der Mensch sollte sich zuerst von allem Egoismus reinigen. Nur dann wird die Selige Mutter ihn bitten, für die Welt zu arbeiten."

Iswar Chandra Vidyasagar war ein bekannter Sozialreformer, Pädagoge und Schriftsteller. Er gilt als der Vater der bengalischen Prosa. Zudem besaß er eine Schule, in der Narendra Schulleiter war.

Im Gospel erzählt Mahendra im Eintrag vom 5. August 1882 ausführlich von Ramakrishnas Begegnung mit Vidyasagar. „Der Wagen hielt vor Vidyasagars Haus. Der Meister stieg mit Hilfe von M.[1] aus, der voranging. Im Hof gab es viele Blühpflanzen. Als der Meister zum Haus ging, zeigte er auf seinen Hemdknopf und sagte wie ein Kind zu M.: ‚Mein Hemd ist nicht zugeknöpft. Wird das Vidyasagar beleidigen?' ‚Oh nein!', antwortete M. ‚Sorge dich nicht darum. Nichts an dir ist beleidigend. Du musst dein Hemd nicht zuknöpfen.' Er akzeptierte die Versicherung wie ein Kind.

Vidyasagar war etwa zweiundsechzig, sechzehn oder siebzehn Jahre älter als der Meister. Er lebte in einem zweistöckigen Haus, das nach englischer Art erbaut und von allen Seiten von Rasen und einer hohen Mauer umgeben war. Nachdem Sri Ramakrishna und seine Verehrer die Treppe zum zweiten Stock hinaufgestiegen waren, betraten sie ein Zimmer, an dessen anderem Ende Vidyasagar ihnen gegenübersaß, mit einem Tisch vor sich. Rechts vom Tisch stand eine Bank. Einige Freunde des Gastgebers besetzten Stühle auf

---

[1] Mahendra, der Verfasser des Gospel of Sri Ramakrishna, nannte sich einfach M.

den beiden anderen Seiten. Vidyasagar erhob sich, um den Meister zu empfangen. Sri Ramakrishna stand vor der Bank, wobei er eine Hand auf den Tisch gelegt hatte. Er sah Vidyasagar an, als hätten sie sich bereits früher gekannt, und lächelte in ekstatischer Stimmung. So blieb er einige Minuten stehen. Um sich zum normalen Bewusstsein zurückzubringen, sagte er: ‚Ich würde gern Wasser trinken.'"[1]

PUNDIT VIDYASAGAR (1820-1891)

Es folgte ein langes, mehrstündiges spirituelles Gespräch. Erst um neun Uhr abends verabschiedete sich Ramakrishna von ihm.

Am 25. Juni 1884 besuchte Ramakrishna den bekannten Gelehrten Shashadhar in Kalkutta. Ihm ist im Gospel Kapitel 24 gewidmet. Der Pundit war ein sehr wortgewandter Hindu-Prediger, und seine Interpretation des Hinduis-

---

[1] Nikhilananda: Die Die Botschaft I, S. 143

mus war weit bekannt. Ramakrishna gab ihm folgenden Rat: „In diesem *Kaliyuga* ist Hingabe, wie sie *Narada* lehrte, am besten. Es gibt kaum Zeit, alle Rituale zu befolgen, wie sie in den *Shastras* vorgeschrieben werden. Heutzutage musst du gegen Fieber eine Fiebermixtion verschreiben, nicht die alten Heilmittel. Während du wartest, dass die alten Methoden wirken, stirbt der Patient. Wenn du den Leuten Rituale lehrst, musst du ihnen sagen, sie sollen nur so viele übernehmen, wie sie brauchen.

Deine Vorträge haben nur einen geringen Einfluss auf die weltlich Gesinnten. Du wirst das bald herausfinden. Das neugeborene Kalb kann nicht auf seinen Beinen stehen. Du kannst nicht zwischen einem Verehrer und einem weltlichen Menschen unterscheiden. Aber das ist nicht dein Fehler. In einem Sturm ist es schwierig, eine Baumart von der anderen zu unterscheiden. Vor der Erkenntnis kann keiner alle Rituale aufgeben. Die Blume fällt ab, sobald die Frucht auftaucht. Hingabe ist die Frucht, und die Rituale sind die Blume. Das *Sandhya* geht ins *Gayatri* ein, das *Gayatri* in OM und OM in *Samadhi* – so wie der Klang einer Glocke allmählich dahinschwindet."[1]

Ramakrishna strich heraus, dass nur einer, der von Gott beauftragt worden war zu lehren, auch lehren kann und die Menschen erreicht. So sagte er: „Die Aufgabe eines religiösen Lehrers ist in der Tat schwer. Man kann die Menschen nicht ohne einen direkten Auftrag von Gott belehren. Die Leute hören nicht auf dich, wenn du ohne Autorität lehrst. Hinter solch einer Lehre steht keine Kraft. Man muss zuerst durch spirituelle Übung oder ein anderes Mittel Gott erlangen. Wenn man auf diese Weise mit der Autorität Gottes bewaffnet ist, kann man Vorträge halten."[2]

Auch betonte er, dass viele Lehrer sein wollen, aber nur wenige Schüler. Deshalb prüfte er die Gelehrten, ob sie einen solchen Auftrag von Gott erhalten hatten. So sagte er zu Shashadhar: „Mein Junge, versuche, stärker zu werden. Übe etwas mehr. Du hast die Rolle des Lehrers zu schnell angenommen. Aber deine Absicht ist gut. Du willst anderen helfen. Als ich zuerst von dir hörte, fragte ich mich, ob du nur ein Gelehrter seist oder einer, der Unterscheidung und Enthaltsamkeit übt. Ein Gelehrter ohne Unterscheidung ist keiner. Es schadet nicht, wenn man die Rolle des Lehrers spielt, wenn

---

[1] Nikhilananda: Life of Sri Ramakrishna, S. 401
[2] Nikhilananda: Die Botschaft I, S. 225

man die Autorität von Gott hat. Solch einer ist unbesiegbar. Ein Lichtstrahl von der Göttin der Gelehrsamkeit genügt, um den hellsten Verstand zu verdunkeln. Motten kommen von selbst zu einer brennenden Lampe. Sie kommen zu Tausenden – keiner muss sie rufen. Ähnlich braucht ein Mann, der den göttlichen Befehl erhalten hat, keine Einladungen für seine Vorträge auszusprechen. Der Magnet lädt kein Stück Eisen ein zu kommen. Er zieht es automatisch an. Deshalb habe ich dich gefragt, ob du den Befehl Gottes erhalten hast."[1]

Der Pundit verneinte. Ramakrishna meinte: „Von welchem Wert sind Vorträge von jemandem, der nicht die Autorität des Herrn erhalten hat?" Er riet dem Pundit, tiefe Hingabe zu üben. „Unendlich sind die Wege, die zum Meer der Unsterblichkeit führen. Du musst irgendwie eintauchen. Nimm einmal an, da ist ein Teich von Nektar, und du wirst unsterblich, wenn du einige Tropfen trinkst. Du kannst von dir aus in den Teich springen oder die Treppe hinuntergehen und geruhsam den Nektar trinken, oder jemand stößt dich hinein – das Ergebnis ist dasselbe. Du wirst unsterblich, wenn du nur den Nektar kostest. Es gibt unendlich viele Wege. Du kannst jedem von ihnen folgen – Erkenntnis, Hingabe oder Arbeit. Wenn du ernsthaft bist, wirst du Ihn erkennen."

Der Pundit wollte wissen, wie weit Ramakrishna auf seiner Pilgerreise gekommen war. Der Meister antwortete: „Ich habe viele heilige Orte besucht. (Lächelnd) Hazra ging sehr weit hinauf. Er ging nach Rishikesh. Ich bin nicht so weit gegangen und nicht so weit hinauf. Milane und Geier steigen auch weit in die Lüfte, aber sie suchen immer nach dem Aas unten. Begierde und Wohlstand sind dieses Aas. Wenn du Hingabe erlangen kannst, indem du hier sitzt, was nützt es dann, zu heiligen Orten zu gehen?

Und wisse eins: Wie sehr du auch einen Menschen unterweist, es nützt nichts, ehe der richtige Augenblick kommt. Das Kind sagte zur Mutter, als es zu Bett ging: ‚Wecke mich auf, wenn ich Hunger habe.' Die Mutter erwiderte: ‚Sorge dich nicht, mein Kind, dein Hunger wird dich aufwecken.' Ähnlich kommt die intensive Sehnsucht nach Gott erst im richtigen Augenblick.

---

[1] Nikhilananda: Life of Sri Ramakrishna, S. 404

Es gibt drei Arten von Ärzten. Es gibt jene, die den Puls des Patienten fühlen, Medizin verschreiben und gehen, nachdem sie ihm gesagt haben, er müsse sie einnehmen. Sie sind die niedrigste Art. Ebenso gibt es Lehrer, die den Schüler unterweisen, aber sich nicht darum kümmern, ob diese Anweisungen ausgeführt werden. Es gibt eine weitere Art von Ärzten, die dem Patienten Arznei verschreiben und ihn bitten, sie zu nehmen. Wenn er nicht dazu bereit ist, debattieren sie mit ihm. Das ist die zweite Art. Ebenso gibt es zweitklassige Lehrer, die den Schüler anweisen und ihn ermahnen, ihren Rat auszuführen. Schließlich gibt es die höchste Art von Ärzten, die Gewalt anwenden, damit der Patient die Arznei schluckt, wenn er sein freundliches Zureden nicht beachtet. Ebenso gibt es die höchste Art von Lehrern, die sogar Gewalt anwenden, um ihre Schüler auf den rechten Pfad zu bringen."

Da fragte der Pundit: „Herr, wenn es erstklassige Lehrer gibt, warum sagst du dann, dass es keine Wirkung gibt bis zum rechten Moment?"

Ramakrishna: „Nimm einmal an, die Arznei erreicht nicht den Magen, sondern rinnt aus dem Mund heraus. Was kann der Arzt in solch einem Fall tun? Selbst ein erstklassiger Arzt ist dann machtlos."

Und er fuhr fort: „Du musst deine Anweisungen den Voraussetzungen des Schülers anpassen. Das machst du nicht. Wenn ein Junge zu mir kommt, frage ich ihn zuerst nach seinen Verwandten. Nimm einmal an, er hat keinen Vater oder ist durch die Schulden des Vaters belastet. Wie kann er dann seinen Geist Gott hingeben? Hörst du mir zu?"

Pundit: „Ja, Herr, ich bin ganz Ohr."

Ramakrishna: „Eines Tages kamen Sikh-Soldaten nach Dakshineswar. Ich traf sie vor dem Kali-Tempel. Einer von ihnen sagte: ‚Gott ist gnädig'. Ich sagte: ‚In der Tat! Woher weißt du das?' Sie sagten: ‚Warum, Herr? Er ernährt uns und kümmert sich so sehr um uns.' Ich sagte: ‚Ist das erstaunlich? Ist Er nicht unser aller Vater? Wenn ein Vater sich nicht um seine Kinder kümmert, wer wird es dann tun? Werden Fremde es tun?'"

Narendra wandte ein: „Sollten wir Ihn dann nicht barmherzig nennen?"

Ramakrishna: „Gewiss solltest du das. Was ich meine, ist, dass Gott unser vertrautester Verwandter ist und kein Fremder."[1]

Am 30. Juni besuchte Pundit Shashadhar mit seinem älteren Bruder Ramakrishna in Dakshineswar. Der Meister war oft nervös wie ein Kind, wenn eine berühmte Persönlichkeit ihn besuchte. Bei solchen Anlässen war er sich seiner Ungebildetheit bewusst und fürchtete zudem, dass er in Trance geraten könnte. Er bat dann einen der Verehrer, während des Gesprächs anwesend zu sein, damit er mit dem *Pundit* eine Unterhaltung führen und sich zugleich um ihn kümmern konnte. Aber als Shashadhar kam, vergaß er das alles, blickte den Gelehrten eine Weile lang an und fiel in einen halbbewussten Zustand.

Als er wieder zu sich kam, bat Shashadhar ihn, ihm etwas über die Hingabe zu sagen. Ramakrishna wies ihn an, intensive Hingabe mit Sehnsucht und Gebet zu üben. „Hören ist besser als Lesen. Man versteht die Wahrheit besser, wenn man sie von den Lippen eines Gurus oder wahren Mönchs hört. Man muss nicht auf die unbedeutenden Einzelheiten in den Schriften achten. Sehen ist wiederum besser als Hören. Ich meine wirkliches Erkennen. Es vertreibt jeden Zweifel. Die *Shastras* lehren viele gute Dinge. Aber bis man Gott erkennt, bis man Hingabe zu Seinen Lotusfüßen hat, bis der Geist gereinigt ist, ist alles nutzlos. Der bengalische Kalender sagt den jährlichen Regenfall voraus, aber wenn du das Buch auspresst, erhältst du daraus keinen Tropfen Wasser."

Drei Tage später besuchte Pundit Shashadhar Ramakrishna erneut in Balaram Boses Haus. Das Wagenfest wurde gefeiert, und Ramakrishna stimmte in die Gesänge ein und tanzte. Am Ende des Programms meinte er: „Wenn der Herr sich im Laufe der spirituellen Übung manifestieren will, dann kommt die höchste Freude – das Glück *Brahmans*. Diese Sehnsucht kommt, wenn das Herz ernsthaft um Erkenntnis kämpft. Der Lehrer sagte zum Schüler: ‚Komm, ich werde dir zeigen, welch intensive Sehnsucht du haben musst, um Gott zu erkennen.' Er nahm den Schüler mit zu einem Teich und drückte ihn unter Wasser. Als er ihn nach einer Weile wieder hochzog, fragte er, wie er sich gefühlt habe. Der Schüler antwortete: ‚Ich habe nach Luft gerungen!'"

---

[1] ders., S. 404-406

BANKIM

Bankim Chandra Chatterjee war ein berühmter bengalischer Romanautor. Er traf Ramakrishna im Dezember 1884 im Haus von Adhar. Adhar stellte ihn Ramakrishna mit folgenden Worten vor: „Herr, er ist ein großer Gelehrter und hat viele Bücher geschrieben. Er ist gekommen, um dich zu sehen. Sein Name ist Bankim Babu."

Ramakrishna: „Ach, Bankim![1] Was hat dich geneigt?"

Bankim: „Ach Herr, der Tritt von englischen Stiefeln."

Ramakrishna: „Nein, nein, das meine ich nicht. Einige sagen, Sri Krishna wurde durch die Liebe geneigt – die Liebe zu Radha. Sie machte seinen Körper biegsam und gab ihm seine charakteristische Pose. Weißt du, warum er so dunkel und klein aussieht wie ein Mensch? Solange Gott fern ist, sieht Er dunkel aus, wie das Wasser des Meeres aus der Entfernung blau aussieht. Aber es sieht nicht mehr so aus, wenn du nahe an es herangehst und etwas

---

[1] Bankim heißt wörtlich geneigt.

davon in deine Hand nimmst. Dann ist es durchsichtig. Die Sonne sieht sehr klein aus, weil sie so weit weg ist. Aus der Nähe betrachtet wäre sie immens groß. Gott ist weder dunkel noch klein, wenn man Sein wirkliches Wesen erkennt. Aber es ist etwas, das weit, weit entfernt ist – man kann es nicht erkennen, außer in *Samadhi*. Solange es den Unterschied von ich und du gibt, müssen Name und Gestalt bestehen bleiben. Es ist alles Sein Spiel. Solange wir von der Vorstellung von Trennung besessen sind, enthüllt sich Gott in Gestalten."

Bankim fragte Ramakrishna, warum er nicht predigen würde. Ramakrishna erklärte es ihm. Dann fragte Ramakrishna Bankim: „Du bist ein großer Gelehrter und hast viele Bücher geschrieben. Was glaubst du ist die Pflicht des Menschen? Was wird er nach dem Tod mitnehmen? Du glaubst natürlich an ein künftiges Leben!"

Bankim: „Künftiges Leben! Was ist das?"

Ramakrishna: „Nach der Erkenntnis kehrt man nicht mehr zu anderen Ebenen zurück. Es gibt keine Wiedergeburt mehr. Aber bis man die Erkenntnis erlangt und Gott erkennt, muss man immer wieder in diese Welt zurückkehren. Es gibt keinen Ausweg. Für solch einen gibt es eine nächste Welt.

Du hast gesehen, wie die Töpfer ihre Töpfe in der Sonne trocknen lassen. Einige sind gebrannt, andere ungebrannt. Manchmal trampelt das Vieh darauf und zerbricht sie. Die Gebrannten werden als wertlos weggeworfen. Aber die ungebrannten Bruchstücke werden gesammelt, mit etwas Wasser zerstampft und wieder auf die Töpferscheibe gelegt, um daraus neue Töpfe zu machen. Solange du ungebacken bist, wird der Töpfer dich nicht gehen lassen. Bis du Erkenntnis erlangt und Gott erkannt hast, wird er dich erneut auf die Töpferscheibe legen. Das heißt, du musst immer wieder geboren werden, und es gibt kein Entkommen. Wenn du Gott erkennst, bist du frei, und der Töpfer wirft dich weg, da du nicht länger in dieser Schöpfung der *Maya* von Nutzen bist. Ein *Jnani* hat die *Maya* überschritten. Was hat er mit ihr zu tun? Aber Er behält einige in dieser Welt der *Maya*, um die Menschheit zu belehren."

Dann fragte er Bankim, was seiner Meinung nach die Pflicht des Menschen sei. Bankim meinte lächelnd: „Ich würde sagen: essen, schlafen und sexuelles Vergnügen."

Ramakrishna rief voller Ekel: „Pah! Du bist sehr frech. Du sprichst nur von dem, was du immer tust." Und er erklärte ihm, dass Gelehrsamkeit ohne Unterscheidung und Entsagung nutzlos sei und dass es die Pflicht des Menschen sei, bei Gott seine Zuflucht zu nehmen und Ihn zu erkennen. Bankim argumentierte damit, dass man zuerst die Welt erkennen müsse, bevor man Gott erkennen könne.

Ramakrishna entgegnete: „Das meint ihr alle! Gott kommt zuerst, dann Seine Schöpfung. Nachdem man Ihn erkannt hat, kann man alles andere erkennen, wenn nötig. Deine Aufgabe ist es, Gott zu erkennen. Warum kümmerst du dich so sehr um die Welt, die Schöpfung, die Wissenschaft und das alles? Nimm einmal an, du willst Mangos essen. Was gewinnst du, indem du eine Statistik über den Mango-Hain aufstellst?"

Dann begann Trailokya Sanyal zu singen. Ramakrishna ging in *Samadhi* ein. Bankim beobachtete ihn aufmerksam. Er hatte noch nie jemanden in *Samadhi* gesehen. Später sang Ramakrishna das Lied „Tauche tief, tauche tief, mein Geist!" Danach verabschiedete sich Bankim.

Ramakrishna vergaß Bankim nicht, obwohl sie sich nie wieder trafen.[1]

---

[1] zu Bankim s. Nikhilananda: Die Botschaft II, Kapitel 34

# DIE VERLETZUNG DES ARMS DES MEISTERS

RAMAKRISHNA, AUFGENOMMEN IN EINEM
FOTOSTUDIO IN RADHABAZAR, KALKUTTA, AM 10.12.1881

Im Januar 1884 ging Ramakrishna allein im Garten von Dakshineswar spazieren, als ihn eine Trance überkam. Es war keiner da, der ihn stützte, und so fiel er und brach sich den linken Arm. Er hatte starke Schmerzen. Der Arm wurde bandagiert. Manchmal machte er Scherze darüber, indem er auf seinen gebrochenen Arm hinwies und sagte: „Hast du jemals davon gehört, dass Gott sich den Arm gebrochen hat?" Dann fiel er wieder in *Samadhi* und verlor sein Körperbewusstsein und damit den Schmerz. Aber die Verletzung zwang ihn, sich der körperlichen Ebene wieder mehr bewusst zu sein.

Mit Tränen in den Augen sagte er wie ein Kind: „Göttliche Mutter, warum hast Du das mit mir gemacht? Oh, mein Arm schmerzt so sehr." Dann

319

wandte er sich an die Verehrer und fragte: „Werde ich wieder gesund werden?" Sie trösteten ihn, indem sie „ja" sagten.

Es dauerte mehrere Monate, bis der Arm geheilt war.

Die Verehrer feierten jedes Jahr den Geburtstag des Meisters. Aber in diesem Jahr wurde die Feier wegen seines Unfalls auf den 25. Mai verschoben. Sie kleideten ihn in ein ockerfarbenes Gewand, legten ihm Blumengirlanden um den Hals und brachten seinen Füßen Blumen und Sandelpaste dar, wie es dem vorherrschenden Brauch der Verehrung des Gurus entsprach. Es wurde religiöse Musik aufgeführt, und der Meister führte seine üblichen Gespräche und fiel gelegentlich in *Samadhi*. Die Verehrer brachten ihm verschiedene Köstlichkeiten und aßen, was davon übrig blieb. Auf diese Weise verbrachten sie den ganzen Tag und Abend. Nachdem sie vom Meister gesegnet worden waren, verabschiedeten sie sich.

1885 litt Ramakrishna sehr an der intensiven Hitze. Deshalb baten ihn die Verehrer, Eis zu essen. Da sie sahen, dass es ihm Erleichterung verschaffte, brachten viele, die ihn in Dakshineswar besuchten, Eis mit. Aber nachdem er es einen oder zwei Monate lang gegessen hatte, begann sein Hals weh zu tun. Es war etwa im April, als er den Schmerz zum ersten Mal spürte, und er wurde zunächst auf das Eis zurückgeführt.

Es verging über einen Monat. Der Schmerz ließ nicht nach. Im Mai entwickelte die Krankheit neue Symptome. Sie verstärkte sich, wenn er viel sprach oder in Ekstase geriet. Zunächst wurde eine Halsentzündung aufgrund einer Erkältung diagnostiziert. Als es nach einigen Tagen nicht besser wurde, wurde Dr. Rakhal aus Bowbazar gerufen, der ein Experte für Halskrankheiten war. Er verschrieb eine Salbe und Arznei und wies die Schüler an, dafür zu sorgen, dass Ramakrishna einige Tage lang nicht viel sprach und nicht oft in Ekstase fiel, da beides das Blut in den Hals fließen ließ und damit den Schmerz noch verschlimmerte.

Im Mai fand das jährliche Fest der Vishnuiten in Panihati am Ganges, einige Meilen nördlich von Kalkutta, statt. Ramakrishna hatte oft daran teilgenommen. In diesem Jahr besuchte er das Fest gegen den Rat des Arztes mit seinen jungen Schülern, die es noch nicht kannten. Da er sich dabei mit Tanzen und Ekstase verausgabte, verstärkte sich der Schmerz in seinem Hals. Zeitweise konnte er keine feste Nahrung mehr schlucken. Die Ärzte diagnostizierten eine Kehlkopfentzündung und verordneten Diäten und Arzneien. Ramakrishna befolgte ihre Anweisungen, aber er konnte nicht verhindern, immer wieder in Ekstase einzugehen und mit seinen Schülern und Besuchern zu sprechen und sie zu unterweisen.

Die Anzahl der Besucher hatte sich inzwischen vervielfacht. Oft fehlte Ramakrishna die Zeit für sein regelmäßiges Bad, die Mahlzeiten und Ruhezeiten. Zudem schlief er nachts nicht viel, da er oft von intensiver Liebe zu Gott (*Mahabhava*) überkommen wurde. Die Schüler beobachteten, wie er sich zwar hinlegte, aber gegen 23 Uhr wieder aufstand und in Ekstase umherwanderte. Manchmal öffnete er die westliche Tür, dann die nördliche, und ging hinaus, manchmal lag er völlig wach im Bett. Bereits um 4 Uhr stand er auf und wartete auf den Sonnenaufgang, wobei er das Lob Gottes sang und seine Gefährten weckte.

Obwohl er nie sagte, dass er erschöpft war, konnten seine Verehrer doch hören, wie er sich bei der Göttlichen Mutter beschwerte: „Du bringst alle wertlosen Leute her. Ein *Seer* Milch gepanscht mit fünf *Seer* Wasser! Ich kann nicht so viel arbeiten. Bring gute Leute her, die von einem oder zwei Wörtern spirituell erwachen." Oder: „Musst Du so viele Leute herbringen? Du hast ein wahrhaftes Gedränge bewirkt. Ich habe keine Zeit zum Baden und zum Essen. Es ist nur eine Trommel, zudem eine mit Löchern (womit er seinen Körper meinte). Wie lange kann sie bestehen bleiben, wenn sie bei Tag und Nacht gespielt wird."

Einmal sagte er zu seinen Verehrern: „Ich habe heute zur Mutter gesagt: ,Gib Vijay, Girish, Kedar, Ram und dem Meister (gemeint ist Mahendra) etwas Macht, damit die Kanten dieser neuen Leute durch sie etwas abgerundet werden, bevor sie zu mir kommen."

Inzwischen war es Juli geworden. Ramakrishna hatte große Schmerzen, und sein Hals war so stark geschwollen, dass er keine feste Nahrung mehr schlucken konnte und von Brei leben musste.

Eines Tages blutete sein Hals, und die Vermutung lag nahe, dass es sich um Krebs handelte. Als seine Schüler das hörten, bekamen sie Angst und berieten sich. Sie beschlossen, für ihn ein Haus in Kalkutta zu mieten, wo er besser behandelt werden konnte. Ramakrishna war damit einverstanden. Sie fanden ein kleines Haus in der Durgacharan Mukherjee-Straße in Baghbazar, von dessen Dach der Ganges zu sehen war, den Ramakrishna so sehr liebte, und mieteten es. Aber für Ramakrishna, der gewohnt war, im großzügigen Bereich des Kali-Tempels zu leben, war es unmöglich, darin zu leben. Deshalb wurde er nach kurzer Zeit in Balaram Boses Haus gebracht. Balaram empfing ihn liebevoll und bat ihn, bei ihm zu bleiben, bis ein passendes Haus gefunden werden konnte.

Die Neuigkeit, dass Ramakrishna bei Balaram weilte, verbreitete sich in allen Teilen Kalkuttas und zog Menschenmassen an. Trotz der Warnung des Arztes sprach Ramakrishna von morgens bis abends mit den Besuchern und löste ihre Probleme. Er verbrachte dort nur eine Woche, aber er erreichte in dieser Zeit viele Menschen.

# IN SHYAMPUKUR

DAS HAUS IN SHYAMPUKUR

Inzwischen war die Krankheit eindeutig als Krebs diagnostiziert worden. Anfang Oktober 1885 wurde ein Haus in Shyampukur gefunden, wo Ramakrishna etwas mehr als drei Monate verbrachte.

Das Haus war großzügig. Es gab zwei geräumige Zimmer im ersten Stock. Im einen wohnte Ramakrishna, und das zweite diente als Wohnzimmer. Zudem gab es zwei weitere kleinere Räume. In einem davon wohnte Ramakrishnas Frau, im anderen schliefen die Verehrer. Beim Ausgang aufs Dach gab es einen Bereich zum Kochen.

Ramakrishnas Frau wurde hergebracht, um sich um seine Diät zu kümmern. Das war für Sarada Devi schwierig, denn im Haus gab es keinen inneren Wohnbereich für Frauen. Sie hatte bislang im Nahabat in Dakshineswar gelebt, aber keiner außer zwei oder drei der jungen Verehrer war ihr vom Meister vorgestellt worden. Die meisten hatte sie nie zu Gesicht bekommen. So stellte sich nun die Frage, wie der Anstand gewahrt bleiben konnte, wenn sie als einzige Frau in einem Haus voller Männer wohnen sollte. Deshalb war es nicht unumstritten, Sarada Devi nach Shyampukur zu bringen. Doch als sie in Shyampukur war, verbrachte sie die Nacht in ihrem kleinen

Zimmer und den Tag in der kleinen Küche beim Ausgang aufs Dach und blieb ziemlich unbemerkt. Da es nur ein Badezimmer gab, stand sie bereits um drei Uhr vor allen anderen auf, machte ihre Andachten und ging anschließend zu dem kleinen, bedachten Bereich hinauf, um die Diät für Ramakrishna zuzubereiten. Dann gab sie Latu oder dem älteren Gopal Bescheid, und die Leute wurden gebeten, aus dem Zimmer zu gehen, wenn sie das Essen herunterbrachte. Manchmal gab sie ihm selbst zu essen, manchmal seine Schüler. Erst gegen 23 Uhr, wenn alle schliefen, kam sie in ihr Zimmer herunter. Viele, die zu Besuch kamen, wussten nicht einmal, dass sie dort wohnte.

Dr. Sarkar, ein bekannter Homöopath aus Kalkutta, der Ramakrishna bereits früher begegnet war, übernahm die Behandlung. Seine erste Behandlung ließ er sich bezahlen. Doch als er erfuhr, dass die Schüler die gesamten Kosten trugen, behandelte er ihn umsonst. Er tat sein Bestes, und hoffte anfangs, dass die Krankheit heilbar sei, wenn es auch lange dauern würde, aber sie verschlimmerte sich.

Die verheirateten Verehrer besuchten Ramakrishna am Morgen und Abend und sorgten dafür, dass alle nötigen Vorkehrungen getroffen wurden. Viele seiner jungen Schüler pflegten ihn abwechselnd rund um die Uhr. Manche gingen zum Essen heim, manche blieben beständig bei ihm.

Da Ramakrishna viel sprach und oft in Ekstase geriet, floss das Blut nach oben und verschlimmerte seinen Zustand. Deshalb wies ihn der Arzt an, beides zu vermeiden, was ihm aber nicht möglich war.

Weil er sprach, dachten manche Verehrer und Besucher, dass seine Krankheit nicht so schlimm sein könne. Manche dachten auch, er habe die Krankheit bewusst angenommen, um den Kreis der Schüler zu vergrößern. Einige glaubten sogar, er würde die Krankheit aus einem bestimmten Zweck nur vortäuschen. Girish gehörte dieser Gruppe an. Andere dachten, die Weltenmutter hielte ihn für einige Zeit krank, um einen bestimmten geheimen Plan zum Wohl der Menschheit zu verfolgen. Wenn dieser Zweck erfüllt sei, würde er wieder gesund werden. Narendra dagegen betrachtete das alles nüchtern. Alter und Krankheit trafen nun einmal den Körper, auch den seines Meisters. Entscheidend war für ihn, die spirituelle Praxis fortzusetzen und den beschrittenen Weg weiterzugehen. Doch gleichgültig, wie sie dachten, sie widmeten sich alle aus vollem Herzen seinem Dienst. Swami Saradananda beschrieb es in seiner Biografie mit den Worten: „Obwohl die Schüler des Meisters verschiedene Temperamente besaßen und unterschiedliche Meinungen über diese Dinge hatten, stimmten sie in einem Punkt doch völlig überein. Alle besaßen den vollkommenen Glauben an die Tatsache, dass sie das höchste Ziel erreichen würden, wenn sie ihr Leben nach seiner höchsten, freiheitlichen Lehre lebten und seine Gnade erlangten, indem sie sich aus ganzem Herzen seinem Dienst widmeten. Deshalb fehlte es untereinander nicht an Liebe, obwohl eine Gruppe glaubte, er sei eine Inkarnation Gottes, eine andere ein Guru oder Weltenlehrer, eine dritte Superman und eine weitere ein Gottmensch."[1]

Dr. Sarkar besuchte ihn fast täglich morgens oder abends. Während er den Patienten untersuchte oder ihm Arznei verschrieb, hörte er den Gesprächen Ramakrishnas über Gott zu, blieb oft viele Stunden lang bei ihm und vernachlässigte seine anderen Patienten. Er konnte dann teils als Scherz, teils aus Liebe sagen: „Dass ich dich dazu gebracht habe, so viel zu reden, war nicht klug. Sprich den restlichen Tag mit niemandem mehr, dann schadet es dir nicht. Siehst du nicht, dass deine Worte mich so sehr anziehen, dass ich jedes Mal, wenn ich zu dir komme, diesen Ort zwei oder drei Stunden lang nicht verlassen kann und meinen Beruf vernachlässige? Ich merke nicht einmal, wie die Zeit vergeht. Trotzdem, sprich mit niemand anderem so lange. Sprich nur mit mir, wenn ich komme. Das wird dir nicht schaden."

Dr. Sarkar hatte etwas dagegen, ihn oder irgendjemanden als inkarnierte Gottheit zu betrachten. Darüber diskutierte er viel mit Ramakrishna und seinen Schülern. Auch untersuchte er Ramakrishna, während er in *Samadhi* war, mit seinem Stethoskop, und konnte dann keinen Herzschlag feststellen. Zudem reagierten seine Augen nicht, wenn man sie mit dem Finger berührte. Das erstaunte ihn.

Der Arzt wies die Verehrer an, ihm jeden Morgen über den Zustand des Patienten zu berichten. Das übernahm Mahendra Gupta. Narendra kümmerte sich darum, dass Ramakrishna die nötige Pflege erhielt, auch nachts. Der jüngere Gopal, Kali, Shashi und einige andere wechselten sich ab. Darüber, dass die jungen Männer deshalb nicht mehr aufs College gingen,

---

[1] Saradananda: Great Master II, S. 975

waren die Erziehungsberechtigten nicht sehr erbaut. Sie versuchten mit verschiedenen Mitteln, die jungen Männer wieder nach Hause zu bringen, doch es war alles vergebens.

Durch Ramakrishnas Umzug nach Kalkutta mussten vermehrt Kosten getragen werden. Balaram, Surendra, Ram, Girish, Mahendra und andere kamen dafür auf. Surendra bezahlte die Miete für das Haus und die anderen den Rest.

Anfang November fand das Fest der Kali *Puja* statt. Auf Ramakrishnas Anweisung hin wurde in seinem Zimmer eine kleine Feier abgehalten. Etwa dreißig Leute versammelten sich dort. Alles war für die Feier bereit, aber Ramakrishna schien an der Andacht nicht teilnehmen zu wollen. Da dachte Girish, dass der Meister ihnen die Gelegenheit geben wollte, die Göttliche Mutter in seinem Körper zu verehren. Also brachte er Blumen und Sandelpaste Ramakrishnas Füßen dar und rief: „Der Göttlichen Mutter gebührt die Ehre!" Ramakrishna erschauerte und ging in *Samadhi* ein. Mahendra, Rakhal und alle anderen taten es Girish gleich. Da begann Ramakrishnas Gesicht zu strahlen, und seine Hände formten die beiden Gesten der Göttlichen Mutter, Gnade zu gewähren und ohne Furcht zu sein.

Ramakrishnas Krankheit schritt rasch voran. Trotzdem behielt sein Antlitz seine übliche freudige Strahlkraft. Er hieß weiterhin Besucher willkommen. Doch um den Besucherstrom einzudämmen und ihn zu schützen, durfte niemand den Meister besuchen, wenn er nicht wenigstens einem Verehrer bekannt war. Ramakrishna ertrug es nicht, wenn weltliche Menschen ihn berührten. Es war ihm dann, als würde dadurch die Auswirkung ihrer Sünden auf ihn übergehen. Deshalb achteten seine Schüler darauf, dass die Besucher nicht seine Füße berührten.

Eines Tages ereignete sich ein amüsanter Vorfall. Binodini Dasi, die Schauspielerin am Theater von Girish war, hatte den Meister einmal während einer Vorführung gesehen. Sie hatte die Rolle von Chaitanya gespielt. Ramakrishna hatte ihre Begabung gepriesen und ihr sogar erlaubt, seine Füße zu berühren. Seitdem betrachtete sie ihn als göttlich und suchte nach einer Gelegenheit, ihn erneut zu treffen. Als sie von seiner Krankheit hörte, wurde sie ungeduldig und flehte Kalipada Ghosh, der ein enger Freund von Girish war, an, ihr zu helfen. Kalipada wusste, dass ein Besuch von ihr nicht erlaubt war, denn Schauspielerinnen wurden zu dieser Zeit wie Prostituierte gesehen. Deshalb war es undenkbar, dass der junge Schüler, der den Eingang überwachte, sie zu Ramakrishna lassen würde. Also heckten sie zusammen einen Plan aus.

BINODINI DASI

Eines Tages brachte er sie in Verkleidung eines jungen Mannes in europäischer Kleidung ins Haus in Shyampukur und stellte sie den Schülern als seinen Freund vor. Sie wurden zu Ramakrishna gelassen, bei dem gerade keine anderen Besucher waren. Als sie ihm die Täuschung enthüllte, genoss er den Spaß und bewunderte ihre Klugheit. Zufrieden mit ihrem Glauben und ihrer Hingabe gab er ihr seinen wertvollen Rat. Dann verabschiedete sie sich, nachdem sie seine Füße mit dem Kopf berührt hatte. Die Schüler waren fassungslos, als der Meister ihnen davon erzählte, aber da Ramakrishna seinen Spaß an der Situation hatte, machten sie Kalipada keinen Vorwurf.

In dieser Zeit begannen einige Verehrer zu glauben, sie müssten kein *Sadhana* mehr üben, da sie ja Ramakrishna die Vollmacht über ihr Leben gegeben hatten. Sie zeigten hemmungslos ihre Gefühle und warteten auf irgendeine wundersame Manifestation von Ramakrishnas Macht. Einige täuschten diese Gefühle auch nur vor. Narendra erkannte den schlechten Effekt solch bedeutungsloser Emotionen. Er erklärte ihnen, dass diese kurzlebigen Gefühle schädlich seien und aus einer nervösen Erregung kämen, und riet ihnen zu einer nahrhaften Ernährung und dazu, einen Arzt aufzusuchen. Er gab den jungen Männern durch Lieder und Diskussionen positive Ideale und erklärte ihnen, dass Ramakrishnas Gefühle aus der Gotteserkenntnis kämen und auch sie solche Erkenntnis erlangen sollten. Er zitierte aus der „Nachfolge Christi" von Thomas von Kempen, dass ein Diener, der seinen Meister wirklich liebt, sein Leben nach ihm formt. Auf diese Weise leitete Narendra die jungen Schüler an.

# DIE LETZTEN MONATE IN COSSIPORE

DAS GARTENHAUS IN COSSIPORE

Da sich Ramakrishnas Zustand zusehends verschlechterte und die Arzneien nicht mehr wirkten, dachte Dr. Sarkar, der Grund dafür sei die verschmutzte Luft in Kalkutta. Ramakrishna sollte in einem Gartenhaus außerhalb der Stadt wohnen. Die Verehrer bemühten sich, eine passende Unterkunft zu finden. Schließlich fanden sie für eine Monatsmiete von 80 Rupien ein Gartenhaus in Cossipore nördlich von Kalkutta. Am 11. Dezember 1885 wurde Ramakrishna dorthin gebracht und lebte etwas über acht Monate dort bis zu seinem Tod.

Der Garten von Cossipore war ein sehr schöner Ort mit Obstbäumen und Blühpflanzen, umfasste etwa fünf Morgen Land und lag an der Straße, die von Kalkutta nach Baranagore führte. Im Garten gab es zwei Teiche, von denen einer ziemlich groß war, und einige schöne Wege. Das Haus war geräumiger, hatte zwei Etagen und war abgelegener als das Haus in

Shyampukur, das an einer belebten Straße lag. Hier sah man überall nur Grün, wenn man aus den Fenstern blickte.

Kaum hatte Ramakrishna den ersten Stock, der für ihn vorgesehen war, betreten, wurde er von der Schönheit der Umgebung angezogen. Er stand auf der Terrasse und genoss eine Zeit lang die Aussicht auf den Garten. Auch Sarada Devi freute sich sehr, dass sie nicht mehr so beengt wie in Shyampukur leben musste.

Das Gartenhaus besaß ein großes Zimmer im ersten Stock, in dem Ramakrishna wohnte. Davor befand sich eine Veranda, auf der er oft saß oder auf und ab ging. Unten gab es drei Zimmer, von denen das mittlere eine große Halle war, in der die Verehrer wohnten. Von den beiden kleineren Zimmern benutzten die Schüler das eine, das andere bewohnte Sarada Devi, die sich auch fortan um das Essen Ramakrishnas kümmerte. Oft gab Dr. Sarkar Anweisungen, was sie kochen und wie sie es zubereiten sollte, wie etwa Ziegenfleischbrühe. Zweimal täglich brachte sie ihm das Essen, kurz vor Mittag und kurz nach Sonnenuntergang. Lakshmi Devi, die Nichte Ramakrishnas, wurde nach Cossipore gebracht, um ihr zu helfen und Gesellschaft zu leisten. Gelegentlich kamen auch andere Verehrerinnen, die Ramakrishna oft in Dakshineswar besucht hatten.

Narendra erkannte, dass die Haushaltsführung in diesem Haus teurer sein würde als im alten Haus, denn da es außerhalb von Kalkutta lag, mussten die Schüler, die sich um den Meister kümmerten, beständig hier wohnen und konnten nicht mehr so ohne Weiteres nach Hause gehen. Zudem wurden mehr Schüler für seine Pflege benötigt.

Ramakrishna war sich der Schwierigkeiten seiner Verehrer bewusst, seine Pflege zu sichern. Als er hörte, dass die Miete für das Gartenhaus in Cossipore sehr hoch war, rief er Surendra, den reichsten seiner verheirateten Schüler, zu sich und sagte: „Sieh her, Surendra, diese Verehrer sind meist arme Angestellte und haben große Familien zu unterhalten. Wie können sie die hohe Miete für das Gartenhaus bestreiten? Bitte trage die ganze Miete." Surendra war gern damit einverstanden. Die anderen Familienväter trugen bei, was sie konnten.

Dr. Sarkar verbrachte nach wie vor viele Stunden bei ihm. Ramakrishna hatte schon früher kein Metall berühren können. Einmal sagte er zu Dr.

Sarkar: „Wenn ich eine Münze berühre, wird meine Hand verdreht, und mein Atem hört auf. Auch wenn ich einen Knoten[1] in einen Zipfel meines Gewands mache, kann ich nicht atmen. Mein Atem hört auf, bis der Knoten wieder gelöst ist. Was denkst du darüber?"

DR. SARKAR (1833-1904)

Ramakrishna bat einen Verehrer, ihm eine Rupie zu geben. Als er die Münze in der Hand hielt, krümmte sie sich vor Schmerz. Auch seine Atmung hörte auf. Als man ihm die Münze wegnahm, atmete er dreimal tief ein, und seine Hand entspannte sich. Der Arzt war sprachlos vor Staunen, als er dieses seltsame Phänomen sah. Er meinte: „Das ist die Wirkung auf die Nerven."

Der bekannteste homöopathische Arzt in Kalkutta war Dr. Rajendranath Datta. Er wusste, dass er einen spektakulären Erfolg für die Homöopathie erringen würde, wenn er Ramakrishna heilen konnte. Deshalb bat er Dr. Sarkar um Erlaubnis, den Patienten untersuchen zu dürfen. Dr. Sarkar

---

[1] Die gewöhnlichen Leute in Indien banden ihr Geld oder andere kleine Gegenstände in einen Zipfel ihrer Kleidung.

erklärte sich damit einverstanden. Rajendranath behandelte Ramakrishna mit Lycopodium 200. Ramakrishna schien einige Wochen lang darauf anzusprechen, und die Verehrer schöpften neue Hoffnung, doch die Besserung hielt nicht lange an.

Einmal besuchte Pundit Shashadhar Ramakrishna in Cossipore und meinte: „Herr, die Schriften sagen, dass Heilige wie du ihre körperlichen Krankheiten allein durch Willenskraft heilen können. Wenn du dich auf den betroffenen Körperteil konzentrierst mit dem Entschluss, ihn zu heilen, wirst du gesund werden. Warum versuchst du es nicht?" Ramakrishna erwiderte: „Du bist ein Gelehrter, und trotzdem machst du diesen gedankenlosen Vorschlag! Der Geist wurde ein für alle Mal Gott hingegeben. Wie kann ich ihn von Ihm zurücknehmen, um ihn auf den wertlosen Körper zu richten?"

Shashadhar schwieg, aber Narendra und die anderen Verehrer nicht. Nachdem Shashadhar gegangen war, bedrängten sie Ramakrishna, es zu versuchen, und meinten: „Du musst deine Krankheit heilen, wenigstens uns zuliebe."

Ramakrishna antwortete ihnen: „Glaubt ihr etwa, ich leide freiwillig an dieser Krankheit? Ich möchte gesund werden. Aber wie ist das möglich? Es hängt alles von der Mutter ab."

Narendra: „Dann bete bitte zu Ihr um deine Gesundung. Sie muss dich erhören."

Ramakrishna: „Es ist für dich leicht, das zu sagen, aber ich kann solche Worte nicht aussprechen."

Narendra: „Nein Herr, das genügt nicht. Du musst der Mutter davon erzählen, wenigstens um unseretwillen."

Ramakrishna: „Nun gut, ich werde es versuchen, wenn ich kann."

Nach einigen Stunden fragte Narendra den Meister, ob er gebetet habe und was dabei herausgekommen sei. Ramakrishna sagte: „Ich habe zu Ihr gesagt: ,Ich kann wegen dieses Schmerzes nichts essen. Bitte mach, dass ich ein wenig essen kann.' Sie zeigte auf euch alle und sagte: ,Du isst doch durch so viele Münder!' Da schämte ich mich und konnte nichts mehr sagen." Das machte die Hoffnung der Schüler zunichte.

Narendra bereitete sich in diesem Jahr auf sein Examen in Jura vor. Er hatte beschlossen, das Examen abzulegen, einige Jahre für seine Mutter und seine Geschwister als Anwalt zu arbeiten und genug Geld zu verdienen, um für sie vorzusorgen. Dann wollte er der Welt völlig entsagen. Eigentlich hätte er für sein Studium und für den Rechtsstreit, den er mit seinen Verwandten wegen der Aufteilung seines elterlichen Besitzes führen musste, in Kalkutta bleiben müssen, aber er gab den Gedanken daran auf und brachte seine Bücher mit ins Gartenhaus von Cossipore, um in seiner Freizeit zu studieren. Er kümmerte sich in jeder Hinsicht um seine Mitbrüder, beaufsichtigte die täglichen Arbeiten wie das Saubermachen, den Einkauf auf dem Markt und die Pflege des Meisters und wies sie an, zu meditieren, fromme Lieder zu singen und über die Themen der Schriften zu diskutieren.

Die jungen Männer wurden wie eine große Familie. Es waren etwa zwölf, die bei Ramakrishna bis zum Ende blieben: Narendra, Rakhal, Baburam, Niranjan, Jogin, Latu, Tarak, der ältere Gopal, Kali, Sasi, Sarat und der jüngere Gopal. Sarada konnte nur gelegentlich einige Tage beim Meister verbringen. Harish, Tulasi und Gangadhar kamen nur gelegentlich. Ihre Vormünder gaben nach, um die Jungen nicht ganz zu verlieren. Narendra fand jetzt etwas Zeit, und ging für einen oder zwei Tage nach Hause, um sich um seine Familienangelegenheiten zu kümmern.

Die jungen Schüler blieben nicht von Zweifeln verschont. Der, den sie als göttliche Inkarnation betrachteten, war todkrank. Wollten sie wirklich ein Leben der Entsagung, oder hatten ihre Eltern recht? Eines Tages verbreitete sich unter ihnen das Gerücht, dass die schreckliche Krankheit ihres Meisters ansteckend sein könnte. Als die Zeit kam, sich um ihn zu kümmern, wollten sie nicht zu ihm gehen. Narendra fand den Grund ihrer Angst heraus und zwang sie, in Ramakrishnas Zimmer zu gehen. In einer Ecke stand eine Tasse mit den Resten eines Breis, den er nicht hatte aufessen können. Er war mit seinem Speichel vermischt. Narendra nahm die Tasse ohne Zögern und schluckte ihren Inhalt.

Eines Tages konnte Narendra nicht schlafen. Als er sah, dass Sarat und einige andere auch wach waren, sagte er zu ihnen: „Kommt, wir wollen einen Spaziergang im Garten machen und rauchen." Als sie dort umhergingen, sagte Narendra: „Die Krankheit des Meisters ist sehr schlimm. Wer weiß, vielleicht hat er beschlossen, seinen Körper aufzugeben. Also lasst uns jetzt so viel spirituellen Fortschritt machen wie möglich, indem wir ihm dienen, meditieren und Hingabe üben. Wie sollen wir uns sonst jemals vergeben, wenn er uns verlässt? Wollen wir es aufschieben, den Herrn anzurufen, bis alle unsere weltlichen Wünsche erfüllt sind? Seht, wie wir die Tage verstreichen lassen! Wir werden immer mehr im Netz der Wünsche verstrickt. Sie bedeuten für uns Tod und Vernichtung. Lasst sie uns aufgeben! Ja, lasst uns alles aufgeben!"

Da sah er einen Haufen trockenes Gras und abgebrochene Zweige in der Nähe liegen und sagte: „Wir wollen damit ein Feuer machen. Zu dieser nächtlichen Stunde entzünden die heiligen Männer die *Dhuni*-Feuer, um ihre Wünsche zu verbrennen. Wir wollen dasselbe tun." So machten sie ein Feuer. Als die Flammen emporstiegen, spürten sie ein außerordentliches Glück, als würden ihre Wünsche vernichtet. „Warum haben wir das nicht schon früher gemacht?", meinte einer von ihnen. Und sie beschlossen, fortan so oft wie möglich ein *Dhuni*-Feuer zu entzünden. Als der Brennstoff aufgebraucht war, war es vier Uhr morgens.

Eines Tages äußerte der ältere Gopal, der soeben von einer Pilgerreise zurückgekommen war, den Wunsch, ockerfarbene Gewänder und Rudraksha-Gebetsketten unter den *Sannyasins* in Kalkutta zu verteilen. Da deutete Ramakrishna auf seine jungen Schüler und meinte: „Du wirst nirgendwo bessere Mönche als diese finden. Gib ihnen die Gewänder und Gebetsketten." Gopal hatte zwölf ockerfarbene Gewänder und zwölf Gebetsketten. Er legte sie vor den Meister hin, der sie an Narendra, Rakhal, Jogin, Baburam, Niranjan, Tarak, Sarat, Shashi, Gopal den Älteren, Kali und Latu verteilte. Ein Gewand war übrig, und der Meister ordnete an, es solle für Girish reserviert werden, der keinem in seiner Entsagung nachstand. An diesem Abend feierte der Meister mit ihnen eine Zeremonie und erlaubte ihnen, Essen von allen Häusern anzunehmen, unabhängig von der Kaste. Somit waren die Schüler vom Meister selbst in das monastische Leben eingeweiht worden. Er beauftragte Narendra, sich um sie zu kümmern, indem er sagte: „Ich überlasse sie deiner Obhut. Kümmere dich darum, dass sie spirituelle Übungen machen und nicht nach Hause zurückkehren."

Eines Tages bat er Narendra und die anderen, ihre Nahrung in den Straßen zu erbetteln. Sie alle begrüßten den Vorschlag mit Freude und gingen mit ihren Bettelschalen fort. Dann kochten sie die verschiedenen Nahrungsmittel, die sie erhalten hatten, und boten etwas davon dem Meister an, der ein Körnchen Reis nahm und meinte: „Gut gemacht. Dieses Essen ist sehr rein."

Bereits vor etwa fünf Jahren hatte Ramakrishna seinen Tod vorausgesagt. „Wenn ihr seht, dass ich die Nächte in Kalkutta verbringe, Essen von jedem ohne Unterschied annehme und ein Teil von dem esse, was jemand anderem gegeben wurde – dann wisst, dass mein Ende kommt." Und: „Bevor ich gehe, werde ich mein ganzes Geheimnis in alle Winde verstreuen. Wenn viele Leute erkannt haben, wer ich wirklich bin, und darüber zu flüstern beginnen, dann wird dieser Körper durch den Willen der Mutter zu existieren aufhören. Zu dieser Zeit wird sich zeigen, wer von den Verehrern zum inneren Kreis gehört und wer zum äußeren."

Jetzt in Cossipore wiederholte er diese letzte Aussage und ergänzte: „Jene, die hier leben und der Welt entsagen, gehören dem inneren Kreis an, und jene, die gelegentlich zu Besuch kommen und fragen: ‚Wie geht es dir, Herr?', gehören dem äußeren Kreis an." Und: „Ich werde nochmals einen menschlichen Körper annehmen müssen, und zwar in nordwestlicher Richtung."

Mit seiner Voraussage „Ich werde mein ganzes Geheimnis in alle Winde verstreuen" meinte er, er würde allen seine göttliche Natur offenbaren. Die Erfüllung dessen kann im Ereignis vom 1. Januar 1886 gesehen werden.

Die Besserung durch Dr. Rajendranaths Behandlung wirkte noch. Ramakrishna fühlte sich kräftig genug, um im Garten spazieren zu gehen. Es war gegen drei Uhr am Nachmittag. Da es ein Feiertag war, waren etwa dreißig Laienschüler anwesend. Einige waren in der Halle, andere saßen unter den Bäumen. Als Ramakrishna herunterkam, grüßten ihn die Schüler in der Halle und folgten ihm nach draußen. Girish, Ram, Atul und einige andere unterhielten sich unter einem Baum und begrüßten den Meister. Ramakrishna sagte plötzlich zu Girish: „Girish, was hast du in mir gefunden, dass du vor allen verkündest, ich sei eine göttliche Inkarnation?" Girish kniete sich mit gefalteten Händen vor ihm nieder und sagte mit von Gefühlen erschütterter Stimme: „Was kann eine unbedeutende Kreatur wie ich über den Einen sagen, dessen Herrlichkeit selbst Weise wie *Vyasa* und *Valmiki* nicht ermessen konnten?" Als Ramakrishna diese Worte hörte, war er tief berührt und antwortete: „Was soll ich sonst noch sagen? Seid alle gesegnet! Seid erleuchtet!" Dabei fiel er in einen halbbewussten Zustand. Die Verehrer wurden durch diese feierlichen Worte von Freude erfüllt. Einer nach dem anderen verneigte sich vor ihm. Ramakrishna berührte sie alle und segnete sie. Diese machtvolle Berührung bewirkte, dass einige lachten, einige weinten, einige sich zur Meditation hinsetzten und einige die anderen herbeiriefen, um auch gesegnet zu werden. Sie alle erfuhren eine unaussprechliche Seligkeit. Einige spürten, wie in ihrem Körper ein seltsamer Strom nach oben schoss, andere hatten eine deutliche Erkenntnis und Vision ihrer persönlichen Gottheit, wieder andere spürten eine angenehme göttliche Berauschtheit.

Narendra und einige andere Verehrer, die sich in der vergangenen Nacht um den Meister gekümmert hatten, schliefen. Latu und Sarat, die das Zimmer des Meisters wischten und sein Bett in die Sonne legten, beobachteten die Szene von oben. Sie blieben, wo sie waren, und beendeten ihre Arbeit, da Narendra sie gelehrt hatte, dass der Dienst für den Guru wichtiger sei als eine individuelle mystische Erfahrung. Allmählich erlangte der Meister seinen normalen Zustand wieder und kehrte in sein Zimmer zurück.

In Narendra brannte zu dieser Zeit eine starke Sehnsucht nach Erkenntnis. Am 2. Januar 1886 machte auch er eine Erfahrung. Er erzählte Mahendra: „Vergangenen Samstag meditierte ich hier. ich spürte eine seltsame Empfindung in meiner Brust. Ich spürte die *Ida* und *Pingala* und bat Hazra, meine Brust zu fühlen. Gestern ging ich zu Ramakrishna hinauf und sagte: ‚Jeder wurde mit Erkenntnis gesegnet. Lass auch mich etwas davon haben. Alle haben sie erlangt. Soll nur ich ausgelassen werden?' Er sagte: ‚Triff Vorkehrungen für deine Familie, und du wirst alles erhalten. Was willst du?' Ich sagte: ‚Ich möchte für drei oder vier Tage in *Samadhi* versunken bleiben und es nur zum Essen unterbrechen.' Er sagte: ‚Du bist ein Narr! Es gibt einen höheren Zustand als diesen. Singst du nicht: „Alles bist Du?" Komm, nachdem du Vorkehrungen für deine Familie getroffen hast, und du wirst einen höheren Zustand als *Samadhi* erlangen.'

An diesem Morgen ging ich nach Hause. Sie machten mir Vorwürfe, weil ich mein Studium vernachlässigt hatte, da ich mich für mein Examen vorbereiten sollte. Ich ging ins Haus meiner Großmutter, um zu studieren. Aber als ich damit beginnen wollte, wurde ich von Furcht ergriffen, als wäre es etwas ganz Schreckliches zu studieren. In meinem Herzen tobte solch ein

Kampf. Ich habe in meinem Leben nie so sehr geweint. Ich ließ meine Bücher und alles liegen und kam hierher. Meine Schuhe hatte ich irgendwo auf der Straße verloren. Als ich an einem Strohballen vorbeieilte, blieb etwas davon an mir hängen. Ich rannte, bis ich hier ankam."[1]

Narendras Eifer, Erkenntnis zu erlangen, verstärkte sich. Eines Tages vermissten seine Mitbrüder ihn und zwei andere. Es stellte sich heraus, dass er mit Tarak und Kali im ockerfarbenen Mönchsgewand nach Bodh-Gaya gewandert war, um Entsagung zu üben. Es wurde befürchtet, dass er nicht wiederkommen würde. Als Ramakrishna davon erfuhr, versicherte er allen, dass Narendra bald zurückkehren würde, da er einsehen würde, dass es vergeblich war, hier und dort nach Religion zu suchen. Und tatsächlich kam die Gruppe nach einigen Tagen zurück.

Eines Abends, als Narendra meditierte, kam für ihn ganz unerwartet die Erkenntnis der Wahrheit. Zunächst spürte er ein Licht hinter seinem Kopf. Dann verließ er die relative Ebene, verlor sich im Absoluten und erlangte *Nirvikalpa Samadhi*. Als er wieder etwas zu Bewusstsein kam, spürte er nur seinen Kopf, aber nicht seinen Körper. Er rief: „Ach, wo ist mein Körper?" Als der ältere Gopal das hörte, kam er ins Zimmer. Narendra wiederholte seine Frage. „Da ist er doch, Naren", erwiderte Gopal. Als das Narendra nicht überzeugen konnte, eilte Gopal erschrocken zum Meister. Dieser meinte nur: „Lass ihn eine Weile in diesem Zustand verbringen! Er hat mir lang genug zugesetzt!"

Nach einiger Zeit kam Narendra wieder zum Bewusstsein und sah, dass seine Mitbrüder sich um ihn versammelt hatten. Er erfuhr unaussprechlichen Frieden. Als er zu Ramakrishna ging, sagte dieser zu ihm: „Jetzt hat dir die Mutter alles gezeigt. Aber diese Erkenntnis wird vorläufig unter Verschluss bleiben, und ich behalte den Schlüssel. Wenn du die Arbeit der Mutter beendet hast, gehört dieser Schatz wieder dir."

Am 4. Januar um neun Uhr abends saßen Niranjan, Shashi und Mahendra beim Meister, der nach einem kurzen Schlaf aufgewacht war. Die Krankheit hatte sich verschlimmert, und er hatte starke Schmerzen. Aber trotzdem sprach er flüsternd oder mit Zeichen über Narendra: „Seht, in was für einem wunderbaren Zustand Narendra ist! Es gab eine Zeit, als er nicht an den

---

[1] Nikhilananda: Life of Sri Ramakrishna, S. 474

persönlichen Aspekt Gottes glaubte. Jetzt seht, wie er nach Erkenntnis lechzt!" Dann machte er die Andeutung, dass Narendra bald sein Ziel erlangen würde.

Später sagte Ramakrishna zu seinen anderen Schülern: „Naren würde seinen Körper aus freien Stücken aufgeben. Wenn er wüsste, wer er wirklich ist, würde er sich weigern, auf dieser Erde zu bleiben. Schon bald wird er die Welt mit seinem Verstand und seiner spirituellen Kraft erschüttern. Ich habe die Mutter gebeten, die Erkenntnis des Absoluten von ihm fernzuhalten und seine Augen mit einem Schleier der *Maya* zu bedecken, weil er so viel Arbeit verrichten muss. Aber der Schleier ist so dünn, dass er jeden Augenblick reißen kann."

Auch Sarada Devi machte ihre Erfahrungen. Eines Tages ging sie in den Shiva-Tempel von Tarakeswar, um für ihren Mann um Besserung zu beten. Sie lag ausgestreckt vor dem Tempel und beschloss, nicht mehr zu essen, bis ihr Gebet erhört worden war. In der zweiten Nacht wurde sie durch ein krachendes Geräusch aufgeschreckt. Da überkam sie das Empfinden von Entsagung, und sie dachte: „Was sind irdische Beziehungen! Sind sie nicht bloße Träume?" Sie stand auf und kehrte nach Cossipore zurück. Sobald Ramakrishna sie sah, fragte er: „War deine Mission erfolgreich?" Sie erzählte ihm, was geschehen war. Er schien das erwartet zu haben.

Besonders Shashi war Ramakrishna sehr zu Diensten und tat alles, was nötig war. Für ihn war dies wichtiger als die Ausübung von Meditation und *Japa*. Deshalb machte er keine spirituellen Übungen und stand immer am Bett des Meisters bereit. Sein einziges Ziel war, das Leiden des Meisters zu lindern. Jeder staunte über seine unermüdliche Energie und Ausdauer und seine unbegrenzte Liebe zu Ramakrishna.

Ramakrishna wusste, dass es für ihn bald nicht mehr möglich sein würde, die Toilette draußen zu benutzen. Als Latu seine Sorge darüber bemerkte, sagte er mit großer Ernsthaftigkeit: „Herr, ich werde dein Aufwischer sein." Diese Worte, die er in seinem besonderen Bihari-Akzent aussprach, brachten Ramakrishna und die Verehrer selbst in dieser schlimmen Situation zum Lachen.

Ramakrishna blieb so heiter wie immer. Als der Schmerz unerträglich wurde, flüsterte er mit einem Lächeln: „Sollen der Körper und der Schmerz sich umeinander kümmern. Du, mein Geist, sei immer selig!" Er war noch mehr um das Wohlergehen seiner Schüler bekümmert. Eines Nachts, als er hellwach dalag, flüsterte er Mahendra zu: „Ich ertrage das alles freudig, sonst würdet ihr weinen. Wenn ihr alle sagt, dass es besser ist, wenn der Körper geht, als diese Tortur zu erleiden, bin ich bereit."

RAMAKRISHNAS ZIMMER IM GARTENHAUS
VON COSSIPORE

Swami Saradanandas Bericht endet mit dem Januar 1836 und Mahendras im Gospel mit dem April. Für die letzten Monate des Lebens Ramakrishnas gibt es deshalb keinen durchgehenden Bericht, sondern nur einzelne, verstreute Erinnerungen seiner Schüler.

Es vergingen der Mai, der Juni und der Juli. Ramakrishna wurde immer schwächer. Die Verehrer erkannten, dass er bald sterben würde. Trotz seiner schwindenden Kräfte setzte der Meister seine spirituelle Arbeit fort. Eines Tages weihte er Narendra mit dem Namen Ramas ein, das sein eigenes *Ishta*-Mantra (Mantra seiner Gottheit) war. Narendra wurde von Freude erfüllt und ging berauscht im Haus umher, wobei er ständig den Namen Ramas wiederholte. Nachdem das für Stunden so weiterging, waren die anderen Schüler alarmiert und berichteten Ramakrishna davon. Der meinte: „Lasst ihn. Er wird bald wieder zu sich kommen."

Einmal schrieb Ramakrishna, der inzwischen kaum noch sprechen konnte, auf ein Stück Papier: „Naren wird die anderen belehren." Als Narendra protestierte, sagte Ramakrishna: „Du wirst es tun müssen. Deine Knochen werden dich dazu zwingen."

Bei einer anderen Gelegenheit sagte er zu Narendra: „Rakhal hat den scharfen Verstand eines Königs. Wenn er will, kann er ein Königreich regieren." Narendra verstand, was Ramakrishna damit sagen wollte. Als die Schüler beim nächsten Mal alle zusammensaßen, pries Narendra die Größe Rakhals und verkündete: „Von heute an werden wir Rakhal unseren König nennen." Fortan wurde Rakhal vertraut „Maharaj", großer *Raja*, genannt. Ramakrishna freute sich über den neuen Spitznamen von Rakhal. Dies war eine der vielen Arten, mit der er die Bindung der jungen Schüler stärkte, die künftig viele Prüfungen zu bewältigen hatten.

Nag Mahashay besuchte Ramakrishna einige Male in Cossipore. Er kam nicht oft, da er das unaussprechliche Leiden des Meisters nicht ertragen konnte. Eines Tages sagte Ramakrishna zu ihm: „Komm näher. Setz dich zu mir" und umarmte Nag Mahashay. An einem anderen Tag sagte er zu ihm: „Sieh her, Durgacharan, die Ärzte haben versagt. Kannst du etwas tun, um mich zu heilen?" Nag Mahashay dachte nach, beschloss dann, die Krankheit des Meisters auf sich selbst zu übertragen, und sagte: „Ja, Herr, ich weiß, wie ich dich heilen kann. Durch deine Gnade werde ich es sofort tun." Er ging zum Meister hin. Ramakrishna vermutete, was er vorhatte, und stieß ihn zurück, indem es sagte: „Ja, ich weiß, dass du das tun kannst."

An einem anderen Tag, kurz bevor Ramakrishna starb, kam Nag Mahashay ins Zimmer, als er hörte, dass der Meister um eine Amalaka bat. Ein Verehrer antwortete, dass es nicht die Jahreszeit für Amalakas sei und er deshalb keine besorgen könne. Ohne ein Wort ging Nag Mahashay hinaus und suchte in allen Gärten in Kalkutta nach der Frucht. Zwei Tage lang sah ihn niemand. Am dritten Tag erschien er mit zwei oder drei Amalakas in der Hand bei Ramakrishna. Der Meister freute sich, ihn zu sehen. Er bat Sarada Devi, Reis und scharfes Curry für Nag Mahashay zu kochen, der aus Ostbengalen stammte und scharfes Essen mochte. Als es gebracht wurde, nahm er etwas davon, da er wusste, dass Nag Mahashay nichts nehmen würde, solange es nicht *Prasad* war. Selbst jetzt, inmitten so großer Leiden, dachte Ramakrishna an alles.

Acht oder neun Tage vor seinem Tod bat Ramakrishna Jogin, aus dem bengalischen Almanach ab dem 9. August vorzulesen. Jogin las bis zum letzten Tag des Monats vor. Da gab ihm der Meister durch ein Zeichen zu verstehen, dass er nichts weiter hören wollte.

Vier oder fünf Tage später rief er Narendra zu sich. Es war sonst niemand im Zimmer. Er ließ ihn Platz nehmen und fiel in *Samadhi*. Narendra spürte, wie ein Stromschlag seinen Körper durchdrang, und verlor das Bewusstsein. Er wusste nicht, wie lange er so dasaß. Als er wieder zu sich kam, sah er, dass Ramakrishna weinte. Als er ihn fragte, warum er weine, antwortete der Meister: „Heute habe ich dir alles gegeben und bin zu einem Fakir geworden! Durch diese Kraft wirst du unendlich viel Gutes in der Welt tun, und erst dann kannst du zurückkehren." Auf diese Weise übertrug der Ramakrishna seine Kraft auf Narendra.

Doch Narendras Zweifel waren selbst jetzt noch nicht völlig besiegt. Am 13. August war er wiederum allein in Ramakrishnas Zimmer. Der Körper auf dem Bett schien kaum noch zu leben und musste völlig mit seinen Schmerzen beschäftigt sein. Konnte diese klägliche, leidende Kreatur eine Inkarnation Gottes sein? Narendra dachte: „Wenn er jetzt angesichts des Todes seine Göttlichkeit erklären würde, würde ich es glauben." Doch sofort schämte er sich für seinen Gedanken und vertrieb ihn. Er beobachtete den Meister intensiv. Da teilten sich die Lippen Ramakrishnas, und er sagte mit deutlicher Stimme: „Oh Naren, bist du immer noch nicht überzeugt? Er, der einst als Rama und Krishna geboren wurde, lebt jetzt als Ramakrishna in diesem Körper – aber nicht in deinem vedantischen Sinn!" Mit „nicht in deinem vedantischen Sinn" meinte er, er sei nicht nur der *Atman* wie jeder andere, wie es das *Vedanta* lehrt, sondern eine Inkarnation (*Avatar*) dieser früheren *Avatare*. Narendra schämte sich, dass er selbst nach so vielen Offenbarungen am Meister gezweifelt hatte.

Am Sonntag, dem 15. August 1886, kam der letzte Tag des Meisters. Ramakrishna war unruhig. Sein Puls war unregelmäßig. Atul, dessen Fähigkeit, den Puls zu fühlen, der Meister oft gepriesen hatte, war der erste, der den Ernst der Lage erkannte. Er erklärte, dass der Fall hoffnungslos sei, und bat seine Gefährten, wachsam zu sein.

Trotzdem hatte Ramakrishna noch die Kraft, einige liebevolle Worte zu Sarada Devi zu sagen, die mit Lakshmi gekommen war, um sich von ihm zu verabschieden. „Hör zu", sagte er, „es sieht so aus, als ob ich weggehen muss – durchs Wasser – an einen weit entfernten Ort." Als Sarada Devi zu weinen begann, fuhr er fort: „Du brauchst keine Angst zu haben. Dein Leben wird dasselbe sein wie bisher. Naren und die anderen werden sich um dich kümmern. Sie werden so gut zu dir sein, wie sie es zu mir gewesen sind. Kümmere dich um Lakshmi."

Kurz vor Sonnenuntergang hatte Ramakrishna Schwierigkeiten zu atmen. Die Verehrer standen am Bett ihres Meisters und weinten in ihrem Kummer. Am Abend sagte er, er habe Hunger. Die Schüler versuchten, ihm etwas flüssige Nahrung einzuflößen, aber er konnte nur wenig schlucken. Sie wuschen ihm den Mund aus, legten ihn sorgsam ins Bett zurück und stützten ihn mit Kissen. Dann fächelten sie ihm Luft zu. Plötzlich ging Ramakrishna in *Samadhi* ein. Sein Körper wurde steif. Etwas an diesem *Samadhi* kam Shashi ungewöhnlich vor, und er begann zu weinen. Es wurde nach Girish und Ram geschickt.

Nach Mitternacht erlangte Ramakrishna das Bewusstsein wieder und sagte, er habe großen Hunger. Man half ihm aufzusitzen, und er aß ohne Schwierigkeiten eine Tasse Brei. Schon seit mehreren Tagen hatte er nicht mehr so essen können. Dann meinte er, er sei erfrischt. Narendra schlug vor, dass er schlafen solle. Da rief der Meister mit klarer Stimme – was wiederum ungewöhnlich war – dreimal den Namen Kalis und legte sich hin, als wolle er schlafen. Narendra ging hinunter, da es dem Meister offenbar besser ging.

Plötzlich, zwei Minuten nach eins, ging ein Schauder durch seinen Körper. Seine Haare standen zu Berge, seine Augen richteten sich auf die Nasenspitze und sein Gesicht erstrahlte mit einem Lächeln. Er ging in *Samadhi* ein – es war *Mahasamadhi*, aus dem er nicht mehr zurückkam.

Die Verehrer waren erschüttert. Je mehr sie das gelassene Gesicht ihres Meisters betrachteten, desto trostloser und hilfloser fühlten sie sich. Wer sollte fortan ihre Zweifel und Schwierigkeiten lösen, wer sollte ihnen in ihren Sorgen und Leiden beistehen? Ihr Verlust war überwältigend.

SCHÜLER NACH DEM TOD RAMAKRISHNAS

Kurz darauf trafen Girish und Ram ein. Die traurige Nachricht verbreitete sich schnell in Kalkutta, und am Morgen strömten die Leute aus allen Richtungen herbei, um den Meister zum letzten Mal zu sehen. Vishwanath Upadhyaya kam gegen acht Uhr. Er untersuchte den Körper und sah, dass er steif war, aber immer noch nicht kalt. Deshalb war er der Meinung, dass es noch nicht vorbei sei und es sich um ein tiefes *Samadhi* handle. Er riet den Schülern, noch zu warten, bevor sie ihm die letzte Ehre erwiesen.

Um die Mittagszeit traf Dr. Sarkar ein. Er sagte, dass Ramakrishna erst vor einer halben Stunde gestorben sei. Seine Meinung wurde akzeptiert, und es wurden Vorbereitungen für die Einäscherung getroffen.

Um fünf Uhr wurde der heilige Körper nach unten getragen, auf eine Liege gelegt, in ein ockerfarbenes Gewand gekleidet und mit Sandelpaste und Blumen geschmückt. Auf Veranlassung von Dr. Sarkar wurde ein Foto gemacht, mit den ihn umrundenden Verehrern. Eine Stunde später wurde der Körper zur Begleitung frommer Musik zum Verbrennungsplatz am Ghat von Cossipore in der Nähe getragen. Auf der anderen Flussseite, fast direkt gegenüber, würde später der Belur Math, das Hauptkloster des

343

Ramakrishna-Ordens, mit seinem großen Tempel stehen. Die Zuschauer weinten, als sie die Prozession vorbeiziehen sahen. Der Körper wurde auf den Scheiterhaufen gelegt. Trailokya Sannyal sang einige passende Lieder, und nach einigen Stunden war alles beendet.

EINÄSCHERUNGSPLATZ IN COSSIPORE

Die Verehrer verließen in stiller Resignation den Verbrennungsplatz. Sie erkannten, dass der Meister immer bei ihnen sein würde. Er war derselbe im unkörperlichen Zustand, der er im körperlichen Zustand gewesen war. Er hatte einmal gesagt, er wäre nur von einem Zimmer ins andere gegangen, das sei alles. Shashi sammelte die heiligen Überreste des Meisters in einer Kupferurne, und sie kehrten in den Garten von Cossipore zurück, wobei sie riefen: „Der Sieg gebührt Bhagavan Ramakrishna!"

# NACH DEM TOD RAMAKRISHNAS

Am selben Abend legte Sarada Devi ihren Schmuck ab, wie es für eine Witwe üblich war. Dabei erschien ihr Ramakrishna. Er sah wie vor seiner Krankheit aus. Er fasste sie bei den Handgelenken und fragte: „Warum legst du den Schmuck einer verheirateten Frau beiseite? Glaubst du wirklich, dass ich tot bin?" Wegen dieser Vision trug Sarada Devi weiterhin ihre Armbänder.

Einige Tage später kaufte Balaram Bose ein weißes Stück Tuch ohne eine bunte Bordüre, wie Witwen es traditionell tragen, und bat Golap Ma, es ihr zu geben. Als Golap Ma es ihr geben wollte, sah sie, dass Sarada Devi bereits einen Streifen von der roten Bordüre ihrer Kleidung abgerissen hatte, sodass er nur noch sehr dünn war. Für den Rest ihres Lebens trug sie Kleidung mit dünnen roten Bordüren, nie ganz weiße.

Etwa eine Woche nach Ramakrishnas Tod standen Narendra und ein junger Familienvater namens Harish beim Gartenteich im Cossipore-Haus. Es war acht Uhr abends. Plötzlich sah Narendra eine verhüllte, leuchtende Gestalt vom Tor aus auf sie zukommen. Er fragte sich, ob das der Meister sein könne, sagte aber nichts zu Harish, da er fürchtete, er sei Opfer einer Halluzination geworden. Doch einen Augenblick später rief Harish heiser: „Was ist das?" Daraufhin rief Narendra: „Wer ist da?" Als die anderen Schüler das Rufen hörten, rannten sie aus dem Haus. Aber die leuchtende Gestalt verschwand in der Nähe eines Jasminbusches, knapp zehn Meter von ihnen entfernt.

Das Wichtigste für die Schüler war zunächst, wie sie die heiligen Überreste Ramakrishnas am besten aufbewahren konnten. Die Mehrheit der jungen Schüler wollte ein Grundstück am Ganges kaufen, um sie dort zu begraben. Aber da ihnen das nötige Geld fehlte, mussten sie dieses Vorhaben aufgeben. Die Familienväter beschlossen, die Asche in einem Gartenhaus in Kankurgachi, einem Dorf in der Nähe von Kalkutta, das Ramachandra Datta gehörte, aufzubewahren. Dieses Haus hatte Ram auf Ramakrishnas Vorschlag hin gekauft. Es diente den Verehrern, die meditieren wollten, als Rückzugsort. Aber die jungen Schüler waren dagegen.

Als es sicher war, dass die Asche nach Kankurgachi gebracht werden würde, entschlossen sich Shashi und Niranjan zu einem Trick. Sie gaben heimlich die meiste Asche in ein anderes Gefäß und ließen nur so viel in der Originalurne, um jedem Verdacht vorzubeugen.

Als am 23. August die Zeremonie in Kankurgachi begangen wurde, nahmen alle Schüler daran teil. Shashi trug die Urne auf seinem Kopf. Ram kümmerte sich darum, dass dort regelmäßig Andachten stattfanden. Aber der Rest der Asche war unterdessen in Balaram Boses Haus versteckt worden, damit sie dort regelmäßig verehrt werden konnte. Sie sollte bei nächster Gelegenheit irgendwo am Gangesufer begraben werden, wozu es aber nicht kam. Heute wird sie im Tempel des Belur Math verehrt, und für die Kupferurne in Kankurgachi wurde ein Tempel gebaut.

Die Schüler hatten noch einige Tage, bis die Miete des Gartenhauses von Cossipore Ende August auslief. Von den jungen Schülern hatten die meisten dort gelebt, und einige waren immer wieder von zu Hause gekommen. Die erste Gruppe hatte bereits ihrem Zuhause entsagt, und es war offensichtlich, dass einige der zweiten Gruppe dasselbe vorhatten. Was sollten diese jungen Männer jetzt tun? Die Familienväter, die bislang die Kosten für den Haushalt in Cossipore getragen hatten, taten das nun nicht mehr, da sie es für unnötig hielten. Einige von ihnen rieten den jungen Schülern, wieder nach Hause zu gehen und das Leben frommer Bürger zu führen. Aber das war für sie nicht mehr möglich.

Am 19. August trafen sich Ram und seine Gruppe zu einer Besprechung. Da das Haus in Cossipore aufgegeben werden sollte, gab es keinen Ort, wo Sarada Devi leben konnte. Es wurde beschlossen, dass sie auf Pilgerreise gehen sollte, was ihren Kummer lindern würde. Ende August pilgerte sie mit Jogin, Kali, Latu, Golap Ma und anderen Verehrerinnen nach Vrindavan. Rakhal lebte bei Balaram. Die übrigen Schüler mussten gegen ihren Willen nach Hause zurückkehren.

An einem Abend Anfang September sagte Surendra zu Narendra: „Brüder, wohin wollt ihr gehen? Lasst uns ein Haus mieten, wo ihr zusammenleben könnt und wo wir Familienväter zeitweise Zuflucht vor unseren weltlichen Sorgen finden können. Ich habe etwas für die Ausgaben für das Gartenhaus in Cossipore beigesteuert. Ich werde diese Hilfe gern weiterhin leisten, sodass ihr wenigstens ein Dach über dem Kopf habt und ein einfaches Leben führen könnt." Die jungen Schüler waren gern damit einverstanden.

BARANAGORE MATH

Schließlich fand Narendra ein relativ günstiges Haus am Ufer des Ganges in Baranagore, in der Nähe von Kalkutta. Das Haus hatte bereits länger leer gestanden, weil es dort angeblich spuken sollte. Es hieß, dass dort viele Morde geschehen wären. Kobras lebten im unteren Bereich, und im verwilderten Garten waren Schakale anzutreffen. Das Haus war fast am Einfallen. Aber die Schüler kümmerten sich nicht darum. Fortan hatten sie ihr Kloster und konnten darin leben, wie der Meister es sie gelehrt hatte.

Der jüngere Gopal brachte das Bett des Meisters und andere Dinge aus Cossipore in den neuen Math. Tarak und der ältere Gopal waren die ersten Bewohner und zogen Ende September ein. Narendra, Rakhal, Shashi, Sarat, Baburam und Niranjan besuchten gelegentlich das Kloster, blieben aber schließlich dauerhaft dort. Kali, Latu und Jogin waren mit Sarada Devi nach Vrindavan gegangen. Die ersten beiden kehrten nach einigen Monaten zurück und traten dem Math bei, letzterer nach einem Jahr. Dann folgten Sarada und Subodh. Zuletzt stießen Gangadhar, Hari und Tulasi zu der

347

Gemeinschaft. Alle waren jetzt *Sannyasins*. Die Überreste Ramakrishnas wurden aus Balarams Haus in den Math gebracht, wo Ramakrishna regelmäßig als Guru verehrt wurde, wie es in den Schriften vorgeschrieben ist.

Somit nahm die Lieblingsidee Ramakrishnas von einer mönchischen Bruderschaft dank der Großzügigkeit Surendras Gestalt an. Später gesellten sich ihm weitere verheiratete Verehrer bei, um die Gemeinschaft zu unterstützen.

Die Aufgabe, die jungen Männer zusammenzuhalten, die nach dem Tod des Meisters nach Hause zurückgekehrt waren und ihr Studium wiederaufgenommen hatten, fiel Narendra zu, den der Meister selbst zu ihrem Anführer bestimmt hatte. Obwohl er mit seinen eigenen häuslichen Angelegenheiten beschäftigt war, verlor er keine Zeit. Er besuchte oft die jungen Schüler zu Hause und erinnerte sie an ihre Entsagung. Manche waren unentschlossen, aber Narendra zeigte ihnen unermüdlich die Botschaft des Meisters auf. Oft holte er sie nach Baranagore. Dort verbrachte er Stunden mit ihnen mit Diskussionen, Musik und Singen. Bald änderte sich ihre Gesinnung, und sie erkannten, dass es widersprüchlich war, sich nach Entsagung zu sehnen und zugleich an der Welt festzuhalten. Manchmal kamen ihre Eltern, um sie nach Hause zurückzuholen. Sie argumentierten, flehten oder drohten, aber es nutzte nichts. Manche Eltern machten allein Narendra dafür verantwortlich.

Die jungen Schüler führten das allereinfachste Leben. Sie schliefen auf Strohmatten auf dem Boden. Früh am Morgen, noch vor Tagesanbruch, stand Narendra auf und weckte die anderen, indem er sang: „Erwacht, erhebt euch alle, die ihr vom göttlichen Nektar trinken wollt." Ramakrishnas Bett war in der Mitte des Zimmers, der als Schrein diente, aufgestellt worden, mit einem Foto von ihm darauf. Am Fußende stand ein niedriger Stuhl mit der Urne und den Pantoffeln des Meisters. Hier feierte Shashi den täglichen Gottesdienst.

Die Jungen erhielten keine regelmäßige finanzielle Unterstützung. Ihr Essen bestand nur aus Reis mit oder ohne Salz und Gemüse. Manchmal fehlte es ihnen am Nötigsten. Dann schlossen sie die Tür und verbrachten Tag und Nacht mit Singen und Gebeten. Manchmal gingen sie mitten in der Nacht zum nahegelegenen Verbrennungsplatz, um zu meditieren. Der Eifer einiger ging sogar so weit, dass sie durch beständige Meditation und ohne Essen ihr Leben beenden wollten.

Am Abend versammelten sie sich auf dem Dach, wo sie bis in die frühen Morgenstunden über Ramakrishna, *Shankara*, Jesus sowie über die hinduistische und europäische Philosophie sprachen. Narendra brachte den anderen bei, zu singen und Musikinstrumente zu spielen. Die Musik ging bis weit in die Nacht, und die Nachbarn beklagten sich, aber es war nutzlos.

Auch die verheirateten Verehrer sehnten sich nach dem Tod ihres Meisters nach Erkenntnis, vor allem Nag Mahashay. Er verbrachte manchmal Tage ohne Essen und Schlaf mit Gebet, Meditation und Weinen. Als die Mönche von Baranagore davon erfuhren, besuchte Narendra ihn mit Hari und Gangadhar in Kalkutta. Sie fanden ihn in seiner Hütte unter einer Decke liegend vor und sich vor Sehnsucht nach Gott windend. Narendra sagte: „Wir sind heute deine Gäste." Damit wollte er ihn dazu bringen, etwas zu essen. Nag Mahashay sprang auf und kaufte auf dem Markt ein, kochte und bewirtete sie. Aber er selbst wollte nichts essen. Narendra überredete ihn schließlich dazu.

Mahendra, Balaram, Girish, Devendra und die anderen verheirateten Schüler besuchten gelegentlich die Brüder im neuen Kloster. Es tröstete sie, als sie sahen, dass das spirituelle Licht dort so hell leuchtete wie in Cossipore und der Meister im Geist immer noch anwesend war.

Narendra war sich der Schwierigkeiten auf dem religiösen Weg bewusst und formte das Leben der jungen Schüler mit viel Geschick. Er versuchte, ihre Sichtweise zu erweitern, indem er mit ihnen über die unterschiedlichsten Bereiche des menschlichen Wissens sprach. Er diskutierte mit ihnen über viele Themen aus dem Bereich der verschiedenen Religionen und Philosophien und auch über Geschichte und Naturwissenschaft. Narendra besaß einen gewaltigen Verstand sowie großes Wissen und Beredsamkeit.

Shashi war für alle wie eine Mutter. Sein einziges *Sadhana* bestand darin, den Gottesdienst für Ramakrishna würdevoll auszuführen und seinen Mitbrüdern zu dienen. Oft meditierten die Mönche, ohne ans Essen zu denken. Dann wartete Shashi mit dem fertigen Essen auf sie und holte sie aus ihrer Versunkenheit.

TRIGUNATITANANDA, SHIVANANDA, VIVEKANANDA, TURIYANANDA,
BRAHMANANDA, UNTEN SARADANANDA, 1899

Auch Rakhal war vom Gedanken an Entsagung überwältigt. Er dachte oft
daran, an einen einsamen Ort zu gehen, wie etwa ans Ufer des heiligen *Narmada*, um dort zu meditieren.

Kali war der eifrigste Schüler. Zusätzlich zu seinen spirituellen Übungen
schloss er sich in sein Zimmer ein und vertiefte sich in Bücher über *Vedanta*,
die *Upanishaden* und westliche Philosophie.

Eines Nachts entzündeten sie im Klosterbereich ein Feuer, setzten sich um
es herum und meditierten lange. Dann erzählte Narendra ihnen die Geschichte von Jesus, vor allem bezüglich seiner Entsagung. Er sprach von den
Reisen seiner Apostel. Dann forderte er seine Mitbrüder auf, das Gelöbnis
abzulegen, ebenfalls Apostel zu werden und der Welt zu entsagen. Das taten
alle, und das Feuer und die Sterne waren ihre Zeugen. Später bemerkten sie,
dass dieser Abend der christliche Heilige Abend gewesen war. Sie hätten
keinen geeigneteren Zeitpunkt für ihren Schwur wählen können.

Vermutlich im Januar 1887 nahmen die Schüler während der entsprechenden Feuer-Zeremonie ihre monastischen Namen an. Fortan trugen sie das
ockerfarbene Gewand des Mönchs.

Sarada Devi wurde von der scheuen Frau zur Mutter aller. Zunächst wollte sie nicht die Rolle einer spirituellen Lehrerin auf sich nehmen. Sie hatte jedoch oft Visionen von Ramakrishna, der sie anwies, zu lehren. 1887 kehrte sie nach Kalkutta zurück.

Zu dieser Zeit hatten die Schüler beschlossen, als Wandermönche in die Welt hinauszugehen. Einer nach dem anderen ging fort, wie es der Tradition der *Sannyasins* entsprach. Sie wanderten durch ganz Indien, vom Himalaya bis nach Cape Comorin, und waren für Monate und sogar Jahre unterwegs. Nur Shashi blieb beständig bei den heiligen Überresten des Meisters, und das Kloster war nahezu verwaist.

Die Heilige Mutter, wie Sarada Devi nun genannt wurde, war über die Ruhelosigkeit ihrer Söhne besorgt. Sie fürchtete, der Orden könnte sich auflösen. Dass das nicht geschah, war besonders Narendra und Rakhal zu verdanken, die sich um den Zusammenhalt der Brüder kümmerten, selbst wenn sie nicht da waren. Nach einigen Jahren kamen neue junge Männer hinzu, die Ramakrishna nicht gekannt hatten, und der Orden wuchs.

Im November 1891 zog das Kloster nach Alambazar um, das auf halbem Weg zwischen Baranagore und Dakshineswar liegt. Dieses Haus war in viel besserem Zustand, aber auch bei ihm ging das Gerücht um, dass es darin spuke, und so war es ebenfalls günstig zu mieten.

Vivekananda und Brahmananda wanderten weit in Indien umher, manchmal zusammen, manchmal einzeln. 1895 kehrte Brahmananda ins Kloster zurück, weil er dem Orden dienen wollte.

1897 gründete Swami Vivekananda nach seiner Rückkehr aus dem Westen die Ramakrishna-Mission. Sie ist eine humanitäre, spirituelle Organisation, die sich sozial und in der Bildung engagiert. Zwei Jahre später gründete er den Math in Belur, der auf der anderen Seite des Ganges etwas flussabwärts von Dakshineswar liegt. Er wurde zum Hauptsitz des Ramakrishna-Ordens und der Ramakrishna-Mission, was er bis heute ist. Heute haben der Ramakrishna-Orden und die Ramakrishna-Mission weltweit viele Niederlassungen.

# CHRONOLOGIE DES LEBENS RAMAKRISHNAS

- 1775 Geburt von Ramakrishnas Vater Khudiram
- 1791 Geburt von Ramakrishnas Mutter Chandra Devi
- 1805 Geburt von Ramkumar
- 1814 Khudiram lässt sich in Kamarpukur nieder.
- 1826 Geburt von Rameswar
- 1835 Khudirams Pilgerreise nach Gaya
- 1836 Geburt von Ramakrishna am 18. Februar gegen 5.15 Uhr morgens
- 1843 Tod von Khudiram
- 1845 Ramakrishna erhält die Brahmanenschnur.
- 1850 Ramkumar eröffnet eine Schule in Kalkutta.
- 1852 Ramakrishna kommt nach Kalkutta.
- 1853 Geburt von Sarada Devi am 22. Dezember
- 1855 Der Kali-Tempel in Dakshineswar wird von Rani Rasmani gegründet. Hriday kommt nach Dakshineswar. Ramakrishna wird zum Priester im Radhakanta-Tempel und dann im Kali-Tempel bestellt.
- 1856 Tod von Ramkumar; der erste gottberauschte Zustand bei Ramakrishna
- 1858 Haladhari wird Priester in Dakshineswar. Ramakrishna geht nach Kamarpukur.
- 1859 Ramakrishnas Hochzeit mit Sarada Devi
- 1860 Rückkehr nach Dakshineswar
- 1861 Tod von Rani Rasmani; Begegnung mit der Brahmanin; Tantra-Übungen
- 1863 Beendigung der Tantra-Praxis; Chandra Devi kommt nach Dakshineswar, um dort zu leben.
- 1864 Ramakrishnas Übung von *Vatsalya* Bhava unter Jatadhari; Übung des *Madhur Bhava*; Einweihung ins *Sannyas* durch Totapuri
- 1865 Totapuri verlässt Dakshineswar.
- 1866 Ramakrishna weilt sechs Monate lang auf der advaitischen Ebene; Krankheit
- 1867 Ramakrishna in Kamarpukur
- 1868 Pilgerreise; Treffen mit Gangamata

- 1870 Reise mit Mathur
- 1871 Tod von Mathur
- 1872 Der erste Besuch von Sarada Devi in Dakshineswar
- 1873 Tod von Rameswar
- 1874 Sarada Devi ist erneut in Dakshineswar.
- 1875 Ramakrishnas erster Besuch bei Keshab Chandra Sen
- 1876 Tod von Ramakrishnas Mutter Chandra Devi
- 1877, 1878 Vertrautheit mit Keshab; der dritte Besuch von Sarada Devi in Dakshineswar
- 1879 Die Schüler beginnen zu kommen.
- 1880 Rakhal und Narendranath kommen.
- 1881 Entlassung von Hriday
- 1882 Sarada Devi ist erneut in Dakshineswar.
- 1884 Tod von Keshab
- 1885 Erkrankung an Kehlkopfkrebs und Umzug nach Shyampukur; Behandlung durch Dr. Sarkar; Umzug nach Cossipore
- 1886 Behandlung in Cossipore; die Schüler bilden einen inneren und äußeren Kreis; *Mahasamadhi* am 16. August um 1:02 Uhr nachmittags

# GLOSSAR

*Adhyatma Ramayana:* ein Buch, das vom Leben *Ramas* handelt und die Vorstellungen von *Jnana* und *Bhakti* harmonisiert

*Advaita:* Nicht-Zweiheit; ein Lehrsystem der *Vedanta*-Philosophie, das die Einheit von Gott, Seele und Universum verkündet

*Agamas:* eine Gattung religiöser Schriften

*Ajna:* das sechste Zentrum (Chakra) in der *Sushumna*

*Anahata:* das vierte Zentrum (Chakra) in der *Sushumna*

*Ananda:* Seligkeit

*Anna:* kleine indische Münze, ein Sechzehntel einer Rupie

*Annapurna:* Name für die Göttliche Mutter als Geberin der Nahrung

*Arati:* Verehrung der Gottheit mit Schwenken von Lichtern

*Asana:* Sitzhaltung

*Ashtavakra Samhita:* Standardwerk über *Advaita Vedanta*

*Atman:* Selbst oder Seele; bezeichnet auch die höchste Seele, die nach dem *Advaita Vedanta* mit *Brahman* identisch ist

*Avatar:* Inkarnation Gottes

*Babu:* wohlhabender Herr; auch Äquivalent für die Anrede Herr

*Belbaum:* Holzapfelbaum, Bengalische Quitte. Der Baum ist mit seinen Blättern und Blüten *Shiva* geweiht.

*Bhagavata:* heiliges Buch der Hindus, besonders für die Vishnuiten, das vom Leben *Krishnas* handelt

*Bhakta:* einer, der dem Weg des *Bhakti*, der göttlichen Liebe, folgt; ein Verehrer des persönlichen Gottes

*Bhakti:* Liebe zu Gott

*Bhava*: Existenz, Gefühl, Emotion, Ekstase, *Samadhi*; bezeichnet auch die Haltung, die ein Verehrer gegenüber seinem Gott annimmt

*Bhavamukha:* erhabener Zustand spiritueller Erfahrung, in dem der Übende seinen Geist an der Schwelle zwischen dem Absoluten und Relativen hält. Von dieser Position aus kann er über das unaussprechliche und eigenschaftslose *Brahman* meditieren und zugleich an den Handlungen der relativen Welt teilhaben, in der er allein eine Manifestation Gottes sieht.

*Bhavasamadhi:* spiritueller Zustand, bei dem der Geist mit dem Objekt der Erfahrung verschmilzt

*Bhavatarini:* Kali als die Retterin der Welt

*Bibhishana:* Bruder *Ravanas*, des grausamen Königs von Ceylon, aber im Gegensatz zu ihm ein treuer Verehrer *Ramas*

*Brahma:* der Name, mit dem die Brahmos Gott anrufen; der Schöpfergott

*Brahmajnana*: die Erkenntnis *Brahmans*

*Brahmajnani:* Kenner *Brahmans*. Ramakrishna benutzte den Begriff „moderne *Brahmajnanis"* für die Mitglieder des Brahmo Samaj.

*Brahman:* das Absolute, die höchste Wirklichkeit in der Philosophie des *Vedanta*

*Chaitanya:* ein Prophet aus dem 15. Jh. Er lebte in Navadvip im Distrikt Nadia in Bengalen und betonte den Weg der göttlichen Liebe (*Bhakti*) für die Erkenntnis Gottes.

*Chamara:* Fächer aus Yakschwanz, der im Tempeldienst benutzt wird

*Darsanas, sechs:* die sechs Lehrrichtungen der orthodoxen Hindu-Philosophie

*Dasaratha:* der Vater von Rama

*Dasya:* eine der fünf Haltungen, die der Verehrer für sein erwähltes Ideal annimmt: die Haltung des Dieners gegenüber dem Herrn

*Dharma:* Rechtschaffenheit, Ziel des menschlichen Strebens

*Dhoti:* Gewand des Mannes

*Dhruva:* Heiliger in der Hindu-Mythologie

*Dhuni:* heiliges, reinigendes Feuer

*Durga:* Name für die Göttliche Mutter

*Durga Puja:* Gottesdienst für *Durga*

*Durva-Gras:* gewöhnliches Gras, das im Gottesdienst verwendet wird

*Dvaita:* die Philosophie des Dualismus

*„Frauen und Gold"* (Kaminikanchan): Der Begriff taucht immer wieder in Ramakrishnas Lehre auf, um die hauptsächlichen Hindernisse des spirituellen Prozesses zu benennen. Gemeint sind Verlangen und Gier. Er gebrauchte das Wort „Kamini" oder „Frau" als konkrete Bezeichnung für den sexuellen Instinkt, wenn er zu seinen Verehrern sprach. Ebenso wies er die Frauen an, den Männern aus dem Weg zu gehen. „Kanchan" oder „Gold" steht für Gier.

*Gauranga:* ein Name für *Chaitanya*

*Gayatri:* heilige Verse aus den *Veden*, die täglich von den Hindus der oberen drei Kasten rezitiert werden, nachdem sie die heilige Schnur empfangen haben

*Gopala: Krishna* als Baby

*Gopis:* die Milchmädchen von *Vrindavan*, die Gefährtinnen und Verehrerinnen *Krishnas*

*Govinda:* ein Name für *Krishna*

*Gunas:* die drei Stimmungen des Geistes: *Sattva* (Harmonie, Weisheit, Reinheit), *Rajas* (Aktivität und Rastlosigkeit) und *Tamas* (Trägheit);

*Hanuman:* Affe, der ein großer Verehrer Ramas war und eine wesentliche Rolle im *Ramayana* spielt

*Hari:* ein Name für *Vishnu*

*Ida:* ein Nerv in der Wirbelsäule

*Ishta:* das gewählte spirituelle Ideal oder die gewählte Gottheit des Verehrers

*Ishwara:* der persönliche Gott

*Jagannath:* Herr des Universums; ein Name für *Vishnu*

*Japa:* Wiederholung von Gottes Namen

*Jiva:* die verkörperte Seele; Lebewesen; ein gewöhnlicher Mensch

*Jnana:* Erkenntnis Gottes, zu der man durch Schlussfolgerung und Unterscheidung kommt; auch der Prozess der Schlussfolgerung, durch den die endgültige Wahrheit erlangt wird. Das Wort wird allgemein für die Erkenntnis benutzt, durch die man sich seiner Identität mit *Brahman* gewahr ist.

*Jnani:* Mensch, der dem Weg der Erkenntnis und Unterscheidung folgt, um Gott zu erkennen; allgemein gebraucht, um einen Nicht-Dualisten zu bezeichnen

*Kali:* Name für die Göttliche Mutter; die Göttin des Tempels von Dakshineswar

*Kaliyuga:* eines der vier Zeitalter, das jetzige Zeitalter

*Karma:* Handeln im Allgemeinen; Pflicht; rituelle Verehrung

*Kartabhaja:* eine kleinere vishnuitische Glaubensrichtung, die lehrt, dass Männer und Frauen in einer Liebesbeziehung zusammenleben und ihre Liebe allmählich idealisieren sollten, indem sie sich gegenseitig als göttlich betrachten

*Kayastha:* Kaste der Beamten und Schreiber, eine Nebenkaste in Bengalen

*König Bharata:* einer der ersten Könige Indiens

*König Janaka:* vorbildlicher König in der hinduistischen Mythologie und Ziehvater von *Sita.* Ramakrishna beschrieb ihn oft als den idealen Familienvater, der Yoga mit dem Genuss der Welt verband.

*Kirtan:* verehrungsvolle Musik, die oft von Tanzen begleitet wird

*Krishna:* der achte *Avatar* von *Vishnu*

*Kshatriya:* die zweite oder Kriegerkaste

*Kundalini:* wörtl.: Schlangenkraft; die spirituelle Energie, die in allen Individuen schläft

*Kuthi:* Bungalow im Tempelgarten von Dakshineswar, in dem die Eigentümer und ihre Gäste wohnten, wenn sie Dakshineswar besuchten

*Lakshmana:* Bruder *Ramas*

*Lakshmi:* Gemahlin *Vishnus* und Göttin des Glücks und des Wohlstands

*Lingam:* Symbol für *Shiva*

*Madhur:* eine der fünf Haltungen, die der Vishnuit seiner persönlichen Gottheit *Krishna* gegenüber pflegt; die Haltung einer Ehefrau ihrem Mann gegenüber oder die einer Frau ihrem Geliebten gegenüber

*Mahabharata:* ein berühmtes Hindu-Epos

*Mahabhava:* die intensivste ekstatische Liebe für Gott

*Mahasamadhi:* das große *Samadhi*, der Tod

*Maidan:* wörtl.: offenes Feld; ein großer Stadtpark in Kalkutta

*Manipura:* das dritte Zentrum (Chakra) in der *Sushumna*

*Math:* Kloster

*Maya:* Unwissenheit, die die Sicht auf Gott verschleiert; die kosmische Illusion, aufgrund der das Eine als Vieles und das Absolute als Relatives erscheint; auch Anhaftung

*Muladhara:* das erste und niedrigste Zentrum (Chakra) in der *Sushumna*

*Nahabat:* Musikturm

*Narada:* ein großer Weiser und Gottliebender der Hindu-Mythologie

*Narayana:* Name für *Vishnu*

*Narmada:* Fluss in Zentralindien, der ins Arabische Meer fließt

*Natmandir:* geräumige, von Säulen getragene Halle vor einem Tempel, die für fromme Musik, religiöse Versammlungen u. ä. gedacht ist

*Navavidhan:* The New Dispensation (die neue religiöse Ordnung, der neue Glaube), eine Organisation, die von Keshab Chandra Sen nach seinem Streit mit den Mitgliedern des Brahmo Samaj gegründet wurde

*Nirvana:* das völlige Aufgehen in *Brahman* oder in der alldurchdringenden Wirklichkeit durch die Vernichtung des individuellen Ichs

*Nirvikalpa Samadhi:* der höchste Zustand von *Samadhi*, in dem der Sucher seine völlige Einheit mit *Brahman* erkennt

*Nityananda:* wörtl.: ewige Seligkeit; der Name eines geliebten Schülers und Gefährten von *Chaitanya*

*Panchatapas:* wörtl.: die Enthaltsamkeit der fünf Feuer. Dabei sitzt der Übende im Sommer mit vier brennenden Feuern um sich herum unter der stechenden Sonne, übt *Japa* und meditiert.

*Panchavati:* ein Hain aus fünf heiligen Bäumen, den Ramakrishna im Tempelgarten von Dakshineswar zur Ausübung seiner spirituellen Praxis gepflanzt hat

*Paramahamsa(deva):* einer, der der höchsten Ordnung der *Sannyasins* angehört; Ehrentitel

*Paramatman:* die höchste Seele

*Pice:* kleine indische Kupfermünze im Wert von ¼ *Anna*

*Pingala:* ein Nerv im Rückenmark

*Prahlada:* ein großer Verehrer *Vishnus*, dessen Leben im *Purana* beschrieben wird

*Prakriti:* die ursprüngliche Natur, die in Verbindung mit dem *Purusha* (dem ewigen Prinzip des Bewusstseins) das Weltall erschafft

*Prasad:* Essen oder Trinken, das der Gottheit oder einem Heiligen dargeboten wurde

*Prema:* ekstatische Liebe, göttliche Liebe der intensivsten Art

*Puja:* ritueller Gottesdienst

*Pundit:* Gelehrter

*Puranas:* Bücher der hinduistischen Mythologie

*Purascharana:* die Wiederholung des Namens einer Gottheit, begleitet von Brand-opfern, Opfergaben und anderen in den *Veden* vorgeschriebenen Riten

*Purusha:* wörtl.: Mann; bezeichnet das ewige kosmische Prinzip; auch Seele und das Absolute

*Radha: Krishnas* vertrauteste Gefährtin unter den *Gopis* von *Vrindavan*

*Radhakanta:* wörtl.: der Gemahl *Radhas*, ein Name für *Krishna*

*Raghuvir:* Name für *Rama*; die Familiengottheit Ramakrishnas

*Raja:* Herrscher

*Rajas:* die Eigenschaft von Aktivität oder Ruhelosigkeit, s. *Gunas*

*rajastisch:* bezieht sich auf *Rajas*

*Rama:* Held des *Ramayana*, der von den Hindus als eine göttliche Inkarnation be-trachtet wird

*Ramayana:* berühmtes Hindu-Epos

*Ramprasad:* bengalischer Mystiker, der Lieder über die Göttliche Mutter gedichtet hat

*Ravana:* der schreckliche König von Ceylon, der *Sita*, die Frau von *Rama*, gewalt-sam entführt hat

*Rishi* ein Seher der Wahrheit. Der Name wird auch auf die reinen Seelen angewandt, denen die Worte der *Veden* offenbart wurden.

*Rishi Nara:* Zwillingsbruder von *Narayana* (*Vishnu*)

*Sadhaka:* Aspirant, der sich der spirituellen Praxis hingibt

*Sadhana:* spirituelle Übung

*Sadhu:* Heiliger, ein Begriff, der generell für einen Mönch gebraucht wird

*Sahasrara:* der tausendblättrige Lotus im Großhirn

*Sakhya:* die Haltung eines Freundes gegenüber einem anderen Freund; eine der fünf Haltungen, die der dualistische Verehrer gegenüber seinem auserwählten Ideal hegt

*Samadhi:* Ekstase, Trance, Gemeinschaft mit Gott

*Sandesh:* bengalische Süßigkeit aus Käse und Zucker

*Sandhya*: rituelle Verehrung

*Sankirtan:* gemeinsames Singen von Mantras

*Sannyas*: das klösterliche Leben

*Sannyasin:* hinduistischer Mönch

*Santa:* Haltung des Friedens und der Gelassenheit; eine der fünf Haltungen, die der dualistische Verehrer gegenüber seinem auserwählten Ideal hegt.

*Satchidananda*: wörtl.: Existenz-Erkenntnis-Seligkeit, ein Name für *Brahman*, der höchsten Wirklichkeit

*Sattva:* Eigenschaft der Ausgeglichenheit oder der Weisheit, s. *Gunas*

*sattvisch:* bezieht sich auf *Sattva*

*Seer:* Maß oder Gewicht, das etwa zwei Pfund entspricht

*Shakta:* Anhänger des *Shakti*-Kults, Anhänger des Tantras

*Shakti:* Kraft, allgemein die kreative Kraft *Brahmans*; ein Name der Göttlichen Mutter

*Shankara:* großer vedantischer Philosoph (788-820)

*Shastra:* heilige Schrift; heiliges Buch; Gesetzbuch

*Shitala:* Mutter- und Schutzgöttin von Bengalen

*Shiva:* die vernichtende Gottheit; die dritte Person der hinduistischen Trinität neben *Brahma* und *Vishnu*

*Shodasi:* wörtlich: Sechzehnjährige

*Shudra:* die vierte Kaste in der hinduistischen Gesellschaft

*Siddhis:* die acht okkulten Kräfte, die der Yogi durch die Praxis des Yoga erwirbt; Vollkommenheit im spirituellen Leben

*Sita:* Frau von *Rama*

*Sraddha:* eine religiöse Zeremonie, bei der den verstorbenen Angehörigen Speisen und Getränke dargebracht werden

*Sushumna:* Hauptnerv, durch den die spirituelle Energie aufsteigt

*Svadhisthana:* das zweite Zentrum (Chakra) in der *Sushumna*

*Tamas:* das Prinzip der Trägheit oder Dumpfheit; s. *Gunas*

*tamasisch:* bezieht sich auf *Tamas*

*Tantra(s):* eine religiöse Philosophie, in der die Göttliche Mutter oder *Shakti* die endgültige Wirklichkeit ist; auch die Schriften, die von dieser Philosophie handeln

*Trapan:* ein Ritual für die Vorfahren

*Upadhi:* ein Begriff der *Vedanta*-Philosophie, der die Begrenzungen bezeichnet, die dem Selbst durch Unwissenheit auferlegt werden und durch die man an das weltliche Leben gebunden ist

*Upanishaden:* bekannte hinduistische Schriften

*Vaikuntha:* Himmel bei den Vishnuiten

*Vaishya:* die dritte oder Händlerkaste in der hinduistischen Gesellschaft

*Valmiki:* Verfasser des *Ramayana*

*Vatsalya:* die Haltung der Mutter ihrem Kind gegenüber; eine der fünf Haltungen, die ein Verehrer gegenüber seiner erwählten Gottheit hegt

*Vedanta:* eine der sechs orthodoxen hinduistischen Philosophien, die *Vyasa* ausgearbeitet hat; Ende des Veda; *Advaita Vedanta:* die Lehre der Nichtzweiheit, *Atman* und *Brahman* sind nicht zwei, sondern eins.

*Vedantin:* Anhänger des *Vedanta*

*Veden:* die heiligsten Schriften der Hindus

*Vilvabaum:* Bel, Holzapfelbaum

*Visalakshi:* wörtl.: die Großäugige; ein Name der Göttlichen Mutter; auch der Name eines Stroms in der Nähe von Kamarpukur

*Vishishtadvaita:* Philosophie des qualifizierten Nichtdualismus

*Vishnu:* der bewahrende Gott; die zweite Person der hinduistischen Dreiheit, wobei die beiden anderen *Brahma* und *Shiva* sind; der persönliche Gott der Vishnuiten

*Visuddha:* das fünfte Zentrum (Chakra) in der *Sushumna*

*Visvesvara:* Gottheit in Benares

*Vrindavan:* eine Stadt am Ufer des Jamuna, die mit *Krishnas* Kindheit in Verbindung steht

*Vyasa:* der Übersetzer der *Veden*

*Yantra:* rituelles Diagramm

*Yasoda: Krishnas* Ziehmutter

*Yatra:* ländliche Theateraufführung

# LITERATURVERZEICHNIS

Abhedananda: My Life-Story, Ramakrishna Vedanta Math: Kalkutta, 1970

Abhedananda: Ramakrishna: Seine Botschaft: nach den Aufzeichnungen von M., Norderstedt, 2020

Ebert, Gabriele: Sarada Devi: Leben und Lehre der Gemahlin Ramakrishnas, 2. Aufl., Hamburg, 2025 (Ramakrishna und seine Schüler, Band 2)

Ebert, Gabriele: Swami Vivekananda: Sein Leben, 2. Aufl., Hamburg, 2025 (Ramakrishna und seine Schüler, Band 3)

Isherwood, Christopher: Ramakrishna and His Disciples. – Vedanta Press: Hollywood, 1965

Nikhilananda: Die Botschaft Sri Ramakrishnas (Übersetzung des gesamten Gospel of Sri Ramakrishna) Band 1 und 2., 2. Auf., Hamburg, 2025

Nikhilananda: Life of Sri Ramakrishna, 19th reprint, Advaita Ashrama: Kolkata, 2015

Nikhilananda: Sri Ramakrishna: Eine Biografie, Norderstedt, 2021

Ramakrishnas Lehre in Gleichnissen, 2. Auf., Hamburg, 2025

Saradananda: Sri Ramakrishna the Great Master, Vol 1 und 2, Sri Ramakrishna Math: Madras, 1978

Sri Ramakrishna: Gespräche mit seinen Schülern, Verlag der Weltreligionen im Insel Verlag, 2008

Torwesten, Hans: Ramakrishna: Ein Leben in Ekstase, Benzinger, 1997

Vivekananda: Ramakrishna: Mein Meister, Norderstedt, 2020

Worte Ramakrishnas: eine umfassende Sammlung, 2. Aufl., Hamburg, 2025